大学通识书系

李 山◎著

中国文化史（第2版）

ZHONGGUOWENHUASHI

北京师范大学出版集团
BEIJING NORMAL UNIVERSITY PUBLISHING GROUP
北京师范大学出版社

图书在版编目（CIP）数据

中国文化史 / 李山著 . —2 版 . —北京：北京师范大学出版社，2020.4
（2025.3重印）

　　ISBN 978-7-303-25137-7

　　Ⅰ.①中… 　Ⅱ.①李… 　Ⅲ.①文化史-中国-高等学校-教材

Ⅳ.①K203

中国版本图书馆 CIP 数据核字（2019）第 196673 号

ZHONGGUO WENHUASHI

出版发行：北京师范大学出版社 https：//www.bnupg.com
　　　　　北京市西城区新街口外大街 12-3 号
　　　　　邮政编码：100088
印　　刷：北京虎彩文化传播有限公司
经　　销：全国新华书店
开　　本：787 mm×1 092 mm 　1/16
印　　张：24.75
字　　数：371 千字
版　　次：2020 年 4 月第 2 版
印　　次：2025 年 3 月第 14 次印刷
定　　价：56.00 元

策划编辑：周劲含　　　　　　　责任编辑：陈佳宵
美术编辑：李向昕　　　　　　　装帧设计：李向昕
责任校对：陈　民　　　　　　　责任印制：马　洁

目 录

第一章　古代地理与人群

要点提示

1. 了解中国古代人群的地理分布情况。

2. 熟悉并掌握中国文化由北向南推进过程中存在的"一圆"和"一条直线"的南北辉映的历史格局。

3. 了解气候、作物等因素对中国文化的影响。

影响一个地区人群文化发展的因素既有长期的，也有中短期的，其中地理环境无疑属于长期因素。中国地域辽阔，平原、山岳与河流等地势、地形多种多样，由此导致人群分布情况复杂，这些，对中国文化的发展影响巨大。

第一节　古代人群的地理分布

中国地域广大，人群分布地区众多，必然发生人群之间的互动。检视历史，从远古开始，不同人群之间的相互冲突、交流，将历史演绎得有声有色，别具一格。中国的许多历史文化问题，都可以从地理环境方面获得某种解释。

人类要吃饭，要穿衣，这是文化创造的一个永恒动力。但是，在远古时代，人类文化发展还有另一个重要动力，或许作用更大，就是不同人群之间的相遇，以及由此而生的生存竞争与智力交汇。这种竞争和交汇在远古，更多的是经由战争来实现的，极大地刺激了文明的进步。

中国文明所处的地理位置，距其他三大古文明中心较远，因此中国文化在很长时间内是独立发展的。中国所在大陆板块的东面与南面，均面临太平洋，太平洋西侧近海区域虽然有一系列有人居住的岛屿，但其文明的发展较晚，并没有对中国文化的发祥产生太大影响。因此，海洋对古代中国大陆居民而言主要意味着阻隔。中国大陆西部为高原高山，世界上最高的高原和山脉将中国与另一个相对而言的"近邻"——古老的印度文明也隔绝了。在西部高原山地有缺口形成的通道，可以通向中亚、西亚甚至欧洲，这就是后来"丝绸之路"的组成部分。在远古时期，这些通道在不同文明交流过程中所起的作用有多大，还有待研究。在中国北方，除了华北地区的农耕文化区域外，还有广阔的草原文化区域。这一区域向北延伸，可达极北的苦寒之地。自古以来，相对于东南以至中原地区的人群而言，中国北方的游牧人群，在联系东西方两大文明世界方面起过更为重要的作用。

在这样一个地域广阔而又相对封闭的大地上，所分布的众多人群之间的竞争与冲突，以及由此而来的交流与融合，对中国文明的发祥产生过很大的作用。在此不妨以江苏花厅遗址为例略加说明。

在今江苏新沂市花厅村曾考古发掘出一个新石器时期的墓葬群落。奇特的是，这些墓葬显示了大汶口文化人群与良渚文化人群的相遇。在第20号墓葬中，墓葬的主人，据随葬品判断，属良渚文化，而殉葬者却属于大汶口文化。对此，一个合理的推测是：良渚文化人群曾经向北迁移，并征服了大汶口文化人群的一部分，所以才有如此的殉葬现象。"良渚文化的征服者把大汶口文化的居民用来殉葬，反映了这两个集团斗争的激烈。"[1]殉葬现象一般被认为是社会阶级产生后形成的恶俗，但从这一考古结果及其分析看来，它在阶级社会形成之前就已经出现了，是不同人群相遇、竞争、冲突的结果。人类生存最基本的需要，固然是吃饭穿衣，但是，有什么比人群面临生死考验更能激发他们的创造性呢？战争、征服，刺激文明进步，就在稍晚于大汶口文化的龙山文化时期，防护的城墙普遍出现了。人类文明演进至今天的高级阶段，其原因是复杂的；但江苏花厅墓葬遗址的例子提醒人们，应该注意不同人群相遇和交融带给人类文明的刺激。

---

[1] 白寿彝总主编、苏秉琦主编：《中国通史》第2卷，272页，上海，上海人民出版社，1994。

无论如何，在远离其他文明中心的中国内部，不同人群的相互交流与碰撞是十分频繁和剧烈的。产生这种现象的首要原因是中国地理区域广阔、自然环境复杂及由此所产生的众多不同的文化人群。20世纪考古发现的新石器文化遗址遍布全国各地，举其大端，有仰韶文化、河姆渡文化、良渚文化、马家窑文化和龙山文化等。过去，人们认为中华文化发祥于黄河流域，实际上，远古文化源头的分布大大超出了黄河流域。在相当长的时期内，众多文化源头的发展本是齐头并进的，中华民族在黄河中下游地区率先进入文明时代，正是多元文化在一定时期相遇碰撞和融汇交流的结果。

中国的地理条件也为不同人群的相遇和不同文化的融合提供了条件。中华大地幅员辽阔，地势西高东低，地势为人群交流提供了便利。这首先是由数条大河及其众多支流促成的：黄河、长江从高原到次高原，再到平原，自西向东贯穿了整个中国，自古以来就是东西交通大动脉；两者又由发源于四川、甘肃交界的汉水和发源于河南桐柏山的淮河联系在一起。长江的支流湘水和珠江的支流漓江都发源于广西兴安县内，两大水系之间竟只有一山之隔。秦始皇时期修筑灵渠，将漓江和湘江的上游连接起来。在江河的交通作用之外，陆地上的通道也早已出现。古地理专家研究指出：自古以来，大致沿渭水、黄河、济水一线就是一条东西走向的交通线。同时，三条南北方向的交通线也早在新石器时代就存在了，它们是：北起河北曲阳南至河南新乡一线，太行山西侧沿汾水一线，南起西安北达榆林一线。[1] 远古人群的文化交流范围之广泛、活动之频繁，远远超出今人的想象：新疆的和田玉在中原考古文化遗址中被发现了，云南的矿石成为商朝人铸造青铜器的原料。[2] 原始人群的文化交流活动构成一种文明突破的因缘，很多原创性的文明成果就在交流中产生。

当远古时期两个不同的人群相遇时，他们采取的策略往往是战争而不

① 参见白寿彝总主编、徐喜辰主编：《中国通史》第3卷，698～699页，上海，上海人民出版社，1994。

② 这项结论是由两位学者分别研究获得的：一位是中国科技大学的金正耀，一位是云南学者李晓岑。金正耀的论文是《晚商中原青铜器的矿料来源研究》，收录于中国科技大学出版社1987年出版的《科学史论集》中。李晓岑的论文是《商周中原青铜器矿料来源再研究》，发表于1993年《自然科学史研究》第12卷第3期。

是和平。以中华民族最古老的记忆而言，印象最深刻的恰恰就是战争，如黄帝与炎帝部族之间的阪泉之战、黄帝联合炎帝与蚩尤进行的涿鹿大战等。在中国考古事业尚未昌达之前，一些古史家如蒙文通、徐旭生等，就依据各种文献记载，将传说时代的部落分为三个不同的集团。具体说，蒙文通认为三大集团是江汉民族、河洛民族和海岱民族。[①] 徐旭升则说三大集团是华夏人群、东夷人群和苗蛮人群。[②] 20 世纪的考古发掘则表明，上述三大文化人群的地域性分布，早在公元前 3500 年左右的"铜石并用时代"就已经初具规模了。这是远古时代"战争与和平"的结果，对此我们知之甚少。但是，融合与在融合过程中收获的突破性进展并未就此结束；一直到夏王朝建立，融合与进步的趋势仍在大踏步地进行。传说禹举行涂山大会，"执玉帛者万国"（《左传·哀公七年》）；商汤伐夏桀后返回亳，"三千诸侯大会"（《左传·哀公七年》）；周武王伐商纣，在孟津会师，"不期而会者八百"（《史记·周本纪》）。古史学家夏曾佑说，古国如此之多，是因为那时一族即一国，一国之君不过一族长而已。[③] 也就是说，在"三大集团"的历史阶段之后，成千上万的宗族人群仍然继续着从远古时期就开始的相遇、融合。这种融合一直到西周解体才告一段落。因为在几百年的西周王朝统一政治中，部族的痕迹趋于消失，所以西周解体之后进行的战争不再是族群之间的角逐，而转变成了政治权力的争斗。其后，新的融合还在进行，但主要发生在农耕人群和草原人群，而这种交融也只是在中华民族的基干业已形成的前提下，吸收新鲜血液的融合而已。

中华民族的形成，其实就是中国文化传统的形成。从新石器时代最早的考古文化算起，这伟大的融合用去了一万年中的六七千年的时光。这一过程之所以如此漫长，是因为中国地域辽阔，人群众多。当然，也正因如此，我们才能在众多的古代文明中独具一格，自成一体。

一、中原：中国文化的中心地带

文明在中国的最早突破，是在被称为"中原"的黄河流域实现的。它像

---

① 参见蒙文通：《古史甄微》，42～55 页，成都，巴蜀书社，1999。

② 参见徐旭生：《中国古史的传说时代》，37～57 页，北京，文物出版社，1985。

③ 参见夏曾佑：《中国古代史》，35 页，北京，生活·新知·读书三联书店，1955。

一堆照亮暗夜的篝火，引发了巨大而持久的历史旋风，由近及远地渐次将周边的众多人群带动起来，卷入这文明之火的熊熊燃烧之中。"中原"一词的含义有狭义和广义之分。狭义的"中原"指河南洛阳及左近区域；广义的"中原"则可包括黄河中下游地区，北起燕山一带，南至江汉以北，西至陕甘，东到大海。中原是华夏族群的生存之地，也是中国文化的发祥之地。中原一带的地理构成主要有华北平原、泰沂山地、嵩岳山地、关中平原和黄土高原的一部分。

华北平原主要由黄河、海河等水系冲积而成，面积达数十万平方千米。黄河流域和印度河流域、两河流域、尼罗河流域不同，有众多的支流，如渭水、洛水、泾水、汾水等汇入黄河，这决定了中国原始农业并不像埃及、巴比伦一样是大河灌溉农业。先民虽然依河而居，但并不直接靠黄河水来进行农业灌溉。也就是说，中国文化的发祥并不依赖黄河干流本身，而是源于黄河的众多支流所形成的河曲湿润之地。①

华北地区在远古时代孕育了两大史前文化，在以后很长时期里都是中国农耕文化的中心所在。在华北平原西部的嵩岳、关中地区，是仰韶彩陶文化的大本营，其发祥的时间早。在华北平原东部的泰沂山地周围，曾相继出现过大汶口文化和龙山文化。两地史前文化差异明显，如仰韶文化是一种彩陶文化，而龙山文化则是黑陶文化，龙山文化的一些陶器外观颜色乌黑发亮，器壁薄如蛋壳，与彩陶器物的差别十分明显。同时，两地的史前文化先民也有文化上的交流，有迹象显示，仰韶文化对大汶口文化产生过影响，也有迹象显示，大汶口文化人群的成员曾经西迁至仰韶文化区域。② 但总体而言，两地史前文化的差异还是主要的，两地史前文化各有各的起源，在很长的时期里，各走各的路。要合理解释这样的现象，大概还是要从地理因素上着眼。华北平原是一个大河冲积平原，黄河的泥沙沉积形成华北平原需要漫长的过程。在平原的中央地带，也就是从太行山向东到泰沂山地黄河流经的中间地带，直到相当晚近的时期，还存在很多水泊和沼泽。因此，可以设想，在遥远的古代，这样的水泊应该会更多，阻碍

---

① 参见钱穆：《中国文化史导论》修订本，2 页，北京，商务印书馆，1994。
② 魏继印：《论新砦文化的源流及性质》，载《考古学报》，2018(1)。

了华北平原东西两侧的交流。但是，随着人类征服自然能力的增强，中华民族的先民们终于战胜了地理上的障碍，传说中的"舜起自东夷"，暗含的应是平原上东西两大人群相遇并融合以后的情形。

从龙山文化所在地出发，沿着黄河西行，就逐渐进入了多山的洛阳地区。仰韶彩陶文化就发源于此。洛阳是夏代的都城，自古以来就被认为是"天下中心"，即古人所认为的离上天最近的地方，是四方人群敬奉上天"道里均"的地方，因而这里在远古就成为宗教活动的中心。据语言学家研究，洛阳一带的语音直到清代中期还被视为天下的标准音，即所谓"中原音"。洛阳历来也是"王者之地"，西周建国后，在今洛阳一带营建了东都雒邑。此后，东汉、西晋等，都建都于此。从战略上看，控制了洛阳一带就可以有力地监控东方。后来北魏孝文帝改革，迁都洛阳，这一举措的积极作用到北周与北齐相对峙时就得到显现。由此可见，洛阳地理位置的重要性也是不容小觑的。

从洛阳西行，就是古代另一个重要的地区——陕西，又称关中地区。中国古代两个最强盛的王朝西汉和唐朝，都将都城设置在这里。古人用"表里山河"、"百二秦关"来称道关中的地利形胜。[①]"河"指的是黄河，"山"指的是西部的六盘山、贺兰山，北部沟壑纵横的黄土高地，以及南部的秦岭山脉。由于山环水绕，这里有很多险关，如潼关、蓝关、萧关等。中部则有渭水等大小河流，还有号称"八百里秦川"的平原。从先秦到西汉，这里曾兴修了许多水利工程，是非常富裕的地区。汉唐时期，天下十分财富，六分在关中。

与陕西相邻的是山西高原，其东有太行山脉，北接燕山山脉，南有晋东南低矮的山地，历来是北方民族南下的通道。北方民族经过云中郡、固原，最后一定会进入山西。太行山通向东边的大平原又有八条通道，即"太行八陉"。春秋的北狄进攻邢、卫，"楚汉战争"时韩信率军平定今河北、山东一带的敌对势力，都是穿越太行山通道进行的，再后来，西晋末年匈奴后裔刘渊从今天陕西中部起兵，一路向南，另一路也是经由太行山的通道向东，再向南，从而对西晋王朝中心洛阳形成包抄之势。顾炎武说山西居

---

① "表里山河"最早见于《左传》，形容的是进山西的地利条件，后来人们也用于形容关中地区的地理优势。"百二秦关"，出《史记·高祖本纪》，曰："持戟百万，秦得百二焉。"

"天下形势"，即指其战略地位而言。北方人群进入中原如此，中原王朝武力经营北方边地也以这一地区作为依托：在唐代，经略东北、辽东方面就以今山西北部为依托，经略西部则依托陇右；一直到明代，山西北部仍是防御北方的重要边地。

二、西北周边人群的区域分布

中原之外，中华大地的其他地区自古以来还生存着许多其他民族。青藏高原、河西走廊，以及大漠地区的民族与中原的华夏民族之间既竞争又融合的关系，极大地丰富了中国文化的内涵。让我们从地势最为高耸的青藏高原说起。

1. 青藏高原

中国地势西高东低，呈阶梯状分布。青藏高原为第一阶梯，大致可分为两部分：以拉萨为中心的西藏地区（旧称后藏），地形向南倾斜，发源于这一地区的江河，如雅鲁藏布江等流向印度洋；从冈底斯山往北，也就是今天的青海一带（旧称前藏），地形向东北倾斜，发源于这一地区的江河，如长江和黄河等多流向东南。

远古时期，青藏高原的生存环境要比现在优越，那里曾孕育过灿烂的文化，如近年发掘出的三千多年以前的卡诺文化等。古代西藏的主要居民是羌人。羌人在丰富古代历史文化方面不断地发挥作用，留下了深刻的历史印迹。有学者研究过秦始皇陵兵马俑的服饰和发式，发现其将发髻偏绾在一边，不同于中原人将发髻绾在头顶正中，却与古代羌人相似，由此推测，秦国兵将有许多来自羌人群体。[①] 两汉时期，羌人曾对中原王朝造成过严重的威胁，不过，他们当中也有很大一部分内迁，融入汉民族。秦汉以后，青海一带除羌人外还有秃发鲜卑，即吐谷浑人群。他们从遥远的北方迁到了青海，现在的土族人就是他们的后代。这个民族历史上也曾经强极一时。

到唐代，吐蕃文明兴起。吐蕃的基本民众主要是羌人，其王室则可能是从喜马拉雅山另一侧迁来的雅利安人。吐蕃和唐王朝的关系是复杂的，

---

① 参见斯维至：《中国古代社会文化论稿》，432～440 页，台北，允晨文化实业股份有限公司，1997。

他们与唐朝既有斗争也有合作，既有威胁也有相互助益。吐蕃人经常侵犯河西走廊一带，与唐朝争夺西域，而且在唐代宗、德宗时还曾攻陷过长安。但是，强大的吐蕃也曾起到阻止大食军队向东扩张的作用。后来，吐蕃君臣和民众大都皈依了佛教，信奉密宗，多虔诚的佛教徒，西藏从此成为一个佛教之域，对于佛教文化的传播产生了重要作用。

2. 河西走廊和新疆

从青藏高原往北往东，就是河西走廊和新疆一带。河西走廊东起甘肃的乌鞘岭，中经武威、张掖、酒泉、敦煌，越过玉门关和阳关，西至罗布泊。这一地区由于有从祁连山上流下来的雪水，形成了大片肥沃的土地，在历史上曾是著名的灌溉农业区。

汉武帝元狩二年(公元前 121 年)，霍去病从陇西出击居于河西走廊的匈奴浑邪王、休屠王，获得胜利。之后若干年，汉朝在这一地区先后置酒泉、张掖、敦煌、武威四郡，是为"河西四郡"。汉昭帝始元六年(公元前 81 年)，在驱逐西羌之后，汉王朝又在湟水流域设立金城(今兰州)郡，共五郡，合称"西河五郡"。这是汉代经营西域的重要依托。汉代对西域的开拓也给河西走廊地区带来了一些负面影响，就是在农业上实行驻军屯垦，随垦随抛，导致一些地区严重沙漠化。

河西走廊以西就是新疆。这一带即狭义上的西域(广义上的西域还包括中亚乃至西亚地区)。新疆分为南疆和北疆。南疆包括塔里木盆地、塔克拉玛干大沙漠及这一椭圆形沙漠周围的很多绿洲。正是这些绿洲，支持着古代的军事和交通。公元前 2 世纪，匈奴势力已达到新疆地区。汉武帝曾两次派张骞出使西域，并于公元前 102 年派军灭大宛(今乌兹别克斯坦境内)，西域各国震惊，纷纷到汉朝朝贡。西汉还在敦煌至罗布泊之间设立了交通亭站，在轮台(今新疆轮台东南)、渠犁(今库尔勒)等处屯田，驻扎军队，这是中原对天山南路的控制。公元前 60 年，匈奴日逐王降汉，天山北路也脱离了匈奴的统治。于是西汉设立了西域都护府，管辖地区不仅包括新疆，还包括远达巴尔喀什湖以南的乌孙、帕米尔高原的无雷和大宛等广大地区。

唐代有所谓"西域四镇"，即龟兹(今库车)、于阗(今和田)、疏勒(今喀什)、碎叶(今吉尔吉斯斯坦北部托克马克附近)。武则天当政时，有人出于减轻朝廷经济负担的考虑，提出裁撤四镇的建议。名臣狄仁杰上书反对，指出如果裁撤四镇，就将失去对整个西域的统治权，大唐在西域的影响也将丧失。果然，"安史之乱"后，唐朝驻守新疆的部队被调往陕西、宁夏一带，导致唐朝失去了对西域的控制。

西域是古代中外文化交流的重要通道。《尚书·禹贡》有"西到流沙"之句，描绘了西域一带的地理特征。《穆天子传》更记载周穆王曾到过"西王母"之国，其地域或在今帕米尔高原一带。还有一点特别值得注意：迄今在中国境内发现的最早的人工冶炼的遗迹就在新疆，[①] 而中原地区有人工冶铁的历史，就考古发现而言则在稍晚的西周晚期。至西汉时期，又有著名的丝绸之路通向西域。汉代，丝绸之路再分南、北两道：沿塔克拉玛干沙漠南侧的绿洲向西为南道，沿沙漠北侧向西即北道。两条道路都要穿过帕米尔高原上葱岭的山口。南道可以到达安息[②]的东部边境，北道则可以到达里海和咸海一带的奄蔡[③]。还有一条路经四川、云南通向古代印度；另一条草原道路通向巴尔喀什湖、咸海和黑海一带，最后这条路应该是由匈奴人开通的。

丝绸之路在隋唐时期达到鼎盛，分南、北、中三道通向西域。北道通向拜占庭和黑海，这条路东段和汉魏之际的路段大不相同，西段则与之大体一致。中道的大部分路段与汉代的北道相同，再往西与汉代的南道会合，经过波斯全境到达波斯湾地区。南道也是通向波斯湾的，具体走法是经今阿富汗和巴基斯坦前往波斯湾南端。中唐以后，丝绸之路在很大程度上被吐蕃阻断了，此后海上丝绸之路逐渐取代了陆上丝绸之路。

到了元朝，陆地上的中西交通曾一度恢复畅通，并延续到明清时期。

丝绸之路作为文化交流的通道，带来的最显著的结果是佛教的传入。佛教早期主要是经陆路传播的，其中，与由印度南传至斯里兰卡、缅甸、泰国等地的佛教相对，沿着丝绸之路，经西北印度和西域诸古国往北往东传入中原的佛教，就是北传佛教（亦称"汉传佛教"），其具体传播路径是沿着喜马拉雅山，经阿富汗，再到新疆乃至中原地区。

---

① 参见陈戈：《新疆出土的早期铁器》，见《庆祝苏秉琦先生考古五十五年论文集》，425～432 页，北京，文物出版社，1989。
② 古代波斯帕提亚王朝，在今伊朗境内。
③ 在今哈萨克斯坦境内。

3. 大漠地区

沿河西走廊经新疆再往北，就是所谓大漠地区，包括今天我国内蒙古自治区和蒙古国的部分地区。大漠北起今蒙古国萨彦岭和贝加尔湖一线，南至长城一线，东至大兴安岭、外兴安岭，西至阿尔泰山。这一辽阔的地区又分漠南和漠北，两者之间有一片低矮的山地，并不影响交通。大漠是北方民族入主中原的前台，历史上入主中原的民族有的就起于大漠，如蒙古族。

历史上最早给中原王朝造成严重威胁的是猃狁，传世文献如《诗经·小雅》和出土铜器铭文对此多有记载。金文显示，猃狁并非单纯的马上人群，他们也有战车。另外，考古发现在今天的鄂尔多斯地区，时间从中原的夏商开始，一直到西周，有一个"草原青铜文明"，可以驱使战车作战的猃狁，其文化很可能就来自这一文明。猃狁之后则是匈奴。匈奴于公元前3世纪兴起于大漠南北，到冒顿单于时期，其势力东至辽河，西至葱岭，北抵贝加尔湖，南达战国长城一带。秦王政三十二年（公元前215年），曾派将军蒙恬将兵30万，北击匈奴，掠取"河南地"（今河套地区），次年拓至阴山，沿河筑城，在今河套地区设置九原郡，下辖44个县。汉初刘邦时期，北方的匈奴重新控制了"河南地"，"与中国界于故塞"（《史记·匈奴列传》）。据贾谊《陈政事疏》言，匈奴人口不及当时汉朝一个大县，亦即几十万人，却能与拥有四五千万人口的西汉王朝相抗衡，甚至屡占上风，这充分显示出游牧部族相对于农耕人群的军事优势。汉朝的被动地位在汉武帝时期得以改变。数十年间，西汉曾多次出击匈奴。公元前127年，卫青率军收复了陇西、北地和上郡的北部，在秦九原郡故地置朔方、五原郡，云中、雁门一线的北部边界也得到了恢复。公元前119年，卫青、霍去病再次出击匈奴，至狼居胥山（今蒙古国境内肯特山）。遭受此次打击之后，匈奴势力大减。至宣帝时期，匈奴势力一时衰落，呼韩邪单于归服西汉，成为汉朝的外臣。

东汉光武建武二十四年（48年），匈奴分裂为南北两部。北匈奴经东汉和帝时期的打击后，于91年开始北迁。到了4世纪70年代，学者推测，他们辗转来到欧洲的东境，在征服了阿兰①并与之融合后，又征服了东哥特王

---

① 据《后汉书·西域传》，奄蔡后改名为阿兰聊，一般认为后者即《魏略·西戎传》中的阿兰，即古希腊、罗马史籍所记的"Alani"。

国及其他日尔曼部落，夺取了匈牙利大平原，在首领阿提拉率领下，建立起强极一时的"匈奴帝国"。[①] 匈奴人的西征，激起了欧洲东哥特人波浪式的迁移。这又引起了西哥特人、法兰克人、汪达人、苏维人的一连串反应——由东向西潮水般的大迁移：汪达人跨越地中海来到突尼斯，又到意大利进行征战。法兰克人则建立了法兰克王国。欧洲森林里的"蛮族"被匈奴人惊醒了，逃出了森林，冲向了衰朽的罗马世界，灭掉了西罗马帝国。历史学家翦伯赞《秦汉史》对此有一个精彩的比喻：匈奴像锤头，欧洲的"蛮族"则像钉子，罗马帝国则是"被钉的心脏"，而最初使锤头发力的，则是汉朝对匈奴的打击。与此同时，南匈奴则陆续南迁，居住在王朝的边塞地带；到曹魏时期，逐渐进入陕西、山西中北部一带；在经历了"永嘉之乱"后，逐渐融入汉民族的大流。

继匈奴人之后，鲜卑人成为草原的主人。鲜卑人发源于今黑龙江北部，按其起源分东部鲜卑和拓跋鲜卑两部。东部鲜卑大约在今内蒙古东部科尔沁旗西哈拉古勒河附近，拓跋鲜卑则原居于大兴安岭东北段。鲜卑的势力发展得非常迅速，因为匈奴一部分北迁，一部分南下之后，草原出现了相对真空的状态。到了2世纪，即东汉中期的安帝、顺帝时期，来自西部的羌人给东汉带来了严重的边患，东汉国防力量严重削弱。北部鲜卑族趁势强大起来。东部鲜卑首领檀石槐统一了鲜卑各部，成立了草原部落大联盟，其势力所及包括整个蒙古高原，分为东（从右北平到辽东）、中（从右北平以西至上谷）、西（从上谷以西至敦煌）三部，设三部大人。181年，檀石槐统治分裂，西部鲜卑相率叛离，鲜卑势力一度衰落。4世纪，拓跋部崛起，首领什翼犍于338年在繁峙（今山西浑源县西）北即位称代王，定都云中盛乐宫（今内蒙古和林格尔），正式有了国家规模。之后，什翼犍败死，其孙拓跋珪于386年即代王位，并改国号为魏，继而定都平城（今山西大同市），史称北魏。

鲜卑之后活跃于草原的是突厥、铁勒部及回纥、薛延陀等，契丹的壮大也在同一时期。突厥兴起于6世纪，他们原居叶塞尼亚河上游，后来又

---

① 参见齐思和：《中国史探研》，514~549页，石家庄，河北教育出版社，2000。不过，近年中外学者对这样的说法提出质疑，参见罗新：《有所不为的反叛者》，115~117页，上海，上海三联书店，2019。

到了阿尔泰山一带，世以锻铁为业，曾臣服于柔然①。552 年，土门可汗率众灭柔然，在蒙古高原上建立起辽阔的汗国，继而南进，至于阴山，逼临周、齐；583 年，突厥分裂为东、西两个汗国，东突厥居阿尔泰山以东的蒙古高原，西突厥居阿尔泰山以西至雷翥海（里海，一说咸海），冲突不断。后来，东突厥衰微，于 584 年向隋朝求援，迁至漠南。隋朝趁机取河套，置五原、榆林等郡。唐贞观三年至四年（629—630 年），李世民派遣李靖、李勣出兵攻灭东突厥。高宗时又在漠南设单于都护府，辖突厥诸部。后东突厥一度复国，但势力大不如前，在唐朝后期渐渐衰亡。高宗显庆二年（657 年），唐朝大将苏定方率回纥部一举击破西突厥，突厥残部或西迁，或内附。此后，西迁的突厥首领则以雇佣军将领的面目活跃在亚洲的历史舞台上，在大食帝国哈里发手下担任苏丹，掌地方实权。沙陀②人李克用为唐朝出力征讨黄巢，受封太原节度使；至其子李存勖时，则建立了后唐政权。西迁突厥各部中还有一支塞尔柱突厥，他们曾占据耶路撒冷，侵凌那里的基督徒，成为 11 世纪欧洲"十字军"东征的导火索。这是又一次的东方"攘夷"给西方世界带来的影响。

此后，漠南的主人变成了契丹和女真。契丹祖居黑龙江省的山地，今天的鄂伦春族、鄂温克族都是其近族。据文献记载，女真族的历史可以追溯到西周时期，隋唐之际兴起而为渤海国。契丹出现于历史记载是在北魏时期，其兴起则在隋唐之际。当时，强大的唐王朝对周边民族采取羁縻政策，在契丹地区设立松漠都督府，其首领拜都督，赐姓李，以八部为州，各置刺史。从此契丹与中华文明的历史有了密切的关系。武则天时期，契丹与唐的关系一度恶化，此后叛服无常，终至强大。而契丹政权的建立，又刺激了女真人在北宋时的再度崛起。而羌人种属（旧说鲜卑种属）的党项人，也在唐代进入了历史视野，并在北宋中期建立了西夏政权。

这里有一个常见的现象：一个强大的王朝，总会在边地给后来的王朝留下沉重的难题。强大的两汉政权对匈奴的征伐导致了后者的远徙和内附；内附的匈奴和其他内迁的族群一起，成为后继者晋朝的大问题，最终引发

---

① 柔然为鲜卑一支，西方史书称拉瓦尔。

② 突厥一部即处月部迁居大同，改名沙陀。

"永嘉之乱"。强大的唐王朝则给北宋留下了强悍的邻居——契丹、西夏；"享受"过羁縻政策的契丹，其政权的规制是仿照唐朝的，加上其建国早，力量强大，使其有理由在政治和军事上对北宋政权存有轻慢之心。同时，有契丹对北宋的牵制，西夏立国就有了便利条件。这种强大王朝遗留难题给后代的现象，实有其历史的必然性。强大的王朝以其强大将文明的影响投射到那些边地民族中去，激起其沉睡的力量，沿着强大王朝所启示的历史方向前行。其结果是这些民族会对后起的中原王朝构成一股强大的挑战力量，然而，新的民族融合的条件也以此得以形成。

新的大融合最终是由蒙古对中原的征服促成的。如上所述，北宋时中国政治版图十分复杂，黄河中上游和下游以北不远的地区是西夏和辽，西夏以西是很多小国，在西南地区也有独立的政权。北宋政权无力解决这样的分裂问题，蒙古人用了74年时间，才逐一把这些小国并入自己的版图。在此基础上，一个辖制范围更大的行省制度得以建立。从此以后，许多在政治上接受中原王朝册封的小国，都变成了统一王朝的行政单元。

蒙古对中原王朝的压力并未随元朝的崩溃而结束，明朝之所以将都城从南京迁往北京，就是为防御向北撤退的蒙古。明军攻破元大都之后，元顺帝北归，传六世而被篡于鬼力赤，改称鞑靼。同时西部的瓦剌部渐强，与鞑靼相互攻杀，因此蒙古长期不能统一。后瓦剌击败鞑靼，雄视漠北。其后，瓦剌之子也先开始侵凌明朝。"土木堡之变"中，明英宗被俘。明中期，鞑靼再度崛起，进而占据河套地区，明朝西部边境从此不得安宁；由此在明朝内部引起的争议，又形成了巨大的政治旋涡。边患导致内政的紊乱，这是中国古代史的通则。至俺答汗统治时期，明朝正值严嵩当国，边防废弛，蒙古人攻略中原，如入无人之境。后来，俺答汗年老信佛，接受明朝册封，明朝西部边界才安稳下来。

明朝没有亡于蒙古，却被由女真人后裔建立的清替代。女真族至此已是几度崛起，堪称历史的异数。清朝的建立最终使中国多民族共同生活的政治、地理的大格局确定了下来，这一点与元朝功绩相同。

中原王朝外在压力的指针自西向东，至清王朝建立，似乎已经指向了终点。如果不是世界历史大势的转变，中原王朝几百年被北方族群征服的轮回可能不会就此结束。但是，在漠北以至黑龙江以北的广大地区，欧洲的俄罗斯势力开始大举进入，北方开始有了新异族的问题；在南方，则有来自海洋的西方势力严重侵入，这些都已使王朝的古老政治格局不再适应历史的洪流，古老的轮回也就不能不结束了。新的更强大的压力来自四面八方，但这已是整体的中华民族文化与新的不同文化的相遇了。

三、南方人群的主要分布

中国南北方的划分以淮河至秦岭为界。考古学家佟柱臣曾经提出"中国新石器时代文化三个接触地带论"，这三个地带是：北纬 40°~42°的阴山山脉、北纬 32°~34°的淮河—秦岭一线和北纬 25°~27°的南岭—武夷山脉。阴山以北是草原游牧类型的文化，以南则是粟作农耕文化，所谓"接触地带"，即两种文化类型的交界。淮河—秦岭一线以南是稻作文化区域，这一区域与淮河—秦岭一线以北的粟作农业相交界。南岭则形成长江流域与珠江流域的交界。① 也就是说，秦岭以南的南方又分为两大部分，一是淮河—秦岭一线以南至南岭之间的地区，包括四川盆地、江汉平原、长江下游平原及众多的丘陵地带；二是南岭一线以南的闽江流域、珠江三角洲平原等。它们都在中国地势的第三阶梯之上，但在气候上，岭南地区是亚热带，长江流域则是暖温带。

南方可划分为众多区域，让我们从长江一线说起。长江上游是四川盆地，历来被称为"天府之国"，是非常富足的地区，文化也十分先进。近年在这里发现的三星堆文化，时间上大约相当于商代，其青铜冶炼技术十分发达。三星堆文化器物上所铸的人的眼睛都是凸出来的，令人联想到《华阳国志》所说的"纵目之人"。有学者推测，三星堆文化可能来源于马场、半山文化，因为在上述两个史前文化遗址中发现过发达的青铜制造技术。不过，这还只是一家之言。历史上，在长安建立都城的王朝一定要以四川为依托，方有稳定的根基。这在先秦时期秦国伐蜀时就已经意识到了。

沿着长江出三峡，就来到了江汉平原。汉水将黄河水系和长江水系连在一起，因此，江汉平原自古就是文化交流的要道。这里产生过大溪文化、屈家岭文化，还有后来的石家河文化，再后来更出现了蓬勃的楚国文明。

---

① 参见佟柱臣：《中国新石器时代文化三个接触地带论》，载《史前研究》，1985(2)。

这些文化呈现出与长江流域其他地区不同的特征，可以看出其早期的发展明显受到过仰韶文化的影响。西周经营淮水地区时，进行过大规模的战争，其中一条通道就是汉水一线。到了隋唐开凿大运河的时候，淮河起到了沟通黄河与长江的重要作用。江汉平原的开发在南北朝时期有过高涨之势，因为大量的北方民众曾迁移至此。不过此地在宋金分裂对峙之际，饱受战乱之害，早期的开发之功甚或化为乌有；到明清时代江西、浙江一带移民第二次迁入后，这里才逐渐成为鱼米之乡。

沿长江往东，就是下游的鄱阳湖平原和太湖平原，也就是今天的江、浙、赣一带。这一带开发得很早，春秋时期的吴、越时期，三国时期的东吴时期，都是江南开发的重要时期，自西晋"永嘉之乱"民众大迁移起，进入高潮；此后由北而南渐次推进。沿赣江逆流而上，达五岭，以至岭南、福建，历来是移民南下的重要通道。不过，珠江平原开发得比较晚，到了明清时期，珠江三角洲才变成富饶的农业区域。但是两广的开发早于南方其他许多地区。秦朝建立后，曾派遣大批的军队经营两广，并发五十万刑徒对其予以配合。而广州一带的航海及对外交流，远在秦汉之际就颇为可观。唐宋以后，这里更成为中国最早的对外交往的门户。

南方的开发，是中原文化向南推进的结果。但这一推进当初并不是主动的，只是历史的不幸引发的一种积极结果。如前所述，任何一个中原政权的建立，任何时代的中原文化人群，都会遭受到来自更北方的周边人群的巨大军事压力，这会使他们消耗很大的精力。一旦周边的压力造成中原政治体系的崩溃，便会有大量中原农业人群向南迁移。（这不是说移民没有其他方向的迁移，实际在两汉战乱时期和永嘉时期，向西北、东北都有移民。只是这些迁移移民一是数量相对要少，二是产生的历史作用不甚显著，故不多述。）这样的迁移几乎在每次北方人群进入中原时都会发生。计其大端，有西晋末年的"永嘉之乱"、唐中期的"安史之乱"、唐末五代军阀混乱及北宋末年的"靖康之变"等。这些动乱引发的中原人口南迁规模一次比一次大，迁移所至的区域一次比一次远。

说到南方的开发，应当将对西南的开发包括在内。西南地区主要由云贵高原构成，地势复杂，人群与文化的分布也极其复杂。历史上这里的人群有苗、瑶、濮（今称"彝"）等。就现有的证据看，此地人群有许多是随着远古中原文化的向南发展而避居于此的。如彝族的文化就相当发达，他们的十二生肖及历法等与中原古代的相关记载颇有相近之处，这或许是他们在远古时曾与中原之民相杂居处的印记。又如，在古代文献记载中，苗族居住在洞庭、彭蠡之间，后来渐次向西南迁移，秦汉以后聚集在今川、陕、鄂三省交界地带，被称为"武陵蛮"；三国时，中原大乱之际，其势力曾向东发展至安徽寿春一带。南方民族在中原人群的压力下迁徙的，不只是西南人群。东南沿海的百粤（又称"百越"）人群，也是或融入汉族，或渐次向南远走。

边地族群的迁入促进了南方农业的开发；南方的开发成绩反过来对中原王朝起到新的巨大的支撑作用。隋唐对南方经济的依赖已经显示出这一作用；唐朝时，扬州、益州最富饶，所以有"一扬二益"的说法。若不是南方经历过南北朝时的长期开发，这种情况是不可想象的。北宋以仅相当于汉唐一半的疆域就能与辽、西夏等强敌周旋，南方稳定的经济繁荣在其中所起的巨大支撑作用也是不应忽略的。南方经济每隔一段时期就会出现高潮，到宋代后期，南方经济已经超越北方而后来居上；但政治中心一直在北方，并一直从南方汲取经济上的强有力支持。更重要的是，中国文化在向南的开拓中，发生了更多的变化，增添了更丰富的色彩。

第二节　文化的北与南

中国文化在魏晋以前只是在北方范围内存在东西并立格局。从史前的新石器文化开始，黄河中下游地区就有西部仰韶文化和东部大汶口、龙山文化的并存；以后更有华夏与东夷的并存；秦与东方六国的争夺，在很大程度上也是东西文化之争；汉代也有所谓"关西出将，关东出相"之说，显示的是风俗上的差异。这样的文化东西并立，维持了相当长时间。之后，大体从魏晋南北朝开始，转变成南北共存关系。原因如前所述，北方周边人群对中原文明形成巨大压力，促进中原文明不断地向广大南方拓展。

一、南北不同历史大景观

魏晋以后，在中国文化由北向南的推进中，存在"一圆"和"一条直线"

的南北辉映的历史大景观。"一圆"指的是北方的民族大融合；"一条直线"则是指南方的经济大开发。这"一圆"、"一条直线"的大景象，每每于历史大混乱之后清晰浮现，是古老的中国文化史上最值得注意的现象。

需要说明的是，我们说这"一圆"发生在北方，并不是说南方就没有民族融合。历史学家周一良多年前发表了题为《南朝境内各种人及政府对待之政策》的长文，证明当时有许多南方土著居民与汉族产生了融合。① 又据历史学家谭其骧《湖南人由来考》的说法，今天的湖南人就有当地西南蛮夷的血统。② 但南方的融合毕竟不像北方那样声势浩大。

北方融合可以说与历史相始终，若计其大端，有三次。

最早的一次民族融合发生在春秋战国之际。春秋时代，"王纲失统，四夷交侵"。如春秋初期，北狄大举南下，灭掉卫国；后来，由来自西北边地之民建立的中山国维持了相当长的时间；此外，西戎人也曾大举内迁。本来，西周封建邦国在邦国与邦国之间、城池与城池之间，还有许多空隙，这些空隙往往是文化不同的人群生存的空间。而到春秋战国时期，中原人群增加，这些空隙消失了，这些空隙中的非华夏之族也就退出了历史舞台。

第二次融合发生在东晋南北分裂到隋唐大统一时期。强大的汉帝国震动了四方，不论是经由武力打击，还是推行羁縻政策，都导致了远近边地人群大规模向中原聚拢，接受农耕文明。同时，从汉至唐，中原王朝都有"怀柔远近"的心态，但大批边民内迁之后，政府又难以公平友善地对待他们：几乎是每次内附民众的起事，都因地方官员欺诈这些边民而起。从三国时魏借助内附的匈奴打仗，到唐代任用史达奈、黑齿长之、高仙芝、哥舒翰、李克用等番兵番将，就形成了一种惯例：用边地人当兵，让中原人耕作。"永嘉之乱"以至"安史之乱"，无不与此政策有关。此次民族融合到唐代大体结束，许多的外来人群在唐代三百余年的和平生活里融入汉民族的大家庭中。

第三次民族融合则发生在唐末五代到元朝的大统一时期。唐代以后，先是多政权亦即多人群的对峙——北宋、南宋与辽、夏、金的对峙，在这

---

① 参见周一良：《魏晋南北朝史论集》，33～101页，北京，北京大学出版社，1997。
② 参见谭其骧：《长水粹编》，381页，石家庄，河北教育出版社，2000。

样的情形下，人们有着很明显的群际区分：你是汉人，我是契丹人，他是女真人。而蒙古人将分立的政权一举扫荡后，在他们的社会分类中就只留一个"汉人"的名目用来称呼所有非蒙古和非色目的中原人群，这些人都成了元朝治下的臣民，他们之间的区分界限就不那么明显了。以西夏党项人群为例，蒙古征服西夏，采取了投降者与抵抗者两分的对待法：将不投降者斩尽杀绝(近年在宁夏还发现当时一城之人尽被屠杀的遗迹)；对投降者则加以利用，将之编成军队，与蒙古军队一起去征服天下。这些随军的西夏人分散到各地，后来也就融到汉族中去了。

这就是北方历史上的"一圆"民族大融合，波澜壮阔。经过三次这样的融合，血统纯正的"汉人"已经非常稀少。两汉人口最高达六七千万，汉末的战乱饥荒，再加上后来的大逃亡，死伤无数。唐五代及北宋末年也是如此。然而，问题的关键不在于血统纯正的"汉人"有多少，而在于中原文化的化合力有多么的巨大，任何进入中原的族群只要与之接触，便不能不受其影响。

与此同时，中原文化也在这一过程中不断吸收、融合，日益丰富。以唐代而言，李姓王室的血统曾被史家视为不纯，可正是这"不纯"成就了王朝统治者开放的心态。在唐代，社会上胡风甚盛，胡人的音乐最终取代了中原固有的"雅乐"、"华夏正声"的主导地位。音乐之外还有胡舞、胡人绘画、胡人雕刻、胡食(如各种面食)、胡床(床即坐具)、胡医、胡药、胡衣、胡帽、胡人打扮和胡人宗教等的流行。这种融合极大地丰富了社会生活的内涵，其中胡床就特别有代表性。周秦以来，中原人席地而坐，由此决定饮食器具是低矮的几案和长柄匙勺、短筷等，而宴会的方式是分餐制。胡床随着胡人到来了，一开始人们称它为垂脚座，或称交椅，有了它，中原人逐渐地不再席地而坐了，几案之物也得改变，宽而高的桌椅板凳之物应运而生；同时，饮食方式也变成围案同食了，筷子也需要加长了，建筑的房屋也要相应地高敞了。举此一例，可知其余。每个北方民族进入中原，都会把自己的习俗带进来，成为既有文化的新血液。但是，正如有学者指出的，胡风盛行，并未影响深层的"文明华化"的主导方向。① 强壮的唐朝社

① 参见葛晓音：《诗国高潮与盛唐文化》，301~323 页，北京，北京大学出版社，1998。

会是宽放的，尤其是前期，对胡风的盛行并不在意；但以儒家治国的主导方向也是始终明确而坚定的。北方民族融合的主导方向是汉化，但同时也有新鲜的异地、异族和异质文明大量摄入，唯其如此，那个时代的文化才愈发丰富多彩！

这还只是北方大融合内容的一方面。强大的王朝，总是在"天下观"指导下主动影响四周范围广大的边地人群。同时，强大王朝与周围人群的长期对峙，也使后者在政治方面受到极大影响。西晋所谓"五胡乱华"之后，我们看到的北方民族，仍沿着中原王朝的旧例，建构起新的王朝——人群来自北方，政治却采用中原模式。唐代结束后，不论是契丹还是西夏，也都模仿唐、宋的规制，建立自己的政权。再后来的清朝政权，又基本是明制的恢复和延续。相比之下，西方则与此不同，例如，日耳曼人大举入侵罗马后，并没有沿袭他们心仪已久的罗马政治模式，此后生出的欧洲政治体制全然是另一副模样。一个重要的原因就是新起的日耳曼政治体制不够完善，经验亦不够丰富，他们在没有进行必要的观察和训练的情况下，就被外在的力量推入罗马世界中，根本就运转不了罗马帝国庞大而精致的国家机器。这决定了新的欧洲必须在经过百年的混乱后，才有学习罗马政治制度和文化的资格。相比之下，在我国，不论是鲜卑、契丹、蒙古，还是女真，都在北方边地、在中原政权之外徘徊了太长时间。他们在与中原王朝的接触甚至是臣服过程中，学到了大量的东西，包括政治制度等。在与中原王朝的冲突和周旋中，他们自身先形成了统一的权力；在力量更加强大后，就可以战胜衰朽的中原朝廷。中原王朝统治虽然崩溃，中原王朝制度却大同小异地被复制、被延续了。

南方文化的发展主要呈现出"一条直线"的景观。南方经济文化的直线上升，从三国两晋一直延续到19世纪。这自然与历代移民不断南下有密切的关联。北方的农民每到一处，即开荒垦田、围湖耕山，开拓农业；而且，他们借助于南方得天独厚的自然条件，培育出了不同于北方的农作物，如水稻、茶叶等。同时，这也是北方各种技术南下的过程。例如，安徽宣城素来出名的制墨技术，就是唐五代大迁移时河北易县奚姓兄弟带过去的工艺。制墨业又带动了这里的造纸业和制笔业。江南优良而丰富的资源，使得其"文房四宝"的制作工艺与规模在总体上迅速超过北方。

南方文化的迅速发展，呈直线上升之势，这可以由经济学上的人口、田地、赋税等数字得知。我们采取一个切近"文化史"题目的方式，就是从人才的兴盛来看南方的开拓成果。

《诗经》的西周篇章，绝大多数是北方的；国风时代的作品，反映的内容南达江汉以北，但诗人未必是这里的人士，如《周南·汉广》篇，其歌唱内容表明是北人到南方后的感受。春秋战国的诸子中，老子被视为楚国人，实际上在他生活的时代，他的家乡还属于陈国。而真正的今天湖北湖南一带的春秋战国楚文化，也很可能是更早时期中原人群的一支南下江汉流域，他们带去的文化与当地文化融合而产生的。到汉代时，"关东出相、关西出将"的俗谚更说明了人才主要在北方。但是，此时南方的吴郡、会稽等地也出现了一些人物，这有赖于先秦时期吴、越的开拓和积累。

三国南北朝时期，南方人物随着东吴的建立而辈出，如吴郡的顾氏、陆氏、朱氏、张氏，及吴兴的沈氏与会稽的虞氏、孔氏、贺氏等，他们虽是在更早时期南迁而来的，但已变成当地大姓，与北来的王、谢、袁、萧等侨姓有明确的分别。此后南朝的陈朝之立国，更倚重江南的地方势力。同时，此时的北方士大夫不一定看得起他们。例如，陆氏是吴郡四姓之首，但陆机到洛阳做官时，北方大族人士公然轻慢他，向他挑衅："卢志于众坐，问陆士衡：'陆逊、陆抗，是君何物？'答曰：'如卿于卢毓、卢珽。'士龙失色。既出户，谓兄曰：'何至如此，彼容不相知也。'士衡正色曰：'我父、祖名播海内，宁有不知？鬼子敢尔！'"（《世说新语·方正》）南方士大夫在当时的北方士人眼中被视为"次等"，尤其是在吴国灭亡、他们成为被征服者后。南渡后，北方士大夫对本地士人虽然尽力联合，但两者间的龃龉势所难免。史载，南方人丘灵鞠有"掘顾荣冢"的愤恨之语，认为顾荣应该承担引北人南来的责任（《南齐书·文学传》）。不过，从总体情势看，南北士大夫是联合的，因为他们知道，不联合就会被北方政权击溃。

到隋唐新一轮的南北、东西大统一，人才的分布情况又恢复了北重南轻的局面。据李肇《国史补》记载，当时的新科进士们有几个愿望，其中有进秘阁修史、娶五姓女为妻等。这"五姓"，即崔、王、李、郑、卢诸大姓，都在北方，是从北朝延续过来的大族。南方的王、谢之家已随南朝的覆灭而无声息了。历史地理学家史念海研究新旧《唐书》中的人物出身地域，指出有唐一代，关内道（今陕西关中地区）人物约五百；其次是崤山以东的河南道和河北道（今黄河南北地区），总数约八百；再次才是淮南道和江西道（今长江下游南北两岸地区），总数在三百左右，南方是明显逊色于北方的。① 到北宋中期，这样的局面也维持了一段时间。宋真宗时的宰相寇准就曾公开说过，不用南方人做宰相，理由是南方人德行不可靠（王称《东都事略》）。但是，宋代实际上是一个转折点。寇准说那些话时，就有一个南方人在朝中因势力的上升刺激了他；神宗上台后用的就是江西人王安石和福建人吕惠卿了。这是一个很大的变化。以江西、福建而言，经过"安史之乱"以至唐末五代的大移民以后，正处在经济上升的中心地带。福建到唐代中期才开始有人中进士，如韩愈的同年欧阳詹；但在此后的一两百年里，这里的文化发展很快。"福建子"在宋代虽不是一个好的称呼，但已表明福建籍的士人活跃起来了。江西出人才在北宋及以后的盛况，更是明显。陈正祥《中国文化地理》说：唐宋以前，北方人才多，南方人才少；唐宋以后，南方人才多，北方人才少。一直到清朝，江浙都是人文渊薮。② 谭其骧更说，明代内阁大学士，南直③、浙江、江西、福建四省，共有 86 人，占总数的 53%。④ 北方到了明代以后，读书人很少，一个村里有时竟找不到一套四书五经。这种情况一直延续到近现代。

二、北方的上进心与南方的开拓精神

"一圆一线"的历史大图景之下，还有着南北精神的不同。一言以蔽之，在北方的民族大融合与南方的大开发中，生发出两种不同的历史文化精神：北方的上进心与南方的开拓精神。让我们从北方的"上进心"说起。

北方的上进心最典型地表现在北魏孝文帝改革上。历来都说孝文帝改革是汉化，固然不差，但仅以此来概括改革并不准确；准确地说，孝文帝

---

① 参见史念海：《唐代历史地理研究》，373～467 页，北京，中国社会科学出版社，1998。

② 参见陈正祥：《中国文化地理》，16～22 页，北京，生活・读书・新知三联书店，1983。

③ 南直："南直隶"的简称，是与直属于北京的"北直隶"相对而言的，具体指明代时直属于应天府的地区，包括应天府、苏州府、凤阳府等 14 个府级单位，相当于今天江苏、安徽、上海两省一市地区。

④ 参见谭其骧：《长水粹编》，381 页，石家庄，河北教育出版社，2000。

改革是"南朝化"。以迁都洛阳(太和十八年，494 年)为界，孝文帝改革可分为两大阶段：前一阶段，实施均田制和邻、里、党三长制，这都可以说是"汉化"，政策是稳健的。鲜卑及所属北方人群既已进入中原，就必得改变游牧狩猎的生活习惯，改从农耕生活。而一个国家的建立，稳定的赋税收入也必不可少；同时设立俸禄制，也是在建立完整的国家体制方面的一种努力。这一期的改革之所以稳妥，应与冯太后掌握大权有关。但是，冯太后去世后，年轻的孝文帝全面掌权，此后的改革便带有强烈的激进色彩了，这与年轻的天子所受的中原文化教育有关：二十几岁(孝文帝登基时十几岁)正是经验尚少、易于接受理想主义的年岁。激进的改革首先是迁都洛阳，这固然有都城平城(今山西大同)已不合时宜的种种现实原因，[①] 但若论现实条件，当时也有迁于邺或迁于洛两种选择；而且，若论经济条件，邺城是优于洛阳的。魏晋南北朝史学专家王仲荦说得好："但洛阳究竟是中原政治与文化的中心地区，孝文帝既已迁都塞内，必须以华夏文化的继承者自期，自以定都洛阳为宜。都洛阳更能迷惑中原一批醉心于'中夏正音'的士大夫，故孝文帝舍邺而都洛。"[②]"孝文帝既已迁都塞内，必须以华夏文化的继承者自期"，这"必须"从何而来呢？这就要放到孝文改革的"南朝化"大格局下才可准确把握。孝文帝及其激进的追随者们的改革期许不只是让鲜卑政权像个国家，其理想的高远处是使鲜卑在文化上与南朝取齐，甚至要在短促的改变中分出高下。占据洛阳这个历来的中原中心之地，先就可以表示自身已居文化的正统。

孝文帝改革之所以激进，在其有些不计后果。鲜卑所以能占据中原，依靠的是他们的部落力量。在进入中原之初，虽然对基本民众"分土而居"，但还是"血缘关系较近的一个较大的集团分配到一定的区域"的，也就是说，还是以宗族部落为单元的。北魏进入中原后，北方马上出现了强敌柔然，因此，鲜卑的重要军事力量，都驻扎在沃野、武川等"六镇"重地，大将不是拓跋宗主就是八族王公，士兵也都是拓跋的氏族成员。对于尚武的游牧人群，从军为将本是被人尊敬的高尚之事。但是，随着南迁，那些南下的

① 参见王仲荦：《魏晋南北朝史》下册，538～539 页，上海，上海人民出版社，1979。
② 王仲荦：《魏晋南北朝史》下册，540 页，上海，上海人民出版社，1979。

鲜卑贵族得到了好处，日见豪富，也日见文雅，留在北方的六镇鲜卑子弟们却变得"役同厮养"，地位一落千丈。这与当时南朝武人地位低下的状况类似。于是，迁都不久（孝明帝神龟二年，519年），就有被视为"代来寒人"的鲜卑兵士冲入大臣张彝的府宅、杀死张彝之子张始均的事件发生，原因就是张彝的长子张仲瑀曾上书皇帝，主张排抑从代北同来的武人。也就是说，激进的改革首先在鲜卑内部引发了严重的失衡。几十年后，这种失衡引发了六镇起兵，造成了北魏的大乱及北方的大分裂。

激进的措施还表现为南迁后禁胡语、改汉服和变胡姓。不要本族语言就是不要本族的存在，因此这一举措在历史上是相当特殊的。一个相反的例子就是，清入关后，直到乾隆年间还下诏禁止本族人说汉语。禁止胡服，努力丢弃鲜卑编发左衽的习俗。禁胡服，当然是要穿汉服；而所谓汉服，其实就是魏晋以来的南朝服制，为此他们求教于从南方北来的刘昶。因为服制不定，朝廷还停止了太和十五年（491年）的节日"小岁贺"和太和十六年（492年）正月初一的"朝贺"。孝文帝本人对此是十分在意的，史载他从外地回洛阳，见城中妇女"冠帽而著小襦袄"，便责问尚书何以不禁（《魏书·任城王云传附子澄传》）。服装是一个族群的标志之一，禁胡服也就是取消自己鲜卑标志以便以华夏正统自居。此外的改郊祭，改官制，改律令、刑法等措施，无一不仿照南朝。

其实，孝文帝主持的改革是南朝有什么，北朝也必须有什么。这便是"南朝化"。最突出的表现是南朝有门阀，北朝也要有门阀。《资治通鉴·齐明帝建武三年》记载："魏主（孝文帝）雅重门族，以范阳卢敏、清河崔宗伯、荥阳郑羲、太原王琼四姓，衣冠所推，咸纳其女以充后宫。陇西李冲以才识见任……当朝贵重，所结姻娅，莫非清望，帝亦以其女为夫人。"此外还亲自下诏为六位亲王广结荥阳郑氏、范阳崔氏等大姓姻亲。孝文帝同时也用了当时汉族的门阀制来重新编制鲜卑人群的姓氏及等级关系，如皇家由带有"胡气"的多音节姓氏"拓跋"改为"元"，并且其他鲜卑多音节姓氏都要改成单音节汉姓。在等级方面，元姓当然高于汉族诸大姓，其他鲜卑姓氏以穆、陆、贺、刘、楼、于、嵇、尉八姓为首。此等规定推出，联合北方世家大族的愿望和作用都是有的，也得到了汉族豪门如崔氏"重隆周道"的喝彩（《魏书·崔玄伯传》）。但这不是孝文帝定族姓的全部目标，孝文帝更高妙的理想在于以此与南朝相比肩。

还有比改姓更能体现孝文帝改制汉化的热切吗？这便是北方的"上进心"的最典型表现。有中古史学者说，鲜卑人进入中原汉文化区，就得改变，就得汉化。这种观点忽视了北魏汉化政策"南朝化"的具体丰富的内涵。没有北方人的上进之心，南方文化就是一套形式。北方人在接受南方文化时，也可以保存自己的服装、语言、姓氏，北方人连这些保持自己族属的标志之物都不要了，如此诚心诚意地自我脱化，这才是真正的汉化的历史动力之所在，也是南方文化迅速被北方接受的根本原因。

放在北方人群汉化的漫长历史的序列中观察，北魏孝文帝改革的积极主动是十分突出的。历史上的民族大融合，在南北朝至隋唐和元朝统一两大时段最为浩大。可是，与北魏太和改制所引起的汉化相比，这后一次的民族融合，更多的是表现在社会民众的文化融合上，而不是表现在当政者方面的进取。不论是党项、契丹，还是金、元，当权者不但大多不像孝文帝那样追求彻底的汉化（南朝化），反而为防止失去文化的自我制定或使用属于自己的文字，以与南方的汉族相分别。不过，这后一次的大融合还是完成了，先进同化后进是文化发展的规则，在这规则之内还可以看到北方人群的上进之心，但多少有点被动：北方政权（注意，这里指的是政权）在与南方政权对峙时，虽也吸收南方文化，但有意地制定文字，来免于被同化。彻底汉化只在这些政权被更强大的势力消灭后才发生。北魏的汉化，以此观照，实在是很特别的历史现象。

了解北魏鲜卑汉化的"南朝化"特点，才可以把握整个以鲜卑族为主体的北方人群的上进心。这直接影响到唐代的建立及其开放的历史心态和文化政策。孝文帝的改革，站在北魏立场看是激进不计后果的；站在北方进步的大立场看则是积极主动的：它引起了北魏的衰败、东魏西魏的分裂，甚至引起北周时"反汉化"或曰"胡化"的逆动。"胡化"的表现首先是汉姓改胡姓，如本为鲜卑族的于姓，仍改为勿忸于氏，原为汉姓的，如李虎，赐鲜卑三十六族的大野氏；李弼，赐徒何氏；赵贵，赐乙弗氏；杨忠，赐普六茹氏等。西魏及北周的社会上层和来自北魏武川镇的中下层军官在孝文帝的改革中没有得到好处，因而是反激进汉化力量的中坚。改姓氏，正表现出他们对孝文帝改制措施的不满。不过与其说这是倒退，不如说是在矫正鲜卑人群内部因激进改制而失衡的社会，满足世道人心的需要，达成族群的凝结。鲜卑上层和关、陇东汉世家大姓的所谓"关陇本位势力"集团凝聚在一起，以此获得自己特殊的形态。实际上，汉化的脚步片刻也未停止，他们虽不再像孝文帝那样"南朝化"，却摆明了以"周礼"治国。这不也是"汉化"吗？只不过是"汉化"的另一种表现方式而已。

而且，北方的上进之心，仍未有任何的改变。南方当时最令北人羡慕的是诗文，是文采风流，也就是文化。这在庾信的被扣留一事中可见得真切。需要说明的是，梁朝灭亡时，被北朝扣留的文人不只庾信一个，但庾信因名声最大而终不得返。北周给庾信的官职待遇为"开府仪同三司"，规格很高，在他周围的也尽是宇文逌那样的王公大人、高门子弟，向他学习诗文。"庾信文章老更成"，在他本人是将被强留的委屈发而为诗文，却促成了他诗文的"老更成"。但是在这样一个强人所难的事件中，还应看到当时北方人好学的急切和它特有的尚文政策。从北周贵族强行挽留南方诗人庾信之事，也可看出他们对南方文学是多么喜爱和钦羡。有学者研究所谓"北朝文学"，认为那时只有北方人写的文学，而没有北朝文学。因为，所谓北方文学不过是对南朝文学的学习。

关于南方的开拓精神，这里只以北宋王安石变法为例，略加讨论。

北宋入不敷出的财政压力，早在太宗、真宗时期就已见端倪，从田锡、王禹偁等人的政论中已可读到关于"三冗"的议论。但是解决问题的方式，大体不出节俭思路，这也是儒家固有的老主张。一直到仁宗去世，主流的意见仍然在"节流"上着眼，如苏轼给仁宗的《进论》，也仍是在老的思路上打转。但是，在这个时候，有一个人的思路就完全不同，那就是王安石。在《上仁宗皇帝万言书》里，他独出心裁地提出"因天下之人，生天下之才，因天下之才，供天下之费"的主张，石破天惊地推出财政"开源"说。这样的论调，恰是以南方经济开发为背景的论点。说王安石是南方人，人们会说，苏东坡也是南方人，早于王、苏并且试图实施"庆历新政"的范仲淹也是南方人，何以他们是财政的"节流论"者，而王安石则不然呢？这得从王安石的特殊从政经历中寻找缘由。王安石不是像一般官员那样，科场高中以后，做翰林、谏官、馆阁学士等清望之官，累积资格以达到权力高峰的，而是在南方之地做县令、州府等亲民之官，因此他对南方经济的认识不同于一般在朝为官者。"熙宁变法"中的一些措施，如青苗法，就可以追溯到他做鄞县县令时的一些成功举措。① 正因如此，当变法中面临着众多的反对和批评意见时，王安石才那样固执己见。

移民文化是一种开拓的文化，唐宋以后的迁移，不像魏晋南北朝时有世家大族的率领和组织，南渡后又多隐蔽在大家族的势力之下。移民的时代，都是政治无序的时代；所到之处，必须以宗族为组织(因此宋明时期南方的宗族宗祠制度特盛)，披荆斩棘，自开生路。正是这种艰苦卓绝的开辟历程造就了民众的开拓精神。美国学者说，美国自由精神成就于西部大开发，因而美国历史就是边疆的历史；实际上，中国人在开辟南方的过程中同样塑造了南方人的精神。各种地方志及记载风俗的文献中，多说到南方人的"好讼"成风，正是南方人捍卫生存权的标志。宋代范致明《岳阳风土记》说："江西妇人皆习男事，采薪负重，往往力胜男子……衣服之上，以帛为带，交结胸前后，富者至用锦绣，其实便操作也，而自以为礼服。"试对照颜之推《颜氏家训》对北朝妇女之能干的记录，南北古今变化又何其大也！南方的开发，以及由此而来的经济上南方在两宋之际的超越北方，是南方农、林、牧、副、渔各方面繁荣的结果，不然两宋之际何以出那么多的文人才子呢？前面说过，唐宋之际，江西、福建之地正是经济开发高涨区。王安石的"开源说"，其实正是南方精神的体现。几千年前有荀子的财富开源说，后来"节俭说"成为儒家的正调，荀说几成绝响，在王安石这里才重现于世，这也许只能从南方的经济上升中寻原因；或者说，它正体现了一种开拓的南方精神。

第三节 作物、气候及其他

黑格尔说，温带是世界历史的舞台。这主要是就欧亚大陆的情况而言的。中国的文化发生在北纬 40°左右的地区，整个地理环境都处于温带。与同属温带的欧洲相比，中国的自然条件实际上要差些。欧洲有一千多万平方千米，平原面积占到了 60%～70%；中国却只有 10%左右，比欧洲少得多。因此，

---

① 参见邓广铭：《北宋政治改革家王安石》，27 页，石家庄，河北教育出版社，2000。

从农业来讲，中国有土地面积不足的问题。欧洲一个农民可耕种十几英亩土地；[①] 相比之下，先秦时期一夫耕种百亩。[②] 不仅如此，中国比欧洲人口多，人口压力很大，而且日益增加。如果 10 亩地由两个人耕种，回报是高效益的；八个人种，产量会比两个人耕种高，但实际效益是低的。

中国农业很长时间里只能养活 0.5 亿左右的人口。唐以后，中国人口逐渐增长，到北宋后期突破 1 亿。这与农业科技的进步有关，也和粮食作物的品种的丰富有关。北方传统旱作农业作物，以粟和稷为中心。稷是高粱，粟是小米。小米这种作物适合在黄土地生长，耐旱，但产量低。高粱则可以抗涝。北方常见的农作物还有大豆，分黑、黄两种，黑豆适于在缺乏有机物、微生物及营养元素的生土地上种植。此外，小麦种植在我国也有悠久的历史。小麦喜肥又喜水，尤其是后者，河北一带就有句话叫"要吃麦，泥里踹"，因此种小麦一定要大量施肥浇水。可是在北方，井水灌溉面积不足，大面积种植小麦是不可能的。随着科技的发展，小麦才成为北方农民的主食。汉武帝时期通西域，带回了苜蓿、胡萝卜等。

中国农业品种发生变化是在明末清初，也就是哥伦布发现新大陆以后。美洲的番薯、玉米、花生等稳产高产作物开始进入中国，对农业产生了重要影响，这与中国人口持续的大数量增长关系至为密切。以番薯为例，它传入中国的线路有以下三条：一条是从缅甸经由云南传入；一条是从广东东莞传入；还有一条是从漳州、潮州交界传入。番薯旱涝保收，稳产高产，历来是救荒食品。这里应当说一下陈氏家族在推广番薯上的贡献。

明代万历年间，商人陈振龙从菲律宾把薯秧放到船舱的夹缝当中带回来。陈振龙之子陈经纶向当时的福建巡抚金学增推荐番薯，金学增主持试种和推广，所以番薯又叫"金薯"。万历二十一年(1593 年)，当地灾荒，番薯活人无算。陈经纶后人陈以桂将番薯推广到浙江，陈以桂之子陈世元将其推广到山东胶州，陈世元长子陈云、次子陈燮、幼子陈树更将番薯的技术推广到河南、北京一带。陈世元还著有《金薯传习录》。陈家的努力受到了国家的大力褒奖。此外，徐光启著有《甘薯疏》，对推广番薯种植也有很

---

① 1 英亩＝约 6.07 亩＝约 4046.86 平方米。

② 先秦百亩约相当于今天 30 亩，今 15 亩＝1 公顷＝10000 平方米。

大的功劳。① 至清朝，番薯更是"民食之半"。玉米也是从水旱两路来到中国的，传入时间也都在明代万历年间。中国最早种植玉米是在云南。玉米可以和小麦形成轮作，两年三熟，复种指数提高了，而且产量很高。外来农作物品种还有花生。花生喜欢沙土，沙土上是不太长其他粮食的，种植花生可以提高土地的利用率。这几种作物传到中国以后，对中国的农业发展和人口增长起了很大作用。清代人口最多达到 4 亿，这与农业新作物的推广是密不可分的。

经济作物棉花传到中国，一条路线是经西域，还有一条就是经云南一带。棉花是重要的纺织原料。元朝海南人黄道婆改进了棉纺织技术，她曾到浙江一带传播纺织技术、改革工艺。近代以来，棉花成为中国农民的主要经济作物，在中国经济史上的地位有点像欧洲人的羊毛纺织。此外，烟草也是从美洲经由菲律宾传到中国的，在明末清初逐渐推广开来。

下面谈气候。从冷暖来看，五千多年来，中国的气候冷暖交替，总的趋势是由暖变冷。竺可桢先生将五千多年的气候变化分为四个大的时期：公元前 3000 年到公元前 1100 年，公元前 1100 年到 1400 年，1400 年到 1900 年，1900 年以后。② 数千年来中国气候总的趋势是："温暖时期一个比一个短，温暖程度一个比一个低。"③在传统的农业社会，气候变迁对作物的生长影响很大。据估算，气温每变化 1℃，农作物产量的变化约为 10%，这自然也会影响到社会的各个方面。前文提到南方经济的开发和经济重心的南移，这一过程是在唐五代到两宋完成的，中国的气候在这一时期正处于寒暖交替状态：从隋唐到北宋初期气候温暖，而从北宋中期到南宋中期属于寒冷期。这种由暖入冷的气候变化对当时南北农业生产的兴衰影响甚大，北方受到气候变冷的影响更大。年平均气温下降 2℃，作物的种植地域就要向南移动 2~4 个纬度，因此，这一时期，北方水稻的种植面积较温暖的唐五代明显减少。同时，低温的气候，却适宜小麦在南方的推广。这一寒冷期又与干旱期重合，雨量的减少更使北方农业雪上加霜。而南方长江流域

---

① 参见赵冈、陈钟毅：《中国农业经济史》，第六章"农作物简史"，台北，幼狮文化事业公司，1989。

② 参见竺可桢：《中国近五千年来气候变迁的初步探讨》，载《考古学报》，1972(1)。

③ 王育民：《中国历史地理概论》，222 页，北京，人民教育出版社，1987。

因为太阳黑子活动频繁而雨量增加，使农业区向更南的地区扩展。两宋之交的大移民也给南方带来充足的劳动力。以上这些因素都推动着南方经济总体实力全面超过北方。① 可以说，气候的变化对中国经济格局的变迁起了推波助澜的作用，促进了南方的发展。

从温度和湿度上说，中国的严寒和酷暑差别明显，最冷可以到－40℃左右，最热可以到 40℃ 左右。中国淮河以北属于干旱地区，年平均降雨量在 250 毫米以下的半干旱区太多了；而欧洲的半干旱区只是里海附近的一点荒原，对整个欧洲来说微乎其微。中国文化发祥在黄土高原，黄土高原是风力搬运形成的，而华北平原是水力搬运的。风力搬运的土比较细；水力搬运的土里含石头，但有机成分高。黄土土质疏松，容易水土流失，在这样的土地上过分发展农业会导致自然灾害的发生。

大陆性季风气候的不利方面是自然灾害多，有人称中国为"灾荒之国"。邓拓曾研究中国历史上的自然灾害和救灾，作《中国救荒史》，其中一个结论是，排除上古时代难以取信的历史记载，从汉帝国建立以后，即从公元前 206 年到 1936 年为止，2142 年中发生的自然灾害总数是 5150 次，平均每四个月就有一场灾荒；其中水害 1037 次，平均每两年一次；旱灾 1035 次，也是两年多一次。② 灾荒有多种，中国的灾荒主要涉及以下几方面：水、旱、蝗虫、冰雹、风、霜、雪、地震及瘟疫。中国大规模的瘟疫不少，但没有严重到欧洲黑死病的地步。1348 年，欧洲闹了一次鼠疫，死了三分之二（有的说法是一半）的人口。鼠疫时重时轻，持续了很多年。另外，还有所谓"儿童鼠疫"。14 世纪以后的很长时间里，欧洲劳动力明显缺乏，原因之一就是大瘟疫流行。

中国最主要的灾害是水灾和旱灾。水灾既有淫雨造成的水涝，又往往与河水泛滥的冲决相伴，其中影响最大的洪水灾害来自黄河。改道本是黄河的自然属性，但这种现象越到后来人为因素越多。历史上黄河的改道可以分为几个阶段，基本的趋势就是越来越频繁。宋以前，黄河由渤海湾入海；金元以后，一部分从山东入海，一部分分为数股夺淮入海，淮河带来

①　参见郑学檬：《中国古代经济重心南移和唐宋江南经济研究》，38～40 页，长沙，岳麓书社，1996。

②　参见邓拓：《中国救荒史》，54～55 页，北京，北京出版社，1998。

的灾难从此变得严重了；明嘉靖五年（1526年）以后，整条黄河夺淮入海，这种情形持续了很长时间；清咸丰五年（1855年）以后，黄河又改回由山东入海。黄河夺淮入海虽然是灾难的根源，但是明清统治者为了保持大运河的畅通，故意维持夺淮入海的局面不变，在很大程度上也加重了灾难。

灾害频仍，影响了中国的文化性格。在多灾害的气候条件下经营农业，使中国人产生了一种强烈的节俭意识。"尧禹有九年之水，汤有七年之旱"（《论贵粟疏》），"黎民咸被南亩，而不失其务，故三年耕，而余一年之蓄；九年耕，而有三年之蓄"（《盐铁论》）。必须耕种三年才可能有一年之储藏——这个储蓄的比例应该算是比较低的，由此，节俭成为民众重要的生计之道。

思考练习

1. 结合教材，阐述原始人群的文化交融活动在中国传统文化形成中的作用。

2. 试从中原、西北、南方等不同的地域视角，阐述众多人群对中国文化和历史产生的影响。

3. 结合教材，阐述魏晋以后在中国文化由北向南的推进过程中出现的交相辉映的"一圆"和"一条直线"的历史大景观。

4. 结合教材和相关的历史知识，谈谈你对北、南两大地域不同的历史文化精神的理解。

5. 结合教材，阐述作物、气候乃至灾害对于中国文化产生的影响。

第二章　古代文化历程

要点提示

1. 了解中国文化的多元发生的基本情况。

2. 了解西周封建与统一化文明进程的开始及"礼乐文明"的内涵。

3. 了解文化几个大的时代的特点，特别要注意"经学时代"和"理学时代"的内涵。

人们常说中国文化"四千年"、"五千年"，然而就现代考古的追溯而言，中国文化从滥觞到今天，总得在八九千年。这样一个漫长时期，为观察方便，可以划分为如下四个大的阶段：（1）新石器时代文明最初的发祥，（2）夏商周文明基本形态奠定，（3）两千多年王朝帝制时期，（4）近代以来社会文化转型期。四个大的阶段中，新石器时代的文明滥觞期时间最长，近代转型期最短。

这是按照一般的"历史发展"所做的分期，如以"文化史"的角度划分，还可分如下的阶段：礼乐文化时代，经学文化时代，玄学流行与佛教传播的时代，理学文化时代，最后是中西文化相遇的时代。

（1）礼乐文化时代。最富于华夏文明色彩的礼乐文化的诞生，是上述第一期亦即"新石器时代文明最初的发祥"这一漫长时期文化积累的结果，"礼乐"作为一种文化现象，其最基本的品质是崇尚有秩序的和谐，是后世古代文化的源头与基础。

（2）经学文化时代。其时间段落指的是两汉时期，也就是上述第三期亦即"两千多年王朝帝制时期"的早期阶段，其余绪，要延伸到唐代中期。这一时期，人们坚信儒家经典中的道理，可以落实到帝国的政治实践上，可以将王朝的社会文化带入美好的尧舜"大同"时代去。"经学"成为最显著的上层文化。

（3）玄学流行与佛教传播的时代。"经学"时代的基本信念逐渐淡薄，大约从东汉中后期开始，在王朝的士大夫阶层中适意的道家生活哲学开始流行，到魏晋，思辨旨趣颇为强烈的"玄学"盛行于世。大体在玄学兴起之际，佛教开始流传于中国，传播面十分广泛，其兴盛一直延续到唐宋时期。

（4）理学文化时代。大体从唐代中期开始，士大夫反思历史特别是唐代"安史之乱"的经验教训，以为社会所以治理不佳，是因为"道统"即文化道路和方向出了偏差，于是开始高扬"复古"主张，在文化上想恢复到儒家"修齐治平"的道路上去。与经学不同的是，理学是吸收了佛教和道家思想的，因而与"修身"相关的"心性"问题，成为中心性的大问题。"修身"的目的是"齐家"、"治国"，而在政治上"回向三代"即追求"尧舜"的理想之境成为大目标。

（5）中西文化相遇的时代。理学又称"宋明理学"，这是因为在明代有王阳明心学出现，令理学出现新的思想局面。不过，早在元代，西方的文化和思想语境开始传入中国。明清时代为数不少的传教士来东方传教，带来许多新知。中西文化相遇之后，有一个重要的问题：本土思想文化还有没有地位和价值。这个问题在"鸦片战争"以后变得越来越突出，在"洋务运动"、"戊戌变法"和推翻帝制乃至更后来的五四运动几个重大历史事件中，都可以看到关于这个问题的争议与分歧。

对以上分期，有两点需要说明。其一，除了佛教传播之外，其表述内容侧重于社会上层文化的情况。实际上，古代民间社会的生活方式与朝廷所主张提倡的，差别很大，距离很远，自有一套。例如，在汉代，朝廷尊儒术，民间却有"太平道"、"五斗米教"流行，文化上"两张皮"的现象还是颇为明显的（这一点在本书第四章谈古代社会时还会讲）。其二，真要说明上述五个阶段的分期，还不能孤立而谈。例如，讲"礼乐文明"，只讲西周创立礼乐是不行的，还要结合"新石器文明发祥"那个历史文化发展话题，不然就无法说明礼乐文化的由来。也就是说，上述两种分期必须结合着谈。

第一节　远古文化的多元发生

地域辽阔是中国历史的特点。具体到中国历史发生的特点，那就是远古文化发生的多元性。文化的发祥不像古人所认为的是"三皇五帝"一脉相传，而是多元发生。在黄河流域、长江流域和辽河流域等诸多区域，都有曾繁荣一时的远古文化遗址被发现。

一、远古新石器文化的分布

距今大约 1 万年，人类开始进入新石器时代，前此为旧石器时代。新石器时代结束于公元前 2000 年（距今 4000 年）左右，延续时间长达七八千年之久。其时间可分为早、中、晚三大时期，即仰韶文化以前时期（距今 10000～7000 年）、仰韶文化时期（距今 7000～5000 年）、龙山文化时期（距今 5000～4000 年）。

早在 20 世纪，有学者就依据文献记载，把上古文化人群划分为炎黄、东夷、苗蛮三大区域。① 近百年的现代考古发掘证明，这三个大的区域，实际是远古更加多元的文化长期融合的结果。在黄河流域、长江流域、辽河流域乃至更广大的地区，都有古老文化遗址的发现，而且相互间存在着越来越明显的影响、交融的证据。结合前辈学者的研究，远古文化大体分为如下七大区域。

其一，黄河中游地区的仰韶文化区域。以河南、陕西、山西三省交界地带为中心，向外分布，著名遗址有半坡、姜寨遗址等。而在仰韶文化之前，还有裴李岗文化的发现，这里出土的石磨盘和磨棒工艺精湛，最奇特的是在贾湖遗址发现的用鹤腿骨制成的笛子，从三孔到七孔都有。

其二，黄河上游甘肃、青海一带的甘青文化区域。这两个区域的文化有前后相继的关联，两者都是彩陶文化，研究表明，当仰韶彩陶文明经历高潮后趋于衰落时，甘青地区的彩陶之制作却方兴未艾，地域特色

---

① 参见蒙文通：《古史甄微》，42～61 页，成都，巴蜀书社，1999。又徐旭生：《中国古史的传说时代》，37～1827 页，北京，文物出版社，1985。

愈发鲜明。青铜器制作，这里也较早地出现了。著名遗址有大地湾遗址等。

其三，黄河下游的龙山文化区域，以山东泰山周边地区为中心，向南到江苏安徽北部，向北到河北地区，其陶器制作以黑陶为代表，表面光亮，有些器物薄如蛋壳，与仰韶彩陶区别明显。著名遗址有城子崖等。这一地区的史前文化发祥也很早，迄今发现的最早遗址为后李文化，之后经由北辛文化、大汶口文化发展为龙山文化，与仰韶文化齐头并进，各有源头，在大汶口、龙山时期，与仰韶文化、良渚文化都有交流的现象。

其四，长江下游杭州湾以南的河姆渡文化，发现于浙江余姚的河姆渡村，时间大致与仰韶文化半坡遗址相同。遗址中发现大量的以粗大木桩建造房舍的遗迹，榫卯技术发达，是中国干栏式建筑的源头。同时还发现大量栽植稻谷遗物，证明这一地区是世界稻作农业发源地之一。

其五，河姆渡文化之后，在杭州湾北侧，还有马家浜文化、松泽文化和良渚文化的发展序列。良渚文化为这一地区远古文化的高峰，在良渚遗址，人们发现了城墙、大型排水工程等遗迹，出土的玉琮、玉璧等玉器的制作十分精美。

其六，在长江中游的江汉地区，有从大溪文化到屈家岭文化，再到石家河文化的文化系列。这个地区文化发展明显受仰韶文化影响，又有自己的特色，如屈身葬等。沿长江逆流而上到湖南澧水和重庆三峡地区，是大溪文化区域范围。这里有迄今发现的最早的澧县彭头山遗址，时间上限距今8000～9000年。最早的人工种植水稻，就是在这里发现的。

其七，在辽河上游的大凌河、西拉木伦河、老哈河一带，有从兴隆洼文化到红山文化的发展序列，分布遍及辽宁西部、内蒙古东部与河北北部。其宗教活动遗址和玉龙等玉制器物，十分著名。此外，其他地区如岭南、西藏、黑龙江一带都有许多重要发现。

通过上述这些考古的发现，找出了许多遗落的文化根源。色彩鲜艳的彩陶上各种生动的图案，大汶口陶器气韵生动的造型，龙山黑陶奇妙的厚度和锃亮的光泽，精美玉器的制造工艺、玉器表面神秘的纹饰，各式各样的住房、中心性的聚落、城邑建造的理念，各种宗教活动遗址，等等，都让人大开眼界，重要的是这些伟大发现，使人从文化发祥的根源处审视文化的来由。人类学研究提出人类社会进步经历"游团—部落—酋邦—国家"各阶段，[①] 考古研究者借鉴这一新说提出我国远古新石器时代经历了"农耕聚落期"、"中心聚落期"和"早期国家文明形成和确立期"三大阶段。公元前 7000—前 5000 年的彭头山、磁山（发现于河北武安）、裴李岗、老官台（发现于陕西华县）、河姆渡等遗址，以及公元前 5000—前 4000 年的半坡、姜寨遗址，都属于农耕聚落期。仰韶文化后期、红山文化后期、大汶口文化后期，以及屈家岭文化、崧泽文化和良渚文化都属于中心聚落期。龙山文化及传说中的尧、舜、禹时期都属于早期国家文明形成确立期。

　　上古文化虽出多元，且在相当长的时期齐头并进，然而，古代文明的突破却是在黄河中下游地区完成的。当黄河中游地区，具体地说是中原，进入早期国家文明形成和确立期，其他地区诸多的史前文化却逐渐沉寂。考古发掘同时也证明，在黄河中下游的文明中，含有各地远古文化的因素。就是说，建立在黄河流域的古代文明，是建立在对其他区域远古文化的吸收融合之上的。

　　考古学的一些重大发现，使今人对这一融合的具体过程，能多一些认识。在属于仰韶文化的秦安大地湾遗址，曾发现宗教活动的中心遗址；在浙江余杭安溪乡瑶山，曾发现良渚文化时期的大祭坛；在辽宁的喀左、凌源和建平等县，都曾发现红山文化时期的祭祀遗址，凌源、建平两县交界地区还曾发现了建立在山顶上的"女神庙"和女神的巨大塑像。专家指出，红山文化的神庙和祭祀遗址，实际维系着附近相当大地区人群的精神生活。这个发现，富于启发性。在这样一个人群众多、地域广大的世界里，只靠战争的征服，不能必然地导致文化的汇聚融合，因为战争也可以招致人群的逃离和迁徙。真正将来源不同的人群辐辏并凝聚在一起，应当还有更加积极的要素。这就是建立在互相交流、启发基础之上的文化建构。共同宗教生活的建立，应当是这种文化建构的重要线索。

---

　　① 　参见王震中：《中国文明起源的比较研究》，7～8 页，西安，陕西人民出版社，1994。

二、远古时代的两大文化线索

"三皇五帝"是中国远古的传说时代，"三皇"人物极不确定，所谓"三皇"都是文化发明者，如神农氏发明农业，有巢氏发明居室等。如此，与其说"三皇"是三个帝王，不如说是关于文明进步的历史记忆的影子。"五帝"的人物较为确定，但是否真有像文献记载的那样的五位人物，也还可以讨论。据儒家文献和《史记·五帝本纪》记载，"五帝"的谱系是黄帝、颛顼、高辛、尧、舜。近年的考古发现，相当程度上可以验证上述"五帝"传说的谱系。例如，在山西襄汾（即传说中的尧舜都城平阳附近）考古发掘出距今4000 多年的古城遗址，还发现了世界上最早的天文观象台，而《尚书·尧典》和《史记》关于尧舜的记载，就有确立更精确的天文历法的大事。考察这一传说的另一种办法是利用一些人类学的成果。《史记》载，自黄帝以后，他的子孙分化为两大支系，而以后各帝都不出这两系的范围。摩尔根《古代社会》研究表明，印第安人的宗教首领，也都是从一个中心性大族中产生。同时，先秦文献《国语》中有黄帝之族"二十五子，得姓者十四人"的记载，这又与印第安人强大氏族容纳弱小之族的"收族"习惯有着相当的近似。《史记》载楚国的始祖曾"子事文王"，后来被周原出土的甲骨文所证实，这也可以作为五帝时期"收族"习惯的旁证。黄帝时代的"收族"，也可以从某些看似矛盾的传说中得到印证。例如，关于殷商祖先，一种传说认为他是五帝之一的帝喾之子，另一种传说则是他为最初的女祖吞食鸟卵而生；关于周人的始祖后稷，一种传说认为他也是帝喾之子，另一种传说则认为他是女祖姜嫄"履大人迹"而生。两种矛盾的传说或许对应着不同的历史事实，前者说的是商远祖曾被帝高辛大族收留，后者则说的是他们更古老的起源。以上这些表明，五帝传说并不完全是后人向壁虚构，它也对应着某种历史真实。

漫长的远古时代，多种族群向黄帝族聚拢的一个重要因素是战争。《史记》等文献记载，黄帝族与蚩尤族曾发生过重大战争，黄帝族获得胜利。此外，还有一个因素就是宗教的精神凝聚作用，就地域辽阔的远古华夏而言，这方面的凝聚作用或许更加持久深远。上溯两个因素背后的深层原因，则是文明，特别是农耕文明的进步。

《史记》载黄帝战胜蚩尤以后，"置左右大监，监于万国，万国和而鬼神山川封禅与为多焉"。在"左右大监"设立的同时则是"鬼神山川"的"封禅"，可见宗教活动的重要。到帝颛顼则进行更深刻的宗教革命，据《国语·楚语》及《尚书·吕刑》等文献记载，当时的宗教生活很混乱，"家为巫史"，颛顼"命南正重司天以属神，命火正黎司地以属民"，天神与地祇分开，祭祀行为专业化，实际意味着高级宗教的确立。《史记》称黄帝"迁徙往来无常处"，而帝颛顼则在濮阳建立都城帝丘。濮阳之地在更久远时期就可能是宗教活动中心，考古工作者近年曾在濮阳的西水坡 45 号墓地中发现用蚌壳摆成的龙、虎、鹿图案，专家认为这是一处巫师的墓葬，时间属仰韶文化时期。

尧舜时代与文明进步密切相关的事件，就是《尚书·尧典》记载的"乃命羲和，敬顺昊天"。按照《尧典》的说法，就是帝尧派专门人员到遥远的四方测量一年四季的至点，并将一年确定为 366 日，并"以闰月正四时"，以便"敬授民时"。2003 年，考古工作者在山西陶襄汾陶寺发现了世界上最古老的天文观象台遗址，而且，研究者依据观象台现存遗迹作模拟性观测，可以准确观测到冬至和大寒两个节气。[1] 陶寺遗址的年代经测定，正与传说中尧舜的时代相吻合。古人说帝王之事"莫大于承天之序"。人们总说中国古代最大的宗教是信仰上天。这不错，但不准确。准确地说，上古先民是按着时节的序列敬奉四时运转的上天。日月星辰运行中任何反常现象，都会引起恐慌，就是明显的证据。《史记·五帝本纪》说黄帝"迎日推筴"、"顺天地之纪"，说帝颛顼"载时以象天"，说帝喾"历日月而迎送之"，到帝尧的"乃命羲和，敬顺昊天"，正显示的是远古追求更精确的天文历法的过程。当然，古人对天时的尊奉，不像我们今天这样科学冷静，关于天文历法的科学实践，往往是包裹在宗教形态之下的。

从黄帝时代的"封禅"、"鬼神"，到帝颛顼的"绝地天通"，再到尧舜时代的"敬顺昊天"，线索清晰地展示出宗教从低级向高级的发展。与此相伴的是越来越大的"收族"。在帝颛顼宗教革新之后的帝高辛时代，族群凝聚倾向似乎更加明显。商朝和周人的祖先都出现在了历史的地平线上，史书

---

① 参见宋建忠：《龙现中国》，40 页，太原，山西人民出版社，2006。

说他们都是高辛之子。尧、舜禅让之后，商的始祖契、周的始祖稷，以及皋陶、伯益、夔、龙等"二十二人"（即二十二个部族）都济济于舜的朝堂上了，据《史记》载，这正好发生在"敬顺昊天"之后。此中的关键是宗教。"敬顺昊天"努力的现实功用是"敬授民时"，它关系着农耕大事，这正是黄帝的后代所建立的宗教中心凝聚力的根源。

综上，传说的"五帝"时代，实际存在两条文化线索：以追求更加精确的天文历法为核心的宗教活动线索，与此相伴的是众多族群向一个文明程度高、势力强大的中心族群凝聚的线索。这样的宗教中心所以对其他人群具有强烈的吸引力，正因为其宗教活动的内涵含有对先进文化的追求。农耕文明的进步，带动了远古人群最初的凝聚。

第二节　历史瓶颈突破与礼乐时代到来

凝聚的势头没有直接继续，相反，随夏王朝"家天下"的建立，这一凝聚的势头被斩断了。夏的建立，是"家天下"的开始，与尧舜时代的"禅让"截然不同。人群与人群之间的关系，也因此发生了深刻变化。战争征服，成为强大的中心权力对付不服从者的主要手段。《尚书·甘誓》篇载，夏王朝建立不久对不服从的有扈人群加以征战，竟然是"剿绝其命"！历史进入了一个新的阶段：不同人群之间不断征伐和兼并。夏王朝绝非一建立，就形成一个包含一切人群的"大一统"政治格局。用什么样的方式，将广大地域林林总总众多人群安顿在一个一统政治格局下共同生存，不但夏王朝没有解决，就是殷商王朝也没有解决。殷商王朝迁殷之后非常强大，地域辽阔，然而甲骨文显示，它与周边鬼方、方、虎方、土方、人方等数十个人群政权存在长期战争关系。[1]残酷的征战严重恶化了族群之间的关系，扭曲了人性，具体表现就是强大的殷商王朝不把其他族群当人。殷墟考古发掘出许多的人牲祭祀坑和殉葬大墓，例如，侯家庄墓葬中各种身份的殉葬人员竟多达400人左右，有时为了殉葬一次就可屠杀390

---

① 参见王玉哲：《中华远古史》，390页，上海，上海人民出版社，2000。

人！① 这些人是谁？大多数学者认为他们都是战争所获的俘虏。屠杀他们为自己死去的先人殉葬，正表现的是"非我族类"便为非人的观念。只知道用战争屠杀来征服异己，广大地域上众多的人群只会越来越散，同时，强者自己也在战争杀伐中精神陷溺、人性扭曲，陷入恐惧和嗜血的痉挛之中。殷商大墓被打开后几百人头码在一起殉葬的场面阴森可怖，这与青铜器上饕餮图案的阴森可怖一致，都是精神陷溺和恐惧的表征。征战可以使殷商的地域更辽阔，但并不能带来和平和有创造性的政治文明。《史记》所载周武王灭商之前举行盟会，"不期而会"的诸侯就有"八百"。他们应该都是些饱受殷商武力压迫的大小政权的首领。他们与周武王的"不期而会"，表明殷商王朝以武力收服其他众多人群做法的失败。王国维说殷商时期"君臣关系未定"，在很大程度上就是指这些受到殷商武力胁迫人群的难以驯服。

一、西周封建与统一化文明进程的开端

公元前 1046 年，周武王联合八百"不期而会"的诸侯，在一个早晨灭掉了残暴的商纣政权。在这场重大的"革命"中，有一个细节特别值得注意。据《逸周书》及《史记》的记载，灭商之时，周武王曾登高眺望商邑，他看到商朝政权虽然灭亡，但众多的殷商遗民还在。如何巩固周家统治？据《逸周书》等记载，"自夜不寐"的周武王，向周公旦提出一些设想，其中之一，就是在当时"天下中心"建立敬奉上天的宗教中心。这就是说，一个以武力战胜强大殷商王朝的君王，不想以武力统治天下，他要改弦更张，试图利用强大的精神力量实现王朝统治。结合《诗经·周颂》的一些早期篇章，周人建国之初，高唱的是"我求懿德，肆于时夏"的开国纲领，高张的是"文德"政治。武力开国，文治天下，这就是所谓"逆取顺守"。这样的惯例，正是周人所开。与此相伴，对中国历史影响深远的分封制也开始实施。

西周建立后，把大批同姓贵族和异姓亲信赐封到各地建立诸侯国家，史称封建，所形成的社会制度，就是分封制。分封制的实施主要在周初，以后陆续也有，一直到晚期的宣王朝。分封的目的是捍卫周家的天下，分

---

① 参见孙淼：《夏商史稿》，522 页，北京，文物出版社，1987。

封下的国家大小不同、等级各异。诸侯国以周室同姓为多。同姓封国主要有鲁、卫、晋、燕，异姓诸侯如齐、许等。周朝还把一些前代王者的后裔加以"褒封"，如黄帝之后封蓟，尧之后封祝，舜之后封陈；同时，还把部分殷商遗民封到宋，把夏朝之后封建到杞，称"二王之后"。

分封制的实施有以下的意义：第一，作为一种制度，分封实际承认了包括商人在内的异族人生存的权利。周人并没有把被他征服的族群全部变成奴隶踩在脚下，在封建宋国的同时，周也对商遗民进行了分割，如将"殷民六族"分配给鲁，将"七族"分配给卫，将"顽民"迁移到周等，但成族地进行分配，只是对强大的商族群体进行拆解，意在消除他们反抗的力量。商遗民在周朝社会里，甚至有选择生活方式的自主权，如他们可以按习惯去经商等。对商遗民如此，对其他族群，亦不至相差太多。这种措施最大的好处，是为渐渐消除族群间的仇恨与界限，提供了前提和保证。作为分封制的补充，周初对婚姻缔结形式也作了革新。周人有意利用婚姻，广泛地与异姓贵族建立稳固的亲戚关系。周道"尊尊"，但"尊尊"的基础是"亲亲"，而"亲亲"的形成有赖于婚姻关系的缔结。种种迹象显示，到西周中期时，周人与商遗民间的敌对心理已基本消失，其他方面可以概见。因此，分封制的实施，实际完成了一项重大的变革：在一个广大地域上，众多林立的人群，削平各自的族姓界限，走向融合。西周王朝的历史功绩在于它"孵化"出一个统一的文化人群，中华民族的基干由此生成，后世一切统一家国社会的建立，都仰仗这一基础。

第二，旨在维护王室统治的分封，实际形成的是周王与诸侯共治天下的局面。"王者据土与诸侯分职，俱南面而治，有不纯臣之义。"（何休《公羊传解诂·隐公元年》）通过周朝的分封，各诸侯国是有自己的土地、军队、人民的，是实体性的政权存在。王朝要使诸侯有效地捍卫周室，必须向其让渡权力，而诸侯要想保证自己的存在，必须拱卫王朝的权益。分封制是一种富于"弹性"的制度，与后代王权专制有重大的差别，那种认为中国自周代就是专制社会的看法是不符合实际的。

第三，分封制是一个激发历史创造力的制度。在周初异姓族群林立的情况下，每一个分封出去的国家，必须完全靠着自己的努力才能开辟生存空间。这就必须因地制宜地去寻求自己的道路，据《左传》、《史记》记载，封于"殷虚（墟）"的卫国是"启以商政"，建于"夏虚"的晋国则"启以夏政"，在东夷文化区立国的鲁是变俗从礼，地域饶衍的齐国则广开鱼盐之利。在君主继位上也各有特点，如在周王室，实行"父死子及"，但在春秋以前很长时期鲁国实行的却是"兄死弟及"。西周王朝下的各邦，其实是一个王朝下多种体制并存，西周王朝的"大一统"其实是指颇为宽阔的范畴，因而其"一统"才显得格局之"大"，其实是因地制宜、因时制宜政治智慧的表现。而且，分封制超出制度本身的意义，是多姿多彩的上古文化局面的开辟。到春秋战国时期，个性鲜明的地域文化重新汇集、相互吸收，激荡出灿烂的"百家"文化。

西周封建制度的伟大意义在统一了广大地域之上众多的人群。以此为基础，作为众多人群进入统一化文明进程的具体表现，"礼乐文明"诞生。

二、礼乐文明

什么是"礼乐文明"？它首先是建立在西周社会基础上的一种新的文化系统，具有强烈的中国特征。从最基本内容上说，它包含着诸多典礼仪式，以及相关的歌唱舞乐。前者如祭天地的典礼、祭祖先的典礼、乡饮酒礼、燕礼、籍田礼、大蒐礼、冠礼、婚礼及人死后各种丧葬之礼等；后者则是与各种典礼相关的歌唱，《诗经》三百篇中许多篇章都是为各种典礼而制作的乐歌。但是作为一种社会文明的体现，礼乐文明还有其深层含义。第一，它是社会文明进步的结果。祭祀天地鬼神及各种人间礼仪起源很早。在夏、商尤其是商代，更有长足的发展。例如，甲骨文显示，商代就有各种舞蹈和歌乐。但是，单有这些东西，仍不能用"礼乐文明"来称之。例如，在殷商遗址殷墟，发掘出许多建筑遗址。出土情况表明，为防止阴间鬼魅，殷商人在进行地基夯筑、安门及上梁等建造环节时，都要将活人杀死放入地基和门基两侧，其中阴间的守门人还佩着刀。建筑是被阴魂环绕的，更准确地说是房屋建造者的心灵被鬼魅缠绕着。在这样的情况下，一些重要建筑建造时或许也有吹吹打打、歌呼踊跃，但充其量只能算作巫觋活动，算不上礼乐。"礼乐文明"之所以在西周社会诞生，最根本的一点就是心灵对鬼魅缠身状态的摆脱。西周时同样重视房屋建筑，但是像殷商那样用人奠基、安门等现象已经绝迹，取代这种邪恶现象的是以诗篇歌唱，如《诗经·

小雅·斯干》篇就是为房屋建成举行典礼时的歌唱，诗篇描述住房优美的环境，夸赞屋墙的坚实、明柱的挺拔、房屋的宽敞，以及居住者人丁兴旺、家室兴隆等。诗篇表达的正是心灵摆脱鬼魅笼罩之后所达到的精神自由，惟其自由，才有在祝福的诗篇中所表现出的审美情趣。

第二，礼乐文明的基本精神是追求社会和谐。"礼乐"一词，分别言之，"礼辨异"(《礼记·乐记》)，礼强调社会内部的差别，讲究尊卑、长幼、亲疏有分别，每个人各守自己社会地位的本分，就可以群体安定。"乐"则与"礼"相反，"乐者为同"(《礼记·乐记》)，每个人各守本分，是理性，是秩序，单有这一面向，易流于刻板，还要在各守本分和秩序的同时，强调整体的和谐。任何典礼中都会因参加者的身份不同而待遇有别，但是，当歌乐响起时，美妙的旋律是不分彼此的。这是"乐者为同"最基本的意思。深层地说，讲究差别、秩序不是人群生活的终极目标，建立在差别秩序上的社会整体的和谐，才是最有价值的追求。"乐"就代表了这一方面。西周是礼乐文明创生的时代，礼仪活动频仍。透过这些礼乐活动的表象可以发现，礼乐活动至少维系着三个方面的社会和谐。

其一，王朝内部上下之间的和谐。这一点须从西周封建之初的具体情况来理解。周王朝是一族(周族)统御众多的异姓族群。可是，周人建国之初人口很少，学者根据牧野之战三千甲士反向推算——古代五家出一卒——周初周人最亲近人口的数量至多也只有十万人左右。据记载周初封建了姬姓邦国五十五个之多。因此，不论是周王朝还是各主要诸侯，其最可靠的人数都很少。然而，西周重要的封国都处在异姓异族人口众多的战略要地上。一个西周封国，如鲁国，要镇服泰山以南相当广大区域的土著人群，外在压力可想而知。如果内部不能和谐相处、上下同心，等待这些姬姓邦国的就只有溃败。要维持内部和谐，当权的贵族就不能只顾自己罔顾小民。外在压力越大，内部的团结就越重要。许多的典礼，都是为了维系上下和谐这根周人赖以统治天下的生命线。如饮酒礼，起源甚古，可是在周代这个古老的礼俗被发扬光大，配置诗篇成为最重要的礼仪之一，就在于通过乡党之间的饮酒歌唱活动，可以增强民众之间的情感联系；同时典礼也提醒着参加礼仪的周人：我们是一群人，分享共同的利益。而且，饮酒礼在西周，层次众多，样式各异，有举行于王和诸侯之间的，有举行于诸侯与群臣之间的，有举行于贵客到来之际的，等等。但其精神实质不变：维系整体和谐。

其二，礼乐文明维系的是族群之间的和谐。周王朝一姓统御万姓，为了联合诸多的异族异姓人群，周人采取了与异姓广泛缔结婚姻关系的办法来黏合其他人群。上一代没有亲戚关系，两姓婚姻的后代则会形成血亲。这就是《礼记》中所说的婚姻"合二姓之好"、"厚别附远"的作用。在《诗经》中关于婚姻的歌唱特别多，其中开卷第一首就是《关雎》篇。为什么把这首诗篇放在开头的位置？文献记载中，当乡饮酒礼进行到"合乐"，燕礼进行到"歌乡乐"时，演唱的众诗篇就是以《关雎》为首。再后来孔子等儒家整理经典文献，也把《关雎》放在三百篇开端，实在是因为这首诗内容的重要。与异姓人群成功的婚姻关系，不正与周人的统治息息相关吗？《诗经》"国风"中有大量揭露贵族家庭婚姻关系破败的篇章，也是由于这样一点。

其三，礼乐文明表现的是家、国之间的和谐。在《诗经》中，从"国风"到"大小雅"，保存着许多出征将士和家属的思念篇章，如《卷耳》这首短诗，记在家的妇女对远行丈夫的苦思，也表现行役丈夫对家乡的深念。这样的歌唱表现的是一种社会关切，一种对那些为国而不能顾家人员的精神体恤，这样的诗篇不论是否为民间创作，当它经常被歌唱于各种社会典礼上时，都显示的是国家、社会试图用一种精神补偿的方式来维系国和家之间的和谐关系。这很容易理解，一个宗法制的社会，家是国的细胞。片面强调国家而不顾个人家庭的利益，社会集体的健康就会被破坏。西周后期出现的《小雅·蓼莪》中那样孝子因长期劳役而不能奉养父母致使双亲亡故的悲剧，正是西周社会即将崩溃的征兆。综上，维系社会内部国与家之间、上下之间和人群之间的三重和谐，是礼乐文明的基本精神。

第三，强烈的人间色彩，是礼乐文明的有意显著特征。《礼记·礼运》说得很清楚："圣王修义之柄、礼之序，以治人情。故人情者，圣王之田也。修礼以耕之，陈义以种之，讲学以耨之，本仁以聚之，播乐以安之。"《礼运》这段话的含义很清楚，"礼"是顺"人情"走的。而所谓"人情"，不外"养生送死事鬼神"诸端，正是西周各种礼乐活动的范围。例如，只要是人类都吃饭，这是最平常的事，可是，周人就以这最平凡事为基础，创造出仪程繁多的各种饮酒礼。吃饭是最平凡的，可是它却可以变成神圣的礼仪，用学者的话说这就是"即凡而圣",将平凡的事情变成礼乐的活动,变成表达崇高情感的仪式活动。人都吃饭,这就是人情,也是平凡,但从平凡的人情中提纯出神圣的礼乐,这就是"礼顺人情"的重要特征。建立在吃饭基础上的饮酒礼如此,结婚典礼、射箭仪式及其他诸多礼仪,不都是建立在各种日常生活基础上的吗?在中国人的宗教崇拜中,祖先神灵最重要,但祖先不是外在于后代的神,他们也曾是人。中国人也祭祀超越于人群血缘关联之上的天地神祇,但是,天地不是人类的"父母"吗?他们也是人情化了的神。在佛教,要与最高真理合一,必须"四大皆空"地抛弃世俗的一切;在基督教,耶稣不也公然表示,他要用火和争斗毁坏凡间一切,才能皈依于上帝吗?但是,在中国的礼乐文明中,妥善处理好凡间的人和事,就能体现最神圣崇高的精神。

礼乐文明在西周的诞生,实际是中国文化根基长成的表现。西周封建的实施使广大地域上的众多人群走上了统一化的文明进程。而礼乐文明在西周的诞生,则为这一统一化文明进程确立了独特的生活方向。它是后代中国文明的发展基础,其影响是非常深刻且深远的。

三、春秋战国时期的两大现象

公元前 771 年,周幽王被犬戎攻杀,西周结束。第二年周平王率众迁都雒邑,开始了历时 500 余年的东周时代。以公元前 477 年为界,东周又分为春秋、战国前后两期,战国结束于秦朝统一。

这几百年的历史出现了两大现象:一是七大强国之间的血拼,导致数百万生灵在战争中死亡,最后经过商鞅变法也就是顺利实施对民众的铁血政治的秦国兼并各国成功统一天下,铁桶一般的王朝政治的格局形成。二是思想上的"百家争鸣",留下了珍贵的文化遗产。

以武力相兼并始于春秋,而改变与战争征服不相宜的政权体制,也自春秋开始。"变法"成为这几百年一个突出的文化现象。但这一时期所有"变法"的基本精神一致,即加强君主权力,将国家打造成适宜兼并的战争机器。"三代不同礼而王,五伯不同法而霸"(《史记·商君列传》)之类的"变通"论调史不绝书,此论调的背后则是对政治集权及利用军事征战的极端功利主义的追求。秦国在这方面最成功,因为它实行了商鞅变法,而商鞅变法的基本路数就是"利出一孔"、"驱农归战"。前者，禁绝小民自主追求利益，后者则是利用穷困小农求富心态，以军功换土地的方式，将民众捆绑在国家的战争机器上。同时，不允许与兼并目标相异的思想言论的存在。最终统一局面完成，民众的创造力也被大大束缚。

与大兼并同时的是诸子百家的思想争鸣。道家、儒家、法家、墨家、阴阳家、名家、纵横家及农家等诸多学派出现，并且互相争鸣，其思想的深度和广度，在古代都是空前绝后的。而实践性强，又是"百家"时代的特点之一，如法家、纵横家，既是理论家，更是所主张理论的实践者，其中法家理论和纵横家人物对最终秦的统一作用极大。此外，理想的高远，也是其主要特点，像儒家的"祖述尧舜，宪章文武"的道德理想主义，老庄哲学对"道"境界，对"逍遥"生命情调的向往，都是明显的代表。在未来的王朝时代，集权的社会还将各种思想兼取杂收为己所用，如用法家维持权力，用儒家教化民众，用天命及阴阳家的"五德终始"等为超验的缘饰，形成王朝政治特有的意识形态。

第三节　两汉经学时代

秦汉时期是中国封建王朝的成长期，也是中国王朝政治第一次强盛期。这一时期共经历秦（前221—前206年）、西汉（前206—公元8年）、新朝（公元8—23年）、东汉（公元25—220年）四个朝代，历时400余年。统一帝制王朝的历史实践，使中国文化发生了许多重大的新变。先秦文化部分地被吸收、改造，适应封建帝制要求的新文化确立。秦汉时期的中国文化在告别过去，也在开启着未来。

一、王朝的政治取向

秦朝短暂的政治，是法家思想路线的实践。商鞅变法使秦国强大，极端崇尚军功的功利主义和严刑峻法之下的酷虐民众，致使王朝在夺取天下后变得僵硬，难以应时而变，因而迅速崩塌。这对汉初的统治者教训很深，所以一直到汉武帝上台之前，王朝一直奉行黄老之学，统治者"清心寡欲"，"我无为而民自化"，要民众休养生息。这样的政治理念特别适宜汉初社会经济恢复时期的现实。但是，经过半个世纪以上的休养之后，西汉国力强盛，权力在这样的情形下要有所表现，"清心寡欲"之说就不合时宜。所以汉武帝一上台，就要"兴太平"，要"制礼作乐"，要"改正朔，易服色"，要举行封禅大典。儒学最能符合这种要求。

元光元年(前134年)五月汉武帝下诏书，明确皇帝心目中王朝追求的远大目标：

> 朕闻昔在唐、虞，画像而民不犯，日月所烛，莫不率俾。周之成、康，刑错不用，德及鸟兽，教通四海，海外肃慎，北发渠搜，氐羌徕服；星辰不孛，日月不蚀，山陵不崩，川谷不塞；麟、凤在郊薮，河、洛出图书。呜乎，何施而臻此与！今朕获奉宗庙，夙兴以求，夜寐以思，若涉渊水，未知所济。猗与伟与！何行而可以章先帝之洪业休德，上参尧、舜，下配三王！朕之不敏，不能远德，此子大夫之所睹闻也，贤良明于古今王事之体，受策察问，咸以书对，著之于篇，朕亲览焉。

这是一篇极重要的政治文献。简短而又激情澎湃的诏书，为后来王朝的政治方向定了基调。细看诏书，其"上参尧、舜，下配三王"表明，王朝进取的总体政治方向是要将国家社会带到"尧舜"、"三王"、"王道"的理想境地中去。第一，总体而言，这是一个道德的"文教"进路，国家不是追求人民世俗生活的繁荣幸福，而是企望人人有道德即所谓"画像而民不犯"。第二，对这样完美社会境地的追求，还将力图带动其他人群"文教"的进步。第三，人类社会的完美，还必然是宇宙范围内所有生灵的大和谐。第四，还有一点需要指出，在完美之境实现的过程中，是有祥瑞为其表征的。第五，诏书还显示着一种坚定信念：这样的美好之境，历史上是曾经实现过的。

关于第一点，可理解为社会经济的发展并非王朝首务。同时，这样的政治目标，势必影响国家官员选拔的标准，既然国家要"上参尧、舜"，那么"祖述尧、舜"的儒生势必成为选拔的重点对象，而尊奉其他思想的人则将被摒弃。由此，汉武帝时期开始实行制度性的察举制，选拔儒生为国家官吏。第二点，可理解为带动其他人群进步，原意是"修文德以来之"(《论语·季氏》），"先王耀德不观兵"（《国语·周语上》），是西周"天下"观念形成后对待周边人群的态度。但汉武帝这里，"教通四海"的努力主要表现为对四方的征战，以战争的方式促成周边人群的"徕服"。① 在这一方面，汉武帝可不是停留在憧憬层面，他是要"实践"的，于是有数十年的对以匈奴为主的周边人群的不断征战。汉王朝声威的确得到空前的提升，王朝的统治范围空前扩大，但汉武帝的征战，越来越变成穷兵黩武，② 实际将汉帝国带到了灾难境地，王朝人口在武帝一朝结束时，减少了一半，因此在他身后，有儒生将其视为"秦二世"一样的暴君。第三、第四点可以帮助理解经学的一个特点：儒家思想与阴阳家"五德终始"的结合，好以"阴阳灾异"解读儒家经典，正是汉代经学的显著特征。这又以董仲舒的"春秋学"为代表。

　　汉武帝下诏，董仲舒对策，史称《天人三策》。武帝接受董仲舒的建议，罢黜黄老百家之言，独尊儒术。③ 观董仲舒的对策，真是理解出题者心思的答卷。董仲舒的儒学是熔阴阳家、黄老、名法家等多种学说为一炉的新儒学，讲天人感应、阴阳灾异，使得汉代的儒学充满神学色彩。董仲舒大讲

---

　　① 关于汉武帝对匈奴用兵是为"交通四海"的理想这一点，由《汉书·武帝纪》中的记载可看清楚："元封元年冬十月，诏曰：'南越、东瓯咸伏其辜，西蛮、北夷颇未辑睦。朕将巡边垂，择兵振旅，躬秉武节，置十二部将军，亲帅师焉。'行自云阳，北历上郡、西河、五原，出长城，北登单于台，至朔方，临北河。勒兵十八万骑，旌旗径千余里，威震匈奴。遣使者告单于曰：'南越王头已县于汉北阙矣。单于能战，天子自将待边；不能，亟来臣服。何但亡幕北寒苦之地为！'"另外，还可以从《史记·汲郑列传》如下的记载中看出："居无何，匈奴浑邪王率众来降，汉发车二万乘。县官无钱，从民贳马。民或匿马，马不具。上怒，欲斩长安令。黯曰：'长安令无罪……且匈奴畔其主而降汉，汉徐以县次传之，何至令天下骚动，罢弊中国而以事夷狄之人乎！'上默然。及浑邪至，贾人与市者，坐当死者五百余人。黯请间，见高门，曰：'夫匈奴攻当路塞，绝和亲，中国兴兵诛之，死伤者不可胜计，而费以巨万百数。臣愚以为陛下得胡人，皆以为奴婢以赐从军死事者家；所卤获，因予之，以谢天下之苦，塞百姓之心。今纵不能，浑邪率数万之众来降，虚府库赏赐，发良民侍养，譬若奉骄子。愚民安知市买长安中物而文吏绳以为阑出财物于边关乎？陛下纵不能得匈奴之资以谢天下，又以微文杀无知者五百余人，是所谓"庇其叶而伤其枝"者也，臣窃为陛下不取也。'上默然……"

　　② 汉王朝最大的敌人是匈奴，经过："河南战役"、"河西战役"和"漠北战役"之后，匈奴对汉帝国的威胁实际已经基本解除，若对匈奴征战只是为了安定边境的理性目标，战争是可以就此结束的。但是，汉武帝的"天下"理想，使他不会就此而止。

　　③ 早在武帝之初的建元元年（前140年），丞相"卫绾奏：'所举贤良，或治申、商、韩非、苏秦、张仪之言，乱国政，请皆罢。'奏可。"但不久窦太后发动政变，罢免丞相等政策未能真正实施。

这些，有明显的限制皇权的用意，但是武帝并不接受这些。汉武帝政治上选择了儒术，可是生活上他要学黄帝成仙；他所要的儒学，绝对不能约束他自己的生活和意志，而是为他粉饰"太平"。不论如何，皇帝的理想、董仲舒的学术综合，正是汉代经学的基本调子。

二、经学与王朝的兴衰

经学，顾名思义，是研究儒家经典的学术。可是，如何研究儒家经典却大有讲究。汉代经学研究有一个基本的预设：孔子的经典是汉家必须落在治国安邦实处的大则大法。如董仲舒就把孔子称为"素王"，认为孔子受命于天为汉家立法，经他手定的"五经"，是经天纬地的政治宪章，必须在人间社会得到落实。于是，在西汉，一场以实现"五经"理想为目的的政治实践逐渐展开。

汉帝国在司法上采用的是秦法体系，这是儒生最看不惯的，要改成以道德教化为主，惩罚为辅。汉朝的祭祀系统也是秦人的延续，不合经典之说，要改，以符合儒家经典的说法；汉朝的宗庙陵寝也不合儒家之道，要改；王朝社会的风俗不好，也要改。总之在意识形态、上层建筑方面，被"独尊"的儒生儒术，都要对既有的政治社会现实痛加更改。本来，汉武帝说是尊儒术，可在管制国家方面，恰如汉宣帝所说："汉家自有制度，本以杂王霸道杂之。"（《汉书·元帝纪》）然而，王朝既然尊儒术，又在选拔官吏方面优待儒生，儒生出身的官员占据王朝的各级政府是早晚的事情。到元帝即位后，王朝的高级官场，就被一大批名儒主宰了。这时，百余年王朝政治已经矛盾重重，以延续王朝的命数而言，需要的是切合皇权政治实际的各种措施。然而，经学出身的儒生政治家们却奉行一套宽政减刑、不与民争利的政策。汉宣帝以前的"王霸杂用"，其实就是用"王道"对付听话的好人，以"霸道"对付不顺从的坏人。现在儒生主政却一味行"宽政"，没有给真正困苦的小民带来什么好处，相反却令腐败的王朝政治如脱缰野马一样向更加腐败的地步跌落。

当时最大的问题是土地兼并，财富日益集中，小民生计无着日益严重。究其原因，与汉代实行的"以人丁为本"的赋税政策有莫大关系。赋税的"赋"是指人头税，"税"则指依据家庭年收入所缴纳的税款。汉代可以免除小农的"税"，但"赋"即人头税则没有免除的记载。自商鞅变法以来，国家规定一个家庭的标准构成是五口，一个五口的核心家庭，按照当时赋的规定，一年不管实际收入如何，都要缴纳一千个大钱左右的人头税。这样的压力，会使小民家庭经济脆弱，一有风吹草动就会破产。小农易破产，地价就便宜，就有利于有兼并能力的富人。同时，有土地，还需廉价劳力。小农破产了，可人口还在，官员要完成自己负责的赋额，就会对破产的小民无所不为。这又会导致小农破产后必须逃匿。往哪里逃匿？当然是谁给饭吃就往谁那里逃。这样，富有土地的兼并之家就可以很容易地获得极为低廉的劳力。汉代的大地产就是在这样的逻辑下迅速膨胀的，这样的逻辑不消除，大地产就会持续；而历史的实际情况也正是如此。大地产容纳廉价劳力到一定程度后，接着就是大量流民出现，最后是绿林、赤眉出现，西汉崩溃。

土地兼并这样关系重大的社会问题，恰是勇于改制的儒生最没有办法的难题。因为他们就是理想主义的经学书呆子，按照儒家经典高唱"应当如何"是其长项，至于对具体社会问题追根寻源，在他们根本就匪夷所思。这些儒生，也很想解决土地问题，可是开出的药方即恢复他们认为符合"王道"的"井田制"，实施土地国有化，头痛医脚，不着边际，反而会使社会矛盾更加激烈。同时，西汉末期水旱天灾频繁，理想主义的儒生不是反思自己当政的作为是否切合实际，而是把责任推到"汉家"身上。如上所述，汉代经董仲舒改造的儒学，夹杂着阴阳灾异之说，它的宇宙论模式是阴阳家的五行相生相克，落到历史层面是"五德终始"之说。政治的腐败透顶，加上自然灾害频仍、汉家"失德"，儒生们认为应该像《尚书·尧典》记载的"尧舜禅让"那样，汉朝皇帝主动把权力让给新的真命天子，由他来领导大家实现人间王道。这时有王莽这位更加书呆子气十足的外戚出现，在四十八万读书人的呼吁下"篡汉"，[①] 导致天下大乱。

到东汉时期，因王莽之乱，"尧舜禅让"等很少有人提及了，将"五经"落实到现实政治的劲头也减弱了很多。但是，王朝还是尊儒，儒生的群体更加扩大，东汉比西汉更像一个"儒教"的国家。可是，占据政治主导地位

①　当时有钱有势的人都兼并土地，王莽却主动让出皇家赐予的田地，因而感动天下人。四十八万人上书的记载，见于《汉书·王莽传》。可见王莽出世及他的篡夺汉朝政权，是一个"文化"问题。

的儒生，还是不能解决最要害的社会问题，那就是自西汉中期以来日益严重的土地兼并。到东汉中晚期，太学里的学生有数万人。而当时的王朝政治则是外戚、宦官交替专权，局面黑暗。以太学生为主体的年轻的地主阶级知识分子们，联合在朝的"清流"力量，与宦官集团展开了激烈的斗争。宦官依仗皇帝的势力对他们残酷打击，大肆捕杀、禁锢，制造了历史上臭名昭著的"党锢之祸"。同时一批深思之士，对秦汉以来的历史、现状进行反思和批判。其中崔寔、王符、仲长统的社会批判最具深度。仲长统在他的《理乱篇》中，甚至把秦汉以来的历史总结为从大乱到小乱，再从小乱到大乱的循环，其绝望之情可谓深痛。

三、经学时代的两大影响

两汉四百年的经学时代对社会造成的两大影响值得注意：其一，社会树立起一元化的生活价值轴心；其二，一个特权的士大夫阶层崛起。

关于前者，简单地说，就是"读书做官"成为人生最尊贵的选择。这是汉代几百年引导和强迫的结果。早在春秋战国，人们固然可以智术游说诸侯获得功名富贵，如苏秦、张仪，但是也可以经商、开矿冶铁发家致富。《史记·货殖列传》中对这些人多有记载，而且，司马迁还称这些靠"货殖"起家的人为"素封"，承认这些人靠经济努力也可获得人生富贵。这表明到司马迁生活的时代，还承认人生有另外的显贵途径。也就是说，起码到西汉较早时候，人生选择还可以多元。但是，武帝上台以后的一系列国家大政，促使情况发生改变。

首先是与"独尊儒术"相伴的察举政策的实施，使大量平民出身的读书人登上朝堂。典型的例子就是公孙弘，今山东地区的一位放猪的牧人，读了些"春秋杂说"，一次对策成功，马上封官，六七年之间封侯拜相，对天下人的震动之激烈，是可以想象的。同时，对那些经商富人，即所谓豪强，刘邦建国伊始就实行歧视政策，还规定三代有市籍者不得为官。至武帝，更因财政紧张对这富人实施"算车"、"算缗"乃至"告缗"等一系列敲剥打击的政策，同时还任用"酷吏"对豪强家族进行流血镇压。读书做官是那样的人生通达，而经营致富是如此的光景惨淡，不需要耳提面命，老百姓准确地知道哪条道路才是正确的选择。实际的情况也正是如此，到西汉晚期，读书做官的风尚已经天下靡然。《汉书·儒林传》："及窦太后崩，武安侯田蚡为丞相，黜黄老、刑名百家之言，延文学儒者以百数，而公孙弘以治《春秋》为丞相封侯，天下学士靡然乡风矣。"又《汉书·韦贤传》引邹鲁谚曰："遗子千金满籝，不如一经。"韦贤为西汉中期人物，西汉中期邹鲁已有此民谚，颇可说明问题。《后汉书》记儒学之盛更是："自光武中年以后，干戈稍戢，专事经学，自是其风甚笃焉。其服儒衣，称先王，游庠序，聚横塾者，盖布之于邦域矣……其着名高义开门受徒者，编牒不下万人，皆专相传祖，莫或讹杂。"汉初是一个万民求利的时代，两百年后，却是一个全民求学的时代。两《汉书》所载儒风之盛，与《史记》所记汉初"货殖"盛况，相映成趣，显示着社会风尚的巨大转变。

与上述相伴，就是另一个影响的生成：士族阶层崛起。士人群体出现于先秦，但真正变成一个享有社会实际权益的社会阶层，是在两汉时期。西汉初朝廷依靠的是一批功臣勋旧。从汉武帝开始儒学之士被提拔任用，特别是元帝以后，经学兴盛，儒学起家的士人开始分享国家的权力和利益。"金张籍旧业，七世珥汉貂"，到东汉时已形成累世公卿的局面，许多家族的成员连续数代以经学做三公，儒学之士更是庞大官僚机构的骨干力量。这个阶层逐渐形成一种联系紧密的以家族为中心的地方势力。达官一般都是经师，想入仕的人必须向他们习经术，官僚之间渐渐形成"门生"关系；作为地方官又可以聘用属吏，"故吏"关系得以形成。汉末许多割据一时的诸侯都以这样的私人联系为依托，如袁绍集团等。

第四节　玄学、佛教流行时期

从东汉献帝建安元年到唐代中期，时间延续近五百年，是历史的中古时期。这是一个分裂、动荡融合的时代，也是王朝政治达到鼎盛的时代。

此期的文化大势约有如下数端：其一，北方民族大举内侵引起中原人群的大规模南移，其结果是民族大融合。融合不仅北方有，也发生在南方，因为有大量北方人口南下。在北方，融合是"汉化"，某种程度上也是"胡化"。因为在融合中有大量的草原文化被吸收。其二，对南方大规模的开发，造成新的经济区域出现。上述两项，基本是从西晋"永嘉之乱"开始。

其三,在士大夫阶层,盛行的是玄学。其四,在士大夫阶层和广泛的民间来自印度的佛教广泛传播,给固有的中国文化注入了许多新的精神元素。

一、魏晋南北朝的历史变动

在四百余年的天下统一之后,是为期近四百年的分裂期。就三国时期的分裂而言,最深的原因还是土地兼并造成的大庄园地产的出现,导致国家财政支绌,大一统的王朝政权无力维系。随后大一统政权不断分裂、南北对峙,又有北方草原人群南下建立政权,形成与中原南迁政权并立的局面。

这是一个战乱和流离失所的时代,然而,就未来的历史而言,也有积极的开拓意义。首先就是推动了南方的开发。西晋末期的永嘉年间,内乱导致北方边地人群的入主中原。大批的民众南迁,见于记载的人数就多达90余万。[1] 南迁也不是一次性的,从西晋末到南朝的宋代,百余年间北方每有政治动荡,都伴随着北方人群南下。大多数的人口大迁移是有组织的,一般以世家大族或乡里名望为领导,迁移过程中,建立坞堡,组织武装,形成牢固的部曲关系。中国社会中的宗族关系在这一过程中起了不小的作用。中原人群的南迁,为江南的开发送来了生力军。朱大渭在其《六朝史论》中曾这样描述魏晋以后南方的开发情况:直至两晋,汉族和汉文化在南方的发展,还只是限于长江沿岸,从荆州南下,通过湘州(今湖南)逾五岭而至广州的交通线上,以及以广州为中心的一些点线。东晋时北方人大量南移,再经过宋、齐、梁、陈四代,南方的开发逐渐扩展开来。大体上从长江中游向南,湖南的湘水流域、江西的赣水流域、广州的郁水流域,都得到深度的农业开发,并且连线成面。此外,四川的中部与北部,长江以北的淮河、汉水流域,也都获得了相当程度的开发。[2] 不过开发最深入、经济水平最高的还是长江下游地区,如太湖流域,今浙东绍兴、上虞,以及新安江上游,今安徽歙县、休宁一带。随着农业经济的开发,商业经济也得到较大的发展。南朝的都城建康(今南京市)及军事重镇荆州和益州都是

---

① 参见谭其骧:《晋永嘉丧乱后之民族迁徙》,载《燕京学报》,1934(15)。

② 参见朱大渭:《六朝史论》,435页,北京,中华书局,1998。

当时重要的城市，在一些城市的城门外，还兴起了草市，显示出商业经济的活跃。四通八达的长江水运成为南朝经济交流的纽带。南朝政府已把商税列为国家财政的来源之一，但传统的歧视、榨取的政策并无改变。南方的开发，为后代中国历史的发展提供了一个稳固的经济后方。唐代安史之乱若无南方的经济来源，朝廷支持不了几天，北宋若没有南方做经济的后盾，怕也难与北朝周旋。此外，战乱、灾荒较少的南方，又为生产技术及一切人伦日用的物质文明的发展，提供了良好的环境。开发南方使中国文化的长期发展获得了新的基础。

魏晋南北朝产生的另一个重要影响是促进了民族融合。融合主要发生在北方，同时南朝境内各民族也有融合。中原人群的南迁及对南方进行开发的过程，也正是南朝民族融合的过程。开发所至，也就是融合所至。南朝被融合的民族主要有蛮、僚、俚、僚等。蛮分豫州蛮、荆州蛮和雍州蛮，分布范围大体在今湖南、湖北境内和陕西、河南一带。僚人居住在今赣南和粤北一带。俚人居住在岭南地区。僚人原来居住在我国西南地区的广西、贵州一带，后来迁到巴蜀地区。这些民族其实都是山地居民，多以种植粮食为生。南朝政府或用武力迫使他们成为国家纳粮交税的编户齐民，或在这些民族聚集区内设立左郡、左县直接统治。经过长期与汉族的杂居，族群界限逐渐消失。

北方边地民族内迁的过程就是融合的过程。十六国时代许多政权的建立者，都受到中原文化较深的熏陶。例如，汉的建立者刘渊，史载他曾经对儒家经典及《史记》、《汉书》都做过系统的学习，刘渊的儿子刘聪及后赵皇帝石勒、前秦皇帝苻坚等，都程度不同地受到中原文化的浸润。更重要的是，只要他们在中原建立国家，只要他们接受农耕生活，就不能不接受中原文化。所以，就是在混乱的十六国时期，北方各政权也已经开始仿照汉族王朝的政治文化模式，建立自己的国家体制，提倡文教。相当多的汉族知识分子因此受到重用，如石勒用张宾、苻坚用王猛等。民族融合的高潮发生在北魏孝文帝改革时期。需要指出的是，民族大融合并非随着南北朝的结束而停止，魏晋以来北方的融合与南北的交融，到了隋唐长期稳定的时代，才逐渐归于平静。隋唐立国思想的许多方面，须从开国者的北方文化背景去考虑，才可以得到准确的理解。

二、贵族化了的士大夫阶层

汉武帝独尊儒术，确立了儒生的政治地位。由此，士大夫阶层形成，并逐渐变得"有恒产"，到东汉，士大夫的"地主化"特征已经变得十分明显。在朝，儒生是士大夫，在社会，他们是大地产的庄园主人，不少人还经商。士大夫有了恒产，他们的文化品格、生活意识必然产生变化。具体说，保身保家的生活意识日益强烈。

自从曹丕实行"九品中正制"，社会上形成"上品无寒门，下品无势族"（《晋书·刘毅传》）的局面。到东晋，士大夫大家族门阀势力达到顶峰，所谓"王与马，共天下"。南迁的司马氏政权，若无琅琊王氏、陈郡谢氏等大家族的拥戴，就无力在南方立足；若无北方大族联合江南顾、陆、朱、张等大族，王朝在江南的基础就不稳定。而且，从汉代开始，以儒生进身的士大夫阶层，就开始在帝国文化之内异化出属于他们自己的文化，即士大夫文化，[1] 与王朝意志不一致，如黄老养生，又如他们只讲"孝道"不讲"忠道"的伦理意识，尊崇玄学及清谈，喜欢华丽的骈文、山水诗、书法和绘画，等等。国家需要士大夫，是因为他们治国安邦的文化理念，然而士大夫文化现象的兴起，基本与治国安邦关系不大。在士大夫阶层强势的时代，他们就像人体中巨大的赘瘤，吸收大机体营养而导致国家大机体赢弱不堪。在精神上，他们沉溺于自己的文化，做大名士，搞清谈，寄情山水，诗酒风流，他们因自己的门第，不需多努力就能平流并进，坐至公卿。因此他们对手中的政务不用心，甘于清谈诗酒做名士。从文学艺术上看，他们风流无比；从政治上看，多是不负责任的人物。

久而久之，因为他们不能勤于政治，失去政务上的实际能力，他们手中的权力慢慢被寒门出身的人拿走了。从南朝刘宋开始，皇家多出身寒门，这些人往往先进入军队，逐渐掌握兵权，然而再行篡位、建立新朝。士大夫阶层的一些豪门子弟，在走马灯似的改朝换代中，保家保身，尽力配合。

---

① 这里"帝国文化"和"士大夫文化"的概念需要注意。所谓"帝国文化"，属于国家的意识形态，如汉代的经学，汉代司马相如的《子虚上林》赋等，都属于服务于王朝、国家的文化内容。"士大夫文化"正与帝国文化相对。

尽管世家大族在政治上不像东晋那样得意了，可士大夫的文化，他们的高雅趣味、文采风流，仍然所向披靡。寒门皇权在文化上难以再造帝国文化的权威，相反许多寒门皇帝也以诗酒风流相标榜。实际上从曹魏时期开始，士大夫文化已经把皇帝如曹丕俘虏了，南朝那些皇帝舞文弄墨，不过是曹丕现象的延续罢了。从生活上看，门阀士大夫与出身一般地主家庭的士大夫界限分明，相互之间不来往，不通婚，甚至不同坐，门阀世家十分傲慢。就是当时的皇帝，对这些门阀世家的一些做法，也不能干预。侯景叛归梁朝，他想要梁武帝给自己帮忙，与江南门阀家族结亲，梁武帝也只有逡巡婉拒。在中国古代有两个贵族时代，一个是西周春秋贵族，讲礼讲仪；一个就是魏晋南北时的士大夫门阀，他们诗酒风流，清高自傲。后来侯景叛乱，出于报复心理，专杀这些门阀人物，给贵族化的士大夫阶层造成严重打击。

三、玄学与佛教传播

此外，在魏晋南北朝时，佛教从海上和陆地大规模传入中国。同时道教也经过改造迅速流传，不仅民间，一些世家大族也开始笃信道教。

前面说过，士大夫阶层经过几百年发育而贵族化，占据了政治、文化的高地。玄学、清谈，乃至诗酒风流，都属于"士大夫文化"。所谓玄学，也是围绕着一些儒家、道家的经典展开的。像玄学家王弼，就注释《周易》、《论语》等，解读儒家经典。当然，士大夫在生活上喜欢道家的逍遥自在，《老子》、《庄子》，也是玄学重要典籍，《老子》有王弼的注释，《庄子》则有稍晚郭象的注解。其中的《周易》、《老子》、《庄子》，又被称为"三玄"。经学解释儒家经典，注意经世致用，西汉经学将典视为汉家政治应当落实的"义法"和"仪表"，东汉的古文家讲经典，也注意其教化作用，讲究人伦日用的伦常。可是玄学的解释经典，则"纯学术"的意趣浓厚，哲学思辨的色彩强烈。例如，儒家讲究"乐"的教育作用，强调"乐"反映现实，有所谓"治世之音安以乐……亡国之音哀以思"之说，可是嵇康作《声无哀乐论》，言"乐"之有"声"的高低、"声"是否和谐的问题，无所谓"哀乐"。由此"声"是否有"哀乐"就成为一个玄学清谈的话题。还有一个玄学问题就是世界的"有无"、"体用"（又称"本末"）问题。语言也成为玄学思考的对象，语言、言语是否可以"尽意"？就当时的士大夫而言，他们所以得势，是因为王朝独尊儒术，可是儒家强调君臣父子人伦名分，就是所谓"名教"，可是已经贵族化了的士大夫们，在生活上更喜欢老庄的适意任性的"自然"，那么"名教"与"自然"如何统一？与此相关，孔子与老子谁更神圣伟大？《庄子》的"逍遥"如何理解？这些问题，都是玄学要花精力和时间论究的。与经学相比，玄学更加哲学，当然也更加脱离实际。治国安邦的事情，认真行政的负责精神，都不是玄学时代士大夫之流所关切的。他们本以经学起家，王朝优待他们，是因为他们是儒家门徒，可借以实现平治天下的目标。可是，士大夫关心的是与"修齐治平"基本无关的学术。与两汉的士大夫相比，这个时期的士流很明显地虚灵化了。不过，玄学家也不是严肃的哲学家、宗教家，准确地说，他们更像文学家。

清谈就是主客的对谈交锋，一方先就一些经典中的话题立论，一方予以辩难，参加人数三三两两，多少不等。除交锋的双方，还有听者，也可以发表意见，也可在一番辩难后调停双方。像"言尽意"、"言不尽意"这样的问题很灵活，说是言非，都有道理。清谈的要点也不在是否得出固定的结论，而在清谈者是否有别致的高见，言辞是否动人，仪态是否优雅等。咄咄逼人的争执方，往往要受批评。实际上清谈更像是文学的盛宴，而不是哲学的思考。

清谈辨析义理，又引发了士大夫对佛学之理的兴趣。

魏晋南北朝时，佛教从海上和陆地大规模传入中国。佛教产生于印度，约在两汉之交传入中国。汉武帝通西域，中国与中亚的道路由此打通，佛教也从西域经丝绸之路传到东土。一开始中国人把佛教作为一种可以延年益寿的方术，与黄帝、老子及其他本土神灵一起崇奉。最早传入的教义是小乘教派的《四十二章经》、《阴持入经》等，早期传教者基本为西域胡僧。两汉佛教在中国的传播十分迅速；据载到三国时，在今徐州一带就有很多的信众。也基本从三国开始，中国就有了正式的出家人，之后人数迅速增多。魏晋之际，士大夫阶层崇尚玄学，佛教的义理也在社会上层广泛流传。理解佛家教义，一开始有所谓"格义"，即用道家的概念解释佛教的一些术语，如以"无"解"空"等。不久释道安、慧远等高僧出现，对佛教义理的理解加深。大体而言，魏晋南北朝佛家教义的流行可分为两大阶段：前期以

"般若学"为主，后期以"涅槃学"为主。般若学也就是佛家"空宗"的理论，强调以"空观"看世界，这一点与道家讲"无"有些近似，所以特别流行。般若学代表人物早期有道安，之后有鸠摩罗什及其学生僧肇等。鸠摩罗什的另一位学生道生则是涅槃学的重要人物。涅槃学主要讲成佛的问题，包括如何成佛、成佛的理据及成佛的阶段等。当时因典籍传译不完备，对"大邪恶"的"一阐提"能否成佛存在争议。道生"孤明先发"，承认"一阐提"也有佛性，道理上也能成佛。为此他受到佛教团体的迫害。后来《大涅槃经》东传，证明他的见解是符合经义的。道生能有这样的先见之明，与"人人皆可为尧舜"的本土理论似不无关系。

佛教在南北朝的发展，有南北之分。汤用彤《汉魏两晋南北朝佛教史》指出：南朝士人信佛，"偏于谈理"，与北朝"偏于教"的倾向大相异趣。偏于谈理，实际延续的是玄学清谈的习惯，喜好的是佛教所含的哲理部分，对儒、释、道三家义理往往喜欢作调和之论。南朝有深厚的中国文化基础，接受外来宗教时显示出鲜明的本土色彩，因此，南朝虽然也大兴佛法，但舍身出家的人的数量相对北方而言要少得多，而佛教与中国固有文化的冲突一般也只表现在理论上。北朝"偏于教"，信徒重视按照佛教所说的去修行，以摆脱轮回，所以特重禅法。南朝信佛，喜欢兴建寺院；北朝则喜欢立塔造像。建寺院是重视僧人，以便与之论理谈玄；造佛像则重在礼佛敬神，或求往生安乐之土，或求当世福报等。

在当时，成为佛教徒有一个好处：可以摆脱沉重的租税赋役。因此，北朝僧人特别多，到北魏末期已经多达二百万人，占人口总数的十分之一。大量人口成为佛教徒，使国家既缺少兵源，又缺少税源，大量的土地被控制在寺院手中。虽然北朝皇帝、贵族与南朝一样佞佛，但事关国家安危，对佛教也不能不进行清算，于是有朝廷的"灭佛"之举。北朝大规模的灭佛有两次：一次发生于北魏太武帝拓跋焘时期，另一次在北周武帝宇文邕时期。前一次灭佛的起因是统治者对佛教不了解，又掺入了佛、道之争；后一次则主要是出于政治经济方面的考虑，周武帝自己是信佛的，他是只破僧寺，不反教义。

佛教在大规模传播于中国时，必然与中国固有的社会秩序、文化伦理产生矛盾和冲突：在北朝，主要表现为寺院经济妨碍国家利益；在南朝，则表现为义理方面的冲突，有"沙门（和尚）是否应向王者致敬"之争、"黑白论"之争、"夷夏"之争，以及"神灭"、"神不灭"之争等。沙门在印度是受包括帝王在内的全社会尊敬的，但在中国情况大不相同。关于沙门敬不敬王者的争执从东晋后期就开始了。到南朝宋代，朝廷硬性规定沙门应致敬王者，沙门也就不得不屈服。但这并不意味着永远如此：遇到佞佛的王者，沙门就可以不用跪拜。"黑白论"之争主要争的是儒与佛在义理上的长短，以慧琳《黑白论》得名。通观当时的争议，调和论是主流，重佛抑儒的倾向也比较明显。"夷夏"之争是发生在南朝的佛教与道教间的争执。本来魏晋时期人们接受佛教时，夷夏之争观念是不那么深重的，但佛教势力变得太大时，道教中人开始与之争夺正统地位，"夷夏"之争就变得激烈起来。不过，最有思想之价值的争议是关于"神灭论"的论争。这场争论以范缜的《神灭论》最出名。佛教讲因果报应，讲三世轮回，范缜则本着道家自然主义的哲学观反驳佛教，主张"形尽神灭"的无神论。"神灭论"一出，在南朝上流社会激起轩然大波，范缜却始终坚持自己的理论，表现出坚定的立场和捍卫真理的气概。

　　佛教的传播对中国文化的影响是极其深远的，引发了许多前所未有的现象。寺院僧徒、在家信众出现，改变着旧有的社会结构，冲击着固有的伦理观念，促发着新的生活信念和生存方式。作为宗教，它的精神因素渗透到文化的方方面面。敦煌石窟、龙门石窟、云冈石窟及寺庙建筑中气魄宏大、金碧辉煌的雕塑和绘画艺术，都是艺术中的新景象。佛经的翻译促进了人们对汉语声调的认识；佛经的流传则刺激着印刷业的新变。佛教节日不仅关乎艺术表演，也影响着民间的经济贸易，寺庙和僧侣甚至采用一些源于印度的财政制度，如抵押借贷等在中国立足。而佛教哲学对中国人思维方式的影响，更是深入而持久的。儒家思想短期内是受到冲击的，但当它在宋明时期走向复兴时，其学术建设方式是吸收了佛家论理的长处的。从这个意义上说，佛教的传入又深化了中国固有的文化。

第五节　唐代烂漫的生命情调

　　隋朝结束了三百年的南北分裂，重建了统一的帝制国家。隋朝综合汉魏官制创立的政治制度，在唐代得到了继续和补充。在中央实行三省六部制，在地方实行州、县两级制，整顿魏晋以来地方行政机构的混乱局面。规定九品以上的地方官，均由吏部任免。其积极作用是减掉了不少冗员，节省了国家开支；消极作用是导致地方行政长官权力过轻，难有积极作为，遇有非常情况则不利于应付。

　　另一项事关文化发展的新制，是科举制的确立。科举制大致分制科和常科两项。制科由皇帝临时安排，以待非常之才，官员和平民子弟都可参加。常科基本每年一次，科目主要有进士、明经等六科。其中进士一科要考经典、诗赋和时务策论，难度大、录取率低，考中后前程又好，所以特别受士子重视。科举制度创始于隋而大兴于唐，其最大的优越处是公平，读书人都可以经由科举考试进入官僚阶层，而不是像过去那样受出身门第限制。因此这项制度一直延续到晚清。

一、唐代的开放精神

　　开放的胸襟是唐代立国的基本气象。这与它的北方文化背景息息相关，或者说是魏晋以来民族大融合的结果。胸襟开放的王朝，展开了比秦汉规模更大的开边拓土，最强大时疆域东到朝鲜半岛，西与今天的伊朗接壤，南到越南，北逾大漠而入今俄罗斯西伯利亚一带。唐朝强劲的军事实力，在于它精良的府兵，而府兵的精良又与王朝的北方背景相关。北朝以来实行府兵制，隋至唐初相沿不改。此制最重要的特点是兵农合一。府兵平时为耕种土地的农民，农隙训练，战时从军打仗。全国都有负责府兵选拔训练的折冲府，但关中（今陕西、甘肃东部）地区最多，数量几乎占全国40％。要注意的是，府兵参战武器和马匹是自备的。唐朝若没有它从北朝带来的尚武精神和能征惯战的习性，其赫赫武功是不可想象的。[①]

　　不论是对边地民族还是对异国之人，唐朝基本贯彻开放、包容的精神。这与其说是唐朝皇帝思想境界高，不如说他的北方文化传统赋予他这样一

---

①　南北朝后期的诗篇《木兰诗》，对理解此一点很有帮助。花木兰平时纺织，可是当国家有大军事行动时，她可以挺身而出替父从军。这在以农耕为主的汉族女子是不可想象的。所以，这首诗实际提供的是隋唐统一之前不久北方鲜卑或其他带有游牧气息民族的生活状态：开始了农耕生活，却还没有丢掉骑射武功。唐代能实行府兵制，应该是以此为基础的。

种心态。早就有学者指出唐朝皇室汉族血统不纯，这倒不关紧要，重要的是其作为北朝关陇贵族特有的胡汉共处的历史经历，使他们不会有强烈的"严夷夏之防"一类狭隘的族群观念。唐王朝一视同仁的民族政策，造就了一种波澜壮阔的历史文化景观，即在东亚发生的前所未有的以强大唐朝为中心的部落民族大联合，以及日益高涨的学习唐文化的运动。边地民族纷纷效仿唐朝制度，建立起自己的政治体系，并热情地学习着中原一切的文明生活方式。唐人也在热心地向他人学习，胡服、胡床、胡乐，等等，在长安特别流行；著名的玄奘取经及其试图建立原汁原味的佛家教派的努力，与唐人特有的对异域文明的热爱有相当大的关系。

唐代对宗教传播的态度大体是包容的。佛教、道教、儒教及景教、祆教等都可以在这里找到自己的信众。朝廷文教的政策，基本上是以儒学治国（表现是以儒家经典选拔政治人才），以宗教治身，并允许信仰的多元格局。他们推崇道教，是因为老子据说姓李；他们也遵从佛教，特别是武则天夺取唐室权力据说是得到僧侣帮助。北朝式的佛教信仰很自然地在唐代得到延续，并达到极盛。佛家的高僧们受着中国文化的启发，通过对佛教经典的诠释，建立各种宗派。天台宗、华严宗、唯识宗、律宗、净土宗、禅宗纷纷成立。诸多宗派各呈异彩，分流并进，最终形成禅宗独占天下的局面。

二、烂漫的生命情调

中国文化发展到唐是那样的辉煌灿烂。灿烂在什么地方？是哲学吗？是道德吗？是学问吗？都不是。是文学。文学和宗教都是生命法则下的东西，宗教要解决生命的问题，文学更是表现生命的情调，而生命情调在唐代的表现也真可谓绚烂至极。前面说过，魏晋南北朝盛行的是名士、清谈，是对清风朗月的酷爱，进而带出了诗文、书画，是对文艺天才的尊崇。这些都在唐代得到延续，且绚烂至极。

唐文化生命情调的绚烂至极，是一种历史文化累积的结果，如果说汉朝开国时，所面对的文化积累是"百家争鸣"的思想成绩，唐朝立国时，直接接受的则是前数朝丰富的文学艺术。唐王朝的"皇统"起于北朝，是北朝鲜卑政权的后继。我们在第一章谈到北魏孝文帝改革的"南朝化"特征，以及当时北方对南方诗文成就的极端艳羡。唐朝沿袭了北朝对南朝文化的艳羡态度。不同的是，他们现在统一了天下，不用再像北周那样，把南方出使来的大文人扣住不放了，天下的文人都归唐朝管了。从初唐开始的很长一段时期里，不论是王室还是大臣，都喜欢将文人聚拢在一起，吟诗作赋，南朝各朝皇帝、诸王附庸风雅的传统，在唐朝得到继承和发扬。因此，唐朝的科举本是为选拔官吏，却着重考诗文，有没有行政能力先不管，先得要看你诗歌做得好不好，是不是个大才子。这看起来似乎有点南辕北辙，但唐朝人不这么认为。他们喜欢才子，也确实笼络了许多才子，这实际上保证了唐文化的开放性。

　　说到唐代的生命情调，又是多方面的。唐人爱宝马，于是爱画宝马，有很出名的画马画家。唐人爱花朵，爱牡丹，爱牡丹的富贵气，至中唐尤如此。唐人爱过节日，政府为此放假。爱过节，魏晋以后即如此，唐人更盛了。唐人爱旅游，李白、杜甫等都曾游访名山大川。在这生命情调的洋溢四射中，爱文学就是最典型者。爱文章，在唐代是一个全社会性的持久风尚。从李渊开始，就在朝堂上赋诗，李世民不单爱诗文，而且爱书法，为此不惜屈尊为王羲之写传论。至武后，在朝廷中养一群文人，进行诗歌竞赛，不外是南朝诸王的老法。皇家如此，下至一般愚夫愚妇莫不如此，据载盛唐大文豪萧颖士恶待自己的仆人，人劝仆人离去。仆人说，我不是爱惜主人的文采吗？这是怎样的时代！李肇《国史补》说："长安（武则天年号）中，争为碑志，若市贾然"。又《旧唐书·李邕传》载："邕早擅才名，尤长碑颂。虽贬职在外，中朝衣冠及天下寺观，赍持金帛，往求其文。前后所制，凡数百章，受纳馈遗，亦至巨万（万万）。时议以为自古鬻文获财者，未有如邕者。"又据《云溪友议》记载，连当时的强盗也敬重能作诗篇的人。茨威格说，维也纳之所以成为世界音乐的王都，是因为那里全民性的对音乐的热情（《昨日的世界》）。我们也可以说，唐代文学的高峰，是因全民性的热爱。有学者说，李白著名的《送孟浩然之广陵》的诗篇，"孤帆远影"的情形，实际早在孟浩然出发前就写好了。大名鼎鼎的李白送一诗给孟，到南方就可以往行不愁，且能找到朋友了。虽是推测，但颇能道出唐代尊崇文人的风尚。唐人尚文，诚如沈既济《词科论》所说："太宗颇涉文史，好雕虫文艺，永隆中，始以文章选士，及永淳之后，太后君天下二十余年，当时公卿百辟，无不以文章，因循遇久，浸以成俗……五尺童子，耻不言文墨焉。"

三、"两税法"与中唐以后的社会变化

与洋溢烂漫的生命情调相关，在中唐，一项对后世影响极大的税收财政政策，就那样大体上风平浪静地实施了。这项政策就是"两税法"。

唐初继承北魏的均田制，并实施租庸调制，其实施的条件是战争造成了大量荒地。小农经济脆弱，天灾人祸、征敛无度，都可以使之破产。这又为豪富人家的兼并制造了机会。到唐太宗开元的"盛唐"时期，土地兼并、农民的逃亡已经十分严重。"安史之乱"更造成对北方经济的严重破坏，所以到唐德宗建中元年（780 年），朝廷采用杨炎的建议，颁布实行"两税法"，对赋役制度进行全面改革。两税法以夏、秋两次征税而得名，其内容核心是以一个家庭的财产状况和田亩数量为依据征收赋税，其实就是改变了以人丁为本的财政政策。同时，政府针对商业贸易日益活跃的现实，对茶、酒、盐等商品交易征税，改变了多少年来以单一农业税为主的税收结构；同时，还协调了中央与地方税利的分割关系。

两税制的意义也绝不仅限于使唐王朝摆脱了经济困境这一点，它标志着一种王朝治国观念的变革，对中国社会、经济、文化各方面的变化影响至深。两税的核心是"唯以资产为宗"，它改变着将工商业视为浮末、不道德行业从而严加限制的做法。尽管它并没有表现出保护工商业及大地产利益的积极性，因而存在着很大局限，但政府现在已经初步懂得以经济的手法管理国家经济的道理，因此无意间也承认了一切私人的赢利活动是合法的，从而引起所有制观念的更新。这放开了一条缺口，使地主阶级、工商业者放开手脚去兼并土地、经营产业。贫苦的社会阶层也因此获得了一点自由，要知道，在按户口人头纳税服役的时代，破产的小农只有取消自己的户头和独立，完全依附到富人家里去，才能躲避朝廷的征敛，现在他们可以不那样做了。贫穷者可以少出或不出赋税，而不需要躲避，可以用契约的方式向地主租赁土地，贫穷也可以开门立户地生存下去，自由多了一点。社会矛盾的表现方式也有所不同。唐朝中期以前，人民起义的矛头多指向朝廷；中唐以后则更多地指向地主，北宋初年王小波提出的口号是"均贫富"，之后造反甚至是要"替天（指皇帝）行道"。

凡此种种，都表明了社会的变化，重要的特点是"两税法"的实施，为社会的富人和穷人都不同程度地松了绑（富人受惠当然更大）。正因如此，唐宋之际才出现了社会经济文化的全面繁荣。

"两税法"实施，也带来了社会状况的变化。首先是南北朝以来旧门阀贵族衰落以至从历史上销声匿迹。长期以来人们以为这是科举制度造成的，实则科举只是为中下层知识分子的上进开了门路，但旧贵族也一样可以经由科举致身通显，这样的家族很多。旧贵族的衰落应当从中唐以后整个社会制度特别是"两税法"实行造成的变化寻找答案。"两税法"以财产等级征收赋税的规定，很不利于大家族的存在，势必造成大家族分门析户的趋势。这可以从史书中得到印证。其次，"两税法"造成农民人身依附关系的松动，也不利于大家族经济。失业的农民可以转而做小商人或租赁地主土地，不会依附到大家族那里。此外，唐末农民大起义的打击和五代时北方民族的入侵，都给了这个垂死阶层以致命的一击。看史书，唐代的读书人总喜欢以自标郡望来显示一下家世，到宋代文人，这样的习气基本消失，人们更愿意表明自己如何努力。

唐宋间另一个明显的社会变化是繁荣的城市遍布全国，附丽于市井的新文化现象层出不穷。这都是社会经济实力特别是南方经济实力的持续高涨带来的。安史之乱以后，中国的经济重心开始向东南方转移。魏晋南北朝开发南方的历史意义，至此展露出来了。需要指出的是，向南转移并不意味着北方已经全面落后，北宋时期，北方的山东、河南一带农业手工业经济并不落后，在宋代经济全局中占有重要位置。但总体上看，是北不如南；而这样的重心南移，到南宋才基本完成。

生产力的高涨一定带动商业贸易和都市文明的发展。在水路交通要道，集市贸易空前发展，大运河、长江沿岸及东南沿海大都市纷纷出现，十分繁荣。长安、洛阳、开封、扬州、成都、广州等都是当时的著名都会，而且扬州、成都、泉州、明州等城市，也都随着区域经济的发展而发达起来。就是那些政治色彩浓厚的城市，经济功能也越来越大。如长安，在一开始建设规划时是市区、作坊与居民区严格分开的，中唐以后，店铺沿街鳞次而立的趋势显著加强。宋的都城开封，从《清明上河图》上看去，简直就是一个商业都会，城市建筑格局发生了大的变化。城市中的经营者开始有了自己的组织即行会，货币在交换过程中比重增大，"飞钱"出现了，纸币"交子"流通起来了。

城市不仅累积着财富，也荟萃着人文。适合市民阶层审美趣味的新文艺兴起，最能见出当时社会文化之一斑。讲述历史及人世间故事的"说话"从中唐以后就兴旺起来，在南宋进入了"黄金时代"。记录"说话"的文章叫"话本"，是后来白话小说之祖。戏剧的发达同样令人瞩目。一种被称为"宋杂剧"的戏剧在瓦舍勾栏中演出，已经商业化。文娱生活开始大众化，而且还将在未来的社会中云蒸霞蔚，成为精神文明的大观。

这是中国历史上继春秋战国之后又一个民力发展的时代。上述的表现之外，是科技方面的发明。让中国人自豪的四大发明，除造纸术外，火药、指南针及活字印刷都是唐宋之际发明或得到广泛应用。指南针的再发现最能说明问题。据载，战国时中国人就懂得了磁石的特性，但是在宋代重新被注意和利用，直接的原因就是航海的需要。创造性的生产生活实践激发科学技术的高涨这条规律，在指南针的应用上得到印证。

第六节　文化的理学时代

有人说，宋代文化是古典中国文明发展的顶峰。北宋结束了五代十国时期的战乱，社会经济文化乘着唐代的势头迅猛发展，人口增加，最多时期超过1亿，农业、手工业、商业、海外贸易等呈现新的繁荣之势。整个的宋代文明的特色显著。与唐代相比，天才烂漫的气质逐渐内敛为平实圆足的精神。唐代流行的剧烈的马术运动，在北宋不流行了，很耐人寻味。士大夫的文学艺术，与唐代相比，都显得那样崇尚现实精神、细腻精致，不论诗歌还是散文，或是刚从市井崛起的可以歌唱的词，都与唐人作品有明显分别。平实、含蓄而又圆融、清澈，呈现雅致毓秀的气派。

一、文化的复古思潮

最重要的是社会上层的文化心态发生明显转变。这又始于中唐。"安史之乱"后，人们开始写文章讨论强大王朝突然遭此大乱的原因，赵匡作《举选议》、刘秩作《选举论》，将国家大乱推因于士子科考以文章不以德行，其中刘秩的文章甚至提出恢复封建以保证选举得宜。柳芳作《食货论》，从经济方面检讨宇文融、李林甫、王鉷的敲剥民利，认为此系唐乱的根源；又作《姓系论》，以为恢复六朝士族门阀则"冠冕之绪崇，则教化之风美，乃可与古参"。诸多的思考，水准难说有多高，却汇聚成一股新的思想潮流，直通古文运动。国家的辉煌过去了，才子们开始凝眉皱脸地思考了。这时，韩愈应时而出。前述诸家的思考是局部的，就事论事的，韩愈的过人之处，在于他振臂一呼，高扬起一个儒家的"道统"，将现实一切问题归结为儒家"道统"即人伦世界君臣、父子、夫妇之道的丧失。从"道"的层面主张恢复儒家教化，很容易得到士大夫阶层的响应。韩愈的主张，可以说是道出了许多士大夫心里都有的东西，韩愈的一语道破，堪称当时思想界的"破闷"。一个讲究儒家义理的新的儒学时代就要到来。

　　"安史之乱"激发了思想的运动，韩愈之后，历史还经历了更乱更糟的"残唐五代"。人心思治，儒家的思想就更容易被接受。进入北宋后，理学（又名"道学"）正式进入繁荣期。北宋与辽、夏的对立，使领学者更尊崇《春秋》的"尊王攘夷"，更强调以"中国"为本。在治经典、治学的学术范式上，新的方法出现，其代表就是欧阳修。唐代以前，经典之学重视家法、师法，尊重师说，韩愈参加朝廷考试，题目是《颜子不贰过论》。考官认为韩愈答题自出机杼，与遵守师说、家法的规矩不合。但是，到了欧阳修解释《诗经》，作《诗本义》，就提出"据文求义"的主张，读解经典作品，先不看前辈怎么说，而是参照相关文献记载先读经典文本。前代之说，合乎文义的，就接受，不合的，哪怕再权威，也拒绝。为此，欧阳修本人很重视新出土的材料，在他的文集中就有《集古录》，是他搜求更多文献的结果。欧阳修是一代学风的代表，略早于他的郭忠恕就有《汉简》之作，欧阳修以后的吕大临作《考古图》，赵明诚作《金石录》，都是同一学风的表现。这种方法，被后代广泛接受，就是那些清代反对"宋学"的学者，也难免要使用这样的方法。

　　但是，在这样的学术方法之上，还有更高的文化理想层面的追求，那就是"回向三代"的宏愿。前言汉武帝下诏书，想把国家带到"上参尧舜"的美好境地去。这仍是宋人的理想，只不过手法有别，汉代经学认定"五经"是"孔子为汉家制法"，要在制度层面"改正朔，易服色"，宋儒"回向三代"

的图景则要走"内在超越"之路。儒家思想格局是"内圣外王",内修德性,外成"王道"。北宋以来的"新儒学"之所以新,就在宋儒不再像汉代的经学家那样将王道实现的目标首先定在制度的进化层面上,宋儒先要讲究的是人格的改善,以及"内圣"的修炼,然后再图"外王"。使人人成为君子,世界自然大变。在这样的"回向三代"的进路之下,经典的阐发更称重人格,具体说就是更注意经典中的"心性"内容。

二、"心性"之学兴盛

"心性"一词,很明显与佛教义理的"佛性"有相似性。是的,儒家经典固然有"心性"的精湛含义,但"辨心性"的学问确实是受佛教哲理的影响,理学的大儒,很少有不读佛家经典的,当然还受到道教的影响。北宋出现了很多讲究"心性"之学的大儒。真宗、仁宗时期,周敦颐、张载,程颢、程颐(合称"二程")等出现,影响至大。"二程"一脉传承至南宋,就有朱熹这位博学的大儒出现,与"二程"(具体说应该是"二程"中的程颐)合称"程朱理学"。在南宋浓厚的理学时代氛围之下,还出现了"因读《孟子》而自得之"(《陆象山全集·语录下》)的陆象山,陆象山之后至明代又有王阳明,合称"陆王心学"。陆象山"心学"(王阳明也是如此)与朱熹的学说对立。两位大儒为了学术调和还在吕祖谦的帮助下在江西铅山的鹅湖书院举行"鹅湖之会",但两位大儒的学术分歧并未因此而有任何消减。简单说,两位大儒的分歧在于是"尊德性"还是"道问学"。"道问学"是朱熹的主张,"尊德性"则为陆象山之说。其分歧实质是是否相信"心"的力量。早在先秦,孟子就提出"心"有"四端",即"是非"之心、"羞恶"之心、"礼让"之心和"恻隐"之心。其中孟子还用人"乍见孺子"掉入井时都会不自觉地起"不忍"之心来证明人都有"恻隐"之心。而孟子讲"恻隐"之心,是超越功利的,心生恻隐,不是因为不喜欢听小孩子哭声,也不是因为认识孺子的父母,也不是为表现自己的心善(内心恻隐别人也看不到),"不为什么"而恻隐,就是超功利的。孟子以此证明人心是善的,人有超功利的道德心。守住这点善念,修持之,培育之,让它为自己的人生做主,就可以修养"内圣"。陆象山坚守了这一点,并多有阐发。再到明代中期的王阳明而高张"致良知"之说,光大"心学"。然而讲究"道问学"的朱熹则认为,人心固然也有这样的力量,但是单靠这点力量不行，还得格物致知。因为万事万物都有个"理"，"格物致知"就是弄清楚世间的各种理（注意这个理在朱熹这里可不是今天"物理学"意义上的），久而久之，就会自然贯通，做人循理而行。这就是朱熹的"道问学"与陆象山"尊德性"的最关键的区别。两大派各有道理，因此争执还要继续。

到了元代，朱熹的《四书章句集注》被国家定为科举考试答题的标准，由此，以后的数百年，士子可以说孔子不是，不敢说朱熹不是。这里主要指科举考试答题不能违背《四书章句集注》而言。另外，从中唐起书院出现，到宋代特别是南宋书院之多更如雨后春笋。明代延续了这样的势头，明代书院除教学之外，还出现了各种的"会讲"、"讲会"。朱熹、陆象山的"鹅湖之会"就有这样的性质，而王阳明生前就多次开这样的讲会宣扬自己的学说，王阳明之后，其弟子门人更热衷于这样的讲会。讲会或讲会参加者的范围超出书院师生讲学，成为一种定期、跨地域、有组织、网络化的宣讲道学的活动。[1] 同时，一些大儒还注意从小孩子做起弘扬儒学，朱熹就编写《童蒙须知》，后来各种童蒙读物更多。宋明时期，造纸业和印刷业都已十分发达，这样的童蒙读物与儒家经典一样，广泛传播于社会各个阶层。

三、道德感强烈的时代

理学时代是一个道德感十分强烈的时代，欧阳修在给高若讷的信件中公然斥责对方"不知天下有羞耻二字"就是道德感强烈的表现。所谓"道德感"就是是非感，任何政策要实施，不问其功用效果，而先辨其是"王道"还是"霸道"，就容易产生意见分歧，本来王朝官场就是名利场，"是非"的激烈争论，更会强化党派之见的纷纭，党派间势如水火。未做事，先纷争，再好的政策，也难以实施。还有，道德感强烈，人习惯用"应当之理"来思考政策，而忽略社情政情。范仲淹主持"庆历新政"，不成功的原因固然是多方面的，但改革先从人事削减开始，人力财政花费大应当改革，可是这会触动不少为官者的根本利益，自然招致反对者集结成团伙，不择手段地破坏。王夫之《宋论》称其做法为欲降温而往沸腾的油锅浇冷水，如此按"应当之理"设计的雄心万丈的改革，迅速失败也是不难理解的。

---

[1]　参见陈来：《中国近世思想史研究》，339页，北京，商务印书馆，2003。

王安石变法也有这样的问题。例如,"熙宁变法"之前,就开始对科举考试的改革。之所以要改,是因为现行考试题目侧重文采而忽略人的德行。改革科举,就是"变声律为议论,变墨义为大义"(《文献通考》卷 31《选举》)。所谓"声律"指代的是诗赋;"大义"指对儒家经书的义理阐发,"墨义"则指对经典的记诵。诗赋被革除了,留下来的只有策论,而策论也不过是围着儒家经典义理作发挥。这样的改变,王安石变法的坚决反对者司马光也认同,可见利用考试获得有德之才,是当时普遍认同的"应当之理"。然而也有一个人别调孤弹,那就是苏轼。苏轼在其《议学校贡举状》里说:朝廷一旦宣布废弃诗文、考策论,"士人纂类经史,缀辑时务,谓之策括,待问条目,搜抉略尽,临场剽窃,窜易首尾,以眩有司,有司莫能辨也。且其为文也,无规矩准绳,故学之易成,无声病对偶,故考之难精"。这便是上有政策、下有对策,写文章装作满腹经纶不难,最后还是考不出谁真有德行,而且考题为策论,还存在判卷的操作问题,反而考些诗文,在限定的时间内把一篇诗文写得合乎声律,最少还可以检测出是否有些才华。不过,这样重视实际人情的言论,在道德感强烈的时代只能是大言不入于耳,最后考试的方式还是沿着"应当之理"的路数走,条条框框的八股文也就终于出笼了。《廿二史札记》的作者赵翼观察废弃声律之后的科举指出:北宋科举改制以后,一等大文人不从科举出。这与改制之前的唐宋科举韩愈、苏轼等皆出自科举形成对照。科举的改革在整个"熙宁变法"中不算最重大的事,但观其成效,可知其他。

第七节　中西文化相遇的时代

唐宋以来持续繁荣的中国经济,因为元朝政治混乱而受到冲击,特别是明清两代狭隘的立国思想,日益对南方农业和工商经济构成巨大危害。中国文化由此走向中衰。随着西方世界崛起,当时的中国已经被带入世界格局之中。但因"天朝"观念下的故步自封,中国坐失良机,为以后的被动挨打埋下了祸根。

一、东西方相遇

1453 年是世界史的关键年头。奥斯曼土耳其帝国攻陷了君士坦丁堡,进而控制了地中海世界，欧洲通往亚洲的重要商道被堵死。欧洲人以肉食为主，香料是必不可少的。地中海的商道不通，他们必须另谋通路。此外，寻找黄金、传播宗教也是打通道路的动力之一。

1498 年（明弘治十一年）达·伽马到达印度加尔各答；1521 年（明正德十六年）麦哲伦到达菲律宾；1602 年（明万历三十年）荷兰人创立东印度公司，与爪哇、苏门答腊诸岛通商。此后英、法诸国也相继设立东印度公司。葡萄牙人更于 1553 年（明嘉靖三十二年）以曝晒贡物为名，占了澳门。稍后，荷兰人占据了台湾、澎湖。在中国方面，大约从元朝开始，东南沿海一带的人民就开始"下南洋"的历史，大量的华人来到东南亚各岛从事贸易，建立当地的华人社会。经过马六甲海峡通向印度洋各地的贸易活动也逐渐展开。

蒙古骑兵的征服范围横跨欧亚大陆，古老的丝绸之路在蒙古人手中重新获得了重要地位。蒙古人在这条通往欧洲平原的大道上，建起众多的驿站，有效地保证了它的畅通，从而把中亚伊斯兰世界、欧洲地中海世界和蒙古人在亚欧的各汗国联系起来。这条道路成为当时中国参与世界经济的媒介。当时的基督教世界为对付穆斯林，曾努力与蒙古统治者结盟，多次派使者到达蒙古人的大本营和林（今蒙古国乌兰巴托西南）。除了传教士，还有来自威尼斯的商人，最著名的是马可·波罗，写下了著名的《马可·波罗游记》。交流不是单向的，也有相当多的中国人前往西亚和欧洲。当时的道教领袖人物邱处机曾应成吉思汗之邀前往今阿富汗喀布尔。在外蒙古和撒马尔罕地区，生活着许多中国匠人。在被蒙古人征服的西亚地区，中国的水利工程家还曾受雇于两河灌溉工程。

东西方的相遇，是东西方文化的大交流。西方人狂热的普救主义宗教精神，在中西文化的交流中起着特殊作用，因此继商人之后东来的是基督教士。西方教士，明朝以利玛窦，清朝以汤若望、南怀仁最为著名。据柳诒徵《中国文化史》所言，明末清初在中国的西方教士多达六十余人。到清康熙年间，信教者已多达十几万人。宗教典籍之外，大量西方天文、历算、物理方面的著述及钟表和天象仪器、火炮制造术传入中国。徐光启、李之藻等的科学精神及其著作，都与受西方文化影响关系至大。明朝政府对西方教士的传教活动基本是宽容的，南明政权曾寻求过罗马教廷的援助；清政府起初对教士也颇为尊崇，甚至封以官职。但是罗马教廷不懂得尊重中国本土文化，严禁中国教徒行祖先崇拜之礼。康熙皇帝曾向教皇的使者详细说明中国祖先崇拜的传统，但教皇使者不予理睬，勒令不遵守教皇命令的信徒退教。被激怒的皇帝下令逮捕了他，遣送澳门交葡萄牙人看管。后来教皇发布同样的教书，清政府终于在康熙四十六年(1707年)下令教士非经内务府许可者概令退至澳门，各地天主教堂概行禁止。中西之间宗教文化交流因教廷对中国的无知而受到严重影响。

在18世纪，西方也形成了一个了解中国、学习中国文化的高潮。介绍中国的书籍有1776年法国出版的34卷《耶稣会士书简》、杜赫德神父的《中华帝国全志》、格鲁贤的《中国志》和《中国杂纂》。中国的养蚕和陶瓷技术大约在1705年传到欧洲，此外传去的还有大量的花草、树木品种。较早时期，中国的天花接种术经土耳其传到欧洲，18世纪在欧洲家喻户晓。中国的科举制经过门多萨、金尼阁、弗内斯的反复介绍传到西方，在1676年出版的《中国的专制主义》一书里，作者魁奈提出应像中国那样，经过考试选拔官员。法国汉学家谢和耐认为法国大革命时曾实行过由考试选拔官吏的做法就是受中国影响。

在这初步的相遇中，中国未曾感受到危机。它的航海技术在世界上是顶尖的，这有郑和下西洋为证。然而于郑和在海洋上向"番邦"们显明国威的同时，他的政府却不许百姓出海谋生，稍早些的朱元璋有片板不许下海的规定。这样的政策，在清王朝那里基本得到了延续，结果是中国难以对付海上来的敌人。不用举"鸦片战争"及之后的例子，明朝东南沿海的所谓"倭寇之乱"闹了那么长的时间，就很能说明问题。

二、王朝格局日益蹙迫

东西方相遇，是由于西方的地理大发现。这也给中国带来改变，原产于美洲的一些农作物，如玉米、红薯等稳产、高产作物，在地理大发现后不久传入中国，导致中国人口的迅速增长，到清代已达四亿左右。人口增加，社会情状也随之发生变化，王朝政治面临的情况也更加复杂。然而，当西方世界睁大眼睛看东方，学习先进文化，并在政治经济各方面迅速崛起的时候，中国王朝政治仍然沿着既定轨道，向着越来越不利于民族振兴的方向沉重地滑落。

1260年，忽必烈继成吉思汗之后称大汗，以燕京为中都。1271年改国号为元，1279年灭南宋，结束了宋、辽、金、夏数百年的南北对立，中国重新归于统一，疆域之广超过汉唐。

元朝政治，带有明显的民族压迫性质，沿袭金朝的做法，把其统治下的人民分为四等——蒙古人、色目人、汉人和南人，加以区别对待。这样对待臣民显示出这个入主中原的统治势力缺乏政治经验和文化基础。元朝尽管也任用、采纳了耶律楚材、刘秉忠等契丹、汉族有识之士及其建议，但"马上得天下"的蒙古贵族，始终没有摆脱把中国当成一件"战利品"的粗野意识。皇帝及同族官员多不识汉字，治理政务，没有法规，只有成例。经济政策带有浓厚的掠夺气息；读书儒士基本被排斥在政治之外；政治待遇、等级被强行划分的同时是经济上的贫富分化，这都使得元朝社会始终处在动荡中。

蒙古人是在南方经济持续繁荣的情况下入主中原的，元朝统治伤害了这一发展势头。元朝四等人的划分中地位最低是南人，南人居住地区的赋税征收最沉重，政府财政收入的十分之七来自江浙。特别是忽必烈后期用色目人阿合马执政，对江南的搜刮十倍于当初，剥削民众达到了敲骨吸髓的程度。此外，滥发纸币也成为搜刮民财的手段。

元朝统治与历史上其他王朝有一个不同：不贱视商业。但其利用商人的活动，在相当大的程度上却是变相的对"战利品"的掠夺行为。色目商人在元朝征战中，曾资助过蒙古贵族，故元朝建立后色目人受到特别优待。从地中海到朝鲜半岛都有色目商人的活动，他们结成名为"斡脱"的商会，在蒙古军队保护下，垄断了元朝征税的大权，掠夺了大量财富。大蒙古贵族把金银借给斡脱商人，由他们去生利，向蒙古人纳息。斡脱商人除商业经营外，还放高利贷，近乎残酷地运用自己的经商技巧，为自己和蒙古主人聚敛财富。可见蒙古上层统治者的重商其实是变相掠夺。

1368年，朱元璋建立起明朝政权。这位下层农民出身的新朝皇帝，缔造他的政治规制时，受到两方面的影响：一是蒙古贵族政治的混乱给他的教训；二是他在贫苦乡村生活中所经历、见闻的官吏鱼肉小民之事，给他造成的心理影响。前者使他极度专权，后者使他对官僚阶层极度的不信任；想替小民做主，是贯穿朱元璋二十余年皇帝生涯的主导倾向。这在两千年的皇帝群中，是非常独特的，影响了明朝乃至清朝政治。

但是，有一点朱元璋不会明白，他的种种防范措施，因为民权意识的普遍缺乏，不会持久起作用；相反，为了防范所放出去的权力也极易变质，成为政治祸乱、坑害百姓的根源。事实也正是如此。锦衣卫在他的儿子朱棣当皇帝时，就丧失了那点保护民众的意味，而变成了政治斗争的工具。朱棣还设立亲信太监的特务机构东厂，开了宦官干政的恶例。地方重乡绅，结果明代的劣绅特别多。狭隘的农民意识，使王朝在权力上的控制密不透风。到最后不仅皇朝要保护的小民大受其害，而且极不利于历史的进步。

明朝的政治制度，在清朝不仅被大体继承，而且加进不少更狭隘的内容。明朝废除宰相，但还有一个内阁班子，以皇帝秘书的身份行宰相之权。清朝则一切大权归军机处，那本来是为军事行动需要保密设立的机构。六部没有向下属部门直接下达指示的权力，必经奏可而后行。清朝政治的狭隘，比明朝还多了一个满、汉之分，及对汉族官员的猜忌，许多官职汉人是不能问津的。在地方上，清朝行政层级最多，为历史之最，层层管制，造成层层无生气。

明清时代社会经济呈现出很多新的面貌，商业活动热络，但是，国家观念仍然是"重农主义"的，把商业视为不道德的事业。随人口增加，各种商业繁荣，然而，经国观念古旧而狭隘，远远落后于现实，而国家管控又是那样强烈，民族生机如何得以焕发？同时，两代还有一个共同特点，即不少皇帝在文化上都是泛道德主义者。朱元璋、雍正等还都将自己的语录印制成册，令小民在田间地头学习，又特别注意将民间宗族组织与政权相结合，结果是专制精神贯彻到社会的每一个角落。

当时的士大夫阶层，除了个别人在中西相遇的时候对来自西方的新知识加以关注之外，大多的读书人还是读《四书章句》，作八股文科举。此外，最有成绩的是用更加精当的学术手法如校勘、辑佚和音韵、文字之学整理文献，形成"乾嘉学问"学术小高潮。至于中西相遇对古老的华夏意味着什么这样的大学问，则基本上无人问津。

王朝的皇帝大臣们，思想上还保留秦汉唐宋的小农政治意识，读书的知识阶层也对于当时天下大势的变化缺少真知灼见。中国王朝的历史，就在狭隘的专制格局中，逐渐落后于世界发展的脚步。

思考练习

1. 结合教材关于"中国文化的发生是多元的"的观点，思考上古时期中国多元化的文化源头。

2. 结合教材，总结礼乐文化的内涵和特点。

3. 总结从经学时代到理学时代的文化特点。

第三章　古代王朝政治

要点提示

1. 了解原始民主消失与王朝政治形成的历史进程。

2. 熟悉王朝政治的特点。

3. 理解并掌握中国历史上的王朝"间歇"现象。

4. 熟悉中国古代政治制度在中央、地方两个层面上由宽平向狭窄演变的历史进程。

自新石器时代晚期始到近代社会，中国古代政治大体经历了"神权政治"和"王权政治"两大阶段。前者向后者的过渡，以及两千多年间王朝政治的基本情况，是本章的主要内容。

第一节　原始民主消失与王朝政治的形成

新石器时代经历了"农耕聚落期"、"中心聚落期"和"早期国家文明形成和确立期"三大阶段，与此相应，社会政治权力的形成也先后经历了"游团—部落—酋邦—国家"几个阶段。也就是说，到新石器晚期，政治权力已经从"酋邦"形态跃进"国家"形态。21世纪初发现的陶寺遗址正可以反映酋邦时期的一些情况：城市由小变大；观象台遗迹表明人群领袖必须把握天时（神权内容）；乱葬坑及其中凌乱的尸骨，表明社会暴力的存在；成群墓葬区埋有社会的大人物，也有中下阶层，只是大人物与小人物的墓葬之间有所区隔，表明社会高低贵贱已经分化，却还没有发展到阶级对立的状态。之后的二里头遗址和东下冯遗址，一般认为是夏王朝存在的证明，其中权力的国家形态更加明显。此后，神权政治的色彩越来越清晰。至商代，出土文物表明当时的人鬼神意识极为强烈，甲骨文表明上天可以降风、降雨及制造各种灾害疾病，对祖先有规则的祭祀也更加频繁。这是古代神权政治的高峰时期。进入西周，对上天的崇拜压倒一切，而"天命"再也不只来自可以降风、雨、灾害的自然神，而是人世王朝兴亡替代的主宰者。按照周人的理解，商所以取代夏，周所以取代商，都是上天意志决定的，千万的族群之中所以选中夏、商、周几个人群，是因为他们有德，所谓"帝迁明德"；夏、商所以失去天下，就是因为他们丧失了原来的德，这就是"天道无亲，唯德是辅"（《尚书》语）。而所谓"德"，就是对百姓好，对百姓实施善政。在周人，最能体现上天之德的是"周文王"，所以，祭祀上天，祭祀周文王，见诸《诗经》，要重于其他鬼神。

在神权政治时代，最高的行政首领与最高的宗教神职是统一的。这是神权政治的第一个特点。《尚书·尧典》记载的黄帝、颛顼和尧、舜等都是，再后来传说中的商汤，亲自舞于桑林为天下祈雨，就是最高权力政教合一的表现。到周代，只有周王才有郊祀上天、四岳等特权。从官制上看，西周有卿士寮和太史寮两大机构，太史寮主要负责帮助周王沟通天地鬼神的事务。在周代，祭祀上天，还要由始祖后稷和周文王来配祭，因为后稷是周人的始祖，周人认为是他在尧舜时期负责耕稼，给天下人提供了粮食，为后代的兴起积了大功德。后稷之后，周文王的功德品性，最符合上天的要求。人们要学习榜样，不是直接取法上天，而是"仪刑文王"。这就把上天崇拜与祖先崇拜有机结合在一起。

祖先崇拜又关系到神权政治的第二个特点：神权政治统治天下所依靠的力量是同姓和有血亲关系的宗族。夏代情况不甚明了，商代依靠的是强大的殷商族群，这个族群封闭性很强，甚至盛行族群内部同姓通婚。西周因周人族群势力一开始弱小，所以较为开放，强调"同姓不婚"，讲究广泛与异姓缔结婚姻关系，以尽量延伸亲戚关系。所谓"周道亲亲而尊尊"，"亲亲"正是"尊尊"的基础。

神权政治的第三个特点是在政治上尽量依靠同族的世亲，就是所谓"世卿制"。文献记载，西周乃至春秋中后期，周初开国时期的周公、召公、单公家族的嫡长子，世代在朝担任各种要职。出土的器物铭文更显示，一些家族不仅嫡长子世袭当权,就是这些大家族的支庶也占据高位。例如,近年出土的逨氏盘铭文显示,作为单公家族支庶,逨氏家族从周开国前后就佐命王室,一直到周宣王时期。一些较早投奔周人的异姓家族也可以世代担任要职,如史墙盘铭文记载的微史家族,周初投奔周朝,一直到西周中晚期都担任史官之职。官职并不一定全都世袭,但一些大家族世卿世禄地把握周王朝要职则是周代政权施政的显著特点。

还有一点也很关键,就是西周时期还没有后世那样的常备军。一支专业化常备军的存在,是政权专制的必要条件。西周天子也有"六军",金文文献还显示王朝有"西六师"和"殷八师","西六师"应该就是传世文献所说的"天子六师",而"师",更可能是指军事要塞。同时,大小诸侯也有属于自己的从"一军"到"三军"多少不等的军事建制。而且,这些军队构成人员基本为贵族阶层以上之人。他们虽然经常训练,但平日有自己的生活,战时才集中起来奔赴前线。因此调动他们远不如调动常备军那样随心所欲。

神权政治时代的另一个特点,就是原始民主风尚的存在。前面谈到,西周封建是把很实在的政治、经济乃至军事的权力分割给诸侯,所以形成的是贵族分权制体制。这是原始民主精神得以延续的前提。同时,诸多大家族世代分掌各种行政大权,对于周王在政务上的独断专行也会起遏制作用。更重要的是,在西周的很长时期内,周人都是以弱小的势力统御天下万姓人群,因此,如果不在内部讲究一点民主,有事征求大家意见,就会带来严重后果。各种原因使得部落时代的一些原始民主习惯得以长期保存。例如,在行政上,在周初有周公和召公的"分治",而且成王年轻时,周公可以代理王政;西周末年周厉王被驱逐后,周公和召公可以代表众多贵族大家联合执政,史称"共和",长达14年。① 在一些重要礼仪上也可以看出原始民主气息,如大蒐礼,就是在集群狩猎中训练军事能力的典礼。据《诗经》、《左传》等文献记载,平时和战争时期都会举行这一礼仪,其作用除了训练军队外,更重要的是根据典礼中的表现推举中军主帅及其他重要军官,典礼时还可公布法度、惩治违纪现象等。能参加大蒐礼的人员,都是有执

① 关于西周晚年的"共和",也有其他说法,如《竹书记年》就有说"共和"是"共伯和奸(干)王位",此处"共和"为一位诸侯之名。但是,一位诸侯若想占稳权位,与其他贵族的联合是不可缺少的。

干戈以卫社稷权力的成年男性国民。大蒐礼的民主气息，就表现于经由这样一个仪式推举中军主帅和公布国家法度这些事情。一个人被推举为中军主帅，就现有文献可以看出，根据的是他在典礼中表现出来的优胜才干；而大蒐礼上被推举为主帅，就等于被任命为国家执政，就是说，国家的执政，是在一次驾车射猎的公开典礼中根据每个人的表现选举出来的。大蒐礼的形式和内容还表明，国家政令法规的公布实施，起码是有公开程序的。以上这些都是西周政治生活中原始民主精神保存的证据。

但西周王朝毕竟是王权政体。周王的大家长权力是至高无上的。于是在西周王朝政体中，原始民主与君王专制两种倾向的并存、对峙及其消长，贯穿于西周整个历史。西周后期，在国人驱逐了周王之后，贵族可以"共和"十余年，但最终还是另立新王，"共和"被王权取代，标志了一种消长的结果，王权专制终于占据了上风。在古希腊，也有一个王权时代，但是被贵族共和取代以后就永远消失了。在罗马建城并经历五代王权之后，自最后一代王小塔克文被驱逐，也是王权永逝，之后就是贵族共和体制，再后就是古典的民主时代。然而，在中国，王位空缺只有 14 年，之后就又是持续的王权。这其中的原因究竟是什么呢？古希腊亚里士多德说，东方所以盛行专制，是因为东方人天生奴性。这肯定是一派谰言，但对于真正的原因至今仍未有公认的结论。

下面我们就来谈一谈民众即文献中记载的"国人"在春秋时期的表现。由春秋时期"国人"的政治表现，就可以理解为什么专制在春秋战国迅速发展。

一、民众的历史品格

无论是了解中国史还是世界史，人民大众的历史品格是一个必须先行了解的问题，因为它决定着历史的方向和特征。下面就来观察一下春秋战国之际"国人"的历史表现，以及稍后的百姓是如何被政权控制的。

什么是"国人"？简单说，"国人"就是"城里人"，就是住在城邑里的人。当时还有住在城郭外面的人，称为"野人"，"国人"一词正与"野人"相对。高级别的贵族，有时虽也笼统地被包含在"国人"名目之下，不过，他们还有别的称呼，在《左传》中他们常被称为"某某之族"，如"灵、景之族"、

"穆、襄之族"等。城里的普通民众即被称作"国人",包括面很广,例如,周初随诸侯封建邦国的工、商之族等,这在《左传》中有许多佐证。①

说到"国人"在邦国中的权利,有向来被史家称道的"三询"之权,即《周礼·秋官·小司徒》所记之职,小司徒之职第一是"询国危",即国家遇到灾难的时候,要向民众征求意见;第二是"询国迁",即国家若迁都,要征求国人的意见;第三是"询立君",即在特殊情况下,民众对君主的确立有参与权利。"三询"之事应是有的,这在《左传》中可以得到间接印证。② 对一些大事的决断须经民众同意,是一个古老的原则。

只看"三询",似乎是当国家有重大问题时才向国人征询意见。实际上,国人有自己的好恶,违背他们的好恶,没有好结果。最典型的例子发生在春秋初期的卫国,当时的卫懿公好鹤,让鹤坐在战车上招摇过市,结果得罪了国人中的甲士,就是那些可以为国打仗的人。后来,北狄入侵,卫懿公着急让甲士出征,甲士拒绝,说:"鹤平时不是坐在战车上吗?让它们去打仗好了。"结果卫国惨败。这是很典型的国君得罪国人没好下场的例子。另外,国人在贵族内部政治斗争中也有不可忽略的作用,他们深深地卷入贵族内部的斗争之中。这要比国家危难之际的"三询"更经常发生,更能显示国人的政治力量。或者说,国人在贵族斗争中起决定局面的作用,正是贵族不得不结好于国人、国家危难时必须向他们询问的原因。国人的人心向背,主宰着诸侯执政者的更新。例如,鲁襄公十五年,楚令尹子囊卒后一定用"公子午为令尹,公子罢为右尹",《左传》都明白地说是"以靖(安)国人"。

国人的力量不仅可以影响国内,还可以影响异邦诸侯的决策。《左传》载,鲁成公十三年,曹宣公死于以晋为首的盟军行动中,"曹人使公子负刍守,使公子欣时逆曹伯之丧。秋,负刍杀其太子而立"。在埋葬宣公之后,公子欣将出奔,国人都想跟他走。曹成公很害怕,于是向民众告罪,而且

① 当代学者在这一占大多数的群体中又分出"自由民"、"平民"和"奴隶"等,又在"平民"一项中划出"国人"、"国民"、"众人"、"农夫"和"士"等项。但无论是"自由民"还是"平民",这样的概念在先秦典籍中都是从未有过的。当然站在今天的角度,可以对"国人"这个群体的构成作细致的分析,但有一点必须切记,如果将"国人"视为与古代西方社会中的"自由民"或"平民"相等同的一群,那一定会误入歧途。因为中西古代社会差异巨大。

② 参见童书业:《春秋左传研究》,140 页,上海,上海古籍出版社,1980。

把公子欣请回来，以此取得国人谅解。但此事未完，晋对于曹成公的不义行径，要行使其霸主权威，在拖延一段时间后，将曹成公拘执，因此，曹国政局动荡。几年后，"曹人请于晋曰：'自我先君宣公即世，国人曰："若之何，忧犹未已？而又讨我寡君？以亡曹社稷之镇公子，是大泯曹也。先君无乃有罪乎？若有罪，则君列诸会矣。君唯不遗刑德，以伯诸侯，岂独遗诸鄙邑？"曹人又请于晋，晋侯谓子臧曰：'反，吾归尔君。'"文中子臧即公子欣，作为曹的使者，他只是向晋侯转达国人的民意，而曹人的民意，晋君之所以必须考虑，乃在于他也有自己的国人。

由上述可知，国人作为一个整体的力量，在国家内部政治斗争中是一股决定性的力量，可以说谁掌握了国人，谁就掌握了政治权力。因此每当国家政权面对大的事件或变故，都要与国人结盟，以此来坚固君民关系。这在《左传》中颇有记载，如《左传·僖公二十五年》晋放卫侯归国，"宁武子与国人盟于宛濮"，《左传·成公十三年》郑公子班之难"子驷与国人盟于大宫"，《左传·襄公二十五年》齐景公之立"盟国人于大宫"，等等。

因此，每一次春秋列国政治更新，都会有一系列对国人的施惠行为。《左传·襄公九年》载，魏绛辅助晋悼公，"谋所以息民。魏绛请施舍，输积聚以贷。自公以下，苟有积者，尽出之。国无滞积，亦无困人，公无禁利，亦无贪民"。这样的事情，其他邦国也有。《左传·成公二年》载"楚令尹为阳桥之役"，就先有"已责（债）、逮鳏、救乏、赦罪"之举，然后"师众，王卒尽行"。不但国家，就是那些贵族之家也无不如此。如《左传·襄公二十九年》载："郑子展卒，子皮即位，于是郑饥而未及麦，民病。子皮以子展之命，饩国人粟，户一钟，是以得郑国之民，故罕氏常掌国政，以为上卿。"

这样的施舍，本应是贵族政治的常态，也可以说是封建制下贵族政治的特点。《诗经·小雅·伐木》篇中所记"於粲洒扫，陈馈八簋"地招待他人，显示的正是贵族应有的慷慨。《左传·襄公三十一年》在论贵族"威仪"时说的一段话，也可以与这里的施舍相印证，其言为："君子在位可畏，施舍可爱，进退可度……动作有文，言语有章，以临其下，谓之有威仪也。"这便是周代贵族的文化特征，一方面他们必须令人生畏，另一方面他们又是"施舍可爱"的。

但是施舍并不那么好坚持。老贵族们在这方面肯定是越做越差,越来越有特殊目的,越来越像一种交换行为,于是阴谋家就有插手余地了。《左传·文公十四年》载:"子叔姬妃齐昭公,生舍。叔姬无宠,舍无威。公子商人骤施于国,而多聚士,尽其家,贷于公有司以继之。……秋七月乙卯夜,齐商人弑(杀)舍而让元。"这件事发生在春秋早期。公子商人的施舍,实际是一种买通,而国人也因此而默认了他的夺权行为。可是这位公子商人的人品又如何?文公十七年,鲁襄仲至齐,《左传》有"齐君之语偷"的记载。这就是商人的表现,国人默认上台的君主竟是这样的人!这才是人们常说的"贵族的没落",其表现就是他们不能真正遵循"贵族"两个字要求他们的责任,因而日益失去他们的民众,也就将笼络民众的机会交给了他人。施舍应当是国家的责任,却由大夫去施行了,于是"隐民多取食焉,为之徒者众矣"(《左传·昭公二十五年》)。此语虽就鲁国季氏而言,却可以说明下级大臣普遍专权的理由,这便是"政去公室"。但这还只是政权旁落过程的一个阶段,继之而起的是,大臣专权久了也会忘乎所以,于是就有家臣专权。贯彻在这个权力逐级下落过程中的,就是野心家从君主、大夫手里争取民众,最终是老贵族统治的结束,一批因收买而起家的新贵、耍手段的阴谋家的上台。

那么,国人呢?他们也在被收买的情况下,甘为这些野心家做前驱。最典型的收买国人,当然要属"三家分晋"和"田陈代齐"。[①] 巧得很,《左传·昭公三年》记载齐的大贤人晏婴到晋国去为君主求亲,正事办完,他与晋国的另一位贤人叔向私下交谈,谈起各自国家的内政,都发出了"此季世也"的慨叹,其中以晏婴所言齐国的情形最为明确。他说了一段话,记载在《左传》中,大意是:我们国家要完了。因为国君不恤民众,可是陈氏家族对民众处处优待。他家给穷百姓借出粮食的量器,要比公家大出好多,借出粮食用大的量器,百姓还粮食时,却用公量的小量器;将山上的木材弄到市场上卖给百姓,价格绝对不比山上昂贵,所以老百姓都跟着陈氏家族走了,小民对陈氏"爱民如父母,而归之如流水"。生动记录了齐国包括国

---

① "田"与"陈"古代读音相近,所以在春秋时期称为"陈氏"的,到战国就写作"田"姓,其实是一家。陈氏家族本非齐国人,而是陈国贵族。春秋早期因陈国内乱,陈国公子陈完(也写作"田完")出奔来到齐国。

人在内的民众被收买的情形。陈氏用了俗话所说的"大斗出，小斗入"的简单办法，再加些"爱民"的小把戏，就可以将民众哄得俯首帖耳了。

那么"三家分晋"时，韩、赵、魏"三家"又如何呢？叔向所言与晏婴大致相同，而新出土的文献记载更能说明问题。据 20 世纪后期出土的"孙子兵法"文献《吴问》篇记载，"三家"为了拉拢民众，纷纷扩大田亩的实际面积，过去一亩是 60 步，据说赵氏竟扩大到 240 步，韩、魏两家亦有不同扩大。田亩面积扩大了，可是向百姓收税，还是按照原先的"一亩"算。这些材料都披露了这样的事实：野心家们处心积虑地收买民众。然而，那些老贵族在干什么呢？回答是：不知死活地残害自己的人民。据晏婴揭露，在齐景公的治理下，民众受刑被砍去脚的人很多，以至于齐国卖鞋子的生意不好，卖假肢生意红火。晋国国境内的百姓也好不到哪里。如此暴政，老贵族其实是在干着为渊驱鱼的蠢事！民众丢弃他们，也真是应该。

野心家的上台，是靠着笼络民众，可他们上台以后对民众如何？在这方面，《孟子》给了我们很好的答案。孟子到过魏国，就是"三家分晋"的"三家"之一的魏；也到过齐国，就是"田陈代齐"的齐。不论是与魏梁惠王谈话，还是与齐宣王问对，孟子都揭示过两国存在的"路有饿莩，厩有肥马"的不公平状态。这便是那个被收买的人群马上就得到的回报。野心家可以一时地利用民众，但民众若自以为跟着他们走就有好结果，那可真是妄想。这便是"国人"的历史命运。一点小恩小惠的收买，就使他们跟着野心家走，到头来的下场实在是很惨。

由"国人"的被收买，可以观其历史品格。有这样的历史品格，在经济上不能捍卫自己的权利，也就是自然的了。其突出表现就在"初税亩"这类事情上民众的悄无声息。

据《左传·宣公十五年》、《春秋经》载："初税亩。"杜预注："公田之法，十取其一。今又履其余亩，复十取其一。故哀公曰：'二，吾犹不足。'后遂以为常，故曰初。"古代的解释家将鲁国的"初税亩"理解为"十取其二"，就是在原有的公田十取其一的基础上，再向百姓手中的"私田"征取十分之一的税收，这便是"十取其二"了。现代的史家们对此颇有不同见解。大多数学者认为，所谓"初税亩"是放弃原有的征税方式，即不再限于过去农民在"公田"上为君主无偿劳动的劳役地租，而是改为按亩征税。何以如此？因为民众在公田上的劳动不出力。如此，改变原先的征税方式，是对君主有利的。这也是最基本的一点。也就是说，不论是古人还是今人的理解，国君加大向民众征收税利的幅度会增加国家的收入，这一点是可以肯定的。而且税收突破传统，无限扩大，也绝对不是一两个诸侯国家的事，根据就在于各国军队的扩大，是从春秋到战国的普遍现象，若不增加税收，就无法满足军费之需。国家、君主为了土地、人民，旷日持久地进行兼并战争，民众就跟着出人、出钱、出力。这样，国家的权力在随着战争的持续而加大，民众的负担却在无限加重。专制政治得以实现的重要因素，就是政权掌握了民众，而这种掌握的最重要表现就是经济上的无限制的剥夺。这直接导致了专制政体的快速发展，也导致了民众在国家社会生活中的日益无权及经济上长期而普遍的贫困。

二、民众的被控制

掌握税收大权的诸侯国，都想缔造强大的军队，在诸侯兼并的混战中占据上风。要达到兼并天下的目标，将百姓最大限度地控制起来，就是必不可少的。完全在政治、经济和文化上控制了民众的，当属战国时期的秦国商鞅变法所建立的制度。

商鞅变法的理论在《商君书》中有明确的表述，归结起来就是两个大字：农战。"农"，就是极端重农；"战"，就是"驱农归战"。《商君书》显示，商鞅对小农有这样的认识：小农的第一大特点是"穷"，"穷则怯，怯则朴，朴则勇"（《农战》）。商鞅的辩证法是转化，穷就好利用，易驱使；穷则怕官，胆小怕事。"穷"换一个说法就是"朴"。"朴"，老实巴交，又穷又愚，政府就好管理，于是就有促使其由"穷"和"怯"转化为"勇"的条件。《说民》篇言："民怯则杀之以其所恶，故怯民使之以刑则勇，勇民使之以赏罚则死。怯民勇，勇民死，国亡敌也，必王。"如何"以赏"而使"勇民"为君主效死力？这就是让他去战场杀人换土地，这就叫"驱农归战"。"驱农归战"的前提是秦国实行"利出一孔"政策。《农战》："言谈游士事君可以尊身也，商贾之可以富国也，技艺之足以糊口也；民见此三者之便且利也，则避农战，避农则民轻其居，轻其居则必不为上守战也。"商业、学术等一切非农耕之事，在这样的逻辑下都是阻碍君主统一天下的"反动"力量，都必须予以消除。民众想富裕，没有别的办法，只有获得土地；而要获得土地，就必须去为君主打仗。这就是"利出一孔"。因此，商鞅的"农战"理论可概括为：思想上愚民，政治上弱民，经济上限民，战场上死民。在这样的理论下，民众没有一点自身的权利，他们已经不再作为国家政治生活中的个体而存在，而是一团政治的泥巴，统治者想怎么揉就怎么揉，想捏成什么形状就捏成什么形状。商鞅很懂得用利益驱动民众，以二十军功爵制刺激民众的战争激情，因而秦在军事上的强大无与伦比。可惜他的驱动是一种利用，只是将民众化作满足君主欲望的工具。民众可以获利于一时，但最终会失去这些利益，变成被奴役的对象。

与"农战"政策相关，商鞅还用户籍制和什伍连坐制来严格控制百姓。

中国户籍制之起，当在商鞅变法之前；但变本加厉，则完成于商鞅变法。1975 年出土的云梦秦简，即包括《秦律十八种》、《效律》、《秦律杂抄》、《法律答问》和《封诊式》等在内的《秦律》，比较详细地记载了商鞅变法确立的秦国户籍制。首先是每个人都必须被登记在国家的户籍上，叫作"傅籍"。"傅"就是"著"。据《秦律杂抄·傅律》篇，著籍有"匿敖童，及占癃不审"、"百姓不当老，至于老时不用请，敢为诈伪者，赀二甲"云云，表明百姓著籍时常有隐匿人口、以小报老、以壮报残的现象，充分说明了户籍制的实质就是便于使百姓纳赋税和出劳役。因此，人口数量多，就意味着国家财源茂盛；治下的人口是否增长，就是朝廷考核官员的重要标准；"人民"与"土地"一起，成为权力者的"大欲"。

人民一经傅籍，就成了国家征敛的对象，可是，如果削掉了户籍，就意味着变为"非类"。人死了要削籍，这是一种情况。还有另外的情况即《秦律杂抄·游士》篇所说"有为故秦人出者，削籍"，即有人帮助秦人逃跑，就要受到"削籍"处分：一经削籍就是罪犯，下场就更惨。以此做底线，"傅籍"反而就成为一种权益了。另外，还有些人户根本就无资格有单独的户籍，如商人、开店者、上门女婿和后父等，都是不能有户籍的，官府也不发放土地给他们。其中的商人，还要另立市籍。这些人虽不是罪犯，但地位低下，与罪犯相差无几。在秦汉的文献中，就有皇帝下令将这些人与刑徒一起遣发戍边或服役的记载。此外，这些无户籍者，无出仕的权利，不能当兵。必须"三世之后，欲仕仕之"。所以，不要以为傅籍就不好，殊不知有多少人户想"傅籍"而不得。因此,给予户籍又成了朝廷对小民的恩典了。

前面说过,立户籍是为了国家财富的增长,于是就有商鞅的"民有二男以上不分异者倍其赋"(《史记·商君列传》)的规定,国家要的是由一男一女、一两个孩子构成的小家庭。于是在汉代时期的政论中,经常看到"一家五口"云云的说法。须知这不是一种自然而成的古代家庭规模,而是源出政府为赋税而强制施行的家庭制度。因为在先秦文献如《孟子》中见到过"八口之家"的说法,在《周礼》中见过"家七人"的记载,因而可知"五口之家"源于商鞅之制,是政府为了国家财政收入而确立的硬性规定。这便是商鞅秦法的治国精神。他把每一个自然家庭破析到最方便国家管理的地步,然后将民众数字化,民众因而变成国家户籍账册里的一堆人口。有了这个账册,国家要什么、禁绝什么,反对什么、鼓励什么,都可以不露声色地得到执行。这就是广义上的"秦法",冷漠而峻切,通过一本国家账册,以家庭为单位控制民众。汉代将其继承了下来,传之久远。王朝以户籍账册管理国家的方式,可以说与古代中国相始终。围绕着一本国家生民账册展开的皇权与社会势力之间的争夺,也以各种面目与古代历史相始终。

商鞅还实行"什伍连坐"法。《史记·商君列传》记载:"令民为什伍,而相牧司连坐。不告奸者腰斩,告奸者与斩敌者同赏,匿奸者与降敌同罚。"简单地说,五家为一"保",两保十家连为一体,一家有罪,剩下的九家就有责任检举;如不然,则十家牵连同罪。这在"云梦秦简"等出土文物中都得到了证实,说明商鞅的什伍连坐在秦代就已经贯彻于法律。而且,除了平民的"什伍连坐"外,军队和官吏也有形式多样的连坐制度,此外还有对告密者的大力奖赏和对隐匿者的严厉制裁。

三、封建制的消逝

如上所说,封建制确立的是周王与诸侯的"具南面而治,有不纯臣之义",即贵族分权制政体。也就是说,在政治上,周王的本质不同于国家的本质,周王是最高权力的掌握者,而不是所有权力的把持者。分封出去的国家都是实体性的存在,有自己的军队,有自己的内政、外交等主权。同样，诸侯把土地、人民分给了他的下属卿、大夫，卿、大夫再分，层层下分，每一级都有大小不等的权力。诸侯对周王，卿、大夫对诸侯，都得尽义务，但诸侯国的事情，周王是无权直接过问的。据一些西周晚期的青铜器铭文（如《禹鼎》、《多友鼎》等）资料显示，周王要征调来自诸侯的战士，只能给诸侯下达命令，再由诸侯直接征调有关人员。战后的赏赐，也是周王赏赐诸侯，诸侯再赏赐自己的有功之士。看来"封臣的封臣不是我的封臣"这句西方谚语，在东方的封建王朝，也大致是合乎历史实情的。推行分封制后形成的国家，是一个天子与诸侯互为依仗的格局。这一点，在本书第二章第二节已经有说明，此不赘述。

这里要着重讲的是封建制在后代的难以为继及其向郡县制的转变。西周结束后，后来的人曾实施这一制度，尽管大多数是部分的，但多闹出乱子，于是就有了这样的问题：分封制为什么可以行之西周几百年而带来积极的结果，在后代却一旦实行则必带来混乱？

柳宗元的《封建论》以"势"来回答这个问题，这个神秘的"势"究竟是什么？其实就是族群林立的压力。周人以弱小人群取得政权后，面临的是广大地域上林林总总的来历各异的族群，这些族群总体势力要比周人强大得多。为此，周人必须化整为零，深入各地去建立军事殖民，建立军事据点，以点带面，形成对众多异姓族群的监控。当他面对着他的被监控者时，被监控者对他同时也是一种外在的压力。这压力，既制约着王朝对诸侯的容忍，也保证着诸侯对王朝的忠诚。压力促使着一种向心力量形成，也维系着一种分权格局的存在，于是向心力和离心力就会维持在一个积极的平衡状态。无周人及联盟者的整体，就无各邦的单独存在；无各邦的支撑，王朝亦无整体的存在。王朝既分权又大一统的格局因此而得以确立。

到西周中期，周初以来族群对立的局势，已经得到相当的缓解，这是周人实施权益让度和怀柔政策的积极结果，因而多元人群的统一民族得具雏形。继之而来的是新一轮的族群问题。当中原各国族群的界限逐渐消亡之际，四裔人群的压力重新降临，这就是西周后期开始的"四夷交侵，中国不绝如线"（《公羊传》）的危亡之局。这样的危局可以直接促成西周末的"宣王中兴"，促成春秋早期霸主们的"尊王攘夷"。不论是

"中兴"还是"尊王攘夷","四夷"没有被"攘"除,新的民族融合确实是在广大的人群范围内完成了。这便是被史家公认的春秋战国之际的第一次民族大融合。

这既是周代推行封建制的结果,也是一个前提。中华民族在这个时期已经大体形成。以后封建出去的邦国就基本缺少外在的压力和规约,以保障他们对王室保持向心之力。周代封建所具有的力量的平衡没有了。西汉有鉴于秦的灭亡而大封子弟,完全像是一姓私利的经营。但封国与王朝之间再也不能维持长久的共生共存,因为,除了一点"秦不立子弟二世而亡"的空洞教训,我们找不到使王朝必须容忍诸侯的制约力,也找不到诸侯必须输诚于王朝的现实作用力。于是"卧榻之旁岂容他人酣睡"的心理,首先在朝廷一边发作了。

实际上,汉初诸侯国几十年里在各个方面都做得相当不错。论经济,有吴王的开山煮海,可以做到国内"无赋,国用饶足"(《汉书·荆燕吴传》);论学术,则有河间献王刘德在本邦国兴办文教,兴作礼乐,在学术上主张"实事求是"(《汉书·景十三王传》),有淮南王招募天下道术之士,成《淮南子》之书;在文学方面,则有梁孝王治下邹阳、枚乘等作家的云集,等等。而且,当刘邦死去,诸吕谋汉之时,若没有山东同姓诸王的异动,长安城内陈平、周勃等一批老臣收拾诸吕的行动也就不会那么顺利。即以此一端而言,同姓诸王何尝对不起朝廷?但是,河间献王刘德朝觐时,带来他所搜集整理的礼乐,本想获得朝廷的褒奖,不料得到的却是武帝恶狠狠的猜忌之言,刘德归国后再也不敢兴礼作乐了。当时"七国之乱"已平定,且刘德为武帝同父兄弟,都是自家骨肉,武帝仍然如此猜忌。

吴楚等"七国之乱"的罪魁是吴王刘濞,可他起兵也实在是因为走投无路。汉文帝时吴太子在长安为质,与当时的皇太子(后来的景帝)下棋,两位太子争执,愤怒之下,皇太子以棋盘击吴太子头以致其毙命。此事出了,文帝并没有对吴王有个郑重的交代,吴王也自此不朝。此事在文帝,尚取息事宁人之策,赐吴王几杖,以示优容;到景帝上台,就容不得他吴王不朝了。看《汉书》,诸王一副铁了心要造反的样子,可是,御用史官这套不客观的记载,连朱元璋都可以看破。在与太子讨论这一段历史时,朱元璋就说,"七国之乱"的责任不在七国,而在朝廷。近人徐复观《两汉思想史》

说得更透彻："所谓反叛问题，完全由猜嫌心理所逼出，甚至是伪造出来的。"①当然我们也可以说，"七国之乱"的各方都有错，但最大的错，是刘邦为一姓江山计而采用了"封建"这一不合时宜的旧制。

到西晋，则是另外一番景象。西晋有感于曹魏对诸王形同圈禁的过失，给各王以军政实权，以此导致"八王之乱"。究其起因，一则是贾后的弄权，二则是惠帝的暗弱，综合起来就是朝廷的无能使握有实权的诸王起了觊觎之心；但若从大背景上看，则是汉末政治体统的丧失造成的。"八王之乱"前，先有曹氏的"狐媚"篡汉，继而有司马氏的"欺人孤儿寡母"；篡来篡去，满朝剩下的尽是"贰臣"，政治的道德廉耻丧失殆尽。曹氏、司马氏之篡，还属于异姓间的"外篡"；到"八王之乱"，便是"内篡"、骨肉相篡了。论八王与惠帝的辈分，有的是祖父，有的是父兄，篡起天下来却一样六亲不认。与吴楚"七国之乱"相反，"八王之乱"，其咎在诸王，但根本问题还是为一家一姓着想的心态使然。南北朝时期特别是在南朝，王朝是一代一代走马灯似的换。士家大族出身的大臣之辈，则不断进献着文辞漂亮的"劝进文"和"禅让文"，"好官我自为之"地一朝一朝地做大官。读《颜氏家训》等当时文献，很容易就可以看出，那个时代的士大夫，只讲孝道，不讲忠道，而且并不以无忠道为耻。论政治层面的文化，这就是其中最显著的特点。

不论是西汉朝廷的"卧榻"之心，还是八王的"觊觎"之意，究其深层原因，都是绝对权力形成后的病态表现。王朝无所限制地调动国家力量去灭掉自己建立的封国，与那些握有实权的受封者纠集力量篡夺最高权力，两者间并无本质的区别，都是一个王朝社会对政治军事权力无所限制亦即它的民众在政治上无积极表现的恶果。

封建制被抛弃后，王朝基本采用郡县制。郡县制萌芽于春秋，在晋国和楚国实行较早。在战国，随着旧贵族的衰落和军功新贵的兴起，各国变法的浪潮使郡县制逐渐得以扩展。秦始皇统一天下后，将郡县制推行到了全国，使之从此成为王朝的基本政治制度。郡县制与封建制的主要区别在如下几点：郡县制下，地方政令受制于中央，郡县守令不世袭，而要视其实际的为政成绩来任免进退；守令不再有采邑，而是食俸禄。可以看出，

---

① 徐复观：《两汉思想史》，第 1 卷，176 页，上海，华东师范大学出版社，2001。

封建制下,"君权未能超出于宗族集团之上。故君、卿、大夫之位,相去仅一间……郡县制的国家,则君权渐脱离亲属关系之束缚"①。也就是说,郡县制是一种将王权直接推行到地方的制度,再不是贵族的分权制了。它标志着王权的扩张和官僚政治的建立,是一种中央集权的专制制度。

然而封建的问题并非完全成为已陈刍狗,题无剩义。在后来,它总是被提出,被当作一个方略而加以讨论。学者如顾炎武甚至还试图以"封建"之意改造专制的王权现状。顾炎武《郡县论》指出:郡县制出现的最大问题,是官级层次太多,反而捆住了地方官的手脚,令他们无所作为。因此,顾炎武提出"寓封建之意于郡县之中",就是在国家制度上放开地方官的手脚,并刺激他们积极致力于地方政治。《郡县论》为此开出的方略是,使地方官员不但长期任职于一个地方,而且将他的家属户籍都移向他所治理的地方,让他与所治理之地的民众共休戚、同苦乐;同时,为增强一个地方官员的责任心,他的后代也可以继承他的职位继续治理同一州县。这实在是一种大胆的设想,难以做到是无疑问的。因为一个地方再穷,也不可能穷到官员,官员不可能与所治民众完全同甘共苦。而且,在专制既成的情形下,试图以地方权力与中央权力相抗衡,这一点本身就不现实;试图使专制的王朝形成权力与权力相抗衡的机制,就更不现实。不过,顾炎武谋划以分权的制度来对治、消解一极化的集权专制的用心,是极为分明的,也是极为良苦的——这正是《郡县论》的价值之所在。

第二节　王朝政治的风貌

神权政治阶段过去之后,就是两千多年的封建政治。王权或曰王朝政治的基本规模,定型于秦汉之际,具体说是从秦统一到汉武帝独尊儒术前后这段时期。之后的王朝政治,有强有弱,有兴有衰,也各有特点,但总有一些根深蒂固的东西不断地展现,构成了独特的王朝政治文化的风貌与景观。

---

① 钱穆:《国史大纲》,修订本,83 页,北京,商务印书馆,1996。

一、王朝政治的"文治"理想

在第二章我们讲过汉武帝元光元年的诏书，那可视为是"文治"天下的宣言。由此，王朝着意建立"文治政府"，即实施"文德"之"治"的行政机构。[①] 换句话说，"文治政府"的目标就是"文治"天下，就是以"教化"为手段，将万民带到"尧舜"、"三王"那样的"王道"理想社会。治国的方向不是发展经济，提高物质生活水平。当然，经济上不是无所追求，只是非常简单，只要有农业和简单的手工业，百姓丰衣足食就够了。"文治"天下明确的目标是提高人们的道德水准，追求社会和谐，讲究每一个人都能成为有教养、讲信用、尊老爱幼、互相关爱的君子。"文治"理想发源于西周的"德治"天下，发源于西周"礼乐文明"经过儒家的整理、提升后形成的文化理想，汉武帝"独尊儒术"，就是在要在政治上推行儒家的这套文化理想。

这样的政治理想，有其深厚的文化基础，也推行了相当长的时间。西周提出"德治"主张，缔造了"郁郁乎文哉"的礼乐文明。西周崩溃后，儒家向往礼乐文化，并对其进行了整理、提升，形成一套理想主义的观念系统。战国激烈的兼并中，秦国极端功利主义的法家政治策略成功。可是，秦国在军事统一天下之后迅速灭亡，证明用法家那套"铁血政治"行不通。于是，西汉一建国，就有贾谊站出来，总结秦朝失败的教训，提出以"仁义"治民，强调礼乐教化、移风易俗的新主张。他的主张大体就是"文治政府"的基本框架。到武帝"独尊儒术"时，"文治政府"大体成立。此后两千多年间虽有修补，却无根本改变。

归结一下，"文治"政府的内涵有三点：一是地方实行的郡县制和王朝实行的中央集权制；二是以儒家所设计的政治理念为治国大方向，其他如道家、法家等的思想也酌情采用；三是"文治"政府的行政者是一个庞大的官僚群体，这个官僚体系的人员构成，自"独尊儒术"后，基本以儒生为主体。

1. 治国理念上的道德理想主义倾向

"文治"要实现的是儒家所描绘的"尧舜"、"三王"的王道政治。这一点

[①] "文治政府"一词借自钱穆《国史大纲》（影印本，131～152 页，北京，商务印书馆，2004）。又，钱穆在《中国文化史导论》（93～112 页，北京，商务印书馆，1994）中也有论述。

在讲汉武帝元光元年诏书时已经谈到。也正如前所说，在这样的政治宏图中，经济方面的内涵是贫乏的。于是王朝政治一定要遭遇经济问题的困扰，在社会经济出现问题时，没有良策，如前面讲到的，当土地兼并导致大量失业农民出现的时候，书呆子的儒生智慧给出恢复"井田制"的无效药剂，以致西汉王朝迅速崩溃。

而且，朝廷"兴文教"的许多措施，往往还是导致王朝衰亡的原因。通观古代王朝，最长的唐代也不足三百年，明、清大约二百五六十年。任何新王朝开国，都在大乱之后，所以都要经过一段时间的休养生息，汉代实行黄老政治，唐初也有休养生息的阶段，最根本原因是出于大乱之后社会极度贫困的考虑。休养生息期间的"与民休息"，使农耕及各业都复苏繁荣，"改制度、兴文教"的事情就要出现了。汉武帝时期如此，唐代玄宗时期也如此。王朝还会维持一段时间的太平，至于教化的效果如何，人民的道德是否提高，可以说，收效远不如花费。而且，社会马上就要出问题，小农业经济财富累积困难，而与"改制度、兴文教"相伴的，就是王朝巨大的铺张浪费；同时，王朝还要外事四夷，或搞些其他什么乱花费的事情（如北宋真宗的降天书、搞封禅），国库迅速被花空，新一波的盘剥就开始了，想办法增加国库收入的大臣也随之出现，汉代有桑弘羊，唐代有宇文融、李林甫，北宋有王安石等。增加国库收入的举措其实是把朝廷的铺张浪费的恶果转嫁到小民头上。王朝的道德理想主义，体现的是一个人群的最高生活理想，有其十分动人之处，但是能否像儒家所想象的为"万世"开出"太平"来，就很难让人做肯定的回答了。

2. 国家治理上的"贤人政治"

刘邦打天下，开创了两千多年"打天下，坐天下"的政治传统。一个积极的结果，就是"贤人政治"格局出现并且延续两千多年。汉朝开国之后的几十年，政治上任用功臣，功臣出生入死，经历丰富，政事做得也不错。之后，到武帝时期，功臣凋零殆尽，用谁来治国？汉武帝毅然决定，直接从民间选拔贤才。这是符合儒家理想的，也是拥有雄才大略的汉武帝为民族做出的一点贡献。儒家把"选贤与（举）能"视为尧舜之道。于是，武帝开始下诏州郡，举荐贤才。汉武帝尊儒最有实际效果、对后代影响重要的，就是选贤。从此，一个从平民中直接选拔贤才的"士大夫治天下"的政治传统得以形成，一直延续到清朝灭亡前夕。自有政权以来，执政者都是贵族，就是传说中的尧舜也有高贵的血统。延续至春秋战国时，开始出现客卿制，有所谓"楚材晋用"的现象，出现了贤人治国的头绪。遵循儒家理想将这一头绪接续并发扬光大的正是汉武帝。

由此，两千多年的选拔贤才，经历了汉代"察举制"和隋唐以后的"科举制"。说两汉选举制是察举，只是就其大流而言；察举之外还有征辟、任子、纳赀等几大项。察举是自下而上的推举；征辟为自上而下的提拔；任子则是古代世袭制遗习，不过汉代任子要先做郎官，即在朝廷观摩、学习；纳赀就是花钱买出身，也是要先为郎见习政务，与任子同。几大项选举中，以察举、征辟为主重，也最为人所尊崇。征辟有数种：一是皇帝征辟，征辟的对象可以想见，非一般人员，次数也极少；二是公府征辟；三是州郡征辟。后两种级别不同，但都是官府自辟僚属。受辟者在经过一段时间的试用或积累一定资历后，再由公卿或州郡推荐参加察举如举孝廉，成为正式的朝廷或地方官员。

不难看出，察举是以上诸途中最重要的。察举的内容有孝廉，即孝子廉吏，有茂才（秀才）。茂才的出路是做地方县令、县长，选举的人数比孝廉少。此外还有贤良方正、文学，不是常科。总结汉代的选举，人才选拔的主要标准是道德、学问、才能三大项。贯穿于三大标准的精神，是道德实践，是真才实学。察举制的价值不仅在于"贤人政治"，还在于以这样一种从民间垂直选拔贤人的方式，为社会树立良好的风气，激励世人修身正德，这正是儒家"教化"治国理念的体现。

当然，这不是说察举制等就没有问题。察举制实行一段时间后，就开始出现了察举不实的现象，最严重的是汉末世家大族把持了选举大权。曹魏时期实行九品中正制，又制度化地把选举大权交给门阀势力，所以，魏晋南北朝形成了"上品无寒门"的不公平现象，还有世家大族子弟"平流并进，坐至公卿"的严重用人腐败现象。但是，世家大族人物的底色还是士大夫，他们在政治上不负责任，但是在文学艺术方面还是有独特贡献的。至隋唐，才重新建构了从民间选拔人才的科举制。

科举制是一种考试制度，其源头可追溯到东汉顺帝阳嘉元年（132 年）左雄改革察举制时的"诸生通章句，文吏课笺奏"（《后汉书·卷六》）。梁武帝天监年间开始以考试选用人才，诏书特别说明"寒门之后，随才试吏"。隋文帝开皇七年(587 年)，"制诸州岁贡三人"，开地方常贡之制，其科目主要有秀才和明经。隋炀帝时期又增设进士。到唐代，科举得到完善，大略分常科和制科两类。常科有秀才、明经、进士、明法、明书和明算六科。制科是由皇帝下诏于常科之外特设的选举考试，时间不定，科目也无定准，其名目之多可达百种以上。[①] 这两科大体上都被宋继承，略有改变而已。如唐代考试不糊名(把考试者的名字密封，以免判卷者徇私)，而且考前举子可以行卷(科考者把自己平时的诗文送给一些有名望的前辈看，目的是获得他们的赏誉推介)，当朝公卿可以向主考官推荐，谓之"通榜"等；这些在宋代都被取消了。考试的卷子，从宋开始要糊名，并且由专门人员进行抄写，谓之"弥封誊录"。在唐代，考试分礼部考和吏部考两次，通过礼部考，即成为进士或明经等，然后一般是三年之后再参加吏部的考试，称为"铨选"。通过此次考试，士子才可以脱掉平民衣服，穿官服，有品阶，正式进入仕途。到宋代，进士等考试之后，则是殿试，即皇帝亲试(此制之始自武则天时)，殿试通过之后，就正式成为官身。宋代优礼士人，于此亦可见出。

在常科中，进士最受重视，这也是唐、宋两代相同的。而在两科之中，进士尤其难，唐代有"三十老明经，五十少进士"之谚，可见中进士之难了。到宋代则有"焚香礼进士，撤目(一作'瞋目')待明经"之语，明经地位受轻视更甚。科举之设，本是选拔治国人才，但是，用考试学问、才气的办法能选出马上可用的人才吗？唐初重秀才，本想经由秀才科的考试，把那些真有政治见解的人选拔上来，可是，考来考去，秀才们就是作不出真正对经邦济世有用的策论来，无奈，秀才科就废掉了。这实际已显示出科举考试选举人才的局限。从理论上说，要选拔治国人才，科举当然不如察举，察举是由观察人的实践表现选拔人才。可是，老话说"五谷不熟，不如稊稗"，察举制的公平客观既失，反而不如科举了。科举即考试，考试重公平。赶上一个社会重视文学的时代，考试重文章，尚文采，也颇能将那些才华之士选举出来。生命才质既高，道德上无大问题，假以实际的历练，也能成为国家干才。从唐到宋仁宗时期，以生命法则为内涵的选举，还是

---

① 参见吴宗国：《唐代科举制度研究》，69～70 页，沈阳，辽宁大学出版社，1992。

选出了大批的人才的。北宋选举有"滥"之嫌，但真宗、仁宗、神宗三朝人才济济之盛况为历史上所罕见，也是事实。到王安石变法，认为考试诗文不能选出那些有德之士，对考试内容加以改变，诗赋被革除了，留下来的只有策论，而策论也不过是围着儒家经典义理作发挥，其结果是八股文的出现。另外，据赵翼《廿二史札记》记，唐宋科举时，一等大文人都从科举出；而王安石变科制之后，一等大文人都不从科举出了。此后就是八百多年的以八股文考试为主的科举。这曾引起前人的激烈批评，如顾炎武对"十八房兴"而一切学问废的抨击，吴敬梓《儒林外史》中"范进中举"的讽刺，对科举害人的揭露是很痛切的。但是，总体看来，就是考试八股文的明清时代，科举仍然选出一批治国之才，如陶澍、林则徐、曾国藩、胡林翼等。科举的毛病很多、很重，但从平民中直接选拔人才的精神，就是在科举弊端严重的时候，也还是大体保存着的。在今天看来，科举制并非一团漆黑。

承认察举、科举，是承认它们表现出来的贤才选拔制度化的做法，并不是说只有察举和科举选出来的人才是贤才。前面说过，察举和科举出来的人构成士大夫阶层，但"士大夫阶层"这一概念不与"察举或科举出身人员"完全等同。察举制被门阀控制着，就有压抑寒门的重弊；科举盛行既久，科举出身的瞧不起非科举出身的贤达，科举出身的进士瞧不起同时科举出身的明经，这些都不是好现象。最坏的是社会唯科举是尊，认为非经科举之人就不是贤人，很多有才干的人被轻视埋没，这在明清是很常见的。察举和科举的最大功用，除了将选拔贤才制度化之外，是在很大程度上刺激了社会读书向学的风尚。这一点影响一直延续到今天。

由察举和科举选举出来的士人，构成社会士大夫阶层的主干，成为王朝政治施政的主力。他们施政状况如何？大体是应予肯定的。各个朝代都有成绩斐然的行政者，不论是主持中央大计，还是为官地方，都是如此。两汉及宋、明、清时代，科举出身的贤人满载史册，对国家、民族贡献重大的也不胜枚举。同时，他们还是诗歌、书画等文学艺术的创作主体，是学术和思想的创造主流。有理想，肯担当，且文采斐然，是古代士大夫群体的显著特征。两千多年来高雅文化的创造，也与他们息息相关。

但是，士大夫从政治国，是在皇权专制下进行的，因此"贤人政治"的理想在现实中多受干扰。这些干扰首先是来自皇帝方面，其具体表现是，有才干或自以为有才干的皇帝几乎都会干涉宰相的行政。汉武帝设"内朝"官、光武帝"事归台阁"及唐玄宗设翰林等，都是如此；到朱元璋则干脆废除宰相一职。无论是哪种情况，都说明皇帝的意志总要凌驾于一切。干扰其次来自外戚和宦官。外戚干政以东汉为甚，宦官专权两汉也都有，尤以东汉闹得凶，到唐代甚至闹到"家奴（宦官）欺负主人（皇帝）"地步，此外就是明代。但是，说到底，外戚和宦官对士大夫行政的干扰，骨子里还是皇权与士大夫群体之间矛盾龃龉的表现形式。

还有一种干扰因素，来自士大夫这个群体本身。士大夫是官僚群体母体，以儒生为主体，受的是儒家教育，重的是道德、理想和学问。王朝政治是否清明，取决于官僚群体是否能够在道德上自律，是否尽心政事、善待民众。就是说，官僚群体自身品质的保证主要来自于他们所受的教育和觉悟。当然，哪个时代都有政治上的监察、考核，但监察、考核者的好坏，也是由个人道德情操来保证的。因此，往往是当一个王朝上升的时候，风尚还好，道德精神状况还可以，还能出一些循吏、清官。但是，一个王朝时间稍长，权力对拥有权力者的腐蚀，会轻易地冲垮当权者那点良心抵抗力，整体的道德水准会下降；暮气沉沉之际，也就是官场大腐败之际。简单说，王朝政治保证清明的主要条件是为政者修养而来的德即精神力量，其作用有限且难以持久。

还有一个更为严重的来自士大夫自身的问题，就是他们的儒生底色使他们很容易对政治本质认识不清。传说管仲要死时，齐桓公问他谁可以继他做相，问鲍叔牙可不可以，管仲回答"不可以"。管仲的理由是鲍叔"是非太分明"，可以做君子，不能做宰相。是非太分明的人做了宰相不能容人，容易树敌，朝局分裂，那就什么事也做不成了。这则传说的真谛是：政治和道德不是一回事。那些成功的儒生出身的政治家，如三国时蜀汉的诸葛亮、唐代姚崇、明代张居正，凡做成事的，都是兼通法家和其他思想的、懂得变通的人。可是，看《论语》，一口一个"君子"、"小人"，分得太清楚了！现实生活中的人，纯君子和纯小人都很少；这样严分"君子"和"小人"，很容易在政治上闹出党派，自以为是君子，把别人都当成小人。是非先不论，派性一生，什么事也做不成了。范仲淹改革、王安石改革，先从意识形态的"义利"、"王霸"之辨闹起。尤其是王安石变法时，同意他的就被他说成"君子",不同意他的就被他说成"小人"、"四凶",所以取得的成绩远不如带给朝局的害处大。明朝末年的东林党也是如此。本来他们和齐党、浙党和宣党等士大夫党派闹是非,多是占理的,东林党中正人君子也多。当他们大权在握时,对于跟他们闹了几十年的各党,理应分别对待,顾大局,讲团结,和衷共济,因为那时候的明朝政局已经很是危难了。可是东林党不这样,掌握了大权还接着闹是非,绝大多数东林正人君子掌权后都显得没有大局观,于是那些反对他们的各党小人,开始向魏忠贤手下集结,反扑东林党。东林党遭受重创是小,错过了最后拯救朝局危难的机会才是最不可原谅的。在东汉士大夫群体与宦官搏斗的时候,在西汉元帝、成帝儒生改制的时候,都可以看到儒家出身的士大夫官僚只知道正是非,而不分其轻重缓急,这样带给政治的只能是灾难。

二、王朝政治与历史经验的吸收

前朝崩溃的历史教训,任何后代王朝的缔造者都是十分重视的。然而在对待前朝经验上,有两种表现:一种是积极地吸取教训,一种则是因噎废食。前者表现为正面的汲取教训,后者表现为反面的规避覆辙。

一般来说,汉唐以前,对前朝镜鉴正面者多,王朝政治格局也就宽大得多;到后来则相反,而且前朝的经验教训越累积越多,后续王朝防范心理越来越重,政治的格局就越来越窄小了。本来,前朝的覆灭,无一不出在专制,而后来者不思专制本身的根因,只在维护专制的心思下看待前代经验,又岂能不越来越狭窄?

秦、隋的教训,是虐待民众,问题出在对待民众傲慢的政治态度上,因此汉、唐在保存了秦隋旧制的前提下,收敛傲慢,小心谨慎地对待民众。但是,就是这两个王朝,在吸取前代教训上,也难免有因噎废食之嫌。西汉鉴于秦不封建,就封建亲戚,搞"非刘氏不王"那一套,结果有"七国之乱"出现。又如隋唐,鉴于前朝地方势力割据,就对地方行政权力大力削减等。其实东汉以后很长时期的政治问题是世家大族势力太大,导致国力衰竭。然而隋唐无意考究世家大族所以形成的原因,反而把人事、财经大权高度集中,引起地方政治无力,因而"安史之乱"爆发时,攻城略地如入无人之境。这又引起相反倾向的出现,那就是武人在平定叛乱时的乘势而起,终于导致藩镇割据的出现。由此不难看出，对以往历史教训的审视，需要高度的历史理性，需要以缜密的思考来搞清乱因。然而，新朝的建立者往往只是在权力私有心态下"为子孙计"，往往出之于顾头不顾尾的防范心理。而防范心理与权力私有心理可画等号，于是在借鉴前朝经验时，特别容易流于粗略的历史经验主义，流于非理性。以狭小私心处置政治，是以一人之智量与历史斗、与天下斗，所谓人算不如天算，躲避了深坑，却堕入陷阱，历史如何能够沿着顺畅的道路前行？这一点以北宋最为典型，就让我们从宋代说起。

王夫之在《宋论》中谈到，宋代立国精神不离一个"惧"字。宋开国靠兵变取他人之国，取国之后常怀惧怕之心。因有此"惧"，所以长期不敢以兵威劫远人，不敢以诛杀待勋旧，不敢以智慧轻儒素，不敢以苛法对民众(此与秦、隋相较而言)，等等。① 但宋之惧，不如汉唐之惧，而汉唐之惧，又不如西周之惧。这里似乎持一种退坠的历史观，其实不然。宋之惧，是因为得国不正，其惧有积极作用，亦有消极作用。汉唐之惧，则是惧民众造反，因此，在相当长的时间里还能收敛。西周之惧，则是惧众多的异姓人群，惧怕他们像当初自己联合八百诸侯造商纣王的反那样造自己的反，这也是惧怕民众。但不同的是，汉唐之惧，只是前几代皇帝的政治情绪，只由此产生一些"仁政"措施，而未将这种惧怕之情客观化，确定为一种整体性的国家体制。这在西周是做到了的。流于情绪是会被忘记的，形成体制，则可长期起作用。轻徭薄赋，低税率，不是制度吗？是制度，但这样的制度很容易被权力的欲望漫过，因为它没有来自历史最大的力量即民众的捍卫，所以就是"橡皮"制的。但无论如何，对民众的恐惧，在中国历史上都是一种非凡的甚至是伟大的政治情绪，因为它带来开明，带来民众压力的减小。

为什么说北宋的恐惧不如汉唐呢？因为它的恐惧带来了巨大的坏结果。赵匡胤起家不正，因此竭尽思虑地猜忌、防范其他武人。武人从中唐以来的确有可猜忌处，解除武人对政治的破坏也的确是一件迫切的大事，但不能"防弊而启愚"。这需要理性的态度，一种摆脱了"为子孙计"的理性态度。

---

① 参见(清)王夫之：《宋论》，3页，北京，中华书局，1964。

藩镇的武人势力崛起并为害中国很长时间，有其特定的缘由，因此需要审慎地考虑其起因，并需要将武人的专横与国家必要的武装力量当作两件事看。混同了，就会因噎废食。无限度压抑武人，是北宋的家法。以武人出身而最高做到枢密副使的，只有一个狄青，但狄青在文官面前，如同一般武将在文官面前，是抬不起头来的，甚至发生过文官陈尧佐当面呵斥他的事情，① 正是北宋武将地位的写照。宋设禁军、厢军（只负责军事工程）和团练（形同虚设），真正的军队只有禁军，被牢牢攥在皇帝手里，因为皇帝认为唯有如此才可以防范武人。宋朝又尽量做到将不知兵、兵不知将，作战时还需要钦定的阵图，等等，都是防范武人的基本伎俩、一些不顾王朝命运的伎俩。

以狭隘的心胸对待历史经验，北宋并不是唯一的，只是典型而已。若往上追溯，汉代就如此。如东汉光武架空三公（司徒、司空、司马）之权，而事归台阁，也就是任用官卑职小的尚书。这就是有鉴于王莽篡汉而采取的措施，王莽不是逐渐由三公而"周公摄政践祚"，而"尧舜禅让"地一步步夺了汉家的大权吗？可是，夺掉三公之权的后果则是外戚、宦官轮番控制国家。汉光武的做法，在后代也有遗响，明代的朱元璋竟然可以因猜忌宰相而废除宰相一职，由此而来的明代宦官祸患国家之害，也是可与汉光武的东汉帝国相比肩的。

三、王朝"间歇现象"

在中国历史上有所谓"文景之治"和"贞观之治"的太平盛世。汉唐之强，都与休养生息有关。休养生息政策的实施，又无一例外地与王朝建立前历史所经历的严重混战有关。这大的混乱，就是这里要说的历史"间歇现象"。典型的"间歇现象"发生在秦汉和隋唐之际，秦和隋的暴政都导致新的更深重的战乱。强调这个"间歇"，主要是突出这"更深的战乱"与接踵而来王朝的兴盛的关联。实际上，每一朝代的建立，都经历过"间歇现象"，如宋经历过五代十国，明经历过元末大乱，等等。这里以秦、隋为主，是因它们

---

① 参见宁可：《宋代重文轻武风气的形成》，见《宁可史学论集》，北京，中国社会科学出版社，1999。

最具代表性。

秦、隋两个朝代有其共通性：其一就是初步地使纷乱的时代安定下来，并且将一种新制确立起来。例如，秦的中央集权制，为汉所继承；隋的新式的中央集权制，为唐朝所遵循。其二是两个朝代都短命，一两代就结束了。为什么会出现这种间歇？或者说，在混乱和一个强盛的王朝之间，为什么会出现一个短命的王朝？

短命王朝所结束的长期混乱，实际上是由多种势力冲突造成的。这多方的势力的流波，往往会在新朝中潜伏延续下来，遇到机会就会兴风作浪。秦和隋都是在封建势力或家族势力长期发展之后建立的：秦之前是周代宗法制的残余势力，隋之前则有六朝门阀制势力的大盛。于是，反抗秦的有六国势力，如项梁、项羽，旧齐田氏等；反抗隋炀帝者也多起自东方，而且有不少的地主分子参加，① 都可说明这一点。杜佑《通典·卷三·食货三》言东方大家族势力说："（北齐）文宣之代，政令严猛，羊毕诸豪，颇被徙逐。至若瀛冀诸刘，清河张宋，并州王氏，濮阳侯族，一宗近将万室，烟火连接，比屋而居……时宋世良献书，以为魏氏十姓八氏、三十六姓，皆非齐代腹心，请令散配郡国无士族之处，给地与人……分其气势。"北齐的社会状况毫无疑问延续到了隋朝，《隋书·卷二十四·食货志》记载："是时山东尚承齐俗，机巧奸伪，避役惰游者十六七，四方疲人，或诈老诈小，规免租赋。"因此而有文帝的"大索阅貌"，检索实际人口数量。

短命新王朝在建立过程中，都进行过对敌对政权的军事征服。这样的战争，当然以消灭敌方政权的有生力量即军队为主，因而战争往往是有序的，先打哪里，后打哪里，有相应的谋划，因而战事涉及面也有限。秦灭六国、隋扫荡南方政权都是如此。据《史记》所载各次战俘数字计，秦灭六国杀人近 150 万，但仍是有序的。有序的战争，对社会的消耗，特别是对旧社会势力的涤荡是有限度的。除敌国的军事势力，较少触及被征服地的地方经济上的豪强势力，于是先朝的封建势力或门阀、豪强势力就延续到

---

① 隋朝建立后，文帝时期曾因世家大族隐匿户口而"大索阅貌"，核查户口，并开相互纠告之令，强迫大户分门析户。这些事情记载在《隋书·食货志》和《通典·食货典》中。因而有学者认为，隋末大起义时地主参加义军，与此相关。是否如此，史家有不同看法，但朝廷与世家大族存在矛盾，则是显然的。

新朝中来。也就是说，这种多种政权展开的统一战争，实际对社会存在的问题，如土地高度集中等，反而不能很好触及。这正是两个短命新王朝之所以"短命"的理由之一。

然在，在短命王朝覆灭的过程中，情形却改变了。短命王朝的覆灭是多种军事势力兴起造成的。如陈胜起事后，多少家义军揭竿而起！隋末的大起义中，反隋的武装势力大约有一百三四十支，参加起义的人口总数在四五百万以上。[①] 这些人中，既有仇恨王朝的，也有仇恨地主的，[②] 劫掠那些为富不仁的地主富人，就很自然。这样的战争与征服敌对政权的军事行为相比，就是漫山遍野四处开花了，就是无序战争了。无序战争的破坏，对人口的毁灭，对社会得势阶层的冲击和涤荡，要比统一战争剧烈广泛得多，对社会的破坏也同样剧烈深刻得多。这样，对后来王朝来说，一个积极结果就出现了，那就是人口的锐减，地主的逃跑或被杀带来大量无主田地。这正是使秦之后的汉特别是隋之后的唐维持相当长时间的稳定、太平的先决条件。

历史记载汉代建国之初的社会普遍穷困，如皇帝的车驾找不到四匹同一颜色的马匹，宰相上朝乘牛车，这样的情况就是这无序战争的结果。但这也给新王朝带来两大走向强盛的条件：一是在相当长的时间里无土地兼并现象，或者说土地兼并现象在相当长的时间里不突出。大量安稳的小农的存在，保证了帝国的经济基础，也保证了帝国走向强大。二是大乱之后，一切需要恢复，政治上也常常需要"无为"一些，这反而使小民可免于沉重的经济压力。汉初的"清静"政治，历来被旧史家所称羡。国家鉴于社会的普遍贫困，在"清静无为"的政治理念下，尽力地避免兴作各种政治文化设施，尽力减少小农的经济负担，于是就有了"文景之治"，以及武帝初年的盛极一时。在唐代则是隋末的混战使国家手里掌握大量的无主荒田，可以实行"均田制"。汉无"均田"之举，并不是说汉代国家手里无大量无主荒田，相反，正是大量无主荒田和可垦之田的存在，使其不须"均田"，汉初数十年休养生息政策得以实施。这里的问题不在是否实行"均田"，而在国家对

---

① 参见王仲荦：《隋唐五代史》上，76 页，上海，上海人民出版社，1988。

② 隋末农民战争中，参加者有不少大地主家的部曲、佃客。

小农能否有效控制。汉虽无均田之举，却有后来"编户齐民"的户籍之制——均田制不也包含对户口状况的清理吗？广泛而严密地控制了小农，国家的强盛就有了保证。而这种情况的到来，实在有赖于前此短命王朝覆灭时大规模混战的消耗。

放宽眼界来说，从秦到唐，大一统的皇权政治虽经历挫折，总体上还是趋于强盛的，并在唐代达到顶峰，究其原因，实在与民族的融汇、土地的开拓密切相关。皇权制的王朝经历了两汉的高峰后，人口大量增长，土地集中问题到东汉时代在王朝内部实际上就难以解决了，或者说，王朝因其自身制度性问题，根本就无法解决这样的问题。然而，内部解决不了的问题，外力可以解决；和平解决不了的问题，战乱可以解决。继之而来的数百年多波次的边地人群入主中原产生的积极结果，就是人口的大量南迁，以及由此而来的对南方历时长久、效果显著的大开发，国家的税源也因此大增。盛唐高度繁荣，经历了"安史之乱"后唐朝社会尚能逐步恢复元气，以及失去北方大片领地的北宋能与北朝进行艰苦的周旋，无不有赖于南方的开发——既有的开发及新的开发。但是，到中唐以后，情形就有所改变，许多在战乱中逃离的地主，往往在战乱后返回故乡，认领原属于自己的土地，[①] 这在魏晋南北朝时期是极少见的。因此，国家再也不能像过去那样掌握大量荒田供"均田"了。后来虽有两宋之际大规模的南迁，可是，广大的北方已不在中原政权手中；再后来的陆续迁移规模极小，对王朝内在矛盾即土地与人口的数量冲突的消解作用大体被人口数量的增加所抵消了。由此，中国的王朝进入后期，从两税法实施起，再也看不到以朝廷向农民发放土地为内容的"均田"举措了；所有的改革，不论是王安石变法，还是一条鞭法、摊丁入亩之类，无不是政府获取财政收入方式的变更。同时，类似汉与唐的文景、贞观之治的盛世也不再出现了，社会的繁荣展现出另外的风貌。

第三节　行政制度由宽平向狭窄演变

中国古代行政制度的变化，是一个从宽平到狭窄的历程。王权的力量

---

① 参见胡如雷：《中国封建社会形态研究》，38 页、392～393 页，北京，生活·读书·新知三联书店，1979。

越来越大，其他社会势力的力量越来越小。制度的客观性不能被力量保障，只有被王权一点点扭曲，王权最终吞噬了一切有可能与之龃龉的因素；而历史，也因此一点点走向死局。论古代政治之宽平，以西周制度为最。进入王朝政治时代，又以西汉为最。下面从西汉开始介绍中国古代的政治制度。

一、中央制度的变迁

秦朝为中央集权制奠定了规模。最高权力者称皇帝，皇帝之下是"三公"即丞相、太尉和御史大夫。"三公"的权力各自独立，互不相属，可保证皇帝决断大权。"三公"之下设掌管具体事务的"九卿"官员。另外，皇帝身边还有一批亲近仕从人员，如尚书、常仕、给事中等。汉武帝时期三公九卿实际成为"外朝官"，皇帝的亲近侍从则组成"内朝官"。

地方的行政系统，秦与西汉是郡、县两级制，东汉负责监察地方政务的刺史，也逐渐固定为一级地方行政长官，地方行政体系变为三级：刺史、州郡和县。县的行政官员为令长，下有县丞、县尉，一文一武，辅佐令长。县以下的基层组织是乡、亭、里。乡、亭平级，有的亭设在城市中，有的设在集镇和交通要道上。里是最小的单位，有里正。乡、亭的主要官吏是啬夫、游徼和三老。三老负责教化，乡一人，县还有县三老，配合县令、丞、尉治民；啬夫管诉讼、赋税；游徼负责治安。乡里的官吏虽非朝廷任命，但直接管理百姓，地位十分重要。值得注意的是三老一职是从民间选举出来的，没有行政职务，也没有俸禄，但位在啬夫之前，而且可以直接上书皇帝。

历史上一般都把汉代特别是西汉政治视为榜样，如称赞其循吏多等。这与汉代政治的宽平有关，宽平表现在中央层面就是对相权的尊重，这一点主要是就西汉大部分时间而言的。西汉的宰相是要封侯的，在汉初这不成问题，因为有一大批开国功臣；到汉武帝时，公孙弘以一介儒生当宰相，凭的全是他对策时显示的学识，因此，汉武帝在正式封他为相之前先封他为平津侯，然后再命以官职。

宰相地位在汉代的尊贵，有许多的表现，例如，宰相与皇帝谈事情是坐着的，《史记·魏其武安侯列传》中说武安侯田蚡与武帝"坐语移时"；又如文帝时期申屠嘉为相，以可斩皇帝宠幸的邓通而未斩为憾。关于宰相的定义，历来以西汉陈平之说最得要领，《史记·陈丞相世家》载其说曰："宰相者，上佐天子理阴阳，顺四时，下育万物之宜。外镇服四夷诸侯，内亲附百姓，使卿大夫各得其任职焉。"宰相为百官之长，无所不管，他是官僚系统的最高长官，其具体的职责包括：制定律条，如萧何定律；总领百官奏事，主持百官朝议；对皇帝的诏书有封驳之权，如景帝欲封王信，周亚夫谏止；选拔官吏，劾案百官，有诛罚之权；主持郡国每年的上计，课考百官，等等。

宰相之职寄寓着"贤人政治"的理想。帝王是世袭的，不能保证每代都贤明，这就需要以一种不世袭的宰相来补充这样的不足。说到宰相，历史上常提起的是伊尹、周公、诸葛亮，以及所谓"萧(何)、曹(参)、丙(吉)、魏(相)、房(玄龄)、杜(如晦)、姚(崇)、宋(璟)"，被认为是宰相做得最好的人。伊尹、周公是公忠体国，在古人心目中属圣人一级。诸葛亮则以"鞠躬尽瘁，死而后已"感动了历代的读书人，而且士人还羡慕他的君臣之遇。后来的八位名相大致可分两大类，萧何、房玄龄、杜如晦属于一类，他们都是帮助创业皇帝设计国家规模的。萧何定律为世人熟知，至于房、杜，新旧《唐书》都记载"房善谋，杜善断"，房玄龄为皇帝出谋划策，总是要杜如晦来决断。汉朝的曹参、丙吉、魏相和唐代的姚崇、宋璟，都属于另一类，即持宰相大体，"镇之以清静"。俗语说"萧规曹随"，曹参与萧何的个人关系并不佳，而曹参对萧何制定的大政一无所改。在休养生息的时代，曹参躬行清静无为之治，对国家稳定起了重要作用。魏相当宰相时，在"镇之以清静"上做得也不错。这个人有学问，对天人之际的学问有研究，就用天道阴阳之说来限制皇帝的奢侈兴作之心，对汉宣帝时恢复社会经济是有帮助的。唐代房、杜之后，是姚、宋。姚崇做宰相在武则天当政之后，玄宗上台不久，刚发生韦后之乱，朝政纷纭，姚崇的特点是头脑清楚、善变，敢于任事，有所作为。例如，开元年间蝗灾，很多地方官无办法，姚崇主持治理，效果甚好。对宰相而言，该任事则任事，该清静则清静，奉行故事和勇于作为，都是非常重要的品质。宋璟则以守正而著称，属清而劲的人物。史书说他在国家制度上奉行故事，不因人而动摇，不因自己的憎而变法度。当时有位将军郝灵佺有斩突厥默啜之功，宋璟就是不赏他，为什么？怕因此而开启边将的侥幸心理，防止他们在边境生事端。后来张嘉贞为相，翻阅过去的宰相工作记录，见宋璟当时在此事上危言切论，不觉失声叹息(见《新唐书·宋璟传》)，因为当时"边庭流血成海水，武皇开边意未已"(杜甫《兵车行》)，他看到宋璟当年的远虑，不能不叹息。

从这些古代被称颂的宰相故事中不难看到，他们的作为往往与皇帝不一致。正因如此，皇帝每每侵夺相权。

现在让我们回到西汉相权的话题。前面说整个西汉相权尊贵，也只是就大体而言。东汉时期的人怀念西汉对宰相的尊重，说："汉事旧典，丞相所请，靡有不听。"(《后汉书·陈忠列传》)文帝、景帝时还差不多是这样，到武帝就开始另搞一套班子，形成中朝、外朝的两立。武帝死后，霍光以大将军身份秉政，还是内朝体制；直到霍光势力垮台，才恢复宰相旧制。到汉成帝时，宰相制度经历了一大变化，那就是在复古风气的策动下，由九卿之一何武提议，将宰相之权一分为三，设大司徒、大司马、大司空。这是《周礼》等文献中记载的周朝官职，《周礼》以大司徒为地官之长，汉元寿二年(前 1 年)，改丞相为大司徒，后于东汉建武二十七年(51 年)改称司徒；大司马掌兵权，正式取代太尉；实际太尉之职也就是国家的兵权，早被大将军一职拿走了(如霍光)，至西汉结束，大司马一职不是外戚掌握，就是在皇帝亲近的人物手中；大司空则是御史大夫转换过来的。三公之制实际提高了御史大夫的地位。这样，宰相为百官之首的制度就被打破了。同时，汉代是一个阴阳灾异之说盛行的时期，也是从汉成帝开始，上天闹灾异，要由三公来负责，当时的翟方进即因灾异而自杀，这也可以看作相权跌落的重要标志。

到汉光武帝时，三公之位则完全形同虚设了。除了"灾眚变咎，辄切免公台"(《后汉书·陈忠传》)继承了成帝的老例外，还将三公之"大"字取消，其他"机事"则"专委尚书"。三公位子上坐的尽是名儒、名臣，就是不能问大事、要事。皇帝为什么设尚书？因为他们官职低，爵禄轻，往上爬的心思重，因此就好使唤，皇帝的意志就容易贯彻。汉光武帝这样不相信三公，也有其特殊的原因，那就是有鉴于王莽之篡。东汉末年仲长统作《昌言》总结两汉政治，其《法诫》篇谓："光武帝愠数世之失权，忿强臣之窃命，矫枉过直，政不任下；虽置三公，事归台阁。自此以来，三公之职，备员而已。"这实际是前面我们谈到的在"为子孙计"的狭隘心理下非理性借鉴历史经验的典型表现。然而，人算不如天算，光武帝废掉合法相权的严重结果是，政治沦为了外戚与宦官的厮杀工具。

总体而言，在两汉近一半的时间中，宰相还是发挥着自己的职能的，这与唐代的前半段很像，因此也出了"盛世"，也出了些名相，表现出汉代政治格局具有的宽阔。唐代的中央体制于汉之后为最善，相权再次得到尊重。唐代实行三省六部制，用钱穆《中国历代政治得失》的话说是一种"委员会制"。"三省"指中书省、门下省、尚书省。中书省负责起草诏书，然后交皇帝签发，成为诏书。但诏书还须门下省复核，此事主要由给事中负责，他有权将皇帝签发的诏书封还，称封驳之权，又称"涂归"。诏书无门下省通过并副署，按规矩就不能生效。因此武则天时期有刘祎之"不经凤阁鸾台，何得为勅"之说。① 再有一例是唐德宗时期泾原兵叛乱，德宗以诏书征集兵马，事出仓促，无宰相副署，情急之下，时任大司农的段秀实想出一个主意，用带在身上的大司农印倒盖在诏书上下发。应当说，这是一项好制度。皇帝也有为私意越权的，那就是唐中宗时期的"斜封墨勅"了。但诏书以"斜封"而出，可见皇帝自己也觉得理亏了。尚书省则负责贯彻各种政令，对中央担任具体事务的九司三监及地方上的府、州、县官有领导和监督之权，其长官为尚书令，实际不任命，由副长官左、右仆射代行职权。

三省长官的宰相体制容易形成牵扯，于是，为提高效率，又设立政事堂。政事堂是三省长官开会议事的处所，初设在门下省，后改在中书省。三省长官在此开会，决定的政令经皇帝同意，加上一个"勅"字，再加盖"中书门下印"，就可以交尚书省及九寺诸监执行了。政事堂会议出席者可多至十余人，议事时轮流做主持者，称"执行情笔"，最后的文字决定权也在他。照钱穆的说法，这是以首席制代替了领袖制。② 不管怎么说，政事堂之设，是把国家政令的决策大权交还给了宰相，不管是首席制还是领袖制。因此，唐玄宗时期政事堂干脆改称"中书门下"，此后相沿不改。

如同两汉的事归台阁一样，唐代也存在皇帝身边的亲信夺走相权的问

① 凤阁即中书省，鸾台即门下省，武则天时期改。刘祎之亦因此话被杀。
② 参见钱穆：《中国历代政治得失》，52页，香港，三联书店，2002。

题，那就是翰林学士之"内相"。唐以前有秘书之职，是唐代学士的前身。太宗、武则天时都有学士之设，但都是偏于文辞之士。到玄宗时，在内廷设翰林供奉，以"燕许大手笔"之一的张说为之，文辞应和之外，兼管批答奏疏，与集贤学士一同负责制诰诏勅的起草。开元年间改翰林供奉为学士，别置学士院，专掌握"内制"，与中书的掌制诰相对。此后权势益重，所以有"内相"之称。

宋代制度承唐末五代十国乱世而来，又因北宋得国不正，处处防猜，因此政治格局要比汉唐狭小很多，开明清格局之先河。在中央方面，相权被严重分散了。不论是汉还是唐，不论是领袖制还是委员会制，财政、军事、用人等权力无不统一于宰相，起码在制度上如此。但从北宋起，宰相的兵权被枢密使分走了，财政权被三司使分走了。此外，宰相的人事权被考课院分走了。北宋的代宰相制可称为"三相"制，但三相是各自为政的，如此，大权才好归于皇帝一人之手。政治上的互相牵扯推诿也因相权的分散而生，即以深重地困扰着北宋的"冗兵"、"冗费"问题而言，仁宗时谏官范镇就上书说："今中书主民，枢密院主兵，三司主财，各不相知。故财已匮而枢密院益兵不已，民已困而三司取财不已，中书视民之困，而不知使枢密减兵、三司宽财以救民困者，制国用之职不在中书也。而欲阴阳和，风雨时，家给人足，天下安治，不可得也。"（《宋史·范镇传》）可谓痛切之言。

宋代皇帝为了防止宰相的专擅，还开了一个用言官监视、牵制宰相的先例。本来汉唐谏官（与御史监察官监察百官责不同）是隶属于宰相的，如唐代皇帝身边的"拾遗"、"补阙"之类，都属于门下省。宰相与皇帝商量事情，谏官是要在场的，察遗补阙，宰相不好说的话可由他们来说，因为他们是小官，说对说错，皇帝接受不接受，都可以有回旋余地。到北宋仁宗时则发生了大变。皇帝将谏官和御史监察官两个本来有分别的系统合并在一起，也就是将管理言官之权从宰相手里拿走，而且允许谏官"风闻奏事"，也就是可以据道听途说来参奏大臣。过去谏官针对的是皇帝，现在则成了皇帝约束宰相的工具。宋真宗即有"异论相搅"的说法，到仁宗就将其制度化了。北宋以至明代，政潮汹涌，党争趋于严重，皆与此有直接或间接关系。因为它是一个挑动臣下斗臣下的制度，是激发小臣合伙斗大臣的制度。

宋代因此而台谏官员与执政大臣势如水火，到明代更是发展至极以致亡国。

明代废除宰相是在洪武十三年(1380 年)胡惟庸案后，朱元璋明训，此后不得设宰相，有再提此议者，以违背祖训论处。原来的宰相六部制，就只剩下六部。朱元璋废除了宰相，是他自己以皇帝的身份兼宰相的工作，所以每天要处理大量的政务。他可以这样做，后代就不能像他那样坚持了，于是有大学士相辅助。大学士在朱元璋时期就有，但职责不过是顾问而已，到后来权力就越发地大起来了。到嘉靖时期，夏言、严嵩为学士，首席大学士俨然是宰相了。大学士辅政又分等级，即首辅、次辅、群辅之分，相互间界限分明，后两者俨若首辅之僚属。但大学士的官职只是五品，还不如六部尚书高，因其处在辅佐的位置，其实际的身份是宰相，这便是一种悖逆：论官品，大学士低，位置却在皇帝与六部尚书之间，理法上讲不通。所以说，一办事就有纷争。典型的例子是张居正。他要改革，就得出令。以皇帝的身份出令当然是可以的，但是当他要六部上达文书，给内阁一份时，就有了问题。大学士本是皇帝的顾问，还须六部单独呈文吗？这就要起纷争了，因为名不正言不顺。更严重的问题是刺激了大臣的觊觎之心。宰相一般都是皇帝任命的，当然在西汉大多是先做御史大夫，然后再当宰相，一般都要循着资历来，可是在宰相的任命问题上，皇帝的意志起绝对作用是无疑的。若有宰相之制，当了宰相就有宰相之职，有其固定的权限。可做大学士不是这样：在明代做了大学士，虽俨然就是宰相，但较起真来，却不是宰相；要想大权在手，必须加倍地奉迎皇帝，而迎合皇帝，就得先迎合皇帝身边的宦官。说到这些宦官，洪武十七年(1384 年)朱元璋规定"内臣不许干预政事"，并将此项规定写在一个大铁牌上。没过多久，到明成祖朱棣时就违背了。宦官或出使外国，如李兴外出暹罗、郑和下西洋等；或被派往各地巡视，如王安都督军队、马靖巡视甘肃等。这些大权虽不久都废除了，但宦官干政的苗子却种下了。明代的宦官之祸，是超越东汉而居历史第一的，举其大者，就有王振、刘瑾、汪直、魏忠贤等。明代不设宰相，宰相权力实际被两拨人代行了，一是大学士，一是宦官。东汉的士大夫还有"清流"之称，与宦官势不两立；明代的大学士，为着固权，却只有巴结宦官。

这一套规制清代基本都继承了下来，六部和大学士之制都是如此。所不同的是，清代是大学士、内阁之外又有了军机处。雍正年间，因西北战事，设立军机处，此后成为固定机构。皇帝只在军机处办事，挑选大学士来帮忙。皇帝"乾纲独断"，所发命令为"上谕"，分为明发、暗发两种。明发上谕一般无关紧要，有些关乎道德风化的上谕还编辑成小册子，如雍正时的《圣谕广训》。暗发上谕则是皇帝以密信的方式写给臣下，别人任你多大的官都无权看。信一般放在一个小匣子里，有两把钥匙，一把拿在皇帝手里，另一把拿在大臣手里，亲信大臣一般都有这样的小匣子。这是清代政治尚阴谋的表现。

清代的六部要比明代无生气。明代吏部、兵部还有实在权力，而且每部都设给事中，是原先门下省掌封驳权的遗留，六部有六个给事中，精熟六部业务，有封驳之权，称科道官，言职相当重。但军机处一设，给事中也就无事可做了。清代以异族入主，不放心汉人，在重要机构分设满员、汉员，各部一位尚书、两位侍郎都是满汉双员，重要的部即吏、户、兵三部还设管理事务大臣，互相牵扯。而且，因有管理事务大臣，六部下属的各司之官员的权力反出尚书、侍郎之上。因为管理事务大臣往往不熟悉部务，听司员讲几句就签字画诺。明代各部中的郎中、员外郎等都由进士出身，进身迅速，年少气盛，还有干劲儿；而清代尚书若无参与机密之幸，好几天才能见皇帝一面，其下属官员升迁，若无大功绩，要升至尚书总得六十岁开外才有希望，于是志气消沉，一切听任胥吏而已。

二、历代地方政治制度的变迁

汉初实施郡县制，但"封建"之意被保存下来了，不是保存在子弟之封国，而是保存在郡县的地方实权上。也就是说，两汉王朝给予了地方官员相对充分的治民之权，如同汉初的重宰相，这也应当是遵行前代旧贯的表现。

具体说来，郡守的权限涉及以下内容：一是可以自设教条，针对自己地区的实际，或劝民农桑，或改良风俗等。典型例子是文翁治蜀，在蜀地兴学。广大的帝国疆土，文化风俗各不相同，地方官员能够因地制宜，是国家生民之幸。而汉代地方官能够尽职尽责，也与制度有关。汉代三公九卿制，地方官郡守或太守的地位与九卿一样，都是二千石，差别是九卿为中二千石，太守为二千石，九卿的俸禄稍多一点。这样在地方做官与在中央做九卿级别大体相等，内转外调为平级，很灵活，[1] 京官还没有高高在上的感觉。另外，汉代用人不拘一格，只要干得出色，小吏也有升至九品乃至宰相的可能，这反而能刺激人们在地方上努力为政。二是可以自辟僚属，除郡丞、郡尉由朝廷任命外，其他官吏可由郡守自行选用。汉代除京城附近的郡吏可用他郡人之外，一般都用本郡人；县令则由朝廷任命。顾炎武《日知录》卷八"掾属"条总结汉地方属僚用本地人之优点说："盖其时唯守相命于朝廷，而自曹掾以下，无非本郡之人，故能知一方之人情，而为之兴利除弊。"三是拥有对郡内官员的监察权。四是拥有向朝廷推荐人才之权。郡守任满一年后，可以向朝廷推荐孝廉、贤良方正、文学、秀才等。五是掌握地方兵权。汉代郡国养兵，据后汉卫宏《汉旧仪》，民年二十至五十六之间，一岁为卫士，一岁为材官骑士，习射御骑驰战阵。每年八月，太守、都尉、令长、丞尉聚集在一起演练士兵，名为"都试"，定出等级。这样的训练为期一月。在水乡，则为楼船材官，平时修习战阵之术。国家一旦有事，可以虎符征调地方兵。不过至光武后期，罢掉都尉，民间习学军事战阵之事，亦随而废弛。六是掌握地方财政权。郡县政府及养兵的开支，都是由中央统一划拨的。这部分的开支，每年都要上计，由中央核查。但比起后代的地方官员，汉代地方官员手中可供支配的钱财还算多的，因此能够做一些事情。

因为地方官有实权，又由于汉代重视地方吏治，所以汉的循吏较多，也为后来的人们称赞。特别是汉宣帝，深知地方政治与民生疾苦的关联，有"与我共此（天下）者，唯良二千石耳"（《汉书·循吏传序》）的感叹，因此对那些在地方做出成绩的官员奖励有加。因此，宣帝朝出循吏多。两汉数百年之中，西汉的文翁、召信臣、王成、黄霸、朱邑、龚遂，东汉的鲁恭、卫飒、杜诗、任延、王景、仇览等，都是著名的循吏。

两汉之后的魏晋南北朝是乱世。乱世的重要表现是王权不振，而王权不振的真正历史原因在于官僚化的地主阶层的养成及其在乱世中势力的膨胀强大。但这是我们今天看到的魏晋南北朝时期南朝政权皇纲不振的原因，

---

① 参见钱穆：《中国历代政治得失》，12页，香港，三联书店，2002。

在隋唐皇帝那里，却是把六朝皇权软弱的原因归咎于地方官员权力过大。

隋唐皇帝以为，汉代的地方官可以选举人才、自辟僚属等，使得地方势力得以养成，于是，隋唐之制中，一切权力，包括用人权、选举权等，均被收归朝廷。结果在地方政治上，唐不如汉那样开敞阔大。《旧唐书·马周传》载贞观末年马周上疏，就有士大夫"不乐外任"之说。《通鉴》卷二一〇"开元四年"条："上虽欲重都督刺史，先京官才望者为之，然当时士大夫犹轻外任。扬州采访使班景倩入为大理少卿，过大梁，若水钱之之行，立望其行尘，久之乃返，谓官属曰：'班生此行，何异登仙！'"若问唐代士大夫为什么对外任为官如此不感兴趣，原因很多，其中之一就是地方官员权限太小，升迁困难。唐代将县分为赤、畿、望、紧、上、中、下多等，标准是距离京城的远近，做县官离京师越近越好，因此得赤县最上，其次是畿县；再者是得大县为上，小县为下，望、紧等的分别，大意同此。这造成了官员在地方为政无久任负责之心。马端临《文献通考·职官考》引刘知几言说："倏来忽往，蓬转萍流，近则累日乃迁，远则逾年必徙，将厅事为逆旅，以下趍为传舍。或云来岁入朝必为改职，或道今之会计必是移藩，既怀苟且之谋，何暇循良之绩？"

到了宋代，地方上更加无权。从财政上说，唐代的地方税收，一部分归朝廷，一部分留给地方，一部分送到本州或其他州作军事费用，称送使。宋代则全部上缴中央，地方无任何财政之权，地方官员想有点作为就太难了。苏东坡在杭州任州官，想修西湖堤坝，想出的办法是卖出家度牒以换取经费，这也得向中央请示。宋代的地方制度，实行的是三级制，最高一级是路，相当于唐代的道，中级是府、州、军、监，最基层的一级是县。每路有四监司，即安抚使、转运使、提刑按察使和提举常平使，简称帅、漕、宪、仓，分别负责一路的军工民事、财政、司法和救济储备等。要注意，这四个司是直属中央的，与其说是一级的行政单位，不如说是中央监视地方、指挥地方的派出单位。其中，转运使负责将每年的赋税收入直接押运给中央。转运使在四司之中最重要，像一根粗大的管子，直接将天下的财富吸吮到中央，然后支付"冗官"、"冗员"们庞大的开支。地方财政日见枯竭，而中央财政还成天喊穷，中央集权之不善暴露无遗。

明清的地方政治，延续了元代行省制。行省，顾名思义，是中书省的下属机构。钱穆在《中国历代政治得失》中说:"这种行省设施,实际上并不是为了行政方便,而是为了军事控制……如江苏:徐州是一个军事重镇,它一面是山东,一面是河南与安徽。徐州属江苏省,但它的外围,江苏省管不着,如是则江苏的总督或巡抚就无法控制了……任何一个省都是如此。任何一个区域也很难单独反抗。这是行省制的内在精神。"①这样的精神,被明清继承下来,并有所发展。

明清地方政治的不善,还表现在地方行政层次的重叠上,即顾炎武《日知录》所谓大官多、小官少,行政层次太多。明代在省设承宣布政使(又称藩司),与之相并立,还有提刑按察使(臬司)和都指挥使,合称"三司"。三司还有派出机构,即分司,到清代就称道台。他们也成了一级行政。分司之下,就是历来的府、州一级,再下就是县级。省之上还有巡抚、总督,在明代还是临时性的大官,到清代就成了省之上的一级行政了。于是清代行政层级共五级,而且督抚大员,一般以满人为主。这样一来,大官太多,县官日见微不足道,且府、县两级亲民之官成天对上迎来送往,地方官就很难做了。王朝越到后期,要管、要预防的事情就越多,于是那些官僚机器就像今日电脑中的病毒一样自我复制,于是政治也就越发地不能给生民带来好处。

明初一段时间,为官虽有外轻内重之殊,但地方还是出过一些不错的州、县官。宪宗时,开始重视地方官,嘉靖朝以后,更有所谓"考选法"实行,六部、御史即所谓台省(御史、六部给事中)之官员的选拔,做地方知县、推官是重要条件,于是外放为官为人所乐就。特别是县令,额外收入丰厚,可以交结朝廷官员,三年一任满,考核成绩好,马上可以升入中央做官。这样一来,上级反而对县令不敢以法相绳,致使地方政治陷于废弛。县令升中央台省科道之官,称"行取",本意是激励地方官勤勉政事,弄出来的结果却完全相反。想法不错却不一定带来好结果,而长官自以为得计的想法在执行中弄巧成拙是官僚政治的常态,读史不可不于此类事情上着意。

清代地方政治的败坏,除去一般性的原因,"捐纳"制的实行应为重要

---

① 钱穆:《中国历代政治得失》,132页,香港,三联书店,2002。

原因之一。此制清朝开国时既已实行，此后时停时续，始终是朝廷筹措费用的办法。此法前代也有，如汉代可纳赀为郎，可以输粮鬻爵，但前者是换取习政事的机会，后者是换取荣誉，都不是亲民之官。据《清稗类钞》，康熙年间，三年的捐纳之款，所入二百余万，得官又以县令为最，计五百余人。据《大清会典》，清代州县总计 1448 个，五百余人外放为县令，实际就是外放五百只虎狼，"此辈由白丁捐纳得官，其心惟思偿其本钱，何知有皇上和百姓！"（《清史列传·陆陇其传》）纳官之道，京官可以卖到郎中，外省可以换取道员。康熙五十年（1711 年）后，朝廷有所谓"盛世滋生人丁，永不加赋"之说，但国事日多，国用日费，不正面加税，就只有诈骗取财，捐纳即是其一。在清代，举凡军事、治河、赈灾等大批支出，皆有取于捐纳之款，而且为广事招徕，还采取降低起价、打折扣等方式；户部与各省争捐款，外省不胜，还以停止分发相要挟。如此，国家政治可谓大失体统。

唐以后地方政治的败坏，除了上述地方政治权力的日益萎缩和行政层次的重叠架构外，还有一个重要的表现，就是政治的日益胥吏化。所谓胥吏，用古语说，他们是"庶人在官者"，没有正式的官员身份，而是官员手下的办事人员。胥吏的历史，几乎与中国有记载的历史相始终。在《周礼》中就有胥吏之目，秦汉时期更有所谓刀笔吏、文法吏，还有所谓文儒、法吏之争。不过，汉代取人、用人之途宽阔，做胥吏也有升至公卿的希望，按照传统的观点说，这可以使胥吏人人自爱，在各自的位置上努力做事。魏晋南北朝时期，九品中正制施行，官员入品，与胥吏的差距开始变大。隋唐沿袭此风而变本加厉，皇帝和士大夫都蔑视胥吏。此外，据《日知录》所举《大唐新语》，吏部官衙为防范胥吏们相互联络，竟在吏舍周围广布荆棘。官僚政治系统需要有下层的吏员办理政务，然而上层的官僚又看不起他们，这便是一种矛盾，一种源于总体的文化设计的矛盾，发展至一定程度，势必严重败坏官僚政治。

胥吏现象日益成为政治中的一大问题，是从宋代开始突显的。彭龟年《上堂集》说："吏道之盛，无如今日，州县之吏，止能制百姓；中都之吏，乃能制官员；台省之吏，至能制朝廷。州县之吏，所以能制百姓者，与监司之吏通也；中都之吏，所以能制官员者，与台省之吏通也；台省之吏，所以能制朝廷者，与权幸通也。"这就是说，胥吏已经形成一个上下相通的网络，他们盘踞在上至中央、下至地方的整个王朝政治权力体系中，以其特有的方式形成一种官府中的"黑社会"，左右着各级官员。至明代，黄宗羲《明夷待访录》更以"四大害"来举数胥吏罪恶：皇皇求利；为无赖子所据；败坏选官之法；"父传之子，兄传之弟"，为封建之吏。到了清代，就出现了"绍兴师爷"一类读书人的特殊群体。他们把持了朝廷户部的十三司，也把持了都抚、州郡大小的府衙，成为一道独特的政治景观。顾炎武说："今夺百官之权而一切归之吏胥，是所谓百官者虚名，而柄国者吏胥而已。"（《日知录》卷八"吏胥"条）郭嵩焘也说"本朝与胥吏共治天下"。这便是政治的胥吏化。

有学者将这一政治问题的出现断自元代起，理由是元代蒙古官员鲜识汉字，所以要用胥吏来帮忙。不过，这还只是原因之一，甚至不是主要原因，因为它特别不能说明宋代的情况。实际上主要原因有两个：一是多层级的行政体系及由此必然导致的文牍主义盛行；二是州县官任用的特殊规定。文牍盛行造成胥吏的滋生，这一点不难理解。这里主要说第二个原因。为防止地方势力坐大，隋唐开始推行用人之权全归吏部的制度。与这样的思路一致，官员到地方做官，就有了回避本乡本土的做法。这一规定到明清时代更趋严格。清代规定本乡本土的范围是五百里。一个人到陌生的地方做官，不熟悉情况是正常的。这只是一方面。明清时代出任地方州县官有多途，但主要还是以科举出身为主。这些人读的是四书，练的是八股，就是有一段时间的"观政"（明代进士有在各部见习观政的规定），到地方做亲民之官时，也难以迅速进入角色，为政出色就更不易了。地方之事，千头万绪：负责国家税收，有所谓"钱粮"之事；负责民事诉讼，有所谓"刑名"之事；此外，迎来送往，打点上下，还有许多事情、许多规矩要支应——这些都是行政技术问题，专业性很强。吏所以形成盘踞官府的"封建"之势，原因之一就在于这种职业的专业性。新官到任，首先面临的是那批早就盘踞在府衙的吏员。你搞清官政治，首先对他们就是不利。历史上县令斗胥吏，也有成功的，但被利用、玩弄甚至与其合伙作奸的，可能要占更大的比例。①

---

① 参见柏华：《明代州县政治体制研究》，353～359 页，北京，中国社会科学出版社，2003。

　　古代历史上非法地把控了政治的，除外戚、宦官之外，就是胥吏，前二者非法把持上层权力，后者则把持了下层政治。然而，胥吏在相当程度上又很像宦官，都是因毁坏自己的身体、身份而被断绝了上进路途，亦即被社会逼向死角的人。不幸的是，他们又都与权力有特殊机缘，他们把持了政治，必然会对社会进行报复，这是两者大致相同的。略有不同的是，宦官对社会的报复，主要作用于朝廷、士大夫，而胥吏报复社会，则直接作用于底层百姓，即所谓"鱼肉乡里"。

思考练习

　　1. 结合教材，简述原始民主的消失与封建王朝政治的形成过程。

　　2. 结合教材，阐述王朝政治的基本风貌。

　　3. 结合教材，从中央、地方两个层面阐述政治制度由宽平向狭窄演变的情况。

第四章　古代乡土社会

要点提示

1. 熟悉并掌握中国古代社会的总体特征。

2. 了解中国古代社会控制的特点。

3. 理解儒、法、道三家观念在社会控制层面上的联系与区别。

4. 熟悉中国几千年的王朝历史进程中民众反叛的主要形式。

中国古代的社会及其生活具有十分鲜明的民族性特征，探讨和综述这些特征，是本章的主要内容。

第一节　古代社会的总体特征

中国古代社会数千年间形成的显著特征，可以概括为如下三方面：一是乡土性特征，二是社会阶层的"单线索"特征，三是在社会关系上宗族血缘意识强烈而突出的特征。

一、乡土社会

社会学家费孝通曾用"乡土中国"为他的一本社会学著作（《乡土中国》）命名，正道出了中国古代社会基层最突出的特征——乡土性。自石器时代以来，中华民族的先民就在黄土地上耕种繁衍，农耕文明一直是中国文化的底色。唐宋以后至近代，虽有相当大规模的城镇市井出现，"农耕文明"依然不改其基本"色调"。在《乡土中国》一书中，费孝通从多方面谈到了"乡土"中国社会的一些特点，约括起来有如下五点。

其一，农耕文明或曰"乡土"文化的特点。首先是向土地讨生活，这就是春种秋收，与游牧生活的逐水草而居，工业文明的靠科技征服、利用自然，都有很大不同。

其二，生活方式的稳定性。农民依附在土地上，特别安土重迁，即使是因人口膨胀或其他原因迁移他处，也还是以耕种谋生。

其三，流动性小，相对封闭。按照费孝通的解释，这是因为农耕"分工程度很浅，至多在男女之间有一些分工，好像女的插秧，男的锄地等"①。分工程度浅，社会群体之间的交流就少。在乡村，村落之间除了亲戚之间或者在重大节日的文娱活动中有一些来往之外，很少交往，至于为了某一个共同的生活目标而联合起来，就更是少之又少了。

其四，在村落内部，往往同姓家庭聚集而居，有的村落只有一个姓氏；有多个姓氏的村庄，也是各姓氏人群分别居住在相对聚集的区域。人们交往时注意讲信修睦，这在同姓之外也是如此——所谓远亲不如近邻，邻里之间互相帮助甚至合作，是很常见的。

其五，这是由上一特点引申出来的——人们彼此熟悉，对每个人的品性都相当清楚，于是信用的保障不是靠法律契约，而是靠不成文的规矩和习俗。就此而言，中国的乡土社会其实是一个礼俗的社会。

归根结底，中国古代社会的所有乡土特征都不离"农耕"二字，就是说，获取生活资料方式的长期固定性决定了中国社会基层有着浓郁的乡土气息。

那么，究竟是什么原因导致了"乡土中国"的出现呢？首先是地理环境。中国的土地适宜于农业生产，先民也很早就创造出先进的农耕文明。但是，地理环境的决定作用是有限度的，决定中国社会数千年农耕特色的主要原因，是两千多年来各王朝奉行的重农主义的治国理念。农业发达到一定程度，势必会有工商业等继而兴起。但是，若一个国家把农业之外的其他产业都视为对国家统治不利，于道德风俗有害，而采取各种严厉手段加以限制，甚至打击，那么，这样的文化人群的文明停留在以农业为主的阶段，就是很自然的了。关于"重农主义"的缘起、含义及与社会经济发展的关系，

---

① 费孝通：《乡土中国·生育制度》，8页，北京，北京大学出版社，1998。

本书将在第五章讨论；此处仅明确"乡土中国"的文化特征的形成是一个文化问题，而不只是自然环境决定的结果。

"乡土"是古代乡村，也就是社会基层层面的显著特色。这又产生了新的社会风貌，那就是"乡土"气息的基层社会，与上层社会流行的文化，往往形成人们所俗称的"两张皮"的各行其是的状态。所谓"两张皮"，是说社会上层的文化与民间文化在很大程度上是脱节的。在汉代，王朝主要提倡的是经学，而民间信奉的则是五斗米教、黄巾教，还有各种各样的一方神圣、大小鬼神。即使是后来道教、佛教昌盛的时代，主流的宗教信仰仍然不能排除民间各种鬼神信仰。至在中古以后佛教大行于世的时候，民间照样在信仰上是你信你的、我拜我的。这不仅是说佛教之外，还有各种崇拜，就是在佛教之内，也有上层社会与底层民众的区分。例如，民间对观世音菩萨的崇拜，就绝对不是照着佛教经典而来的信仰。"两张皮"从另一个角度说就是文化有"阴阳两面"。上层文化和民间文化也不是绝对在什么时候都各行其是的。在汉代，武帝在政治上尊崇儒术，然而他自己迷信神仙方术。后代皇帝信奉民间巫术，甚至荒废朝政的也不在少数。民间的鬼神信仰可以向上传播，皇帝官僚在生死问题上的俗人心态，往往使他们是"阴面"文化的信奉者。政教的传播，自上而下往往是少数人的事情；民间那些鬼神巫术，倒是可以上行下达。而且，潜伏在民间的"阴面"文化，在一定时候还可以翻转上来，成为时代的显著现象。后汉的五斗米教、黄巾教，元末隐藏民间多年、公然组织民众揭竿造反的明教，都是典型的例子。

费孝通讲"乡土中国"，认为在广大的乡土村落，政府是"无为而治"和"长老统治"的，可视为是对"两张皮"现象的解释。政府受经济能力的束缚，不能很直接有效地对乡村实施方方面面的直接统治，而是把治理乡村的许多权力交给了乡间的长老人物。[①] 同样，不论是儒家思想，还是佛教、道教思想，即使是在特定机会下得以大力传播，其所影响的范围也是局部的、有限度的，像西方中世纪那样基督教堂遍布乡村城市的统一局面从来没有出现过，当然，像"宗教审判所"那样的专门消灭异端的机构也不曾设立过。明清时代，朝廷也很想把上层思想贯彻到民间，如朱元璋时期令农民于田

----

① 参见费孝通：《乡土中国·生育制度》，62～68 页，北京，北京大学出版社，1998。

间地头"说《大诰》"，雍正时期将《圣谕广训》之类的文件发放到农村讲读，然而其效果之有限，也是不言而喻的。

二、"单线索"社会

"单线索"指的是数千年的社会生活中，社会地位状况相似的中下阶级虽然占大多数，但是一个有明确的自我意识，能为本阶级的权力、利益而向占统治地位的阶级发起权利挑战的阶级几乎不存在。

社会的"单线索"状况，从有史记载的夏、商、周就开始了，其起始要更早。夏、商、周三个王朝的更迭，其实就是不同部族人群的互相征服和取代，如商人群体征服了夏人，周人群体又征服了商人。这里的"夏"，指的是"夏"这个部落联盟的人群，"商"和"周"所指也一样。所以，从夏朝建立到西周建国，是"族群代兴"的历史。常见的现象是，一个部落族群在领袖率领下征服其他族群，建立自己的天下，于是该族群的首领和他的家族、盟友就成为社会的主宰阶级。以西周而言，随着封建而形成的是"国野体制"，以"国"统"野"。人数很少的周人在东方各地建立诸侯国家，国人就必须居住在城邑中，就是说，居住在城邑（"国"）里的主要是贵族及其属众，从最高贵的君主到基层民众，其中后者是贵族赖以实现对"野"中民众有效统治的基础。这些基层民众也占有多少不等的土地，有一定参政之权。尤其在封建之初，周人以相对弱小之众统御广大疆域，同时还面临各种所谓"蛮夷戎狄"势力对王朝及各诸侯邦国的侵扰，"国"中一般民众在政治上的参与权还是相当大的。实际上从流行于西周春秋的各种"周礼"看，远古时期延续下来的"古风民主"①还颇有势力。但是，周代社会最终还是"单线索"的。这可以从以下两方面来分析。

第一，是就社会总体的情况而言。在周代封建社会，政治、经济、文化等诸多方面的建构只涉及"国"的范围。"野"中之民，即被征服的土著居民，除了交纳赋税和服从周贵族政令之外，一般是没有什么权利可言的。

---

① 这里的"古风民主"指的就是从远古社会沿袭下来的有事大家商量的政治决策的习惯做法。它区别于后来经过民众一番斗争而获得的政治参与、决策的各种权益。后者一般被称为"古典民主"。参见本书第三章"古代王朝政治"开始部分的讨论。

据文献记载，周代属于"野"的居民区域，是连学校也不设的。礼乐施用的范围不包括"野"，因为他们是被征服、被统治者。

第二，则是就"国"中之民而言。说周代社会是"单线索社会"，其实是针对"国"中民众在政治上的无自觉的阶级意识而言。从"国"中之人来看，他们主要是当年追随诸侯和高级贵族建立邦国的那群人的后代，他们中很多人的祖先的身份不是很高，更多属于基层。经过几百年的延续，这些人的后代的身份逐渐下降，实际已经成为普通百姓了。不过，只要"国"、"野"界限不消失，他们就永远是"国人"，是君主最可依赖的民众。但是，在经过几百年的政治演变后，"国"、"野"对立的减弱甚至消失，这些"国"中基层民众与君王的传统联系逐渐疏远淡化。于是上层贵族忘记历史，抛弃这些小民的各种表现就日渐明显了。这样的历史变化正发生在春秋时期。在春秋较早时期，一些有能力的君王可以聚拢"国"中基层民众的精神，加强国立，对外争霸；而对外争霸，就需要集权，就需要增加赋税以强化军事，军队及各种国家机器随之扩展增强。同时，要争霸，就必须赏赐土地人民给那些功臣，霸主之国中强宗大族（在一些非霸主的国家，也有同样的情况）出现。于是诸侯们的大权旁落，就成为春秋中后期的普遍现象。与此相伴，君主越来越罔顾"国"中小民的生死，而权臣势家则乘机以小恩小惠对基层民众加以收买。最终结果是政权转手，如"三家分晋"、"田陈篡齐"之事的发生。历史再一次上演了民众"跟随"的一幕。原先民众是跟随老贵族，现在则又跟随从旧贵族脱胎出的新权臣家走。而且，后一次的跟随，明显是接受了颇为廉价的收买。

秦汉以至清代，"单线索"社会状况仍然没有明显改变。一股政治势力或以军事力量或以政治手段击败其他势力，掌握皇权；然后，组织起一个庞大的官僚系统，实施统治。这时在民间已经没有了"国"、"野"的区别，民众基本是广大的乡村农民，后期还有一些集镇、城市居民。就是说，在秦汉以后的两千多年中，中国社会大体由这样两大阶级或阶层组成：一是广大的农民，汪洋如海，遍布大地；一是皇权及其官僚群体。这两大阶级或阶层的关系是既对立又勾连。何谓"勾连"？例如，汉帝国为了加强王朝和广大民众的关系，曾广泛实行对良民的赐爵制度：每逢王朝有重要的喜庆大事，会对民众赐予代表着某种权益的爵位，并广犒民众。当然，更长期持久的"勾连"，还得算汉代实行的察举制和隋唐至清代推行的科举制，这些都是直接从民众中选拔国家官员的策略。以此，王朝可以和广大民众建立垂直联系。

与这样的"勾连"相关，在广大乡村的地平线上，就会出现一类"隆起"的人物，那就是有身份的地主。所谓"身份"，就是指他们的官员身份，他们称为官员，聚拢、兼并土地，靠的是为官所获得的合法或非法收入，另外靠的是他们的权力。这样的地主在汉魏南北朝至唐代中期左右被称为"世家大族"；唐宋以至元、明、清，被称为"官户"、"形势户"。越在王朝社会的早期，他们的特权就越大。在广大的乡村农民的地平线上，还有另外一类的"隆起"人物，那就是无身份的地主。这些地主在两汉被称为"豪强"，在魏晋南北朝被称为"寒素"。司马迁《史记·货殖列传》说，他那个时代，有人经商致富，被称为"素封"之家，就是这些人。他们一般都是靠经商致富，也有的经营土地、牧业等，并且"以末致富，以本守之"，就是经商或从事其他行业挣了钱，用购买、经营土地来守富，是最保险的办法。这一观念，从秦、汉一直延续到明、清。之所以如此，与王朝严厉抑制甚至打击工商业是密不可分的。

除这些地主及有地主阶层出身的士大夫阶层之外，就是广大的乡土中汪洋大海一般的小农人群。前面说过，占有一定数量土地的自耕小农的广泛存在，是皇权稳固的基础。小农经济发展，国家就强盛，因为税源丰富。就秦汉以后的小农而言，两汉至中唐因为赋税政策"以人丁为本"，就是政府主要依据小农之家的人口数来征收赋税，外加其他因素，容易造成小农的破产。然而，小农生计虽然破产，但人头还在，为了逃避赋钱，就很容易躲避到一些地主家被雇佣，身份就沦落为社会的贱民了。自中唐杨炎"两税法"实施开始，王朝赋税政策改变了"以人丁为本"政策，改为以财产为依据的征收策略；于是对小农而言，破产失去了土地不必逃避人口赋，可以租赁一些土地，或者去经商做小本买卖，就不像过去那样容易沦落为贱民了。与此相关，市集、集镇也兴起了，城市中的市民阶层也开始出现了。这都是社会的进步。

两千多年的绝大部分时期，社会阶层的状况大体如此。检讨这些社会阶层，没有一个阶层是可以改变"单线索"状态的社会力量。皇权之外的官僚阶层及由该阶层组成的身份地主群体，其枯荣与皇权血肉相连，剩下的就是那些无身份地主、农民和数量很少的市民。按诸历史，小农主动争取权利的斗争性是很微弱的，对暴政的忍耐程度又以他们为最大，忍无可忍就是造反，推翻旧王朝，建立新王朝，这就是所谓"鼎革"、"革命"。但革来革去，王朝还是王朝，只是改换王朝的姓氏而已。不仅如此，王朝在不断的更替中，还变得越来越专制，越来越专制得密不透风。民众在权益上的增进，不是或主要不是来自于他们的争取，而是来自王朝长治久安的谋虑。这样的所获是些微的，而且很容易丧失。农民绝对不是没有反抗，但反抗多流于消极，如破产后的逃避，甚至偷盗，入崔苻、上梁山做强梁，等等，这样的反抗，不会带来自身的真正解放，而是给统治者推行严刑峻法制造了理据。唐宋以后，社会出现了新生市民势力，他们在主动争取权益上的表现，似乎比农民要积极些，如晚明时期的市民斗争，但总体来说他们也根本担负不起消解皇权、带动历史的大任。中国的城市文明起步不晚，但命运多舛，发展不畅。战国时期就出现了经济型的规模相当大的城市，但是，国家实行重农主义政策，王权有庞大的小农赋税收入，对工商业根本瞧不起。更重要的是，若是某些重要商品能获得大利，那国家就会以其强大的权力对其实施强横的"国榷"制度，历史上有榷铁、榷盐，后来有榷茶、榷香料等，什么赚钱政府就榷什么。在这样的情形下，城市的工商业发展严重营养不良，城市生活也绝不是"可以使人自由"，其向皇权的抗争便多带有农民起义的色彩。

在这样的情形下，与西周春秋时的礼乐文明之盛行于国人、贵族之间一样，广大的小农和其他阶层，都是遵从的社会存在。他们大量存在，但多被动沉寂。这就是"单线索"社会的大概，与西方社会相比有显著不同。在这样的社会中，活跃的皇权和从属于他的官僚士大夫群体属于上层，国家的一系列重大举措，如修建大工程、兴兵打仗、制礼作乐、政治改革等，都是上层的事业。在政治乃至文化领域，士大夫阶层表现得最为突出，成绩也最多。广大的乡间百姓，除了跟从改革，还有在纳税和服徭役上需要他们随从改变的事情之外，基本上沿袭着自己的乡土传统，按着自己的节奏，缓慢前行。

归结一下，所谓"单线索"社会，是说在漫长历史中缺少一个自觉自为的阶级或阶层，为着本阶级或阶层的群体权利，自觉地向社会的权贵阶层不断以各种斗争一分一寸地争取自己的权力并将其巩固，逐渐消解一头独大的皇权，引起社会的普遍进步，最后逐渐将社会的政治、经济、文化大权，转交给社会的大多数人群。

三、牢固的血缘意识及其相关的社会现象

美国华裔学者许烺光在其《宗族、种姓与社团》一书中，对比西、印、中三大文化人群的社会，总结出"三C文化"说：人都得在小家庭中出生成长，但是长成后，西方人进一步的交际圈是俱乐部，印度人是种姓，中国人则是家族。俱乐部（Club）、种姓（Caste）和宗族（Clan）三个的英文单词都以"C"开头，故称"三C文化"。

"三C文化"说实际上突出了包括海外华人在内的所有华人头脑中一个挥之不去的观念：强烈的宗族血缘意识。这样一种社会意识产生于原始社会后期，然后经历夏、商、周，穿越汉、唐、宋，绵延至近代，并且一再显示其凝结社会的能力，不能不说是一种奇特的历史文化现象。

1. 宗法制及其瓦解

以血缘关系为纽带组织起来的家庭及家族，在原始社会的后期就开始出现了。与此同时，人类的婚姻关系也在漫长光阴中，在经历了血族杂婚、血族群婚、族外群婚及对偶婚等各阶段之后，逐渐确立了一夫一妻制的个体婚姻关系。① 由于还处在石器或铜石并用的原始社会，生产能力低下，诸多一夫一妻的小家庭在一个男性大家长的率领下一起生产生活，定居在一起，形成一个氏族村落。属于仰韶文化的姜寨遗址，就是这样的一个村落。

---

① 所谓"血亲杂婚"，指的是最初的没有任何限制的杂乱婚媾。所谓"血族群婚"，首先是排除祖辈与后辈、双亲与子女之间结为夫妻的权利和义务；其次是平辈的男女都有互相结合为夫妻的可能。此等婚姻又称为"班辈婚"或"兄妹婚"。所谓"族外群婚"，是禁止本氏族之内的成员结婚，只允许在两个氏族之间男女结合的婚姻。其特点是，在两个有婚姻关系的氏族之间，男子可以把对方氏族中所有女子看作自己的妻子，与之婚媾；同样，女子也可以把对方的所有男子视为自己的丈夫，予以接纳。所以，生出的孩子，只知其母，不知其父。这种婚姻又称"普那路亚婚"。所谓"对偶婚"，是一对男女在长短不定的时期里关系确定然而又容易离异的男女偶居关系。特点是一个男子可以在多个妻子中有一个主妻，于是，他也就成为一个女子的多个丈夫中的主要丈夫。"一夫一妻"是一种较新的婚姻体制。当然，它也有自己的补充形式，如纳妾等。

随着生产能力的上升、人口的增加，这样的村落会蔓衍并分化出许多村落，从而形成以血缘关系为纽带的部落、部族。如果他们够强大，还会形成自己的权力中心，而这样的中心往往就是他们信奉的神灵寄居之地；同时还会吸收兼并一些其他族群。为了生存，为了夺取有利于生存的一切，人群之间还会经常发生战争，如此，协调组织这些人群的社会公权力会越发强大，于是，就进入部落联盟乃至国家时代了。从仰韶时期的姜寨遗址，到龙山文化时期许多中心聚落的出现，丰富的考古发现，已经使得这条历史线索变得相当清晰。

与其他古老的文明相比，宗族血缘意识及该意识在社会关系中的作用十分强烈，是古代中国社会的显著特征。那么？又是什么造成了这样的情况？追根溯源，应与中华民族的生存环境有关。人类不同文明的起源，始于或者说明显分化于新石器时代，而新石器时代文明生活重要的内容之一就是农耕生活的缔造。对上面所说问题，简要的回答是，先民创造农耕文化所依赖的自然环境，对宗族血缘意识具有天然的保护作用。人类最初的社会活动，是以血缘关联组织起来的。这样的初始关联，可以随着人群的日益增大而得以延伸，也可以被其他关系所取代或排抑，这取决于人类生存的条件。举例而言，在两河流域，其古老的农耕文明诞生在一个一年有八个月干旱少雨，而一般又在 4 月到 6 月因上游山地冰雪融化暴发洪水的地区。洪水溢出河床，或使得河流改道，且导致湖泊沼泽的大量出现。洪水泛滥可以让土地变得肥沃，然而，当地的农作物一般在 4 月成熟，周期性的洪水与作物生长的需求不协调。于是，要想丰饶，就必须对这样的"不协调"进行改造。由此，当地的古代先民集中起社会群体的力量，大规模开挖沟渠，修建水库、堤坝及河闸等设施，以回应大自然的挑战。这势必要将各种小的宗族血缘团体联合起来，形成整体的社会力量。[1] 美索不达米亚的颇富独创性的古代灌溉农业形成了，原始的宗族血缘关系，也就在应对大自然的挑战中被一种新的组织原则取代和抑制了。回顾中国远古农耕文明，是诞生在一个一年四季分明的自然气候区域里，四季流转，云行雨施，大体有常。虽然文明诞生在黄河等几条大河流域，但考古表明，先民的农

---

[1] 参见王震中：《中国文明起源的比较研究》，346 页，西安，陕西人民出版社，1994。

耕文化区域，多沿大河的支流曲折之地分布，而且，依靠河流，主要不是因为灌溉，[1] 而是由于日常生活取水方便。滋润着农作物的水分，主要仰仗的是上天雨雪，而季风气候的高温多雨的时间，又与作物生长旺盛期同步的。在这样的环境中创建文明生活，对自然季节变化节律（即所谓"天时"）的把握才是头等的大事。世界范围内最早的天文观象台在中国被发现就是证明。[2] 这在很大程度是有利于血缘关系的维持的，也可以说，是特定的自然环境，允许了一种古老的社会关系法则长期的维系与延伸，成为一个文化人群的重要传统。

这一古老的社会关系，延续到西周时期，形成了具有鲜明特色的古代宗法制。换句话说，影响深远的宗法制，是在周部落联盟战胜殷商王朝的征战中形成的。

为什么宗法制形成于西周？对这个问题的解答，有利于我们理解宗法制的历史品质。周人以十余万人的人群，征服了一个保守估计也有百万之众的殷商王朝。面对这样的情况，怎样做才可以使自己统治得以稳定？西周实行了血缘大封建，将十几万的人众分成七十个诸侯国家，在各战略要地建立捍卫王室的邦国，其中五十五个诸侯贵族为姬姓，即文王的子孙。这样的"化整为零"，遵循的是当时一个普遍的生活观念："非我族类，其心必异。"它的另一个说法就是："凡今之人，莫如兄弟。"就是说，西周封建依赖的是血亲宗族意识的文化逻辑：只要是一个祖宗的后代，就是最可信赖依靠的。五十余个诸侯国的建立，就是这种意识的体现。这样的封建，其实是姬姓人群的一次"大分家"。他们要化整为零，就必须最大限度地利用血缘关系的力量。试想鲁、卫等，一位受封的贵族诸侯带着他数千（实际数量可能比这还要少）人众，从今陕西一带出发前往遥远的山东去建邦立国。那里的土著居民人口稠密，有的还是殷商故地，如此，邦国要站稳脚跟，

---

① 过去有一种说法认为，中国古代国家权力的发育，与大河灌溉农业有关。这样的观点实际早已被考古发现及学者的研究所否定。在中国，利用河流灌溉实际是进入"文明社会"以后许久的事。

② 2013年考古工作者在今山西襄汾县陶寺遗址发掘出土了一座古老建筑的遗址，学者对遗址进行恢复性实验，证明了该遗址是天文观象台，其产生时间在距今4300年左右。参见宋建忠《龙现中国》，40页，太原，山西人民出版社，2006。

并对众多土著实施统治，何其艰难？其内部关系若没有严密的组织和高度的精神团结，如何可能？然而，实际的历史是周人不仅站住了脚跟，而且实施了几百年的有效统治，产生了影响深远的礼乐文化。在宗法制的组织下，周人显示出了高度的历史创造性。

什么是宗法制？简单地说，就是政治化了的血缘关系体系。所以是"政治化了"的，是因为这样的一种制度，意在从原始血缘观念中汲取维系王朝稳定的政治力量。如此，宗法制与原始血缘关系已大不相同。原始血缘关系人群的生活地是相对集中的。而在西周，随着大封建，姬姓和他们的联盟如姜姓人群的血缘关系，在周初十几年的短暂时期内，迅速拉长，遍布于当时王朝的全境。这其实就是一种改造，因为在拉长之外，首先，还有因新的婚姻关系的缔结所导致的亲戚关系的范围的扩大。各诸侯和他们的大夫，为拉拢其他人群，广泛与土著人群上层通婚，以建立亲戚关系，大大突破了周人原有的姬姜两姓婚姻关系体系。其次，大宗、小宗的严格组织，也是宗法制特有的。大宗、小宗是相对的。贵族不断子孙繁衍，大宗、小宗就会不断分化下去，枝上生枝，干上生干，层层叠叠。到一定的程度，一些小宗的血缘关系与国王、诸侯的宗族主干就越来越远了，其地位也逐渐和庶民差不多了。但是，作为"政治化了的血缘关系"的宗法制，其立意就在防范分化所导致的先王子孙的在精神意志上的疏远涣散。所以，各大宗对属下的小宗必须予以各方面的照顾，不能使其过分沦落。这就是"收族敬宗"。在文化上，作为礼乐文明一部分的祭祖、宗族宴飨等典礼，是在精神上不断提醒、强调和增进日益疏远的宗族人群之间的亲缘意识。尤其是祭祀祖先，考诸《诗经》"雅"、"颂"作品，周人最隆重的祭祀只施于周王文等少数几位先王先公。何以如此？因为从这些先公先王可以追溯到分化了的姬姓贵族的共同根源。质言之，对周文王等先王的祭祀，正是以精神的力量超越血缘关系日益疏远、地位差别日益加大的现实，以使先王先公的姬姓子孙达至最大范围的凝聚。这样的祭祀，只有天下最大的大宗宗子周王才能操办、主持。这一点在诸侯也一样，祭祀死去的诸侯祖先特别是始封君的礼仪，也一定得由诸侯来担纲。往下推，大小相对的宗族祭祀相关的祖先，也都是在精神上凝聚本族的人心。什么时候大宗也就是权位较高的贵族不能照顾自己疏远的小宗了，不能在精神上用各种的礼乐凝聚大家了，就意味着周贵族的没落，就意味着"礼崩乐坏"的到来。

宗法制是从原始血缘关系和意识中脱化而来的，但是，作为政治化的血缘体系，除了大宗、小宗分化，大宗享有一些特权，大宗统领小宗之外，就是一些家族的世代在朝为高官。过去这方面给人印象深刻的是鲁国的"三桓"。"三桓"宗族的始祖，除了季友与戴僖公有功之外，孟孙氏始祖庆父、叔孙氏始祖叔牙都是罪人，他们被杀掉了，可是他们的子孙与季氏一样，世世代代在春秋时期的鲁国为高官。出土文献更丰富地展现了西周三百来年一些大家族世代在朝为高官的情形（参见本书第二章关于西周封建的说明）。导致如此情况的原因也不难理解，既然王朝依靠的是这些有血缘关系的同姓和一些信得过且缔结了婚姻关系的大家族，就必须保持这些家族世世代代的权位。因为只有这样，他们作为大宗的宗子，才有足够的力量和权威将不断繁衍、日益疏远的本族人群凝聚在王朝的大旗下。宗法制的基本特征，是政权和家族的结合。

西周王朝可以成为过去，但是宗法观念对后代的影响是深刻、持久且显著的。其原因由以上说明可知，宗法制在西周的实施，实有其历史的必然性，对周王朝的政权稳定有极大的作用。更重要的是，这是一个在民族基干初具规模的时期实行的制度；与此相伴的是，在这样的制度的实施过程中，还产生了文化即"礼乐文明"创作的高峰——《诗经》、《尚书》等经典出现。如此，宗法制的影响势必深深印入一个民族的记忆深处而难以荡除。然而，任何观念意识若没有了现实的基础，就是再浓郁，也会逐渐淡化乃至消逝。因此，宗法制强烈的宗族血缘意识在后代对社会生活施加深刻影响的原因，绝对不应该只从它的内涵来寻找。这实际上涉及的是春秋战国至秦汉早期宗法制瓦解的问题。

西周宗法制是从春秋后期开始瓦解的。但是，宗法制成立的基本逻辑，即宗族血缘意识，则基本没有动摇。宗法制在春秋战国之际的变化主要发生在两个方面：其一，作为一个严密体系的宗法关系破散了。这主要是因为春秋后期发生的政治权力转手，是"三家分晋"、"田陈篡齐"等所造成的。从血缘关系上可从天子延伸到一般平民那样的大宗法体系崩塌了，因为随着权力的转手，旧宗法体制的塔尖被削除掉了，改朝换代后，新贵上台。周贵族世代在朝为官的世卿世禄制，是宗法体制的柱石，这块柱石不在了，宗法体系就会破散成社会碎片。其二，由于春秋时期铁器广泛用于农耕，众多独立的核心家族和主干家庭可以独立地进行农耕生产，因此宗法大家族的同居共财的生活方式被取代了。

但是，"有血亲者最可信赖"这样的观念意识却没有消失，是因为它赖以生存的现实条件还在。这里做一个简单比较或许有助于理解：当古希腊的梭伦变法用一年有多少财富收入就享有多大政治权益的社会关系法则，取代了原先的以氏族血缘关系衡定一个人的政治权利的原则时，那一定是古希腊没有政治参与权的民众大多数在财富生产和获取上有了突破性的进展，所以在那个社会才可以换一换观念、换一换法则。可是，我们要问：可以涤荡人们的血缘意识、观念的基础，在春秋时期具备了吗？充分形成了吗？春秋时期，由于铁器的广泛使用，一夫一妻为主的核心小家庭和一夫一妻再加丈夫的父母组成的主干家庭确实呈主导性地大量存在。但是，他们还是小农，还是一家一户的农耕经营者，论其在财富上的所得，远远不如古希腊人航海经商之所获那样丰厚。而且，农业生产虽因铁器使用得到发展，可是小民的税收也加重了，例如，鲁哀公把税收由原来的收入的十分之一，加到五分之一。另一个普遍的现象是，列国军队规模在春秋战国都有大幅度扩大，费用从哪里来？当然出自众多的小民！在这样的情形下，操着铁器生产的小农，要与劳动力不足作斗争，要与蝗虫水害作斗争，要与破产作斗争，在这样严峻的生存情形下，没有任何的条件让他们放弃古老的血缘关系意识；相反，容易破产的小农家庭要想生存下去，必须依赖古老的信念才能与艰苦的生产环境和险恶的政治环境作斗争。所以，尽管小家庭盛行，但有亲缘关系的众多小家庭还是愿意聚族而居、互相照顾，以对抗艰苦的生活。古老的观念，仍然是广大社会群体的鲜活的生活理念。而国家，除了关心它的赋税之外，可曾在如何增加人民的财富上下过心思？前面谈到，商鞅变法开始，国家强硬干预了家庭规模，但是，人们生活还停留在小农耕种这样的状况之下，社会生活中的血缘关系意识丝毫未被触动，就是很自然的。相反，导致小民贫困的国家赋税，实际是小民要面对的蝗虫水旱之外的又一重压力。小民要对抗严峻的压力，如前所说，必定要互相结合，那么，他们结合的逻辑，除了那个曾经是西周宗法制观念基础的血缘亲族意识，还能是什么呢？费孝通《乡土中国》说得好，就是到了近现代，中国社会生活仍未脱离其"乡土"底色。在一般民众获取财富的手法及获得数量未有任何质的飞跃的前提下，在民众始终是"土里刨食"，始终面临着蝗虫水旱和赋税压力的情况下，设想他们可以抛弃古老的宗族血亲意识，不是妄想吗？民众按照古老的血缘亲族意识的逻辑，去构建自己的社会群体，以谋求艰辛的生存，势必成为一个持久的文化现象。

　　2. 西汉至中唐的世家大族现象

　　西汉经过几十年"与民休息"之后，轻徭薄赋造成了一些大家族的出现，被称为"豪强"。他们武断乡里，欺压弱小；最重要的是，他们隐匿或曰吞没了许多"五口之家"，影响到国家赋税来源，直接产生了与皇权的矛盾。因此，西汉王朝不遗余力地打击他们。地方豪强及社会上有钱有势大家族的出现，其实还是因为那个古老血亲意识的逻辑。当时的豪强大族大体分两类：一类是一些大家长或大家长的前辈是汉王朝的功臣，如《史记》所记载的颍川灌氏；另一类则没有官方背景，如济南的瞷氏。这些豪强大宗族，内部也一定有大小尊卑的"宗法"；但是，他们只是在一定的限度内凝聚，因为他们没有西周宗法制那样的"宗法—政治"的合一做支撑。就是那些功勋之家，也会因为在政治上失去势力，或萎缩，或被抄灭。

　　大体到西汉中后期，就可以看到一些达官贵人之家已经成为大家族，如宣帝时的张安世，史书称其家有八百余口之多。而且，随着汉帝国"独尊儒术"，大家族多为儒生官员之家的现象到东汉已经变得十分显著了。累世公卿的现象众多，如弘农杨氏、汝南袁氏、山阳王氏等儒生官员大家族林林总总。因为这些大家族形成，中国社会进入了中古世家大族的时代，[①] 至东晋世家大族势力达到顶峰。原因是，东晋司马氏的王权是在西晋大混乱后仓促过江而建立的，元帝司马睿之所以能站住脚，与琅琊王氏联合江南大姓的鼎力相助密不可分，所以当时有"王与马，共天下"之说。南渡的士大夫大家族，据载当时有"百姓"，即百家左右。琅琊王之外，太原王氏、陈郡谢世、汝南袁氏和兰陵萧氏等，都是当时的著姓望族。隋唐之际，南方大族因政权瓦解而变得沉寂，王朝内部的世家大族则是源于北方的崔、

————————————

　　① 近年有学者如秦晖作《传统十论》，以长沙走马楼所发现的三国时吴国的户籍档案文献，否定当时大家族盛行的现象，是不可取的。因为吴国江南情况与中原有很大不同，以这样的材料论证江南社会经济情况是可以的，推论当时的中原，可信性就差了。

卢、李、王、郑等。这些世家大族与那些地方豪强不同，他们的家族长是儒生，读书做官，可以保证他们比那些功臣更能保持家势延续，家声长久。朝廷对这些有官僚身份的大家族的存在，基本上是无可奈何的，而且，还因为他们的存在，不得不放松西汉时期对地方豪强所实行的铁腕打击政策。于是，在东汉至唐中期以前，有身份的官僚世家大族和一些豪强势力日益膨胀，他们隐没土地和人口，国家、王朝的赋税之源也就不得不日益萎缩。东汉南北朝皇权难张，主要原因就是因为它们的存在。

至此我们看到，无官方背景的地方富户有了条件会结成大家族，官僚人物有了资产会结成大家族，就是读圣贤书的士大夫有了土地家财，也照样结合成大家族。

当然中古世家大族有自己鲜明的特点，尤其在门第、婚配和官宦三方面。

讲究门第，是中古大族的突出特点。西周宗法制，讲究嫡庶分别，各宗族又是文王子孙所统治的天下的一分子，过分突出自己的门第对他们是不利的。而中唐以后的大宗族，非贵族、非官员之家较多，也谈不上门第。门第意识在中古所以强烈，乃是因为这些大族的人物，是"圣人的门徒"，是"唯有读书高"的雅士，所以这些门阀人物自视清高，十分高傲，除了日常不与一般寒庶(也是地主阶层)之士交游甚至同坐之外，特别注意婚姻缔结的门当户对——这就是讲究血统纯洁。魏晋南北朝乃至唐代世家大族之间门第相当者互相通婚的风尚，虽受国家干预而不息。他们与西周宗法制下的世族的相同之处，就是维持家门靠的是参与政治分享权力；不同的是，他们享受权力的资格在于他们的儒者身份，而不是像周贵族那样靠自己是姬姓子孙。所以，维持家风家教，就是中古世家大族的一个特点。如琅琊王氏，与他们家族成为望族关系至大的王详、王览，正是以孝悌扬大名于天下的。读书做官的人物不少，何以只有为数不多的人家成为"望族"，一定是有其特别之处的。要保持家世不衰，必须重视并且弘扬祖德。同时，他们是读书人，会写文章，擅长艺术，也是这些大族的特点。以南北朝而言，王家多出书法家，谢家多出诗人，而谢家子弟经常在自己家族小圈子里谈诗论文，就是重家风的表现。注意保持家风，还表现在自东汉至魏晋南北朝很多人都爱写"诫子书"教训后代；同时，家族的礼法也很讲究，这又表现为大量有关"丧服制"问题的讨论文字出现。门阀家族是很讲究家学家教的。到唐代，当门阀势力快要消失的时候，当时的文豪李华的文章还讲述着自己小时候的家教严格。另外，中古世家大族不讲究嫡庶，这样可以保证本族内有才干的人参与政治。另外，随着繁衍迁徙，他们又分化出郡望、支、房，如唐代的崔氏，有清河崔和博陵崔，清河、博陵就是崔氏的郡望，而且不论清河崔还是博陵崔，还要讲究出自哪一房、哪一支。所以，魏晋南北朝"谱牒"之学大盛。这些家族谱牒要掌握在官方手中，负责选举的大中正就以这些谱牒来确定大家族成员的品位，高品位的成员自然会获得高官位。

中古世家大族在历史上的作为，有如下几点。

其一，社会混乱时建立坞堡自守，许多非此族的小家庭也会依附之以活命。这样的现象在西汉末期的大动乱时期就有了，在魏晋南北朝时期尤其以北方大族突出。

其二，组织本族及其他依附的家庭向南迁移。中原动荡，导致中原民众向各个方向避乱，其中最令人瞩目的是南下、开发江南。一般民众的小家庭，千里迁移是难以做到的。这就需要由大家族率领，停停走走，渐次南移。

其三，在组织江南开发上，大家族的资本和组织之功也是作用明显的。开发江南，其实就是大家族在长江下游一带求田问舍，世家大族的大庄园的建立是建立在对小民的压榨基础之上的。但是，没有这样的组织形式，靠一家一户的小农来开发山地、修建水利等，也是难以做到的。

其四，中古世家大族在文化上的贡献最大，山水诗、骈体文及书法、绘画，都是这个自视高雅的阶层风流自赏的产品，是民族文化的宝贵部分。

3. 近世的大族现象

这里所谓"近世"，是指唐中期以后到宋、元、明，至清朝鸦片战争之前，历时千年之久。中唐"两税法"的实施，特别对有产业的大家族不利，导致他们分门析户，成为中小地主。然而，东汉至南北朝，大家族势力的存在对皇权的不利，似乎并没有引起王朝的充分戒惕：就在对大族起瓦解作用的"两税法"实施后，大致从晚唐起，王朝对聚族而居特别是几世合爨共财的大家族，开始予以"诏赐素帛"的表彰，给予科税、徭役方面的优惠和法律上的保护。① 王朝又开始提倡大家族生活。不过，近世的大家族，与上古的宗法家族、中古的世家大族都不一样，他们一般没有政治上的特权，在经济上不形成对国家赋税之源的侵削；相反，不少大家族还把完税作为对族人的重要规约之一。

士大夫也大力提倡大家族生活。最早为自己宗族购置田地以赈济那些贫苦同族的，就是北宋著名的范仲淹，此后是张载和程颐等大儒在理论上予以倡扬。张载认为，唐五代以至北宋以来，政治所以不稳定，就在于少了像周和汉魏南北朝那样的大家族的存在，所以他提倡"宗子法"。在《经学理窟》中，张载说："宗法不立，则人不知系统来处……人不知来处，无百年之家，骨肉无统，虽至亲，恩亦薄。"其意很明确，就是试图以回顾"宗子法"来改变他认为的社会散乱状态，以此来使社会和谐稳固。程颐也有同样主张，他说："家者，国之则也。"特别强调治家要严，认为经过严格家教教养出来的人才会成为一个好的社会分子。到南宋的朱熹，更是把张载、程颐的主张变成具体设计，编写为《古今家祭礼》、《家礼》等，提出每个聚族而居的大家族应该建立祠堂，对祠堂位置及内部祖先灵位摆放都有说明；还提出应该设置族田，每个大家族应该设立"宗子"一人等办法。近世大家族的几个突出特点，朱熹的主张都有涉及，或者说，近世大家族的组织建构，深受朱熹学说的影响。

近世大家族大体分两类：一是诸多同姓子孙的小家庭聚集而居形成的大家族；一是几世合财共爨的大家族。后者一般只能维持几世，分家后就变成前一种情况。有意思的是，在福建省的蒲城县洞头村，一个累世合财共爨的大家族，从民国初年一直延续到1971年才分家，成为历史上最后一个消失的近世大家族。②

中古的世家大族注意婚宦、门第和谱牒，近世大家族的构成则需有祠堂、族田和家谱三件东西作为联合诸多小家庭、家族的条件。祠堂的广泛建立，大约在宋元之际，是近世家族的精神象征。族人祭祀祖先，商量家族事务，宣读家规家法，处置违反家规者，多于祠堂举行。祠堂有总祠，

① 参见徐扬杰：《宋明家族制度史论》，96页，北京，中华书局，1995。
② 参见徐扬杰：《宋明家族制度史论》，105～113页，北京，中华书局，1995。

有支祠，至于祠堂规模建制，要视该大家族总体实力如何。近世大家族建立祠堂的目的之一，就是"收族敬宗"，即团结有血缘关系的同族。要做到这一点，光是建祠堂还不够，因而，有了另一项措施：设置族田。族田又称公田，包括祭田、义田、学田几类。顾名思义，祭田收入的用处主要是祭祀祖先的花费；义田则用来赈济本族的穷苦之人，用来兴办各种力所能及的公共事业，如兴修水利、道路桥梁等；族田是家族公有财产，不能私自买卖，在经营管理上有一套严格措施，如耕种族田不能由本族人来承担，必须招租外人，以防舞弊。作为收族敬宗的大家族，还要修家谱。家谱要写明全族人口、婚配和亲属关系、家族坟墓和族田四至等情况。随着人口的增减变化，族谱隔一段时间就要重新续修，或十年、二十年乃至三十年不等。

还有一类是累世合财共爨的大家族。这样的大家族实际维系起来很难。唐高宗时期累世同居的大家族的家族之长张公艺，皇帝问他维系大家族的秘诀，张公艺只书"忍"字一百。这样几世乃至十几世、人口在几百乃至上千的大家族能维系，一定有较为特殊的条件，如官宦人家，或特殊的生活环境等。这样的大家族一般都有严密的组织管理，生活上一切财产归公，消费实行平均分配等，而且，绝大多数都有大地产。如北宋十三世同居的陈昉、陈竞家族就有田庄 291 座；又如宋元时期的浦江郑氏大家族，田产不下万亩。[①]

这实际涉及两类大家族存在的原因问题。北宋以后一直到元、明、清，不论是聚族而居的大家族还是累世合财共爨的大家族，论其地域性分布，南方为多，北方只有在山西较为盛行。人们为什么要用祠堂、族田等把同族的各个小家庭或小家族联系起来形成组织严密的整体，为什么要不惜以"百忍"维系大家族生活？前面说有政府奖励，有士大夫提倡，恐怕都不是根本原因。论根本原因，在南方恐怕与当地经济的发展有关。唐宋之际，经济文化重心转向江南，大家族多在南方应该与组织生产有关。另外，在福建、广东一带，就是"大围屋"建筑盛行的地区，聚族而居的大家族盛行，一个大围屋就是一个家族或村落的居所。究其原因，大围屋家族居住体式

---

①　参见徐扬杰：《宋明家族制度史论》，118 页，北京，中华书局，1995。

的形成，就与当地居民来历复杂，土、客之间冲突激烈，经常发生械斗有关。南方经济文化所以在这个时期超过北方，本来就与北方人的南迁有关。在北方一些地区，如大家族盛行的山西，应与近世山西经济发展活跃有关。此外，北方一些大家族的出现，除经济上的原因，或许与当地治安情况如"匪患"之类有某种关联。总之，近世大家族成为一个颇为显著的现象，是民众为了适应环境，沿着自身逻辑组织生产生活的结果。这个所谓"自身逻辑"，就是那个古老的宗族血缘意识。学术界过去曾给两类大家族冠以种种罪名，如作为封建王朝的帮凶，扼杀生产技术，压抑、阻碍新的生产关系的萌芽等。其实，若把近世大家族现象理解为在一定历史条件下民众组织生活生产的一种形式，就是说它有其现实的合理性，就不会把它当作阻碍社会进步的原因了。不论是什么样的大家族，都属于社会关系的范畴。一个人群总是相信血缘意识而组建社会关系，其实只是一个结果，是社会生产力没有质的提高和变化的结果。在这个问题上，不能倒因为果地把一切落后的原因都归咎于大家族的存在。

第二节　社会控制的特点

有人群就有社会，有社会就有社会公权力对社会的控制，控制可分为直接控制和间接控制。直接控制如政治控制，西周的封建形成的王朝体制，秦汉以后的郡县制，王朝拥有大批各级官僚，都属政治控制；此外就是军事控制，国家养大量军队，其重要作用之一就是维持社会稳定，维护王权；还有就是法律控制，法律允许什么、禁止什么，与民众社会生活关系甚大。以上都属于硬性的国家机器。间接控制则包括教育、文化艺术、风俗等方面。这些在全世界文明国家社会范围内都是大体相同的。那么，中国古代社会控制的特点是什么呢？

一、法律儒家化倾向

总括地说，在两千多年中，儒家的教化观念即"教"先于"刑"、先"教"后"刑"的观念盛行。其具体效果是一回事，作为一种文化追求又是一回事。这里是就文化追求而言的。儒家的这种可称为"教化"的观念，其依据是有关尧舜、"三代"的理论。据儒家的想法，尧舜时期，世界大同，帝王都是大圣德之人，修文教，天下治，社会比屋可封，对民众没有刑杀之事。"三代"即夏、商、周中的西周成王、康王之世，四十年"刑措不用"，就是周公制礼作乐兴教化的结果。当然，儒家也承认这个时候有了刑法，只是可以"刑措不用"，儒家教化论所追求的就是这样的"不用"。《论语》载孔子之说曰："道之以政，齐之以刑，民免而无耻。道之以德，齐之以礼，有耻且格。"就是儒家"先教后刑"思想的集中表达。孟子更从他的"性善论"出发，不但是"先教后刑"，甚至连政治控制的作用也被缩减了范围。孟子"性善论"承认人人皆可成为尧舜，是承认人有主动向善的动力。社会出现许多坏人，是因为生活太差、环境恶劣。所以，政治的主要责任，就是给人民提供好的生活条件。至于个人修身成就为圣贤，就不是政治所能做的事情了。

与儒家针锋相对，法家的社会控制观念则讲究"以杀去杀，以刑去刑"，即严刑峻法。法家认为只有严酷的刑杀才可以杜绝社会中更大的违法犯罪。法家流派的兴起源于战国争霸的历史，那时，各国都竭力把民众抟揉成一个军事团体，所以需要铁的纪律。说到底，法家要求的社会，只有国家，没有个人、家庭，更不要任何的亲情。在一些法家理论中，如商鞅之法，也强调法律的约束与制裁不分小民与贵人，上下通约，就是法的"公义"，但实践证明，法条只可施加于平头小民，至于上约君主、贵人则办不到。但无论如何，法家在强化国家权力、迫使小民屈从政权上是很有效的，尤以商鞅变法成效最著，它成就了秦帝国的强盛和秦王朝的建立。

在儒、法之外，还有《老子》中的"无为"控制观念，其突出特点是强调君权和政治尽量少作为，就是君主要少行政治权力干预社会，这就是"无为"。但《老子》的"无为"的最终目的是"无不为"："君"（政府）的"无为"目的就是让社会民众按照各自的法则去"自为"。而且，《老子》认为，社会之所以混乱，就是政权干预社会太多的结果。关于社会控制的思想其实还有许多，如墨家组织民众，从道家无为发展而来的"无君论"等。但在历史上真正起过作用并且时常发生纠结的是儒、道、法三家。

这里先谈一下道家"无为"控制观念的作用。道家"无为"观起作用的时候，一般都是大乱结束、新王朝建立之际，主要原因是社会普遍穷困，需要休养生息。汉初几十年、唐初若干年，都是如此。[①] 所以这时黄老的"清静无为"就容易起作用。另外，在汉代，汉初是功臣治国，他们文化水平有限，儒家那套繁难的文化系统也难以为他们理解掌握。朝廷的"清静无为"成就了民众的休养生息和财富的积累。一旦休养生息局面大体出现，皇权就应该有所作为了，皇帝大臣就觉得黄老政治的理想境地不甚高远美妙，一番"礼乐"的兴作就势在必行，而且"天下一家"的憧憬往往还带来对四周人群的征服。然而，总体而言，王朝少做事，在大多情况下对民众的生活是有利的。有些著名的宰相深知此道，如汉代的魏相、唐代的宋璟、宋代的李沆等。农耕生活储蓄率低，国家一旦有大的作为，花费便要从小百姓身上出。大作为很好看，但带来的社会问题很多。懂得这一点的宰相，都以朝廷不生事为理想，这叫作"镇之以清静"。下面来看看儒、法两家的情况。

秦朝建立，如前所说，用的是商鞅之法，强调的是赤裸裸的权力对民众的胁迫。可是，这在争霸时期可以，一旦统一天下的目标实现，再用法家之术控制小民，会变成政治凌虐，会导致民众造反。所以，十几年短命的秦王朝的崩溃，实际是法家社会控制论的破产。这在西汉初引发了一场以贾谊为代表的"过秦"思潮，就是抨击秦朝用商鞅法度的暴虐，基本结论就是"仁义不施而攻守之势异也"（贾谊《过秦论》），强调政治要实行"仁义"，就是采取儒家社会控制的观念。贾谊在给皇帝的建议中，还特别指责了实施秦法所引起的社会风俗的浇薄问题。自此，彻底废除秦法的呼声和努力，在独尊儒术以后，又贯穿于两汉数百年。

原来西汉建国，萧何定律，基本用的是修改过的秦法，施用了近百年之后，儒生想改，谈何容易。但是，儒生毕竟开始掌握大权，在秦法中加入"礼"的要素成为一种趋势，董仲舒等以春秋微言大义治狱，倪宽任用儒生为司法官廷尉奏谳掾、以古法决狱等，都是这一趋向的表现。"儒家有系统之修改法律自曹魏始。……可以说中国法律之儒家化经魏、晋、南北朝已大体完成，不待隋、唐始然。"[②]曹魏时期是乱世，但是，这不足以压住儒

---

① 唐朝初年奉行休养生息政策，与王室李姓、崇尚道教有关，参见卿希泰《中国道教史》第二卷第五章的相关论述。

② 瞿同祖：《中国法律与中国社会》，362页，北京，中华书局，1981。

家文化观念在社会生活中取得的影响。而且，汉帝国崩溃，法律就得重修，新朝建立都要修订法律。参与这项工作的人物，早已没有商鞅那样的纯粹法家人物，大多具有儒学背景，这为儒家思想深入法律体系创造了机会。晋代的法律已是"竣礼教之防，准五服以治罪"（《泰始律》）了，就是把亲属关系的因素渗入法律判决中去。例如，同样是奸罪，发生于有亲属关系的人之间，其罪罚要重得多。之后，更是大量的"礼"的内容渗入，至《唐律》出现而大备，所以唐律是后来王朝律法的准的。司法断案，必须考虑贵贱身份、长幼亲疏，律条必须与礼法相应，断案必须以礼为据，"五刑之属三千，而罪莫大于不孝"。这就是儒家化的法律的基本精神。

如何理解这样的现象？须知法纪的所谓法律，其实只是刑法，就是犯了什么样的罪，就要接受什么样的惩罚；而所谓罪项，都是由政权来认定的。据研究，商鞅在秦国所施用的法，来自之前的李悝的《法经》；而《法经》的精神是律条千百，缉盗为先。就是说，古代的法律基本精神不是维护民众的个人权益，而是制裁小民以使其服从社会规范。本来夏、商、周都有"刑"，但同时也有"礼"，特别是周代礼乐协调民众的作用更为明显。礼乐活动在很大程度上就树立、确定了社会所应遵循的生活交往的规范。这样确立"礼"，本身是带有原始民主精神色彩的；但是，当宗法制崩溃、原始民主荡然无存时，国家为强化统治、编订法条，就只是把原来的"刑"的内容发扬光大，把与民商量的一面丢失了。小民参与确立社会法度的权利没有了，就只剩下一部表达统治者意志的刑杀之法来约束小民。在这样的情形下，人民动辄得咎，国家就如同一座监狱。所以，儒家登上政治舞台后，立意改造法治，就是要改变这样的酷虐状态。把人当作人，当作有亲属关系、有感情、有尊严的人，儒家改造秦法，虽不能根本上做到这一点，然其是有这方面的用心的。

二、乡绅的作用

春秋以前，因为宗法制的实行，在理论上说，周王的血缘关系可以直接连到邦国的"国人"阶层。与此相伴的是王朝的礼乐系统，也是包含举行于邦国国人基层的典礼的，如"乡饮酒礼"、"乡射礼"等。但是，战国、秦、汉以后，王朝建立，王朝政治的触角只能延伸到县乡一级；在广大乡村，政府却不能直接派驻官员加以管理。汉代县以下有三老、游徼和啬夫。三老是乡村有德的长老，不拿俸禄；其他二者则是国家的低级官员，负责收缴赋税、治安等职事。连接中央权力和广大乡村民众的只是三老。三老的职责是示孝悌、掌教化，所以乡村的管理主要依靠道德风俗和习惯。唐代在县以下设立乡、里、保、邻，四家为邻，五家为保，百户为里，五里为乡。乡设耆老（父老）一人，里设里正一人。里正主要负责核查人口、收受土地、督促农耕、征收赋税。但是，与国家有关系的，除了人口和赋税之外，其他设置的作用就很有限了。这些制度，宋代大体延续了下来。明代实行里甲制（后改名保甲制），一百一十户为一里，十户为一甲。里甲之长，也都是不拿俸禄的乡民，主要负责编制户籍、交纳税粮等。清初延续明制，后来又在各乡、村、集、镇设立乡长、村长、集长、镇长，在许多地方还设立族长。清代大的里甲之长由民众公推，和乡长、村长、集长、镇长一起负责治安、税收。另外，在地方基层组织实行连坐制。这些都对控制人民起过很大作用。

但是，尽管各朝各代都想把政治的触角尽量向民间基层渗透，但实际的动作总不外乎赋税征收和抓捕盗贼两项。在县、乡和广大乡村之间，政治权力实际是"悬空"的。在这个悬空地带，有一个群体自明清以来作用较明显，那就是乡绅阶层。乡绅与地主之间有交叠，也有分别。单有田产不算乡绅，有功名的地主才算。有功名又有官位，在其做官之地不是乡绅，是官员，在家乡则为乡绅。唐以后，中小地主阶层兴起，科举制面向的人群范围的扩大、各种学校的建立等社会文化各方面的发展，特别是印刷术的广泛使用，使读书人的人数增多，因此功名的层次也多了。如一个人读书求功名，先得做童生、考秀才，考取秀才，进入"生员"群体，算是有功名了；之后就是举人、进士、庶吉士点翰林等。实在考不取，捐纳一个功名（称"监生"）也可成为绅士。能取得进士功名的人很少，但社会上有大量生员、举人和秀才。有些人一辈子不能做官，在乡里就是有功名的绅士，是地位低的绅士。绅士地位的高低，取决于其功名的高低和官位的大小。有功名无官位，毕竟读过圣贤书，在官场也有些人脉，也是绅士，只是地位不高罢了。有功名的绅士则享有法律上和经济上的特权，如免除人丁税和劳役等，穿着打扮亦与老百姓不同。

这些乡里绅士，往往就是本地的领袖人物。一些有责任心的，也多能把增进本乡本土福利作为己任。他们或者利用自己对本地的了解，为当地长官出主意；或者以自己的身份与官员周旋，减免本地的税收等；更有些人组织当地民众修建桥梁、兴修水利，在自然灾害发生时组织赈济贫民等。乡绅与官员接触，可以超越那些地方乡里的小官员，把关系直接搭到很高级的官员那里去，这是由他们的功名或为官经历决定的。总之，因为他们是读书人，很多又有或曾有官方身份，因此，在连接百姓和朝廷方面，能起到特殊作用。但是，不是所有乡绅都如此。随着近世城市的发展，许多乡绅住在城市里，与乡村脱离了直接关系，其沟通上下的作用就很有限了。另外，乡绅阶层的表现也不都是正面积极的。他们有不少人利用自己的特权，干隐瞒户口、逃避税收等事。还有一些乡绅则以自己的特权成为当地劣绅。明代从朱元璋起就利用乡绅监视县官，结果明代劣绅特别多。

第三节　民众反叛的形式

民众包括广大乡村小农，组织起来，形成自己的阶级，向王权逐步展开争取权益的斗争，可以称为积极的斗争。这在中国历史上是基本阙如的。另外，由城市工商业阶层的壮大而带动全社会的解放，这样的新生社会势力在中国古代也始终未曾成形。于是，社会大众对于王朝控制和现行秩序的反叛往往是消极的。消极反抗带来的一个最不好的结果就是，给统治者严刑峻法与武力镇压制造借口。例如，盗贼现象严重一定是社会分配不均的结果，但是，至今还未见有哪个社会把这样的一种反抗现实的方式视为合理而不加制裁的。这就是消极反抗的"无出息"的地方。

当然，反抗的最高形式是农民起义。但与其说它推动了历史的进步，不如说它只是推动了朝代的改换而已。民众先是忍着，吃草根，吃树皮，忍到这些东西吃完了，反正也是一死了，才起而造反。造反来造反去，造出个新皇帝。历史这样循环下去，若不遇外来文化的冲击，可能就没完没了。这不是说农民起义对自己就无一点的好处，好处是有的，在一些朝代（不是所有的朝代），每次大起义后，总能得到几十年的轻徭薄赋，但也仅此而已。关于这种方式，大家知道得多，本书不想多讲，想讲的是其他一些方式。

纵观中国几千年的王朝历史，除起义外，民众的反叛主要是皈依宗教、加入帮会乃至做土匪即下文的"土匪化"等数种。很明显，这几种选择都不是正路，都是被长期压榨欺凌下的变态反应，修不成历史的正果，除了带来血腥镇压之外，既不会带来民众实际利益的增加，也不能造成对制度真正的冲击。

一、皈依宗教

中国一贯被视为缺少宗教信仰的国家，这并不是说中国没有宗教，正相反，中国不但有一部道教史、佛教史，更有一部源远流长、扑朔迷离、五花八门的民间宗教史。中国的儒学不是宗教，但实际上起到了类似宗教的作用，整个上层社会的主流信仰正是儒家思想。但是，"三坟五典"的士大夫文化对于广大下层民众来说始终是有隔膜的，正统宗教很难真正成为一般民众的信仰。民众在现实世界遭受的苦难必须有一个出口，于是就在民间形成了一套迥异于士大夫趣味的信仰状态。对于生活在社会底层数千年、终生贫困的民众来说，皈依宗教，实在有着精神上的镇痛作用。

从东汉末叶开始，土生土长的民间宗教"太平道"就开始浮出历史水面了，因其地域不同而有黄巾教与五斗米教之分。它们的兴起，正与汉代政治的衰落、民生的不易互为因果。一个教门所以在民众中广泛流行，固然有各种原因，如民众企望"太平"美景，而有病不须吃药，单这一条，就不知能吸引多少生计无靠的贫苦之人。不论是河北一带太平教的以符咒治病，还是流行于汉中地区的五斗米教的以静虑思过而禳疾的法门，其诱惑力不都是"不吃药"三个字吗？百姓的信仰之起，竟是这样的简单！是的，就这么简单。简单是因为他们经受的折磨和不幸太过沉重。因此，一点互助的教规，几句《太平经》中与小百姓贴心的美妙约言，就可以使大众追随并为之神魂颠倒，为之肝脑涂地了。黄巾起义被镇压了，取得汉中的曹操还以为把这些民众移走，就可以万事大吉了。于是他"拔汉中民数万户，以实长安及三辅"（《三国志·张既传》），没想到的是，他的移民之举恰恰助长了五斗米教在各地的传播——近代居然也有同样的例子：湘军镇压四川哥老会而哥老会反而向长江中下游发展——这不能说是宗教的教义高明，只说明在生死线上挣扎的民众人数多、范围广。五斗米教随着曹操的镇压和人口迁移传到北方，进而传到南方，于是便有东晋后期的孙恩、卢循领导的教民起义。

佛教在东汉传入中土，经历了与本土文化的撞击和对抗之后，逐步被各阶层的人接受。其弥勒救世思想与中国道教教义相融合，形成"三佛应劫救世"观念。所谓"三佛"，指燃灯佛、释迦佛、弥勒佛，其中，弥勒佛据说会在"末劫之世"降临人间，行龙华三会，改天换地，救度群氓，以回归彼岸，[①] 这便是弥勒净土思想。这种思想与民间反抗运动有很大关联，早在东晋建武元年（317 年），就发生了沙门造反事件。在南北朝时期，沙门运动一直绵延不绝，到魏宣武帝延昌四年（515 年），暴发了佛教异端大乘教的暴动："时冀州沙门法庆既为妖幻，遂说渤海人李归伯，归伯合家从之，招率乡人，推法庆为主。法庆以归伯为十住菩萨……自号'大乘'。杀一人者为一住菩萨，杀十人者为十住菩萨，又合狂药，令人服之，父子兄弟不相知识，唯以杀害为事。……屠灭寺舍，斩戮僧尼，焚烧经像，云新佛出世，除去旧魔。"（《魏书·元遥传》）唐长孺先生就分析说："大乘暴动的口号是'新佛出世，除去旧魔'。毫无疑问，所谓'新佛'，就是从兜率天宫下降的弥勒。"[②]换句话说，法庆是以弥勒佛自居的，而暴动之酷虐，不仅显示出信众的痴迷，而且显示出信众对社会仇恨之深痛。暴动是极其残忍的，将杀人的多少看作衡量军功、佛果多少的标准。

摩尼教是另一个对中国民间宗教产生深远影响的外来宗教。摩尼教产生于古波斯的萨珊王朝，魏晋之际从陆路和水路两线传入中土，到隋唐特别是唐朝时曾异端兴盛。"安史之乱"后，回纥帮助唐王室平乱，摩尼教因而传入回纥，一度成为回纥国教，有出土文物为证。唐武宗灭佛时，摩尼教曾遭禁。可是，试图以政治的强权消灭一种信仰，都很难奏效，古今中外概莫能外。摩尼教就是例子。唐武宗禁摩尼教之后，这种宗教流入了民间，对民众的反抗起了很大作用。摩尼教的大旨是"二宗三际"说。"二宗"指的是明与暗，即善与恶；"三际"指的是初际、中际和后际，即明、暗二

[①]　参见马西沙、韩秉方：《中国民间宗教史》，37 页，上海，上海人民出版社，1992。

[②]　唐长孺：《北朝的弥勒信仰及其衰落》，见《魏晋南北朝史论丛续编·魏晋南北朝史论拾遗》一书，北京，中华书局，2011。

宗在过去、现在和未来三个时期的不同态势。"现在"正值"二宗"激烈战斗的时代,摩尼拯救人类灵魂,使之向光明靠近。其教义强调明、暗对立斗争,希冀于未来,与弥勒教的弥勒降世重整世界的信念很相似,因此极易与早在民间流传的弥勒教结合。民众信教,一般也不在乎什么是弥勒、摩尼,所以两者之间就越发地难以分清。不过,在官方或正统的文献中,一般把因弥勒信仰、摩尼教造反的民众百姓称为"白莲教"信众,其实,这些人与真正的白莲教无关。① 到元代,民众生存状态更加不善,特别有利于装神弄鬼的人物鼓动民众,因此那时以"妖言惑众"而起事的事情多,且多假冒"白莲教"之名。因此,白莲教曾一度被禁止。到元末大起义时,由民间宗教组织起来的民众,也被称为"白莲教",但据马西沙、韩秉方研究,那是一种混淆的说法,"纵观元末农民起义,现代研究者所称其为白莲教起义,其实应称为香军起义、红巾军起义,或弥勒起义更为适宜"②。实际也未尝不可称为"摩尼教"起义,因为白莲教、弥勒教在当时是与摩尼教相混的。

摩尼教转入地下之后的起义事件计有后梁贞明六年(920年)的母乙起义:"陈、颖、蔡三州,大被其毒。"(薛居正《旧五代史》卷十)母乙起义被镇压,其传播范围逐渐由中原地区转向东南沿海,尤以浙闽最为盛行,"吃菜事魔,三山尤炽。……妇人黑冠白服,称为明教会"(洪迈《夷坚志》)。到南宋时期,朝廷对明教活动多次下达禁令,但是其传播已呈蔓延之势。两宋以来,在东南几省发生了多起摩尼教起义,最著名的就是北宋末年的方腊起义,席卷六州五十二县的广大地区。元朝统治者对明教采取两手政策:明里下令禁止,暗里在传统信仰区又允许建庵奉祀。所以到元末,摩尼明教就与弥勒教、白莲教相融合,推翻了元朝统治。

朱元璋明王朝的建立,是有借于红巾军起义之力的,而红巾起义,一开始就是以"弥勒下生"、"明王再世"相鼓动的;起义爆发后,韩林儿称"小

---

① 真正的白莲教是从佛教净土宗发展而来的,属于佛教的阿弥陀信仰系统。其初创于南北朝的慧远、檀鸾等,到隋唐时期的道绰和善导,简化成佛手续,才使得阿弥陀信仰即往生净土的佛教更接近民众,于是有净土宗成立。到南宋,更有一位茅子元,创立白莲宗,是净土宗的更加世俗化的形态。到元代就有"白莲教"之称。这个教派的成员可以住在寺里,又可以结婚生子,因此也就与佛教有了区别,因此它的信徒不称和尚、尼姑,而称"道人"。

② 马西沙、韩秉方:《中国民间宗教史》,152页,上海,上海人民出版社,1992。

明王"，后来朱元璋以"明"为国号，都与摩尼教明与暗、正与邪的"二宗"之说有关。但是，朱元璋虽给自己的王朝冠以"明"之徽号以应百姓对世道的期盼，却对这些民间宗教势力采取了镇压手段。从明初开始，被迫解散的红巾军余党就多次起事反明。明中叶以后，还有白莲教与蒙古军队相勾结之事发生。朱元璋如此对待白莲教等，行的是历史上常见的"逆取顺守"之策，为夺取权力什么手段都用得，但要做天下的主子，治国理民，还是以"正道"即儒术为上的，这种手段策略也应与他身边那些儒生大谋士有关。

民间宗教可以说与王朝专制社会相始终。先有五斗米、黄巾教，之后是弥勒教、摩尼教、白莲教。一个原始的宗教可以随俗雅化，成为社会上层的组成部分，如道教；但下层的宗教仍层出不穷。这不是因为别的，只因为普通大众地位低下、生活艰辛，因此只剩点宗教幻想作为卑微生活的安慰了。

二、加入帮会

加入帮会，也是民众改善生存状况的一种选择。

帮会是清代中后期至清末民初的社会现象。在传统社会之外，衍生出一种另类的社会，一般称为"帮派"、"会道门"。"帮"以父子论，"会"以兄弟论，其实是传统之外的"地下社会"。这并不意味着传统社会解体了。国家对社会的控制实际更趋严密，利用宗族、乡绅、"说圣谕"等手段，甚至设法控制目不识丁的村野之人的头脑。但是，传统社会到了后期，商业经济发展了，市井社会出现了。俗话说的"车船店脚衙，无罪也该杀"的"车、船、店、脚"等行业兴起来了，它们构成了一个新的"江湖世界"。大量人员从传统农业社会秩序中脱离出来，变成"江湖"中人。帮派的"江湖"世界，完全是另外一个独立的世界。民众失去乡村的背景，变成无所依靠的个体。这样的个体多了，便以乡村的宗族法则在这江湖世界中重新构造出一个帮派的社会。宗法制仍是江湖社会的重要组成方式，因此，这个传统秩序之外的社会，也可以视为乡村社会的复制，只是赝品而已。传统乡村社会的淳朴没有了，复制的社会中只有江湖义气和流氓品行，因为这是在险恶和阴暗的环境中、在秩序之外求生存。他们按照危险的功利目标结合成的团伙，可以成为与现行秩序相对抗的社会势力，但他们的上层却是流氓头子，极易被拉拢腐蚀。在近代外患严重的时代，他们也可以反对洋人、洋教，但他们力图恢复的是旧道德、旧状态。他们甚至成为近代革命可资利用的力量，但事实证明因其流氓习气而终难倚靠。原因只在于他们是传统社会的复制品，他们的上层实际也是皇帝(有一帮派的头子竟被称为"制皇")、官吏，只是一个处在阴面，一个处在阳面而已。

据马西沙、韩秉方《中国民间宗教史》和周育民、邵雍《中国帮会史》两部专著看，明清之际的会道门有数十个。例如，较早的天地会，就可以追溯到明末清初，与反清复明有关，产生的地点则可能在福建云霄县漳江三水汇合处，所谓"地振高岗，一派江山千古秀；门朝大海，三河合水万年流"的暗语，即指此地而言。[①] 不过若论其中最早的，可能要数"青红帮"。

所谓"青红帮"，是"青帮"与"红帮"的组合。"红帮"又称"红花会"，源于今天的四川、重庆一带。他们各有起源，特定的机缘使他们结合在一起。

青帮的前身是"罗教"。"罗教"是山东即墨人罗梦鸿在密云戍边当兵时感于自己身世之苦、现实之苦而创立的。罗梦鸿的悟道时间据说在明朝的成化年间。悟道之后，他就开始布道讲道，有五部传播教义之作刊刻于世，分别是《苦功悟道卷》《叹世无为卷》《破邪显证钥匙卷》《正信除疑无修证自在宝卷》《巍巍不动泰山深根结果宝卷》，是为本门教义经典，其思想把佛、道、儒三家杂糅，佛教色彩较浓。罗梦鸿在密云设台讲经的时候，主要听众应该是守备军人，以及往来于运河之上的运粮军人和舵工水手。当时的运河，据研究是可以上行到密云的，这就是罗教为何在大运河水手们中传播并进而变为青帮的缘由。大运河的终点在杭州，有记载称："浙帮水手，皆多信罗祖邪教，浙省北关一带有零星庵堂，住居僧道，老民在内看守。其所供神佛，各像不一，皆多平常庙宇，先有七十二处，今止三十余所。各水手每年攒出银钱，供给赡养，每年四月空回时即在此内安歇，不算房钱。饭食供给余剩，即为沿途有事讼费之需，而淮安、天津、通州、京师俱有坐省之人为之料理。各帮水手多系山东、河南无业之辈，数以万计。"(瞿宣颖《中国社会史料丛钞》)罗梦鸿在当时的杭州有三大弟子，一个姓翁，一个姓钱，还有一个姓潘。三姓各立门徒，论资排辈，明确师徒关

---

① 参见周育民、邵雍：《中国帮会史》，13页，上海，上海人民出版社，1993。

系，有的还以"干爹"、"干儿"相称，又建立了一套新的假宗法系统。杭州后来就成为青帮的发源地。

在雍正时期，政府对罗教的态度还是比较宽松的。于是，水手们就自由发展，逐渐开始拉帮结派，例如，翁系的和潘系的就不住在一个庵堂里，日子久了，便自然产生了对行帮的依赖，信仰者逐渐变成了单一的水手，原先的宗教组织也逐渐变成了行帮，亦即漕帮。还有一个变化是，宗法师徒关系逐渐取代了血缘纽带的世袭关系，变成了异姓相传、师徒相让。道光年间的一份奏折就称："向来粮船水手奉罗祖为教主，其教始自前明罗姓，传翁、钱、潘三人，翁、钱共为老安（庵），潘为新安（庵），均以清命道德、稳诚佛法、能仁智慧、本来自性、元明兴礼、大通文学二十四字作为支派。凡拜师习教，各按字辈流传，仿照释教，授以三皈五戒，并诵习《泰山》、《金刚》等经，以冀各分党羽，彼此照应。"（《军机处录副奏折》，道光六年四月十一日两江总督琦善奏折）这份资料出于道光年间，显示那时的师徒大都是以"明"字或"兴"字辈相称的。由此可见，在雍正时代漕运水手凡信仰罗教者，内部已经有辈分加以约束。

乾隆时期对这一行帮采取严厉打击措施，杭州的老庵、新庵都被拆除，于是水手开始在船上拜罗祖，在一条中心的"老堂船"上竖一根"神棍"作为罗祖神的象征。侍奉神灵的这个人叫作"老官"，"老官"可以整天不做其他事，专门侍奉罗祖神。在此基础之上，水手还建立了一些联络暗号，活动逐渐转入了地下。船与船之间开始因为利益有所不同而发生摩擦，甚至发展为械斗。"老官"在组织这些械斗的过程中的权利也越来越大，甚至有了生杀予夺的权利。水手间逐渐形成了翁、钱、潘三大势力团伙，实际上是秘密王国。嘉庆、道光年间，国力衰弱，地方官的控制力也随之减弱，国家的漕运大权就落入了漕帮手中，漕帮因而达到鼎盛。到了道光、咸丰两朝，江浙漕运水手的命运发生了根本转折。从道光二年（1822年）开始，漕运系统减少运额，直到道光六年（1826年）改漕运为海运，导致"人众业寡，生计艰难"，大批水手失业。由于家乡无地，很少有人按照政府的安置真正回到故乡，所以水手们逐渐聚集到两淮一带的产盐区寻找生路。他们组织了安清道友，开始了贩私盐、行劫掠的生涯。安清道友号称"潘门"，亦称"潘家"，又别称"庆帮"，俗讹为"青帮"。而"安清"两字，又是运河与淮河交汇处安东、清河的简称。青帮秘籍多崇奉潘祖，有所谓"伸手见三是家里暗号"、"翁钱二祖我不管，潘祖香堂我来赶"之说，可见潘安失业水手在咸丰年间成为安清道友的骨干成员。

同治朝礼部给侍中卞宝弟的奏折称："闻江北聚匪甚多，有安清道友名目，多系安东、清河游民，私结党羽，号称师徒。其先数百人，冒充兵勇，在里下河一带把持村市，名曰站马头。藉查街、查河为名骚扰商旅，抢夺民财。近更加以各处土匪附和，窝主容留，结党盈万，散布愈多，并有李世忠营弁庇护，官吏畏势，莫敢奈何。"这时的青帮已经靠敲诈勒索、抢劫民财生活了，流氓无产者本性中的恶性膨胀，以简单的求生为目的，干起了桩桩罪恶的勾当。

青帮与红帮的合流在19世纪的下半叶。红帮属于四川哥老会。哥老，是四川人对盗窃团伙的称呼，清朝乾隆年间已见于官方文件。哥老有红钱兄弟、黑钱兄弟之分。红钱大体上属于流氓类，黑钱则属盗贼类。所谓流氓类，是指用开赌、拐骗等手段弄钱，盗窃类则行偷盗等。另外，奸淫妇女也是流氓类哥老的行径。哥老会的帮规，基本受天地会、青帮的影响。历史上还组织过李永和、蓝大顺起义。也因这次起义，朝廷派湘军镇压，哥老会开始传入湘军，迅速向长江中下游地区蔓延。这与千年前曹操镇压五斗米教的结果相同，足以使那些想以武力解决此类问题的人引以为戒。太平天国失败后，清廷裁撤军队，大批湘军失业，转而以贩运私盐为生，于是哥老会势力与青帮发生冲突。经过一段的打斗，两帮终于妥协合流，青红帮形成。青红帮与中国近现代史相始终，直到1949年才在大陆消失。

三、做土匪

《荀子·性恶》篇说："尧问于舜曰：人情何如？舜对曰：人情甚不美，又何问焉！"这"人情"的"甚不美"，在民国时期达到了高潮，这就是匪患横行。如果说帮会势力占据的是城市，是一些买卖兴旺、人群稠杂的活络地带，那么土匪则更偏向于乡村野外。如果说帮会势力一般不愿意公然和正统社会秩序相决裂，那么土匪则是向正统秩序、传统道德，甚至是向基本的"人"的标准悍然发起挑战。土匪在古代的称呼是"盗"、"贼"，正式出现在18世纪的清代，到近代成为一大显著社会现象。

"民国成立后，没有一片区域没有土匪，没有一年土匪偃旗息鼓。""日本和美国的'中国问题观察家'几乎同时得出结论：中国本身不过是巨大的匪帮，4 亿不法之徒，因此对土匪活动的研究，可揭示的完全是中国民族特征自身的潜在的活动方式。"①"4 亿"云云虽然夸大，但匪患横行的确是近代中国不堪回首的往事。值得注意的是，匪患在近代的高涨显示出某种历史规律。一方面，近代是一个大灾荒频仍的年代，是历史上自然灾害三大高峰期之外的两个小群发期之一；另一方面，这还是一个"王纲解纽"、旧秩序崩溃、新秩序未定的中间时代，社会极为混乱，是五代十国后又一个社会灾难期。土匪的暴动也是一种反抗形式，它的出现是战乱、灾荒、贫穷和饥饿交加的恶果。不过我们观察的重点则在这反抗中展现出的民性的方面。土匪在近代的猖獗是长久暴政凌辱下民众的反抗，一种民众突破了文化的底线甚至是"人"的防线的反抗，理有可原，情不可恕。它表明的是这样的事理：暴君之下，必有暴民；暴君之后，暴民即起；暴君可怕，暴民更甚；暴民之害，可以大过暴君。

清朝崩溃了，实行了两千多年的专制制度也就崩溃了。两千多年专制最大的罪恶是留下了被它愚弄、压榨得身形俱畸的众多民众。当然，即便如此，长于忍耐的民众也不是见乱就无法无天。辛亥革命的新秩序建立，并没有给民众一天的好日子，接着就是复辟，然后就是军阀的到处肆虐，而军阀肆虐更被研究土匪的学者认定为土匪肆虐的直接原因。因此，近现代之际的这个历史中间期，就与五代等过去的中间期有很大的差异：不单是乱兵，还有组织起来的乱民。东北有胡子，山东有响马，河南西南部有白朗（又称白狼）、老洋人、樊钟秀，"天下未乱蜀先乱，天下已定蜀未平"的四川则有"大棒老二"，进而发展到贵州、云南，湘西则有六百多年的土匪历史，到此时也要"发扬光大"了。几乎是无地无匪，无时无匪。而匪帮分布的规律是占据"三不管"之地，即国与国交界、省与省交界、县与县交界，都是土匪的乐土，透露出官僚的政治道德及官与匪特殊而密切的关系。过去的匪徒是啸聚山林，此时的土匪则山地与平原"任我行"。他们在临城制造过劫持火车案，在应城劫持过外国神父，在云南枪杀过省长，在湖南

---

① ［英］贝思飞：《民国时期的土匪》，中译本，1~2 页，上海，上海人民出版社，1992。

沅陵制造过"三·二事件"等。^① 在 1911—1914 年，白朗纵横河南、安徽、湖北、陕西、甘肃五省七十余县。在他乡，土匪是灾难；但在其家乡，白朗却是人们心目中的英雄。这是由匪徒的特征决定的。盗亦有道，其道便是"兔子不吃窝边草"。在英国学者贝思飞的著作里，引用过一位美籍牧师伦丁的一段话。伦丁 1922 年曾在河南落入土匪手中，获释后他写了一本书《在土匪的控制中抑或在上帝之手》，在这本书里伦丁表达了对土匪两种截然相反的印象：在土匪的家乡，匪徒以匪首的名义偷一条毯子，都要被马上"宰掉"。^② 可是，当伦丁走出匪首的家乡时，他看到另外一番光景：远近四方的村子全部被烧毁，遭难的地区可远达 10 英里^③以外，"到处是浓烟、烈火、灰烬和废墟"。^④ 这两种截然不同的做法，是土匪的惯例。有学者说这是在追求"血酬最大化"，这是可以理解的。但笔者更觉得，这实际是土匪的两面性，即人性与"匪性"共存，是"盗亦有道"的那点"道"的存在。因为他们还有一点"乡情"，还有一点乡情之下的义气。因此，尽管他们的匪徒行径发作时完全非人性，但仍然具有人性的一面。这里既不能以人性善来解释，也不能以人性恶来说明，只有一个"仓廪实而知礼节"的伟大原理。

关于土匪的两面性，也可以从那些与土匪有过直接接触的人物的回忆来看。有目击者回忆，那些匪首并非身体强壮，有些相当平易近人，其中许多人与其说是野蛮的，不如说是相当文质彬彬的。霍华德在其《和中国土匪相处十周》里回忆说，他曾听到隔壁的土匪比赛背诵诗歌和《论语》，还时常唱歌。^⑤ 这就是真实的土匪。他们或因饥饿贫困，或因冤仇，或因迷惘，或因特殊时地的风气，走向了绿林。许多人并不想以"土匪"作为自己的终身职业，而当兵即被军队吸收却是他们最乐意的。因此，当临城劫车案发生后，正如贝思飞所说，江苏、安徽的土匪都来投奔孙美瑶。除了分红的动机外，更主要的是，他们认为，孙美瑶既然劫持了洋人，政府就不敢动

① 参见苏辽：《民国匪祸录》，151～153 页，南京，江苏古籍出版社，1996。
② 参见[英]贝思飞：《民国时期的土匪》，中译本，143 页，上海，上海人民出版社，1992。
③ 英里，一种英制长度单位，1 英里=1.609 344 千米。
④ 吴思：《血酬定律》，2 页，北京，中国工人出版社，2003。
⑤ 参见[英]贝思飞：《民国时期的土匪》，中译本，131 页、167 页，上海，上海人民出版社，1992。

硬的，这一来有了被"招安"的机会。但是，土匪就是土匪。他们在家乡可以表现得像英雄；但是对异乡人，他们的确是缺少人性的。所谓弱者横刀砍向更弱者，土匪洗劫的多是无辜且更弱小的百姓。如果是单纯的抢劫，还可以从他们的贫困找到理据，但土匪总是与残杀和奸淫异乡妇女的勾当相连。杀人和奸淫，都是死亡本能的释放，是人格扭曲的表征。因此，他们的反叛，就完全沦落为人性邪恶力量的爆发。因此，当临城劫车案发生后，土匪发声明说"这个国家已经陷入使它必然崩溃的混乱境地……我们的人民无法再过宁静的生活……我们英雄好汉不能坐视这一切继续下去……我们的目标是财产公有"①云云，这样的言论虽说中时代的痛处，但出于他们之手，就难免做作且大言不惭了。

在民众反叛现行秩序的诸多行为中，"当土匪"是离修成历史正果最遥远的一途，因为它是以一种更坏的形式反抗坏的现存秩序，以非人反抗人，反抗所有的人——压迫他们的坏人和与他们一样的受欺凌的无辜者。这一点他们很像历史上的乱兵，如唐末五代的乱兵、两宋之交流落南方的乱兵，都具有一种反人类的特征。

土匪的前途也存在一种可能性，就是发展出推翻暴政的起义，历史上这样由土匪而变为义军的事例很多。当白朗的匪帮转战数省、落于困境时，也曾有人提出要建立一个"新王朝"之类的建议，但近现代历史的条件已不容许这样做了，土匪已经没有"升级"为王朝"造反者"的条件了。

土匪式的反叛行径，是对社会无任何节制的报复。毫无疑问的是，这报复的残酷和惨痛，是对社会加之于下层民众的残酷和惨痛的一种绝望的回馈。社会让民众绝望得越深，这回馈就越凶猛、越强悍。重要的是，我们在土匪活动、在所有的反叛"土匪性"的表现中，看到的是民众在几千年专制政治下的失性。当民众永远政治上无权，经济上被榨，日常生活到处受到强权的百般欺凌，没有这样的失性，还会有什么呢？一旦强权秩序崩溃，不发作还有什么呢？实际上，这种所谓"失性"，实际是无处不表现、无时不存在的。试看《水浒传》在民间的广泛流传，以至有"少不看《水浒》，老不看《三国》"之说，在皇权则有禁绝书的颁令，都揭示出其书影响力量的

---

① ［英］贝思飞：《民国时期的土匪》，中译本，174 页，上海，上海人民出版社，1992。

巨大。王阳明有"山中贼"和"心中贼"之说,《水浒传》实际是一部"心中贼"之书,处处都是民间的"贼智"。它所写的一些内容是那样残酷,然而小说家当作正面故事加以描写;李逵抡板斧时的不分老少贤愚贱不肖,对于史文恭、潘巧云之流被挖心、零割的虐杀情形,小说细说细表、毫无讳言,等等,都表现着小说接受者对这残酷智术的认同和对痛苦的麻木。同时,它也是一部民间的理想化了的反叛之书。水浒英雄个个不近女色,实际是在中国男人最敏感的屈辱区想当然地罩上了一块遮羞布。没有任何的迹象显示,沦落于匪徒境地的男人会在与之不相干的柔弱妇女面前节制自己的欲望。尽管在土匪的章程中,也有不奸淫的规矩,其效力却非常之差。水浒英雄奉行的是"替天行道",具体途径则是"招安",也就是参加政府军。这在前面已经说过,恰是一般土匪的理想。因为只有"招安",才可以既摆脱为"匪"的险恶境地,又可以保持自己的强悍。至于"招安"后是像宋江那样消灭自己的同类方腊,还是做其他事,则在所不计。

思考练习

1. 结合教材,阐述中国古代社会的三大总体特征。
2. 结合教材,阐述中国古代社会控制的主要特点。
3. 结合教材,阐述中国古代社会民众反叛的三种主要形式。

第五章　重农主义下的古代社会经济

要点提示

1. 了解重农主义形成的历史阶段：春秋时期周人重农精神的变质、商鞅变法的"驱农归战"和西汉以后国榷制度的实行。

2. 了解重农主义下的小农压力和小农经济发展的基本情况。

3. 了解重农主义下商业的畸形发展情况。

4. 熟悉并理解商业在中国古代社会解放过程中所起的作用。

王朝专制用以维护自身利益的一个重要手段，就是以国家的力量大力推行重农主义。由此，民众在经济上手脚被严重束缚。本章内容是探讨重农主义的起源，及在此经济政策下的农业和商业状况，并进而讨论与此相关的社会解放问题。

第一节　古代重农主义的形成

中国古代的重农主义，是民众所遭受的最根本的束缚。因为一个在经济上不能尽其创造力的人群，就没有自己的历史前景可言。完善的重农主义包含两方面的要义：一是迫使农民唯农是务；二是对工商业实施禁榷制度。重农主义在中国的发展，大致经历了春秋时期周人重农精神的变质、商鞅变法的"驱农归战"和西汉以后国榷制度的实行三个阶段。

一、周人的重农精神

重农精神与重农主义有所不同。历史上是最具重农精神的是周人。重农主义形成于战国时期，是国家权力膨胀的表现，是以国家权力剥夺民众生存自主权的表现，是中国古代专制主义的经国理念。

西周是一个推崇重农精神的时代。笔者在《诗经的文化精神》一书中，曾对周人的极端重农作过探索。大体结论是：周人总是将后稷经营农业视为本族所以昌达的天赐德性根基。实际上，传说中的后稷经营农耕、粒食天下，不过是周人族群在远古时期由族长率领、为所依附的大族提供服务的历史，也就是受制于人的历史。但是，周人在强大后，神化了这段历史，并且赋予了农耕之事以超出其本身范围的神圣含义。在《尚书·无逸》中，周公已将周王的"先知稼穑之艰难"视为政治道德的保证。

到了春秋时期，《国语·鲁语下》记载了鲁国贵妇人敬姜关于劳动与道德关系的言论："昔圣王之处民也，择瘠土而处之，劳其民而用之，故长王天下。夫民劳则思，思则善心生；逸则淫，淫则忘善，忘善则恶心生。沃土之民不材，逸也；瘠土之民莫不向义，劳也……"这段话的意思是，"先圣王"处民的时候，为了保证民众的道德水准，宁可择瘠土而使民居。为了道德，不要福利。敬姜之语并无事实根据。《诗经》作品明确地说过，周人的"先圣王"从豳地迁到周原的时候，只是因为周原肥沃（《大雅·绵》）。在贵妇人的附会与演绎中，周人的重农精神已经蜕变为一种道德至上的"妇人之见"。当然，中国古代的重农主义真正的成形，始于战国时期的商鞅变法。

二、商鞅变法时期的"农战"政策

春秋战国时期，在各国普遍变法以求富国强兵、争霸天下的时代浪潮中，重农主义在秦国得到了强有力的贯彻。商鞅的变法理论在《商君书》中有清楚的表述。《商君书》不一定都是商鞅的手笔，却不妨碍我们由此书去理清商鞅的理论。因为它即使不一定是商鞅本人的思想，也应当是从他的变法实践中总结出来的理论，仍然对我们理解商鞅变法的实质有不可缺少的帮助。

如在本书前面谈到的，商鞅变法的主要内容就是"驱农归战"，"利出一孔"。商鞅变法的主要目标，就是把民众求富贵的愿望与秦国兼并他国的战争目的相焊接。要想使民众自愿为国家征战，那么就必须使他们从中获得利益。为此，商鞅设立二十军功爵，把士卒杀敌数量与爵位相联系，而不同的军功爵位，又可以获得不同数量的土地。要做到这一点，就必须堵塞民众从其他途径获得富贵的渠道，这就是所谓"利出一孔"。那么这"一孔"是什么？就是经由征战获得土地。这是国家留给民众获取富贵的唯一通道，而要保证这唯一通道的畅通，国家必须禁止民众自由地经营非农业之外的其他生业，如商业、手工业及读书做官、游说诸侯等各种行业。商鞅曾把这些农业之外的行业，比喻为导致国家羸弱的"尸虫"。商鞅认为，保证了"利出一孔"，就可以"驱农归战"。这就是商鞅"富国强兵"的"农战"理论。

那么，商鞅在变法中，是如何贯彻这些理论呢？据林剑鸣《秦史稿》，商鞅变法主要包括以下一些措施。[①]

第一项是下达"垦草令"，号召农民垦荒。这表明秦是一个在农业上有待开发的国度。

第二项是在强调农业的前提下下达抑制商业的政令"重关市之赋"，目的是迫使全民一门心思去种地。

第三项是实行愚民政策。"民不贵学则愚，愚则无外交，无外交则国安而不殆"，如是则"草必垦矣"（《商君书·垦令》）。农民愚昧、胆小，于是就用农业来培养他们这样的品德。

第四项是实行连坐法。户籍制度是春秋战国以来普遍实行的管理制度，秦国在献公时期也采取了这样的措施。但在商鞅看来这还不够，他的办法更严密：五家为一伍，十家为一什；一家犯法，其余九家要连坐。所以各家之间要互相监视，发现"坏人"要告发；告发可以受奖，不告发与坏人罪过一样，隐藏坏人罪过就更大。这就是"什伍连坐法"。与较远的人来往和留宿客人，得有政府认可的凭证，无凭证留宿他人是犯罪行为。

第五项是军功制度。商鞅变法的核心是"驱农归战"，其具体的措施，就是二十军功爵制度的实施。商鞅的设计是：战场上杀多少人，能获得相应的爵位，二十级军功爵具体是：公士、上造、簪袅（又称谋人）、不更（意思是到这一级就可以免除徭役了）、大夫、官大夫、公大夫、公乘、五大夫、左庶长、右庶长、左更、中更、右更、少上造、大上造、驷车庶长、

---

① 参见林剑鸣：《秦史稿》，181～188 页，上海，上海人民出版社，1981。

大庶长、关内侯、彻侯。不少爵位名称古怪,其中大庶长、关内侯、彻侯,是最高级的爵位。

第六项是"废井田,开阡陌",将亩制变大。周制一亩 60 步,商鞅改为 240 步,这也是沿用三晋的成例。按照日本学者古贺登的说法,其目的是适宜灌溉和牛耕的要求。[1] 这当然是秦富国的重要条件。商鞅之所以改变旧的田亩制,应当与奖励军功和征收赋税(《史记·秦本纪》孝公十四年"初为赋")有关。当时,大片土地被开垦出来了,新开土地应是新制的大亩,再留着那些小亩就有些碍手碍脚。但是,就是为奖励军功,才把土地赏给那些有功的人的。如果从土地的使用、占有权上看,当然可以说是私有制。可是,前面我们已经反复说过,当赋税的权力完全不在民众手里的时候,这种私有制不是真正的私有制;当民众完全变成政权的工具和手段时,这样的私有制尤其不具有真实性。

商鞅变法还有一些其他措施。仅就上述六项看,也不难看出商鞅变法的实质:以利诱和钳制的双重手段,将民众牢不可破地控制在政治权力之下,以达到征战天下的政治目的。

从商鞅变法的理论和实践中,我们可以总结出重农主义的几点内涵。

其一,重农主义与重农精神不同。在古代,当农业是一个社会的基础生产部门时,重视农业确实关乎国计民生。但是,重农主义只允许民众从事农耕这一种生业,也就是《商君书》里所说的"利出一孔"。这样的一种经国理念的实质是一种片面的"富国强兵"论:政治的一切努力、变法的根本目标,只在于使国家、政权获得最大的经济权力,以统一天下,以控制民众。在中国历史上,这是一种流行了几千年的治国论。这样的治国论的推行,往往就意味着民众一端弱小穷困。所以,在它的指导下,所谓国富兵强只是一时的,是以牺牲民众的福利为代价的。

其二,在商鞅理念下,国家所要的农业在经营方式上一定是以小农之家为单位,也就是所谓五口之家、百亩(合后世 30 亩左右)之田的生产规模。原因是小农易于被国家控制。因此,重农主义就不单是一个经济学的

---

[1] 参见刘文俊主编:《日本学者研究中国史论著选译》,第三卷,290 页,北京,中华书局,1993。

概念，也是一个政治学的概念。

其三，其他如商业、手工业，国家也并非不需要，《商君书·去强》就明确说过："农、商、官三者，国之常食也。农辟地，商致物，官法民。"但商鞅要的是官营工商业。唯有政府控制了当时最重要的农业人口，它控制自由的工商业才有足够的力量；唯有政府手里拥有大量失去人身自由的官工、官商，重农主义的种种措施才可能长久施行。对小农之外的私商，商鞅的措施是课以重税："不农之征必多，市利之租必重。"（《商君书·外内》）酒肉之税就曾"十倍其朴（农）"。这实际是以税收摧折农业之外的其他工商业，开后世国家任意对农业之外的工商业等百般挫辱、横征暴敛的先河。

其四，国家对小农是采取保护态度的。要注意的是，这保护是对小农经济的保护，而不是对作为人的小农群体的保护。《商君书·外内》："民之内事，莫苦于农。"《慎法》又说："民之所苦者无（唯）农。"务农并不一定是民众乐于从事的，于是在《商君书》中我们就看到了迫使民众务农的种种措施，主要有两点：一是"劫以刑"（《商君书·慎法》），种地务农辛苦，还有更加"辛苦"的，就是刑罚，不务农则要背负刑杀之罪，百姓就不得不去务农。二是"驱以赏"（《商君书·慎法》），具体的措施是利用出售爵位来诱导民众务农。《商君书·去强》篇提出"粟爵粟任"的办法，农民可以用手中的粮食换取爵位和官职。这可谓一箭双雕：一是国家可以无本万利地获得粮食；二是可以防止粮食大量掌握在民众中的富者手里。这一政策在西汉时期曾由晁错的提倡而实施，一时间取得了明显的效果。

其五，重农主义政策的推行，是伴随着户籍管理和防止民众自由迁徙等一系列措施的，因为人口流动无疑会增加国家管理民众的难度。

以上五端，大体就是商鞅重农主义的主要内容。但是，重农主义在先秦的商鞅法家这里，还只是略具规模。它的进一步周密强固，还要到西汉国榷政策的出笼。

三、"国榷"与重农主义措施的完备

汉承秦制，在经国理念上，西汉政权很自然地将秦的重农主义接受过来并加以充实。刘邦一上台，就出台了禁止商人乘车、骑马、穿丝绸、操兵器等歧视政策，并且"重税租以困辱之"（《史记·平准书》、《汉书·高帝纪》)。以后随着黄老政治的实施，这些禁令有相当程度的松弛。到文帝时，重农主义的言论开始喧嚣，晁错向文帝上疏提出"重农"的问题。在这篇后世文选家名之为《论贵粟疏》的文献中，作者提出了政府如何鼓励民众"唯农是务"的问题，其办法就是令农民以粟换爵、以粟除罪。奏疏说："今法贱商人，商人已富贵矣；尊农夫，农夫已贫矣。"由此语可知汉家对商、农的一般性政策。又说："方今之务，莫若使民务农而已矣。欲民务农，在于贵粟；贵粟之道，在于使民以粟为赏罚。今募天下入粟县官，得以拜爵，得以除罪。""令民入粟受爵，至五大夫以上，乃复一人。"这里提到的"爵"是商鞅变法所确立的"二十军功爵"体系。不过民众重视爵位，是周代就有的风尚。而在"二十军功爵"体系中，爵位积累到一定等级，就可以免除赋税徭役，称为"复"。有这样的现实的优惠，再加上风尚的延续，受爵者可以享有社会的荣誉，民众自然趋之若鹜，而国家也正可以获得财政上的来源。晁错的建议，正是利用了民众好荣誉的心理。

晁错这篇重农的奏疏在当时起了相当大的作用。利用爵位的发放，能将社会上多余的粮食转而为国库的积蓄；文帝后期到景帝初期国家曾一度免除了农民的税收，就有赖于纳粟制的支持。不过，这样的政策终是一时的，时间久了，国家给予的爵位并无实际利益，如一开始第五级爵位就是"不更"，也就是不替政府出役，后来提高到第八级才可免除劳役，爵位的赐予逐渐如同所谓"空手套白狼"，这一制度也就破产了。但是，晁错此份奏议也有其持久的意义，那就是它基本道出了历代王朝推行重农主义的基本理由。如疏中说："夫珠玉金银，饥不可食，寒不可衣，然而众贵之者，以上用之故也。"早期的商业以贩卖珠宝玉器为主，是一个世界性的现象，而这样的排斥商业的理由，也是一个世界性的表述。尽管如此，如果我们将晁氏此处对商业活动的描述与司马迁《史记》所记载当时商业经营范围比较一下，马上可以看出，当时的商业贩卖贵重物品固是其重要内容，但商业经营的范围还包括粮食、木材、牲畜、水果等众多品种。不难见出，晁错有如此言论，只是出于重农主义者的偏见。顺着他的说法，一定会达至一种"归于节俭"的言论。于是，"禁奢"就成为抑商的口实，商业因而也就自然成为一个"不道德的事业"。这样的言论在世界历史上同样屡见不鲜。再有，就是商人不劳动而可以获得大利："其男不耕耘，女不蚕织，衣必文采，食必粱肉。亡农夫之苦，有仟佰之利。"这与西方将商人、商业视为寄生虫和骗子的观点如出一辙。与西方相比，《论贵粟疏》中描述商人的可恶，还有一个中国式样的说法："夫珠玉金银……其为物也，轻微易藏，在于把握，可以周海内，而亡饥寒之患，此令臣轻背其主，而民易去其乡，盗贼有所劝，亡逃者得其轻资也。粟米布帛，生于地，长于时，聚于力，非可一日成也。数石之重，中人弗胜，不可为奸邪所利。"这段对比的言论中，说得仍是商鞅那一套，但更细腻，更有说服力。商业的发达，将是瓦解君主权力的因素；相反，土地是不动产，对土地上的收获也容易测量，土地产品难以隐蔽逃藏。因此，商业是所谓利于奸邪的生业、土地则是利于君主的事业的道理也就不言而喻了。

不过，晁错只明确了"唯农是务"的道理。重农主义另一方面的重要含义，则是在汉武帝"大事四夷"之时由政客化了的商人完备的，这就是禁榷制的推行。对此，司马迁《史记·平准书》有如下记载："大农上盐铁丞孔仅、咸阳言：'山海，天地之藏也，皆宜属少府。陛下不私，以属大农佐赋。愿募民自给费，因官器作煮盐，官与牢盆。浮食奇民，欲擅管山海之货，以致富羡，役利细民。其沮事之议，不可胜听。敢私铸铁器、煮盐者，钛左趾，没入其器物。郡不出铁者，置小铁官，便属在所县。"（《汉书·艺文志》记载同）这段话的大意是说，山海盐铁之利本应属少府管辖，供给皇家费用，天子急国家所急，将其利益归于国家财政，并且已经下达过盐铁国榷的命令，有相关的制度。但是有些人出于私利，议论纷纷，扰乱政策的执行。今后应当下令，有敢私铸铁、煮盐者，加以重刑。《史记》载，前此，皇帝"以东郭咸阳、孔仅为大农丞，领盐铁事，桑弘羊以计算用事侍中"。任用这些冶铁、煮盐的大盐铁商和商人子弟为国家官员，实际就标志着盐铁禁卖政策的开始。学者从《汉书·地理志》记载中找出，西汉在当时全国各地设立铁官共 44 处之多，盐官也有 30 多处。同时，在《汉书·地理志》中，全国八郡，还有"工官"之设。①

"官山海"的国家专营盐铁的政策，在《管子》中就曾提出。但同时《管子》中也有人对这国营政策提出"令发徒隶而作之，则逃亡而不守。发民，

———————

① 参见何兹全：《中国古代社会》，234～235 页，郑州，河南人民出版社，1991。

则下疾怨上，边境有兵，则怀宿怨而不战，未见山铁之利，而内败矣"的质疑。应当说，真正将"国榷"①作为一种制度实行，是从西汉开始的。这一制度将商鞅的"利出一孔"的政治理念彻底落到了实处，从而也使一切对工商业的道德诅咒，变成了唐僧口中只会紧不会松的"紧箍咒"。我们知道，尼绒是英国民族工业的支柱，海外香料贸易是欧洲商业的大宗。设想一下，如果有一个强大的权力以各种道德的、政治的借口打压商业的发展，西方的历史又当如何？中西的差异就在于中国历史中民众应有之伟大力量被捆绑和中国历史民力萎缩不伸，于此即思可过半。

这先例一开，便成为政治的传统。此后汉代还榷过酒，因为酿造酒可以赚钱。国榷制度的特点就是什么赚钱，国家就榷什么。西汉对富商大贾以"豪强"视之，禁榷之外是施以暴力，结果造就出了一个强大的地主、商人、士大夫三位一体的特权阶层，最终皇权也因此不振。西汉后期以改革家面目出现的王莽，更以"抑兼并，致太平"的美妙旗号，善意地实行国营公有的"五均六筦"措施，结果是天下大乱。魏晋南北朝虽是乱世，曹魏、北魏及北周等都没有忘记榷盐以增国用（见《晋书》、《魏书》、《隋书》和《食货志》）。到唐代，除延续传统的禁榷内容之外，穆宗、文宗之际，还因饮茶风俗的流行而加上榷茶一项。到唐末五代，明矾贸易量大，又开始榷矾、榷香（香料和贵重药物，是当时海外贸易的商品）。此外，铁铜及一些贵金属的矿采，在唐宋之际也逐渐归于政府；明代万历年间，皇帝唆使宦官到处开矿，更给民众带来了灾难。明清时期，禁榷的内容只多不少，还出现了新的变更，即所谓"开中制"的实施。"开中制"是国家利用禁榷制度所掌握的暴利物品如盐、茶等物，驱使商人将国家边防需要的粮食等物运送到指定地点，以此换取茶、盐等物的货源和经营权。此项制度，起于宋初，大行于明清。历史上著名的晋商、徽商即以此起家。

国榷制度所以能够实行，是因为国家手里握有大权。国榷制度对社会造成了极大的伤害，我们在《盐铁论》里贤良、文学的抗议中就已经见到了，后来反对的声音也并不少。但是，谁也无法撼动这一制度，因为它支撑着

---

① "榷"字的本义是河流上的木桥，"国榷"之"榷"正取其人人从此路过的意思。颜师古《汉书注·武帝纪》"天汉三年初榷酒酤"句下注谓："禁闭其事，利总入官，而下无由得，有若渡水之榷。"本来说"国榷"、"禁榷"或"专卖"，意思都一样，这里用"国榷"只是为行文方便而已。

强大的皇权，支撑着整个皇权庞大而无节制的开支。傅筑夫在其《中国经济史论丛》中曾谈到皇权抑商有三大制度，除了我们上面谈到的国榷制度外，还有土贡制和官工业制。所谓土贡，就是皇朝靠着手中权力，以非买卖的方式，越过市场获得一些重要的奢侈品。官工业就是朝廷强迫有手艺的工匠为皇室和各级政府无偿提供器物的制造服务。[①] 三大制度中论涉及面之深广，当以国榷为甚。

第二节　重农主义下的小农

重农主义对中国历史的最大影响在于它严重阻碍了社会的分工，使整个社会经济处在一种发育不全的境地。接下来将先探讨在重农主义保护下的小农经济情形如何。

一、小农的压力

首先应当说明的是，中国在几千年的农业发展中取得的伟大成绩是无可否认的。但是，在一个具有悠久的农耕传统、丰富农耕经验和农业技术的国度里，广大的经营者却并未因自己的勤劳和善于耕种而获得应有的财富；相反，史籍大量记载的是小农的贫困。古代小农贫困的原因，其端不一，除了赋税的压力，还来自于逐渐形成的人口的压力，而且后者越来越突出。

先看赋税压力。秦汉以后的小农家庭，即一家五口的核心式家庭，不是在社会经济发展的刺激下自然演化出来的。如前所说，它是商鞅变法时以税收为杠杆的政策——"民不异居者倍其赋"的产物。这样做是为了税收和控制，因此历代相沿不改。《太平御览》卷六七二中保存了汉代桓谭《新论》的一则佚文，说汉代政府的收入是40多亿，一半发放官员的薪俸，一半藏于国库为禁钱。汉代财政收入一分为三，即一分上朝廷、一分留本郡、一分调边郡或特别地区。学者《两汉社会史》据此算出，汉代实际从农民身

---

① 参见傅筑夫：《中国经济史论丛》下，648～665页，北京，生活·读书·新知三联书店，1980。

上获得的收入是 139 亿钱款。[①] 汉代人口最多是在汉末,据记载,汉平帝始平二年(507 年)在册的人数是 59594978 口,即半个多亿。照马新的算法,汉代人口最多时,每人(注意:不是每个成年人)就得负担 200 个以上的钱赋。这样的算法可能有些夸大,但据三分税收的原则,又据桓谭《新论》之说,汉代赋税的估算就算是再降低一些,也不会少到哪里去。每年每人平均 200 钱,小农的负担还是过重,赋税重,就容易引起逃亡,往大户人家逃,于是豪强经济兴旺。进至东汉,国家的小农经济日见萎缩,而豪门经济日渐繁荣。因为小农在豪门尚可苟活,在国家官员手里却只有死路一条。到两晋之际,随着战乱,小农人身自由的丧失达到历史上最严重的地步。唐代初期,实行轻徭薄赋的政策,历史也迎来社会文化的第二个鼎盛时期(第一个是西汉"文景之治"),但好景不长,战乱又起。

中唐实施"两税法",改变了千年税收"以人丁为本"的政策,而改成"以财产为本"。其积极作用是有助于形成新的所有制概念,国家不再像过去那样严格地限制土地的兼并,失业破产的农民也不必到大户人家躲避官府的赋税了,小买卖人多起来了。但是,王夫之在其《读通鉴论》里对"两税法"却有另外的看法。他认为"两税法"开了恶例,那就是税外加税,役外增役。原因在于,两税法以前,国家的财政是"量入为出",而两税法则是"量出以为入"。这也实在是历史的实情,宋代正是如此。王应麟在其《困学纪闻》卷十五《考史》中说:"晁景迂谓:今之赋役,几十倍于汉。林勋谓:租增唐七倍,又加夏税,通计无虑十倍。李微之谓:布缕之征三,粟谷之征三,力役之征四,盖用其十矣。"北宋赋税政策总的倾向是竭泽而渔。[②] 赋税之外有诸多徭役,"两税法"实际已将职役并入其中了,但宋代的杂役仍然名目繁多,使百姓谈虎色变,为躲避徭役,竟有自残手足者。明代一仍宋代之旧,无限制地随意加派赋税。赋的额外加征更是屡见不鲜,弘治年间的夏税达二十余种,秋粮达三十余种;正税征收时还要加"耗米",每石高达七斗,小农负担多出正税数倍。这样下去,小农又只能破产逃跑了。

明代沿着宋代的先例,优待读书人,读书可有一定的功名,可以免除

---

① 参见马新:《两汉乡村社会史》,151～152 页,济南,齐鲁书社,1997。

② 参见汪圣铎:《两宋财政史》上,37～39 页,北京,中华书局,1995。

徭役，中进士更是一切负担皆免。服徭役在那些非特权者，则是按照家财来征派的。所以，地方上的一些享有特权的读书人家，就成了许多人隐匿的处所。"投献"、"诡寄"之类的名目，就与这样的特权有关。士绅势力在明代地方强大一时，就是这个原因造成的。

因为徭役繁重，明代中期还发生了农民大规模向西南湖北、四川交界地带的深山逃亡的现象：小农躲避到大山里去，开荒种地，形成"棚户"，以躲避官府，朝廷为此曾大举征剿。小农或隐蔽或逃亡，不隐不逃者负担更重，皇朝的赋役制度难以为继，于是"一条鞭法"出现。①"一条鞭法"的特点是将赋、役合一，简化赋役手续。我们这里注意的倒不是一条鞭法的实行，而是皇朝政治的言而无信，任意盘剥。两税法就已经将人丁为本的原则改掉了，但到了明代，仍然要赋、役合一，正赋、正役一再累积性地加大，越来越沉重的经济负担沉重地压在了小农身上。庞大的皇室、庞大的官僚系统和百万人的军队，基本就是皇朝政治的主要质量。它像一个巨大的棉包裹，浸了水，越来越沉重地压在历史身上。

中国人民是耐性极强大的人群，尽管有种种苛捐杂税，他们所创造的历史还在进步，经济还在发展繁荣。但是，小农的另一重压力，也在这缓慢而持续的进步中日益加重，这就是人口问题。

有文字记载以来的中国人口，大体而言，是在波动中上升的。战国时期，学者估计当时人口在 2000 万至 3000 万。西汉时期人口的峰值更高达5900 万。魏晋南北朝时，天下大乱，人口大减，三国时期的人口谷值和峰值分别为 2000 万和 3000 万；南北朝时期，南朝人口谷值和峰值分别为1500 万和 2000 万，北朝人口的峰值在 3000 万左右。隋唐之际人口有所减少，但唐代前期的人口峰值在 8000 万至 9000 万；后期由于战乱，唐代的人口下降到 6000 万左右。当时，南方的人口所占的比例已经超过北方。秦汉到唐末大约经历了千年左右的时间，在这一漫长的时间里，中国的人口基本在 1 亿以下。

从北宋到民国，又是一个千年的时间，人口大增，人口带来的压力也

---

① 对于一条鞭法在明代是否实行过，有学者曾提出异议，如袁良义（《清一条鞭法》）就认为此法在明代只在很少的地区实行过，真正的推行则在清代。本书此处仍以一般说法为准。

就越来越沉重。北宋的高峰期人口数量已经突破 1 亿。宋元之际和元明之际是连年的战乱，人口数量严重下降。元代人口最多的时候在 8000 万，元明之际的人口在 6000 万左右。明代人口的峰值出现在万历二十八年(1600年)，有学者认为此时的人口达 1.5 亿，有学者认为高达 2 亿，这已经是宋代以来的最高值了。清初人口下降，又降到了 1 亿左右，而到乾隆初年又达 2 亿了。此后的人口以此为基数，持续上升，到咸丰元年(1850 年)，中国的人口已达 4.5 亿了。这以后，因太平天国战争和北方大旱的灾难性气候，人口减少 6000 万至 1 亿，但人口的数量仍然高居在 2.7 亿到 2.8 亿。之后，人口数量回升，到 1900 年，人口数为 4.43 亿。[①]

从以上列举的数字不难看出，在中国人口发展的历史上，宋代是一个突破，到宋徽宗时期，突破了 1 亿；清代乾隆时期翻一番，是又一次突破；清末再次翻番，也是一次突破。每一次人口大涨，都有着社会经济方面的原因。宋代人口能突破 1 亿，从历史上说，首先是因为南方开发取得的成就。小麦、棉花的南移及水稻新品种的引进等，都使得南方有了很大的发展。同时，两税法实施，赋税的征收不再主要以人口为据，刺激了人口的增长。人口从明末至清呈持续的爆炸式的增长趋势，与康熙年间丁银定额，"圣世滋丁，永不加赋"及之后的"摊丁入亩"等政策有关，更为重要的还是源于农业上的突破，玉米、番薯、花生等高产稳产作物的移植及大规模推广使社会粮食产量大为增加，于是人口大幅上升则势成必然。人口的增长还有观念上的原因，从《诗经》时代，"福"的概念中就包含人丁兴旺这很重要的一项。为家族承递"香火"的意识，会使一个家庭不论生了多少女孩也要生个男孩才满意。在一个以小农经济为主的社会里，国家也很少限制人口，相反，奖励生育的事情倒可以见到一些。

人口增加，在一定数量范围内，是可以刺激社会经济的繁荣和增长的。例如，欧洲 10—14 世纪前期的人口增长，成为社会进步的动力。但这里有一个人口和土地资源的合理搭配问题。大体而言，从秦汉到唐以前，土地尚未形成一种对农业的制约因素，由于农具及畜力的使用、南方的开发等

---

① 以上各时期人口数字依据的是葛剑雄《中国人口发展史》(福州，福建人民出版社，1991)、王育民《中国人口史》(南京，江苏人民出版社，1995)、江涛《人口与历史：中国传统人口结构研究》(北京，人民出版社，1998)诸家著作中的数据。

因素，每家可以使用的土地面积有上升的趋势。但是到唐宋之际，从人力与土地的配置关系而言，人口的增长超过了土地的开垦速度，土地逐渐成为制约性的因素，每户每人平均使用的土地面积在逐渐减少。到明清时期，这一问题日趋严重。大体而言，汉代每人平均占有的土地数量为10亩以上（一说为15亩），唐代大约10亩，到宋代则明显下降，平均每人可占有的土地为5.5亩，明清时期则为平均3.3亩。① 欧洲中世纪的一个典型的农户占有的土地是15至30英亩土地，合中国亩每人100～200亩，中西差距巨大。因此，西方的农业是农牧结合的"谷草式"农业，而中国则为"主谷式"农业。② 需要注意的是，这不是因后来的人口增加而产生的，从春秋战国时代，中国农业就已经显示出"主谷式"农业的特点。

明清时期人口的剧增，使一些有识之士开始思考人口的问题。明末徐光启在《农政全书》卷四中提出："生人之率，大抵三十年而加一倍，自非有大兵革，则不得减。"这样的增长率，是建立在对明代庞大人口基数的观察之上的，与马尔萨斯《人口原理》中提出的人口每隔25年翻一番的说法相近。清初较早注意人口问题的是任启运，他说："身生子，子生孙，齿日繁，粮日困，亦必然之势也。"他想到了节制生育，但感于传统压力，认为屯田移民是可行的办法："若限其新增，则必使之不举子而后可，恐万无此理；计经久，则莫若屯田。"（《清芬楼遗稿》卷一）清代乾隆时期的洪亮吉更是系统地阐明了人口观点，并使古代人口理论发展至一个高峰。与徐光启的看法不同，洪亮吉认为人口的增加是30年增加5倍，这样的看法显然是夸大了。但他的见解的精彩之处是发现人口呈几何级数增长的特点，与马尔萨斯之说相同。他举例说，如果高祖或曾祖2人，生3个儿子，再娶妻生子，全家就有8口人了，子又生孙，孙又娶妇，几十年间，人口会骤增至20余口。如果高祖或曾祖有屋10间，地1顷，几十年后原本2人享有的财产就得由20余人来分享，显然会越发穷困。也就是说，洪亮吉认为人口的增长要比土地财富增长快，于是一个合理的结论就是人口的激增会导致社会的贫困。伴随而来的结果，是社会的动荡不安，因为人口多了，就会出

① 参见赵冈、陈钟毅：《中国农业经济史》，476～477页，台北，幼狮文化事业公司，1989。
② 参见唐启宇：《中国农史稿》，44页，北京，农业出版社，1985。

现大量的失业人口，人口素质自然也要大大下降，这正是社会动乱的根源。解决之道，在洪亮吉看来有自然之道和人为之法。自然之道不外水旱疾疫，人为之法则不外鼓励农耕、移民开荒、减轻赋税、抑制奢侈及赈济穷困等。至于更积极的办法如节育、晚婚等，不是他能想到的。能够高度地注意人口问题，意识到人口的无限增加的危机，在当时已经是很了不起的了。

二、顽强的小农经济

按照欧洲(这里主要指英国)的经验，资本主义时代的来临，在广大的农村表现为土地的日益集中，形成资本化的大土地所有制；小农日益破产，让位于雇佣劳动，从而为资本主义的大工业化生产提供廉价的劳动力。在这样的理论模式下，"小农"的存在便成为一类历史发展的阻碍，必须加以改造。学者相信，中国社会发展到16—17世纪，与近代的欧洲同时出现了资本主义的萌芽，若不是帝国主义的入侵打断了这萌芽的进一步生长，中国也会进入资本主义时代。就"资本主义萌芽"方面的研究而言，学者首先注意的是明清时期的商业发展，研究长途贸易和城乡贸易，进而考察国内统一市场的形成；同时，还探讨了农村土地的经营方式，认为在当时的农村中，雇佣方式的土地经营正在逐渐取代过去的租佃方式，预示着新的生产关系的形成。但是，随着20世纪80年代的改革开放，学者的讨论重点由"生产关系"转向了"生产力"，于是一些学者提出，明清的商品化使得长江三角洲一带的农业发展在总体上超过了近代早期的英国。这些学者的研究，甚至得到了美国一些学者的呼应。[①]

但是，中国广大农村的经济发展果然是那样的吗？在这里，笔者想介绍一下黄宗智对华北和长江三角洲小农经济的研究。黄宗智的研究，实际对"萌芽说"构成了沉重的质疑。他的研究体现在两部著作中，一部是《华北的小农经济与社会变迁》，另一部是《长江三角洲小农家庭与乡村发展》。

《华北的小农经济与社会变迁》所依据的，是20世纪30年代日本人类学者在河北、山东、西北平原33个自然村落进行调查所得的资料，还有清代

---

① 美国学者的呼应情况，参见黄宗智《长江三角洲小农家庭与乡村发展》，3～4页，北京，中华书局，2000。

刑部的命案档案及宝坻县户房有关基层税收的一些档案资料，此外还有前
人的研究成果和作者的一些亲自访问等材料。经过对上述资料的分析，黄
宗智得出这样一个结论：从明清之际即 16 世纪开始，华北地区就开始了一
个经营式地主经济的扩张运动。这个扩张运动，是随着商业化的农业和家
庭手工业的增长及人口的递增而来的。收入上升的小农变为富户，雇用数
量不同的雇农来补充劳动力；下降的小农不同程度地外出做佣工，以帮补
日益缩减的家庭收入。到 20 世纪 30 年代，这样的经营式地主的土地面积占
冀—鲁西北平原地区土地总面积的 9%～10%。[①] 这是一个相当高的比例，
而且与长江三角洲相比算是一个特殊现象。

　　这里所谓经营式地主，是与租佃式地主相区别的，后者不自己经营土
地而是将土地出租出去，以获取地租，是纯粹的剥夺者。经营式地主则很
少或只将一部分土地出租，大部分土地是自己雇佣劳动力来获取利润。而
大比例的经营式地主的出现，是商品化生产的结果，具体来说就是棉花和
小麦等经济作物的种植和手工加工规模壮大的结果。棉花在明代就开始在
北方广泛种植。一些农民在棉花种植中获得利润，扩张了土地，变成经营
式地主；有土地的小农可以纺纱织布并出卖，维持单靠耕作不能维持的小
家庭经济，免于沦为失去土地的佃农或雇农。也就是说，商品化的棉花生
产不仅促进了大的经营式农场，也稳定了有土地的小农的地位。因此华北
地区租佃式地主和佃农所占的比例，都较长江三角洲地区少。

　　这个占 10% 左右的经营式农场的发展，看上去颇像"资本主义萌芽"。
但是仔细研究，结论却大出意外。在《华北的小农经济与社会变迁》这本书
中，黄宗智有两个发现：一个是经营式地主所经营的土地一般都在 100 亩
以上、200 亩以下；另一个是经营式地主农场的劳动生产率并不比小农的家
庭经营高。为什么经营式地主经营的土地在 100～200 亩？原因是土地分割
的畸零化。首先是人口的压力使每人占有土地数量很少；同时，一个有钱
有势的大家庭，往往儿子多，因中国人儿子平分家产的习惯，又会产生"富
不过三代"的社会现象：平分家产，可以迅速使大地产重新回落到小地主的
规模。这又使土地的易手变得容易。这些原因都使土地在自由买卖的制度

　　[①]　参见黄宗智：《华北的小农经济与社会变迁》，81 页，北京，中华书局，2000。

下呈现零散的状态。经营式地主要保持生产的高效,必须监督他的受雇佣者,田块太多,就顾不过来,这就是华北地区地主经营土地数量在一二百亩的原因。因此,若地主有超过 200 亩以上的土地,对超出 200 亩的那些土地,地主会采取出租的办法租给小农,以获取地租。这实际表明,华北经营式农业发展并不充足。其中的原因则是一个文化问题。黄宗智说:"我们必须在一个由自然环境、人口和社会政治制度组成的连锁体系中,寻找本区农业发展不充分的根源。"[①]在 19 世纪,一个 200 亩土地的经营地主,一年收获可得 200 两左右的白银,一个总督一年的收入则高达 18 万两,一个县令正常的收入也在 3 万两左右。一个家庭几代人中有一个人获得仕宦的机会,就能获得一个经营式地主所难以企及的土地。而且古代社会的升迁机会对有经济条件者都是平等的,经商也是一个比种地更能赚钱的生计。这一切都会阻碍经营式农业的进一步扩展。"经营式农业,于是无可避免地再度转化为小农经济的地主经营,以及建立于其上的政治社会体系。"[②]

黄宗智的另一个发现是地主的经营与小农生产的劳动率问题。在比较了作物的选择、畜力的使用、肥料的施加等各种因素后,黄宗智的结论是:华北农业的基本特征是,不管是经营式地主的田地经营,还是小农的家庭生产,都"是一个以人力为主的高度集约化农业。在那个农业体系中,经营式农场在牲口使用或单位面积的产量上和家庭式的农场并没有显著分别"[③]。这就是说,一个拥有一二百亩土地的地主,并不是像流行的观点所设想的那样,与小农相比,可以种植产量更高的作物,可以更多地使用畜力和肥料,从而带来更高的经济效益。种种条件的制约,使现实不能如此,地主与小农相比,主要的优势在于土地多,可以有选择地种植多种商品化程度高的农作物。一个由零散地块组成的百亩以上的地主农场,它的作物分布,与整个村庄的作物分布,并不能有多大格局上的区别。因此,华北地区的地主经营,并未发展到具备资本主义企业最主要特征的阶段,即成为一个为累积资本而累积资本的单位,从而推动生产力与生产关系双方面的新的突破。在骨子里,它仍束缚于小农经济,并呈现出一种放大了的小农经济

---

① 黄宗智:《华北的小农经济与社会变迁》,177 页,北京,中华书局,2000。

② 黄宗智:《华北的小农经济与社会变迁》,187 页,北京,中华书局,2000。

③ 参见黄宗智:《华北的小农经济与社会变迁》,160 页,北京,中华书局,2000。

的特征。

再看华北地区的小农。一个旧时代的乡村，人们可以想见的是地主与一般小农之间的地位差别；有地的小农，他的所谓"有地"，可能是有足够养活自家的土地，也可能是有比养活自家所需要少的土地，需要再租佃一点土地或靠做佣工才可以使一家人过活。但是，只要他有点地，就与那些完全无地的长工有着显著的地位分别。在乡村，有地者是瞧不起长工的，因为后者被视为经营土地的失败者，他们处于村庄社会结构的最底层，一般只能住在村庄的外围，大多无力结婚生子，也没有完整的资格参与村庄的事务。① 这个流布于北方古代乡村的社会观念，是颇值得注意的，它回答了一般小农为什么要拼命地保证自己占有土地，哪怕是一点点也要占有的问题。小农经济的顽强，在很大程度上源于这种小农意识的顽强。过去人们曾把小农经济完全视为"自然经济"，意思是说它们是自足自给的，其实不然，早在外国势力侵入中国之前，它就已经相当程度地商品化了。首先，农民要出卖劳动力。不过要注意的是，中国农民出卖劳动力与西方工人出卖劳动力不同。中国有大量农村剩余人口，地主每日支付给佣工的"工资"，只够他一个人一天的费用；而西方资本家用于劳动力再生产的工资是包括工人家庭生活费用的。其次，农民以各种家庭副业补贴家用，家庭的妇孺要纺纱织布去卖，赚取微薄的收入，才能维持生活。占有少量土地的小农，就是这样靠着一点土地和做佣工及家庭手工业的微薄收入，顽强地在忍饥挨饿中支撑着。经营式地主因其自身的限制，不能消灭小农经济，就是在西方商品大量进入中国以后，也难以冲毁小农经济。家庭微薄的手工业收入，或者说广大乡村的整体贫困，又使手工操作的铁轮机得以与近代化的棉织厂展开竞争，一直到 20 世纪 30 年代，手工织布量仍占中国棉布总生产量的 66%。黄宗智总结说："这种商品化了的手工业，与其说是像有的人说的那样成为过渡到资本主义工业的跳板，不如说是资本主义发展的障碍。"② 在对长江三角洲地区小农经济的研究中，黄宗智得出的是这样的结论："在 1350 至 1950 年长达 6 个世纪的蓬勃的商品化和城市化发展中……中国先进

---

① 参见黄宗智：《华北的小农经济与社会变迁》，259～268 页，北京，中华书局，2000。

② 黄宗智：《华北的小农经济与社会变迁》，203 页，北京，中华书局，2000。

地区长江三角洲的小农农业长期徘徊在糊口的水平。只是到了 20 世纪 80 年代，质的发展才真正在长江三角洲农村出现，并使农民的收入相当程度地超过了维持生存的水平。"①他称这是一种"没有发展的增长"，即粮食生产和手工业生产的发展并没有给小农带来经济上的富裕，而是使他们仍停留在糊口的经济水准上。

黄宗智称长江三角洲地区是一种生产的"过密化"（又称作"内卷"），即总产出在以单位工作日"边际报酬"递减为代价的条件下扩展。长江三角洲是历史上农业发达的地区，更是农业高度商品化的地区。这里人均占有土地面积要低于华北地区，但粮食产量要比华北地区旱作农业高出许多。棉花种植业和桑蚕业在这里也有高度的发展。17 世纪，这里的棉花种植面积占耕地面积的 50%，随之而来的是家庭棉纺织业的发达。在西方洋纱进入之前，这里的家庭手工业是种棉、纺纱、织布三者一体的。桑蚕业也是这里商品化农业的重要内容。植桑、养蚕、缫丝的手工业，与棉花种植业是一样的。种植粮食作物，经营棉业及桑蚕业，都将花费大量的家庭劳动力，也就是说，这里的家庭剩余劳动力要较华北地区稀缺得多。于是，在这里，地主经营的方式早就被小农的家庭经营方式驱逐了。一部反映明末崇祯年间情况的农书《沈氏农书》显示，地主经营式农业所以不利，主要是雇佣劳动力报酬高，得不偿失。但是小农家庭经营可以充分利用家庭妇女和儿童辅助劳动，从而显示出优越性。因此，"小农家庭生产最后干脆在长江三角洲清除了经营式的农业"②。这里当然也有地主存在，但他们不是经营性地主，而是租佃式地主。而且这里的租佃制还有一个显著的特点，那就是有"田底"、"田面"之分，田底（即土地所有权）可以买卖，不断地变换主人，但是田面（即土地使用权）却仍在原来的小农手里。对有土地使用权的小农而言，只是交租对象变化了而已。因此，大地主所有制下，土地经营者仍然是小农。乡村小农经济，就在农业和家庭手工业两者的支持下，以过密型增长的情形坚持着。一直到西方势力入侵，新的市镇更多兴起，这样的情况也仍未有大的改变。

① 黄宗智：《长江三角洲小农家庭与社会发展》，1 页，北京，中华书局，2000。
② 黄宗智：《长江三角洲小农家庭与社会发展》，75 页，北京，中华书局，2000。

以上是黄宗智对华北及长江三角洲地区小农经济的研究。我们也见到了对于黄宗智观点的反驳。这是由新一代的美籍华人学者王国斌在其《转变的中国——历史变迁与欧洲经验的局限》一书中提出的。[①] 该书用了"上篇"共三章的篇幅讨论经济问题，其中不乏对黄宗智的批评，有时甚至言语刻薄。批评主要集中在黄宗智对长江三角洲农业增长的看法上，王国斌坚持认为，长江三角洲地区根本就不像黄宗智所认为的那样只有"没有发展的增长"，或曰停滞在糊口经济的水准。王国斌的观点是，长江三角洲的人口压力不像黄宗智说得那么大，例如，太平天国时期苏浙一带人口的大量减少就被黄宗智忽略了。这看上去似乎是一个很致命的批评，但是仔细想一想则不然。在中国历史上因战乱和天灾大量减少人口的情形多次重复，但小农经济的特征并未因此而有任何改变。任何一种传统的延续及改造，都不可单纯地从某一面思考问题。因此，在黄宗智，可以从人口与土地的比例去说明长江三角洲地区农村经济的停滞；在王国斌，却不可以用人口的一时减少来反驳黄的研究，因为只有人口的减少，并不能导致新的生产方式的出现，何况人口在这个地区的减少只是一时的趋势，战乱一过，人口数量的缺口马上就可以被填平。黄宗智的研究是以1350—1950年的六百年的时间段来展开观察的，他有理由忽略一时的人口涨落。从这一点上说，王国斌的批驳难以令人信服。

第三节　畸形发展的古代商业

重农主义下的小农作为国家的税源，长期忍受着贫困的折磨。那么与之相对应的商业情形又如何呢？在传统社会中，商人起到了什么样的作用？

一、重农主义下商业的一般处境

重农主义之下，大多数的工商业被视为"不道德的事业"，在整个皇权社会中处于不利的境地。《史记·李将军列传》说李广"以良家子"身份从军，

---

① 参见王国斌：《转变的中国——历史变迁与欧洲经验的局限》，中译本，南京，江苏人民出版社，1998。

所谓"良家子"的规定不一,其中一项就是非商人后代。西汉武帝时,在疯狂打击商人的种种措施中,"国榷"还属于比较温和的手法,最为恶劣的莫过于擅改货币、推行告缗等政策,两事都发起于武帝连年战争、费用大绌的时候。据《史记·平准书》记载,武帝时期有过三次针对商人的改币制之举,其中第一次,"以白鹿皮方尺,缘以藻缋,为皮币,直四十万,王侯宗室朝觐聘享,必以皮币为璧,然后得行。又造银锡白金……"三次改货币的结果如何?"商贾以币之变,多积货逐利。""自造白金五铢钱后五岁,而赦吏民之坐盗铸金钱死者数十万人。其不发觉相杀('相杀'二字或衍)者,不可胜数计。赦自出者百余万人,然自不能半……天下大氐(抵)无虑皆铸钱矣!"这是不懂货币规律的蛮干,由其所造成的灾难,司马迁已经痛切地批评过了。

不懂货币规律的人,又绝不仅仅是汉武帝及其公卿们。到明代朱元璋、朱棣父子,不也滥发宝钞、人为地制造通货膨胀吗?[1] 尽管在货币史上,唐宋之际出现过世界上最早的纸币,北宋政府铜钱的铸造发行数量还是达到了历史的最高峰(唐朝的铜钱数量最多时一度达100万贯,而北宋长期保持在100万贯以上,最多时高达600万贯),在货币政策上也还不错。中唐"两税法"实施以来的"钱荒"问题,始终未能得到彻底解决。这固然有许多方面的原因,但政府以经济的方式管理社会的能力于此也可见一斑了。其实在以经济、技术管理国家方面,历史上可谓能臣不断;但是能臣的政治实践形成的有益经验,在皇权政治中远不像权术那样受重视,远没有被提升为专门学问。王安石是一个有"经世"大志的人,他要变法时,苏辙给他建议,要他学刘晏的富国之术,王安石茫然。对于经济方面有益的东西,人们忘记得竟是那样快!

改货币和滥发货币还只是变相掠夺,更赤裸裸的掠夺是"算车"、"算缗"及因"算缗"而来的"告缗"之事。政府规定:"非吏比者三老、北边骑士,轺车以一算,商人轺车二算。""轺车"是一匹马驾的小车。此项政策矛头所指在于商人,因为它以明文规定商人的轺车算钱加倍。另外《史记·平准

---

① 参见黄仁宇:《十六世纪明代中国之财政与税收》,中译本,81~87页,北京,生活·读书·新知三联书店,2001。

书》说"船五丈以上一算"，也针对的是商船。算缗这种财政税，汉武帝以前就有，称"赀算"或"算赀"，一般人是 1.2％，商人则为 2％。武帝时期再征，商人的征收率提高到 6％，一般人则维持不变。据吴慧在《中国古代商业史》中推算，6％的算缗，就得占毛利的 30％。[①] 商贾之家自然不愿服从，设法隐瞒。于是就有"告缗"之法出现，出此计策的人名叫杨可，其办法是挑动群众相互告讦，号召人们揭发那些财产上报不实者。一个"尊儒"讲道德的国度变成了人间地狱。汉武帝前期解决国家财税问题多取强悍手法，主其事的人是酷吏张汤；后来采取桑弘羊的"均输"、"平准"之策以后，才使扰攘的社会趋于平稳。所谓"均输"，就是政府用各地贡赋为底本，进行一些大宗商品的地区间贩运贸易以获取利益。所谓"平准"，是由官府吞吐物资、平抑物价，实际是以政府的力量与商人斗争。这两项政策与改货币、算缗、告缗相比较，起码还像是国家政府所为。但这项政策仍然是非常状态下的非常措施，只对皇权有利。因此，桑弘羊在中国经济史上固然有其地位，却不可对其评价过高。

　　唐、宋以后，政府的商业政策相对宽松，广为今人称道，也确实有其值得称道处。但是，从秦汉时期开始的"重税以困之"的掠夺政策却是一以贯之的。明成祖说过一句话，可以代表皇权的新态度："商税者，国家以抑逐末之民也。"（余纪登《典故纪闻》卷六）国家不在政策层面打击了，而是采取重税以困商人。唐代两税法实施，改变了"以人丁为本"的赋税方式，变为以财产多少为标准。在中国的社会发展史中，这次悄然而行的变法，实在具有进步意义。唐朝政府在基本国策上已经不再像西汉那样公然抑商了。但是，这种不抑商，只是因税收政策改变而消极地不限制商人而已，并不是说国家政策或观念中对商业固有的歧视态度有任何改变。商人的利益，仍无法权上的任何保障。即以唐代而言，德宗时期开征商税，原本是三十税一，建中二年（781 年）"以军兴，增商税为什税一"（《资治通鉴》卷二二六）。再过一年，德宗下令全国一律增商税，"商税税率在三年之内由每贯税三十文骤增为二百文。自此以后，再也不见减免"[②]。此后的宪宗、文宗、

①　参见吴慧：《中国古代商业史》，第二册，67 页，北京，中国商业出版社，1983。
②　张泽咸：《唐代工商业》，406 页，北京，中国社会科学出版社，1995。

僖宗各帝，只要财政急需，无不下令搜刮商人财富，或者借，或者干脆没收。①

宋代政权对商贾进行的入骨敲剥，从下面的小故事中可见一斑。宋代文献《春渚纪闻》和《清波别志》都记载了这样一件事情：苏轼在杭州为太守时，一天京城的税务官押来一位逃税人，说与苏轼有关。税务官还拿出收缴的两大卷建阳小纱（福建建阳特产）。原来此人名吴味道，是福建南剑州一名乡贡士，到京城去赶考，用乡人给他的路资的一部分"百千"钱买了建阳小纱"三百端"。计算一下"道路所经，场务尽行抽税，则至都下不存其半"，于是就假装是给苏轼的东西，封起来，还写上苏轼在京城的住址和官衔。不想苏轼此时已到杭州为官，因此出了漏洞，贡生在杭州被拿住了。苏轼了解了情况，叫来手下管收发信件的属吏，把纱上原有的封皮去掉，换成在京城的苏辙的地址，还给苏辙写了信，并笑着对吴贡士说："先辈，这回将上天去也无妨！"②这则轶事想表现的是苏轼的爱士，此处值得关注的则是从福建到京城，"千百"钱的货物若全额缴税，则货物一半将会被官方收走。宋代商税分"住税"和"过税"两大项。住税3％，过税2％，③ 但实际的征收则往往大于此，过税是层层扒皮的。这则小故事中吴味道的做法实际显示了"过税"的残酷。过税2％其实也不是很重，但任谁也招架不住的是税务设置的繁密。为多收税，一个场务有时还设立分处，成为"分额"，一宗货物竟被多达十次重复收税，谓之"回税"。

这便是商业在重农主义国度里的基本处境。它不受文化观念或国家政策的保护，也就无任何自我捍卫可言。于是，它的不幸就不仅是皇权对它的盘剥，它面对的是所有有权者对它的压榨。还不仅是有权者，一些地痞恶棍也可以或者凭着什么靠山，或者靠着野蛮和邪恶，在软弱成性的商人面前发狠作恶。可以说，商业在古代中国的人文处境可以用"不道德"三个字来形容；而不道德的环境，会反过来促成两种情形的产生：一是商人懦弱的品格，二是"不道德"、"不守法"的商业行为。前者往往表现为商人的忍受和对官员的巴结，后者则往往是忍无可忍时软弱者劣质的反抗方式。

① 参见张泽咸：《唐代工商业》，415页，北京，中国社会科学出版社，1995。
② 丁传靖辑：《宋人轶事汇编》，标点本，卷十二，621页，北京，中华书局，1981。
③ 参见姜锡东：《宋代商人和商业资本》，390页，北京，中华书局，2002。

　　商业作为一种社会力量，在古代的发育是极不健康的。在西方的中世纪，商人可以从"灰脚"的流浪到进驻城市，取得城市的自主权，进而形成一个以商人和手工业者为主的"中产阶级"，成为带动历史进步的生力军。在中国古代，商人没有一个属于他们的城市，更不用谈自治和阶级了。当然，工商业型的城市也不是没有出现过，如先秦战国时期，在齐、魏、楚多国交界地带就出现了陶这样一个工商业性质很强的城市。但是，秦国可以派一支军队隔山跨海地将它打下来，赏赐给权臣。在那个因多种权力中心并存而相对有自由空间的时代里，商业创造了属于自己的据点，但最终被毁灭了，没有修成历史的正果。明清时期，随着商品经济的繁荣，确实出现过一些市镇，如江浙东南一带的景德镇、佛山镇等确实因手工制造业的发达而兴旺起来。但是绝大多数的市镇都是商品市集性质的，商品交换的属性远大于手工业生产的属性，消费的意义大于生产的意义。一个因商品交换而兴起的城市，不是尽力摆脱皇权势力的控制，而是相反，例如，处于嘉兴、湖州、苏州交接地带的乌镇，就是由镇上的头面人物提出来设立县治的。①

　　有的论述古代商业的书中称中国古代商业为"商人阶级"，但实际上，商人们可以组成帮，结成伙，但是远不是一个"阶级"。社会学的"阶级"概念，是一个自觉、自为的社会全体的称谓。唐代以后，寄居在政治中心的工商业者们开始有了行会，有了会首、行；到宋代同样的组织更加普遍，数量也成倍增加。但这些人物、这样的组织，不是无本群体向权力抗争以获得更多权益的人物和组织，相反，他们主要是官府的"把手"，是组织同业者向官府"尽义务"的居间者；当然，他们同时也可能质变成欺行霸市、压榨其他同行弱小者的业内权贵。作为居间者，他们在无力摆脱或不想受政府的欺压时，甚至会以自杀来相抗。神宗熙宁七年（1074 年）开封米行的值班行头曹赟"以须索糯米五百石不能供"而被逼自杀（李焘《续资治通鉴长编》卷二五一"熙宁七年三月辛酉"条）。行会没有自觉的阶级意识，也就不能向政府争取更多的权力。总之，古代确实有买卖人这个群体，发展到明

---

　　① 参见胡如雷：《中国封建社会形态研究》，278～279 页，北京，生活·读书·新知三联书店，1979。

清时代还变成一个有钱有势的社会存在。但是，这个社会群体，不论是从他们自己所保有的观念看，还是从他们实际的生存方式看，还只是一个行当、一个职业而已。

二、海外贸易中的失利

一个常识是，在近代中西之间的交锋中，中国的惨败以鸦片战争为始。实际在此之前，中西之间还有中国商人与崛起的西方商人在南太平洋的贸易交手，那时中国就已经失利了。

中国人经营海外贸易的历史很久远。据专家考察研究，河姆渡文化时期，我们的祖先已经开始了航海事业，因为河姆渡文化中的石锛和陶器曾在舟山群岛、台湾等地有所发现。[1] 早在到南北朝时期，中国的船只就已远达印度，唐代商人甚至曾远达波斯湾、东非地区。而在黄巢起义时，广州曾有十余万的胡人死难，其人数之众，概可想见。伊斯兰教的圣人穆罕默德有言："学问即远在中国，亦当求得之。"可知中国在阿拉伯世界的影响。唐宋以来的海外贸易，更成为国家收入的重要一项，唐代在广州设市舶司，负责收缴海外贸易商税，南宋广州、泉州等重要港口海外贸易的税务收入，在政府财政收入上的比例竟高达20%。对于古代世界性的贸易和文化交流，我们不仅有陆上的丝绸之路，还有"海上丝绸之路"。[2] 这个海上丝绸之路中的贸易内容还包括南洋诸岛和印度的香料，如胡椒、乳香、龙涎香等，其丰厚的利润，已使政府将其列"国榷"之物。

中国古代的造船、远航技术也都遥遥领先，直到明清之际依然如此。唐代被称为"俞大娘"的航海船只，长可达20丈，可容纳600～700人。考古学家发现于福建泉州的宋代商船，排水量可达三百余吨，载重可达两百吨左右，而且还有十三个水密仓。[3] 水密仓是中国古代造船的独特发明，据说西方直到泰坦尼克号失事后，才注意采用这项技术。中国人早就懂得用天

---

① 参见陈炎：《中华民族海洋文化的曙光——河姆渡文化对探索海上丝绸之路的意义》，见陈炎：《海上丝绸之路与中外文化交流》，北京，北京大学出版社，1996。

② 关于海上丝绸之路的研究，可参见陈炎：《海上丝绸之路与中外文化交流》，北京，北京大学出版社，2002。

③ 林仁川：《明末清初私人海上贸易》，20～21页，上海，华东师范大学出版社，1987。

象指导海上航程，到明清之际，技术更全面精细，如用木片测量船速，用"结铁绳"测量海深，并且已经绘制出东洋、西洋的航线针路。还开辟出一些航路更短的航程，如到日本，过去是经大小琉球，到明代中叶，就开出了从浙江到日本五岛的新路等。①

这些不避海浪的中国商人得以充分展现出高度的经营能力，是在西方地理大发现以后的一段时间。1453 年，奥斯曼帝国的军队攻陷君士坦丁堡，占领巴尔干、小亚细亚和克里木地区，控制了东西方交流的通商之道，导致西方商品价格猛涨。这与其他原因，如对黄金的追求和普世主义的宗教热情等，共同激发了西方人对新的海上航道的寻找，葡萄牙和西班牙人是这方面的急先锋。于是有葡萄牙人达·伽马绕过好望角到达印度，哥伦布发现新大陆，继而是西方人在美洲和亚洲建立大量的殖民地等。因为地理大发现，在 15—17 世纪的两百余年，曾经形成一次显著的世界经济大循环。这个大循环以海洋为联系，形成三大贸易区：西欧与美洲的大西洋贸易区，欧洲经好望角与亚洲的印度洋贸易区，亚洲与美洲的太平洋贸易区。大量贵金属流入西方，促使"价格革命"发生，提高了西方人的购买力；特别是美洲殖民地的开发，更需要大量的商品。这个世界性的循环大市场的形成，造就了一种世界范围内的分工：亚洲提供丰富多样的商品，非洲提供廉价的劳动力，美洲则提供作为货币的金银。这个分工的主宰者和获大利者是欧洲，它利用非洲的劳动力开采美洲的金银，用美洲来的金银购买亚洲的商品，销往欧洲，架构起世界贸易体系。在这个巨大的贸易体系中，大西洋贸易曾一度衰退，而亚洲特别是东南亚则是世界贸易的中心。这里聚集了全世界的商人，其中以西班牙、葡萄牙、荷兰、英国的欧洲商人最为活跃，争相控制亚洲市场和通往欧洲的商业航道。中国商人则握有最大数量的商品和雄厚的经济实力，是欧洲商人的竞争对手和伙伴。② 中国商品或是经过东南亚到欧洲，或是到日本，或是经过菲律宾再到达美洲。

当时中国的海商们无远弗届。东南亚南洋诸岛自明末就是华侨的主要居住地，在那里，华商和华人水手参与从中国澳门至印度果阿、泰国的贸

① 参见林仁川：《明末清初私人海上贸易》，25～27 页，上海，华东师范大学出版社，1987。
② 参见薛国中：《15—17 世纪中国在东西方海上贸易中的地位》，见吴于廑主编：《十五十六世纪东西方历史初学集续编》，311 页，武汉，武汉大学出版社，1990。

易。中国本土的商人则与葡萄牙人一起，经营着从中国到日本长崎的商业，并在那里形成"华人区"。"华人区"不仅日本有，远在美洲的墨西哥也有。中国商人的活力与中国商品的优良品质密不可分。"买不尽的松江布，收不尽的魏塘纱。"悠久的传统手工业制造，为当时的世界市场提供着大量物美价廉的商品。丝、棉布、绸缎、瓷器等商品，以其优良的品质和低廉的价格在市场上所向披靡。① 中国的丝绸、陶瓷等器物向欧洲的传播，造成的影响绝不仅限于经济，更引起文化趣味上的变化。流行一时的洛可可艺术，其如梦如幻的幽雅风格，即与中国精良丝织和陶瓷商品对西方人的心理冲击有关，② 是当时欧洲盛行一时的"中国热"的表现。

　　繁荣的海外贸易使大量白银流入中国。两百余年的海外贸易到底有多少白银流入，专家说法不一，保守的估计在 1.5 亿两以上。而这个数字，是当时中国白银存量总数的三分之二。③ 其数量之大，我们还可以从一些具体的数字获得一些感性的认识：仅 1579 年中国商人与西班牙人的贸易，输入中国的白银数量是 345000 千克，而当时每年明朝货币租赋的总量是 400 万两，前者竟是后者的近两倍！④ 但是，这些白银进入中国后，除了市场上白银流通更广泛之外，并未引起任何的经济性质的变化。这是一个很有趣的现象。海外扩张、贸易，葡萄牙、西班牙都是急先锋，都挣得了大量金钱。但是大量金钱流入西班牙、葡萄牙、英国、法国、荷兰等国，产生的历史效果大不同，流入后三者的成为资本，促进了资本主义的形成，进入西班牙、葡萄牙，却变成王公贵族的奢侈品。不同的历史状态，竟使海外扩张的结果如此不同。进入中国的白银，也大量地被政府沉重的商税吸走了，变成了国家的财政收入；商业及手工业等自由势力，并未从中获得多少的滋补。

---

　　① 参见张铠：《世界市场与明季资本主义萌芽》，见吴于廑主编：《十五十六世纪东西方历史初学集续编》，244～283 页，武汉，武汉大学出版社，1990。

　　② 参见[德]利奇温：《十八世纪中国与欧洲文化的接触》，中译本，20～65 页，北京，商务印书馆，1962。

　　③ 参见吴承明：《中国的现代化：市场与社会》，32 页，北京，生活·读书·新知三联书店，2001。

　　④ 参见薛国中：《由农本而重商——封建社会的深刻的经济危机》，见吴于廑主编：《十五十六世纪东西方历史初学集续编》，421 页，武汉，武汉大学出版社，1990。

不仅钱被这样花掉了，辛辛苦苦地经营海外贸易的商人势力，也最终因没有国家的支持而归于衰落。当东南亚的西方商业势力在经营层面斗不过华商时，就开始用暴力手段。如西班牙人在菲律宾，一方面限制中国商品，一方面对当时的华人进行大规模的屠杀，在马尼拉于 1603 年、1639 年、1662 年和 1672 年多次制造血案，至少有 8 万华人遇难，中国商人在菲律宾的优势也随之丧失。16 世纪，荷兰进行了资产阶级革命，积极经略东方，1602 年在国会支持下成立"联合东印度公司"，17 世纪初排挤了当地的葡萄牙和英国势力，成为雄霸东南亚的商业势力。荷兰人把矛头指向中国商人：禁止中国人和马来人向摩鹿加群岛、安汶岛及其他地方运进衣料、绸缎等中国商品，不得购买那里的稀有香料等；居住在万丹的中国富人被强行迁往巴达维亚（今雅加达）；对中国商人征收高额税收；在城市实行居留许可证制度；把中国商人强行迁往非洲；同时，还有暴力抢劫及血腥屠杀等。这时的商业是要"有祖国"的。荷兰人那样猖狂，背后有政府的强大支持，中国的商人则大不相同。当 1603 年西班牙马尼拉屠杀华人的时候，消息传到中国，万历朝的大臣徐聚学有一道奏折，说："中国四民，商贾最贱。岂以贱民，兴动兵革？又商贾弃家游海，压冬不回，父母亲戚，共所不齿，弃之无所可惜，兵之反以劳师。"（《报取回吕宋囚商疏》，见《皇明经世文编》卷四三三）[1]读此等大臣的"四民"高论，令人窒息！

三、晋商与徽商

明清时期商业上的显著现象是全国范围内商帮的崛起，山西、陕西、浙江、湖南、安徽、河南等地都有这样的商人群落的出现，其中最著名的当属晋商、徽商。"凡有麻雀的地方就晋商"，"无镇无徽商"，从这类俗语中，晋、徽两商的势力已不难见其大概。而从这两大商业势力的兴衰，更可以看出在中国这样的历史环境下繁荣一时的商业所具有的文化特征。

两大商业势力的兴起，与明朝实行的"开中制"相关。开中制，如前所言，起源于宋初，是重农主义国权制度的一种变化形式。朱元璋取代了元

---

[1]　陈勇：《1567—1650 年南洋西南海域中西贸易势力的消长》，见吴于廑主编：《十五十六世纪东西方历史初学集续编》，284～310 页，武汉，武汉大学出版社，1990。

朝的统治，建立明朝。但元朝虽亡，退回草原的蒙古势力犹在，成为明王朝的严重边患。当时的蒙古部落分为鞑靼、瓦剌和兀哈良，分别居住在西起天山南北、东到黑龙江的广大北方地区，时常南下扰边。从朱元璋起，明朝就在北方修补长城，沿长城一线设立军镇，西起宁夏，东至辽宁，共计九个边镇，驻军多达八十余万。这样庞大的边防体系，必然需要大量的后勤供给，开中制即由此而来。其具体内容是将本由政府控制的食盐运销改为由商人承办，前提是商人必须将边防需要的粮食衣物等物资运往指定的边镇，以此换取盐的专卖权。最早实行开中制的边镇是山西大同镇，晋商即乘势而起。[①] 开中制行百余年后，到孝宗弘治时期，又有变化。当时的户部尚书叶淇建言，改变过去开中制中的纳物于边的规定，商人只需纳银于国库，就可以获得盐的专卖权。《明史·食货志》称此为"开中折色"，就是直接用银子买盐引(盐引，即政府开给商人的专卖盐的凭据)。明初产盐者向国家交纳规定的数额后，余下的盐(称"余盐")，也得卖给国家，而叶淇改革则允许盐户将"余盐"自行卖掉。这两项新规定，成就了徽商的兴起。晋商与开中制关系直接，但徽商的兴起，原本是靠长途贩运；现在，"开中折色"的新法，使在地理上不利的徽商获得了同样甚至更好的机会。晋商、徽商都用自己的专业能力为政府服务，以此获得更加雄厚的资本。顾炎武在《天下郡国利病书》中曾说，盐的经营利润与一般商品相比是5：3。可以说，两大商帮的兴起，都与他们分享了政府的专卖权有关。这便是这两个商帮成功的主要秘诀。

晋商凭着开中制的便利，积累了大笔的商业资本，参与了明朝设立在边境的与蒙古的"互市"；顺应着叶淇的改革，他们在内地经营盐的专卖，进而在淮扬立足，并牢牢控制了长芦盐区、解州盐区及浙江盐区的运销。而且，他们由单一经营盐，发展到多种经营，长袖善舞，多钱善贾，棉布、茶叶、颜料、煤炭、铁货、木材都成为晋商发财的生意内容。其活动范围也早就超出北方边镇相关地区，而至于全国。到清代，其足迹更远至现在的蒙古国及俄罗斯。清朝中后期，他们还在这些地区设立商号，参与集市

---

① 关于晋商的起因，旧有"拾金"一说，说李自成从北京撤退路过山西，将大量的金饼遗落在山西一些地方，被晋人得到，获得原始资本。张正明《晋商兴衰史》(太原，山西古籍出版社，1995)对此说有评论。本书关于晋商的介绍多采自此书。

贸易，由行商变成坐贾。多伦诺尔、呼和浩特、乌兰巴托、乌里雅苏台、科布多等地，都是晋商云集之地。

明代中叶以后，白银流入中国，货币经济明显发展。同时，从明代中期后，田赋开始折收银钱。在这样的情况下，实力雄厚的晋商开始开设钱庄、票号。晋商开设专门钱庄的时间，照张正明先生的研究，是清道光时期。[①] 在山西票号内部还出现了平遥帮、祁县帮和太谷帮。到清朝晚期，山西票号从原来的 20 多家发展到 80 余家，遍布国内的北京、上海、天津、香港等地，在朝鲜的新义州，韩国的仁川，日本的大阪、横滨、东京等也有他们的票号。这些票号最初以商号和个人为对象，发展到后来，以为清政府提供汇兑公款的服务为主，走上了畸形繁荣之路。

徽州人经商成风的大体时间在明宪宗成化、孝宗弘治之际。[②] 与山西商人略有不同的是，徽州商人一开始多从小本生意做起，之后靠贩运和囤积致富。但是与晋商相同的是，当他们掌握了盐的销售权利后，才开始以其雄厚实力脱颖而出。叶淇对开中制的改革，使徽商纳银即可得盐引。凭借其地理上的优势，徽商在明中叶和清初大举进入扬州，雄霸两淮盐业。并且，他们还有一个优势，那就是文化。徽州之地自古有东南"邹鲁"之称。徽州婺源（今属江西）是理学大家朱熹故里，也是思想家、学问家戴震的故乡，读书风气一直很盛。因而扬州的盐商发财之后会将大笔的钱花在附庸风雅、大修楼台馆舍上。

至清朝晚期，两大商帮都衰落了。徽商明显的衰落，表现出来得要早些。乾隆以后的两淮盐商因大事铺张，已开始出现经营资本的短缺，而商人自身的奢侈浮靡也日趋严重。嘉庆道光年间已经出现每况愈下的情形。资本亏缺，扬州一带就出现了商业经营中的高利贷者，于是盐价大升。有材料显示，道光年间，一些地方的盐价竟高达五十余文，农民需要用一石的稻谷换取一小包盐。[③] 百姓吃不起盐，只好淡食，盐严重滞销。私盐泛滥，国家税收因此遭到损失。于是，道光年间有两江总督陶澍的改盐法。

---

① 参见张正明：《晋商兴衰史》，119 页，太原，山西古籍出版社，1995。

② 此依张海鹏、王廷元主编《徽商研究》（合肥，安徽人民出版社，1995）第 1～16 页之说。本书对徽商的介绍，多依此书。

③ 参见张海鹏、王廷元主编：《徽商研究》，643 页，合肥，安徽人民出版社，1995。

改革的核心是废除"引盐制",打破徽商垄断盐引的旧局,实行新的"票盐制",商人只要向政府纳税领票,就可以经营盐的运销。徽商的高额垄断利益没有了,自此逐渐退出两淮盐业。盐利丧失后,徽商还有茶叶的经营支持其半壁河山。但是,因政府税收的加重和"洋茶"的进入,其茶叶的经营又经历了再一次的衰落。

清朝后期社会动荡,政府对商人随意敲剥,是晋商衰落的原因。与徽商有些不同的是,他们与两淮盐业的涨落关系不像徽商那样密切,但也遇到了外来干涉商业势力的严重的挑战和打击。他们也经营茶叶,但在不平等条约的约束下,终于被俄国茶商击败;他们经营钱庄,但在外国资本大举进入的年代,也逐渐现出劣势;而几次组建银行,晋商因主客观上的原因,未把握住机会,失利就不可逆转了。

检点晋、徽两大商业势力的历史陈迹,其衰落的大背景都与近代的重大事变相关。但我们能不能说,若没有外来势力的影响,他们也可以像西方中世纪的商人阶级势力那样,起到带动西方历史进步的伟大作用呢?回答是否定的。商业代表一种自由势力,其瓦解固有体制、传统观念的作用巨大。但是,这样的理解是受很多条件限制的。明清时期商业的兴起,诚然有经济发展等许多具有普遍意义的促成条件,但具体说到当时晋、徽商所代表的各巨大商业势力的崛起,却与他们能够分享到国家禁榷制度所具有的特权密不可分。若没有"开中制",若不是政府利用商业的经营能力,就不会有晋商、徽商的崛起,就不会有他们的雄霸一时。有了特权的分享,这些商人就可以凭借这一点去压榨广大的小生产者,以获得厚利,因而不会考虑任何其他的进项,也就不能有指望他们会朝着瓦解皇权系统的方向前进。

晋商、徽商起家靠的是垄断,因此他们骨子里带有浓重的官商性质。这些商人赚钱后干了些什么?买地、当地主是其重要的选择。《史记·货殖列传》记载当时人的社会心理就是"以末致财,用本守之"。千百年过去了,获得巨大商业利润的明清商人,仍然把这些赢利的大头投放到土地的购买上,原因与千百年前也一样,"市井富室,易兴易败"。富商投资土地的事情,在西方的中世纪也有,但不同的是,在西方是因为经营土地有厚利,也就是土地也在商品化;但是在中国,经营土地只是为安全。商业利润的非资本流向还有其他表现，如修建宗祠、修族谱、花钱教育子弟投身科考等，其中值得称道的表现，是兴办慈善事业、赈灾济贫和各种公益事业的捐助等。在致富后大商人之家的非资本性花费中，奢侈浪费现象为研究者所关注。张海鹏、王廷元主编的《徽商研究》对此有深入探析：在他们一掷千金的慷慨背后，实际是一股"由自卑而导致的自矜的心理的作用"，"表明了徽商在传统价值观念面前对自己低微身份与地位的认知，反映了徽商有一种烦躁苦闷的情感"①。这实际触及的是价值观思想观的问题。

第四节　古代商业的作用不足

历史的法则是一个力量的法则、一个力量对比平衡的法则，因此，社会的真正进步乃至解放的终极原因必须用各种社会势力的力量对比变化去解释。西欧中世纪近千年的历史证明，最终使这种力量对比发生变化的正是自由的商业和手工业。因此简单地回顾西方的历史是有必要的。本节还要指出，在我国的古代，那个被抑制的商业，其畸形的存在正起着相反的作用。

一、历史的参照

先让我们看看欧洲商业的情况。从 5 世纪到 10 世纪是蛮族的入侵和定居的时期，一般认为是一个历史的"黑暗期"。但是在这个"黑暗期"后半段，也就是从 7 世纪起，欧洲就在教会的主要领导下开始了社会经济的复苏工作，其中重要的现象就是土地垦殖。同时，东方人、拜占庭人、叙利亚人、犹太人及西方人自己的商业活动，包括流动的商业、肩挑的小贩和地方的、区域的固定商业，都开始发展，都市生活开始复兴。复兴被新的入侵打断是在 9—10 世纪，当时欧洲北部有北欧的海盗，东有马扎尔人（匈奴的近支）和阿发尔人，南方则有撒拉逊人、柏柏尔人和阿拉伯海盗。在这新的大破坏和对破坏的抵抗中，欧洲的封建制建立并盛行了数百年。在这样的制度下，那些占人口大多数的商人，失去了自由、尊严、道德等差不多一切

---

① 张海鹏、王廷元主编：《徽商研究》，493 页、494 页，合肥，安徽人民出版社，1995。

独立人格所需要的东西，其境遇较诸中国秦汉皇权下的小农更惨。

到11世纪快要结束的时候，欧洲商业才从被敌视的社会气氛中摆脱出来。因为那时候有"十字军东征"使西方从孤立中走出来，贸易成为国际性的和大规模的，西方因此再一次从东方吸收了得以快速进步的营养。商业势力显著地增长着：职业商人出现了；基督徒代替了犹太商人的主导位置；商人从游方者变成了定居者，在旧有的城市周围住下来，并改变了城市的性质——宗教的驻地和领主的地盘现在逐渐成为工商业者们聚集的地方。再后来，商人自己组织起来，并且在城市间也形成了同盟，如13世纪以德国卢卑克为中心的汉萨（hanses，公会或同盟的意思）同盟，鼎盛时有70多个城市加盟。这样的同盟有自己的军队和执行机构，还有强烈的排他性（这导致了它后来的失败），贸易遍布欧洲。[1] 随着商业前所未有的迅猛发展，货币经济也随之发达，它在意大利和尼德兰兴起后，迅速传播到欧洲其他国家，一些开明的政府开始实施稳定的货币制度。大银行家也出现了，意大利的佛罗伦萨竟有80家大银行，使其他地区的同行黯然失色。基督教也开始改变过去的态度，研究《圣经》的学者们开始认为投资商业和企业要冒风险，因而收取报偿是合理的，教皇开始保护银行家。金融业的发达使大规模的商业成为可能。高高在上的国王、主教、封建贵族，成为银行家们的债户：13世纪，科伦的大主教欠意大利银行家的债务达4万镑以上；法国、英国的国王在负债上也不落人后。尤其重要的是，整个商人阶层的崛起，也将金钱、自由、冒险和开拓这些前所未有的精神价值观带给了西方社会。[2]

商业的发展带动手工业的兴旺。两者都产生财富，于是居住在城市中的工商业者们开始要求自由。工商业先要解放自己，于是在都市生活复兴的基础上开始了要求自治的革命。革命大致从11世纪开始，领导者是商人——也只有他们才能抱有共同的解放纲领，并以其协调的、深思熟虑的和有力的行动，去获得伟大的成功。他们先是在欧洲范围内取得了财政豁

---

① 参见赵立行：《商人阶层的形成与西欧社会的转型》，225～244页，北京，中国社会科学出版社，2004。

② 参见赵立行：《商人阶层的形成与西欧社会的转型》，261～279页，北京，中国社会科学出版社，2004。

免等一些经济上的特权，尤其是一些可以使其免受地方司法任意妄为之害的特权。这已是很大的进步，但还不够。12 世纪，革命之风几乎吹遍欧洲的市镇，商人与工人联合，以展开更大的斗争；贵族国王也不轻言放弃，革命就必须是暴力的了。13 世纪，革命基本尘埃落定，摆脱国王、国君等势力控制的城市自治成为显著现象。但是有一点，对我们特别具有启示意义：革命在那些商业活动充分的市镇比较彻底，在其他市镇则程度不等。"在君主和封建政府保持或取得某种程度的权力的那些地方，工商业阶级就不得不以取得公民与经济自由和少数行政自由为满足。"[1]这就是历史的法则，其进步靠的是力量的对比。

德国的谚语说："城市的空气使人自由。"正是这一"自由"的世界，在人类历史上第一次开出了一个全新的社会空间。在这个全新的世界里，市民没有谁被允许有特权，并且工匠或商人均享有人身自由。在这里，"经济作用支配了其余的一切"，"明显地出现了城市国家所追求的一种联合一致的、连续的和现实的政策……这个政策完全是由经济利益支配的；它的目的是发展生产力"[2]。城市的自治只是城市革命的历史序列的开端，它在以后的发展中并不是一帆风顺、直线前进的，而是也有其内部问题，甚至有各种原因造成的严重的局部衰落。但是，那是整个社会发展中的问题，可以在发展中解决。欧洲因它的发展而必然要发生革命性变化，则已成确定之势。

那么，接下来就让我们看一看那个人口的大多数，即境遇最低下的农民，是怎样在商业势力的作用下开始改变自己的命运、获得历史的解放的吧。

在第二次外族入侵之后，欧洲又走上复兴之路。首先是人口的迅速增长，800—1237 年，在摩塞尔河流域，村庄由 100 个增加到 1180 个，人口则从 20000 人增长到 250000 人。[3] 人口增加必然引起移动、分化，一些人

---

[1]　赵立行：《商人阶层的形成与西欧社会的转型》，199 页，北京，中国社会科学出版社，2004。

[2]　赵立行：《商人阶层的形成与西欧社会的转型》，200 页、203 页，北京，中国社会科学出版社，2004。

[3]　参见［美］汤普森：《中世纪经济社会史》下册，中译本，446 页，北京，商务印书馆，1997。

走上了商业道路，大多数则仍从事农业。于是，公共建设进步了，海岸堤坝筑起了，森林被削平了，沼泽被排干了，大量农田被开垦出来了，欧洲的可耕地在两年的时间里被开垦遍了，原来人烟稀少的地方也开始迁来居民。"很多经济学家主张：人类进步的基本根源，在于人口的增加和对生活资料的日益加重的压力；11—12 世纪的历史似乎证实了这项说法。"①汤普森所引用的这个"经济学家的主张"，实际只适宜于欧洲。在欧洲，人口的增长与社会的进步确实同步，但这种进步之所以同步发生，其实是个社会问题，而不是一个单纯的人口经济问题，具体地说，是因为当时有着农村与城市的并立，有着农业发展与工商业繁荣联合作用的社会现象。正是这种联合作用，对控制着广大农民的封建势力产生了夹击，并最终使之破产，90％以上的广大民众也由此获得了历史的解放。

如上所说，商业的大范围兴起，使整个社会经济动了起来，表现之一就是物价普遍上升。照布瓦松纳的说法，在莱茵河与摩塞尔河流域，从"黑暗时期"的末期以来，地价平均增长了 7 倍，常常是 10 倍，有时是 16 倍到 20 倍。其他农牧产品都在多少不等地大增。②这主要对大地主有利，小地主和耕种者也或多或少从中获利，但无论如何对封建势力是没有益处的。封建贵族之所以控制广大农民使之农奴化，如前所说，前提在于一种对安全的需要，它的契约关系是以耕地服役换取安全。当欧洲社会的外患不再严重，这样的契约关系势必被削弱。这是其中一个原因，但不是最主要的。最主要的原因是，一些"不安分"于封建庄园的农民开始向城市逃离，只要在那里待上一年零一天，就可以成为城市的合法居民，其结果正如下所说："显然，从 12 世纪后期到 14 世纪，中世纪欧洲的地主，要获得足够的重劳动力来耕种他们的土地，已感困难。"③于是只有走解放农奴的道路，其中重要的方法就是地租制的实施，这一新制迅速发展；同时，实物缴租变成货币缴纳。这种地租的额度是固定的，一个农民经历数代也记得他们应缴纳租额的固定数目；违背它，地主就会更加倒霉。关于这时的历史大势，英国俗话说得好："农民的脚尖已经接近朝臣的脚后跟，并要擦破他的冻疮。"

---

① ［美］汤普森：《中世纪经济社会史》下册，中译本，447 页，北京，商务印书馆，1997。

② 参见［法］布瓦松纳：《中世纪欧洲生活和劳动》，242 页，北京，商务印书馆，1985。

③ ［美］汤普森：《中世纪经济社会史》下，448 页，北京，商务印书馆，1997。

封建地主们开始保不住自己的美好前途了。欧洲社会还在大踏步前进，商业贸易、工业，都在蓬勃地发展，物价还会不可预期地上涨，而那些享有固定数目的货币地租的贵族、封建主们，他们的奢侈浪费、不善经营都给他们自己的前途以沉重的锤击。到 13 世纪，他们其中大多数已经没落了。

这就是那个流动资本的力量，那股在一开始根本不起眼的自由势力的力量。从 10 世纪到 13 世纪三四百年的时间里——照中国王朝命长的算，只比一个王朝的时间多一点——生产者控制了土地、人民，进而在很大程度上控制了整个社会。庞大的封建势力和它的制度，就这样迅速瓦解了。革命中不仅可观的资本力量起作用，城市的商人和手工业生产者也都帮助了农民，他们不喜欢旧地主，是因为封建势力的存在使他们不能获得必需的原料，也阻碍他们将土地化为商品的愿望实现。教会和国王在这瓦解封建势力的过程中也起着各自不同的作用：封建势力瓦解可以使王室的权力增加；而教会发现解放农奴对广大地产的开拓有好处，因此也支持对封建势力的斗争。在那个人数最多、势力最弱的农民群体面前，诸多的强大势力，都为它的解放开了绿灯。这真是奇妙的历史。

以上只是重点描述了欧洲大多数人在 11—14 世纪获得解放的路程。一般认为欧洲近代的开始要到 15—16 世纪。到达这一天，欧洲还有百余年的路要走，还要经历黑死病，还要经历王权在工商业阶级的要求和支持下的强化，以及工商业进一步的强大和城市内部的自我革新等众多阶段。但是，就我们这些东方的读者而言，农民解放的历史经验所具有的启发价值无疑是最大的，它可以使我们看到一种健康而彻底的社会革命是如何发生发展的。多重历史力量对峙的社会，短期来看是冲突的、软弱和混乱的；长期来看则不然，因为在混乱和冲突中，为历史留了一个空隙，那就是以工商业为表征的人民力量得以发展壮大的空间。

二、古代商业的"伙同"皇权现象

商业在古代中国的病态发展，不仅表现在它被国权制度挤压、控制下的软弱无力，还表现为它在众多小农面前的掠夺者身份。而且，后一方面的表现，使它成为皇权盘剥小农的同伙。皇权口称抑商，但消灭不了商业，而且是越抑制就越将商业逼向它的同伙方向。这里，问题的关键在于小农是被国家控制的，控制的核心是小农必须向一个强大的政府缴纳赋税并服劳役。古代早期的商人，如先秦时期的商人，除了是盐铁经营者之外，往往是一个或大或小的粮食贩子。这一点与欧洲中世纪有相当大的差异。因为欧洲封建贵族对农民的控制是农庄制，农庄在经济上的自给自足反而使商人难以与小农直接挂钩；同时，一旦国王将一块土地和上面的农民分割给封臣后，他也就与那里的农民失去了直接的政治经济联系。如此，一种商业势力对封建制度的整体性的冲击，才能在适当的时候发生。

战国初期，在魏国曾有一次著名的变法，那就是李悝的"尽地力之教"，其大体的情况记载在后来的《汉书·食货志》当中。这次变法实际包含两个方面的内容：一是政府指导小农以多种方式经营，广种薄收，如广种五谷以防绝收等；二是利用政府的财政力量，保证小农在增产的同时能够增收，这就是"平籴法"。简单说，平籴法就是平抑粮食的物价。杜甫有诗曰："长安谷贱太伤农。"这样的情形在先秦时期即已出现，而且相当严重。李悝是采取"平籴"的政策，动用国家的财政力量，限制粮食价格的涨幅。但是，这并不能从根本上解决问题。首先，古代国家是否有这样的行政能力就是一个问题。李悝做得不错，但是，在一个以文官执政的官僚社会里，与专业化程度极高的所谓"奸商"打交道，并不是文官的长项。经济策略跟不上，才导致以强横的手段打击，汉武帝改货币不成，继之以"算缗"、"告缗"手段，即是这方面的显著例子。其次，也是最重要的，就是国家如对小农征收必要的赋税，特别是采取货币的形式，不论货币征收的方式是否全面，小农要交纳一定的金钱，就必须变卖自己的粮食或其他产品。而且，国家赋税特别是税的征收，是有时间限制的，这种时间规定，一般紧随农业收获季节。例如，唐代租庸调的征收，先是规定在每年的八月开始征收，后来又将时间后移；而两税法的征收"夏税不过六月，秋税无过十一月"（《旧唐书·食货志》），至宋代相沿不改。货币征收加上这个时间限制，使小农受到"谷贱"的伤害，大可以使小农增产而不增收，同时也会使他们的命运特别容易落入商人的手掌中。但自汉代起，保护小农就是王朝的基本国策，说国家不想保护小农是不可以的，但保护小农终究是为了财政；而国家的财政征收政策，又必然使小农陷入不幸之地。国家与皇权在这样的情况下，同时扮演了农民的保护者和迫害者两种角色，而商人势力，则趁火打劫。

矛盾就这样一直延续着。于是我们看到这样的一种历史大情景：当皇朝初建，特别是经历一番大乱之后，货币经济衰落，国家以实物为租赋的时候，如租庸调制实行的时候，虽然也征收一些钱款，小农大体上还只受一头的盘剥，"轻徭薄赋"的实惠能真正落实一些。随着经济的恢复，商品经济也开始高涨，小农更苦的日子也就跟着来了。问题是，社会发展不可能没有货币经济，社会稳定，经济恢复，货币经济必然要出现。然而，国家政权在没有顾及小农能否适应的前提下，就我行我素地征收货币，因此，以粮食生产为主的小农的贫困就在以所生产之物换取货币的转换中形成了。汉代的口赋钱对陷小农于水深火热之中的作用，我们已经谈过，在这里，谈一下中唐两税法实施给小农带来的影响。

如前所说，两税法的实施改变了过去赋税征收以人丁为本的原则，而变成以财富为本，所谓"人无丁中，以贫富为差"（《旧唐书·食货志》）。小农破产后，不必再像汉晋时期那样，必须依附一户豪门大姓才可以躲避官府的追缴，两税法实行的重要结果之一，就是将豪强、门阀势力的根基挖掉了。但是两税法对小农也有严重的不利，那就是"定税之数，皆计缗钱"①，就是将一家一户所应缴纳的税额换算成钱数，以此为一定之额。小农完纳税额时，须折纳。唐代充当货币使用的除金属货币之外，还有绢。在两税法实施后不久，陆贽在上给唐德宗的奏议《均节赋税恤百姓六条》里，就谈到"往者初定两税之时，百姓纳税，一匹折钱三千二三百文，大率万钱为绢三匹，价计稍贵，数则不多……近者百姓纳绢一匹，折钱一千五六百文，大率万钱为绢六匹"。陆贽上疏的时间为朱泚叛乱期间，距两税法的实施不到十年，在这样短的时间里，小农的负担在折钱纳税的要求下竟成倍增加。到唐穆宗时期，韩愈上疏《论变盐法事宜状》时，一匹绢的价格只有八百，照此计算，万钱要折十二匹绢了！

宋代基本承袭两税法而有所变更。主要的变更之一是不按规定税物品种实征，而是根据官方需要折征别的税物。举一个例子说，本来夏税规定收绢，但国家临时需要小麦，就改成征收小麦，这就叫折变。看上去交什么都是交，但这一转变，迫使小农必须把早先准备的税物仓促间变卖转化

---

① 王仲荦：《隋唐五代史》上册，316页，上海，上海人民出版社，1988。

成政府要求的物品。这样一倒手，往往使原来准备物品的价格大跌，这也往往是商人获得大利之时。明代沿袭宋例，称折色。明代从英宗正统年间开始，又开始征收"金花银"，就是将江苏、浙江、江西、湖广、福建、广东等省的米麦税物折色征收银两。看上去方便了税收，可小民负担却成倍增加。一开始4石米折银1两，到二三十年后的宪宗成化年间，1石米就折银1两了，农民负担凭空增加了数倍。从明代中期以后，白银逐渐确立了其主要货币的地位，小农在纳银完税过程中，与市场和商人的联系更加密切了。

这一时期崛起的各大商帮，伙同皇权对小农施以严重盘剥，变得愈发猖獗。以徽商为例，他们固然垄断盐的运销，但牟利的途径还包括贩运、囤积，而且，盐的垄断经营所获的巨大利益，还会被投放到囤积、贩运等方面来。长途贩运在明清时期成为重要的商业活动，是因为商品生产出现一些区域化分工，如宋代有所谓"苏湖熟，天下足"，但到明清，变成"湖广熟，天下足"。长江下游一带多种植经济作物，中游地区多粮食生产；而棉布在江苏一带的价格和在西北一带的差异也很大。这给了商人以极大的机会，贩运赢利靠的就是地区的差价。但是，需要注意的是，一些地方偏于种植棉花、粮食或其他作物，并不是说该地区就一定是大农业经营，因为商人赚钱更多是利用小农的贫困，以买入压价、卖时抬价的方式获得利益。政府不以货币征收赋税时，小农可以积累粮食等生产之物；但是到明中期以后，情形产生了很大的变化，金花银的征收使赋税征银的成分增多，小农对货币的需求也日益急迫，"腰镰未解"即将产品带入市场变卖的现象也就更加普遍，于是，才有商人的大搞囤积。囤积对小农的盘剥，又非季节性的和短暂的，因为囤积的目的是将来贵卖。同时，囤积还可以和放债、典当等联系或串通起来。这个商人阶层就是以种种的商业规律，伙同着皇权——在租佃制发达的地区和时期，还伙同着地主——尽情地盘剥小农。[①]

说商人"伙同"皇权，并不是说他们道德上有问题，因为商人就是要赢利，就是要赚钱；而是说他的行为方式，即他们如何赢利，如何赚钱。这样的行为方式，实际是强化着一个两败俱伤的历史死局。首先是小农的贫

[①] 参见张海鹏、王廷元主编：《徽商研究》，29～30页、37～45页，合肥，安徽人民出版社，1995。

困。当然小农贫困的原因甚多，但小农普遍贫困就会使一个有着巨大人口数量的国度并不会随着人口的增长而显出经济及社会进步的新局面。为什么？原因并不难理解：当一个社会的大多数人口处在一个低收入、低消费（节衣缩食是中国广大小农的传统生活方式）的状态下时，这个社会的工业生产、商业交换都会受到遏制。关于占大多数人口的小农的贫困，在马克垚主编的《中西封建社会的比较研究》中可以看得十分清楚：13—14 世纪英国农民的商品率约为 44％，储蓄率为 15％；而鸦片战争前后江浙一带的一个中等之家的商品率仅为 14％，储蓄率仅为 6～7％。① 另有学者说，13 世纪一个英国标准农户的剩余率为 47％，到 16 世纪则提高到了 80％。② 上述这些说法虽然不一定精准，但也颇可以说明问题了。前面我们已经谈过法国学者布瓦松纳《中世纪欧洲生活和劳动》中描绘的 12—14 世纪欧洲物价的普遍上涨，及享有固定地租额的农民从中获得的好处。英国学者勃里格思在《英国社会史》中也曾这样说道：15—17 世纪的英格兰的农民是"各基督教徒乃至异教徒国家中……衣食最丰盛之人"，除了衣食花费外，他们还有财力置办新的器具，以至于铜器与锡烛台往往供不应求。③ 这样的情形在中国历史记载上十分罕见。小农衣食无忧的时代不是没有，像"文景之治"、"贞观之治"等一二十年的"太平盛世"，即可称是衣食无忧。但过了这个短期的"太平"之后，就是长时期的王朝苟延残喘和民众生活在刀兵水火下的苦境。明清时期，江浙一带是经济发达的地区，但清初的陈确说："吾乡中田，遇到极丰之年，亩获不过二石，田主取石焉，故曰十五（十分之五的意思）；而去斛夫脚米，斛手米之类，名十五而实十六矣。加以屋基场圃之亏赔，般夫仆役之蚕食，不啻十七八，而农莫怨，何其愿（朴厚）哉！若夫瘠田俭岁，田亩不及数斗，而田主必欲取盈，是五而赋十也，况可望十五乎？故虽鬻卖妻子，而弗遑顾也。"同时代的凌介禧对南方程德安三县小农生活状

---

① 参见马克垚主编：《中西封建社会比较研究》，119 页、123 页，北京，学林出版社，1997。

② 参见王乃耀：《英国都铎时期经济研究》，55 页、63 页，北京，首都师范大学出版社，1997。

③ 参见［英］勃里格斯：《英国社会史》，中译本，110～111 页，北京，中国人民大学出版社，1991。

况的印象大体相同,他说:"亩入者得其半,凶岁无望焉。……耕夫终岁勤劬,计十亩之所入,得半不过十石。八口之家,何以养生送死,供饘粥而殖其生!"①这样的为小农叫穷之声,一直充斥于各种历史资料之中,绝非特殊现象。

在中国,众多的小农处在一个"无所逃于天地之间"的被剥夺的境地,因为他们面对的不是西方中世纪农民所面对的贵族,而是一个无所不在的超强皇权及这个皇权的分身形式——各级官府。当小农面对这样一个无所不在的强大势力时,他们的艰辛劳动和所创造的一切都会被无形地夺走,创造者不能从自己的劳动成果中获得任何可以导致自身解放的利益。汉、唐、宋、明、清几个时间相对长的王朝里,都会随着社会的稳定而出现农业经济的普遍升温:人口增加了,土地被更多地开垦了,粮食的产量从来就不低,当然就是随之而来的社会财富增多了。但是,好处一点也不会落到这些卑贱的创造者身上;相反,接踵而来的是人头税如影随形,百般花样的苛捐杂税水涨船高。欧洲中世纪的农民面对封建贵族,可以逃往城市;但在中国古代,面对无所不在的皇权,小农无处可逃。自由的城市根本就毫无迹象,而现有的城市却是小农的畏途。司马迁的时代,就有"自年六七十翁亦未尝至市井"者(《史记·律书》);到明清时代,还有敦朴的小农"终其身未尝入城市与人相往来者"(《古今图书集成》卷二三〇《职方典·兖州风俗》)。欧洲的农民面对贵族,有一个固定的税额,以保证将自己劳动所得、自己所创造的财富越来越多地掌握在自己手里,可是,面对着强大皇权的中国小农,面对的是税外有税、征外有征、役外加役的残酷现实——这就是一个发展健全的社会与一个发展畸形的社会的差别,也就是我们在政治文化的讨论中提到的多重势力并存与一元势力独大的差别。中国的历史问题,抽象地说是民力不能被充分彰显,具体地说,其最大的死结就在于皇权既控制了农业也控制了商业。

于是,我们就看到了一种相互折磨、相互扼杀的情形:小农在赋税及货币化赋税的重压下,将农产品和手工业产品投向市场。于是,商人在追

① 以上两条资料均转引自马克垚主编:《中西封建社会比较研究》,123页,北京,学林出版社,1997。

求利益的驱动下趁火打劫，伙同官府以价格夹击小农。商业本来可以不如此，但中国古代商业的生态环境使得商人必须如此。就像一块铁质的板子，在这一面凹下去，另一面一定凸起来。商人在官府面前软弱，一定要从对小农的豪夺中补偿自己的亏失。因此，在欧洲的近代化中，是商品交换的双向流动：农产品进入市镇，市镇的商品流向农村，两者形成一个互利互惠的交流。但是在古代中国，商品由市镇流向农村虽不能说没有，但数量和品种都少得可怜。在这一单向度的流动中，市镇和其中的商人是得利了，但中国的商业也永远不会走出依附官府的境地。因此，一种历史的报复，就在商人对小农的盘剥里形成了，那就是小农的普遍持久的贫困、普遍而持久的购买力低下，使得商业永远要依附官府。

这是一种恶性循环，其背景是民众无权、皇权独大的历史生态环境。循环中的相互折磨和扼杀，不会对独大的皇权有任何的损伤，但一个民族会在这样的循环中变得衰弱，变得迟滞，变得前途暗淡。

思考练习

1. 结合教材，阐述重农主义的内涵及其所经历的三大发展阶段。

2. 结合教材，阐述重农主义保护下的小农的压力与小农经济的发展情形。

3. 结合教材，阐述重农主义下商业的畸形发展情形。

4. 结合教材，阐述商业在中国古代社会解放中的作用。

第六章　古代一些影响较大的文化观念

要点提示

1. 熟悉中国文化中的"大同"、"天下"、"天人合一"等普遍观念。

2. 了解并掌握中国传统思想中的一些核心观念：孔子的"仁"道、"中庸"之道，道家的"无为"，法家的"法、术、势"。

3. 熟悉中国历史上一些遭冷遇的思想：墨家的主要思想和《管子》的"轻重"治国论。

　　从大的方面说，文化史是一个人群、一个民族在某些特定的观念、信念系统影响下展开其生存实践的历史。因而，文化史在对待某些观念上与思想史、哲学史不太一样。思想史、哲学史考察一个思想观念，考虑得较多是其出现的因果关系及其深度、高度及创造性等；文化史则须同时注意考察一个思想观念的实际影响力，也就是说，从文化史角度考察一些思想观念系统，是就其内涵及其所产生的影响两方面来进行，目的是考察某些思想观念在历史上所起的实际作用。

第一节　几个普遍性的思想观念

　　"大同"、"天下"、"天人合一"及"阴阳五行"等诸多观念，是中国文化中多家共有的思想，因此可称之为"普遍性观念"。这些共同的理念很像"集体无意识"，对后代的影响之大无以估量。

一、大同观念

将缔造一个至善至美的理想国家作为一种社会理想或文化公设，可以说是人类发展历史上所共有的现象。古希腊有柏拉图"理想国"，基督教有"伊甸园"，而中国古代也有堪与之媲美的"大同世界"。

在儒家的重要经典《礼记·礼运》中，中国古代的大同理想被具体描述为：

> 大道之行也，天下为公。选贤与能，讲信修睦。故人不独亲其亲，不独子其子，使老有所终，壮有所用，幼有所长，矜寡孤独废疾者，皆有所养。男有分，女有归。货恶其弃于地也，不必藏于己；力恶其不出于身也，不必为己。是故谋闭而不兴，盗窃乱贼而不作，故外户而不闭，是谓大同。

这段话内涵丰富。首先，大同世界是一个超越家族、邦国之上的普遍理想，就是说，"大道之行"的范围，不只行于某一个邦国，而贯通于"天下"。其中"选贤与能"是就政治的组织而言的，即执行政治权力者必须是由社会选举出来的，贤能担任实际的行政，而最有德行的圣王，只是"垂衣裳而治"的无为。"讲信修睦"则言施政须取信于民、修睦于邻，四海之内合敬同爱。就一般社会组织方面，人们以家族为基础，又参以超越家族的同情精神，使人性皆有充分的舒张与发挥，能够充分完成自我；不仅如此，除了老壮幼、男女、废疾的生理差别外，人类一切平等。"货恶其弃于地也，不必藏于己；力恶其不出于身也，不必为己"，则专就社会经济的组织而言：人人衣食有着，无胁迫的可能，无依附的必要，尽其力以为公，视劳作为神圣，不以财富私有和物质享乐目的而渎此神圣，超越了个人功利主义。毫无疑问，大同理想是靠崇高而质朴的道德风尚来支持的，"天下为公"的伟大原则，必须有对贤能的万分尊重，必须有高度的"讲信修睦"，必须有超越家族血缘的彼此亲善，必须有在财产上绝不自私自利的大公之心。还须指出的是，这崇高的道德之境，并非有意营造的，准确地说，只是一种对被确认为曾经存在的真淳风俗的回忆和怀念。

其次，大同世界是一个高悬的政治理想之鹄，是文化至善至高的奋斗目标。在《礼记·礼运》中，大同不及，退求其次，勉为小康："今大道既隐，天下为家，各亲其亲，各子其子，货力为己；大人世及以为礼。城郭沟池以为固，礼仪以为纪，以正君臣，以笃父子，以睦兄弟，以和夫妇，以设制度，以立田里，以贤勇知，以功为己。故谋用是作，而兵由此起。禹、汤、文、武、成王、周公，由此其选也。此六君子者，未有不谨于礼者，以著其义，以考其信，著有过，刑仁讲让，示民有常。如有不由此者，在势者去，众以为殃，是谓小康。"

作为社会制度和社会景象，"小康"与"大同"区别分明，甚至可以说是是对立的。"天下为公"一变而至"天下为家"，人各亲其亲、各子其子、货力为己，尽力为公的社会道德和劳动态度没有了，最高权力的继承是世袭的。虽然去大同的理想之境甚远，但小康之世的人间景象俨然也是讲信义仁让、遵礼有序、治平和睦的社会。不同的是，这不再是风俗，而是有意的修养。维系社会纲纪的一套礼仪制度，系取法禹、汤、文、武、成王、周公六大君子，在他们的时代，文明已随自身的理性发育成制约自然本能的政治秩序。这个秩序，就是"礼"。孔子强调，遵循礼义，讲究仁信，也可以达到天人和谐的极高境地。《礼记·礼运》篇最后说："故圣王所以顺，山者不使居川，不使渚者居中原，而弗敝也。用水、火、金、木、饮食必时。合男女，颁爵位，必当年德，用民必顺。故无水旱昆虫之灾，民无凶饥妖孽之疾。故天不爱其道，地不爱其宝，人不爱其情。故天降膏露，地出醴泉，山出器车，河出马图，凤凰麒麟皆在其郊椒，龟龙在宫沼，其余鸟兽之卵胎，皆可俯而窥也。则是无故，先王能修礼以达义，体信以达顺故。故此顺之实也。"此段文字表明的其实是"大同"的另一义，那就是天地万物的普遍和谐。这真可说是道德理想主义的最高表达。

但是，深受儒家理想主义策动的古人，并没有将其单纯地视为一种美好愿景，而是深信这样的境界可以在人间实现。这就有西汉武帝时期讲这样的理想，正式将其确立为王朝政治实践的努力方向，从而开始了"儒教国家"的历史进程，对后世影响巨大。

再来看看道家对"大同世界"的想法。道家面对"国家滋昏"、"盗贼多有"的社会积弊，首先退思大道失坠的过程："故失道而后德，失德而后仁，失仁而后义，失义而后礼。夫礼者，忠信之薄而乱之首。"(《老子》三十八章)很明显，由于"道"的失落，人之内在的"德"才得以被突出强调；内在德性削弱，才须勉力保留推己及人之"仁"；而道德总体原则"仁"沦丧，才需要强调部分的道德原则"义"；义行丧失后，则只有靠外在的规范即礼乐制度来约束人的行为并维系社会秩序，包括使财产与权力的分配秩序化。

　　老子在一系列深层次的追问中开始反思道德的起源：孝慈的提倡源于家庭的危机，忠臣的出现源于国家的昏乱。既然文明的前进带来"私天下"的膨胀，"私天下"的膨胀又不能不需要唤起民众的德性，那么，何不废止文明连同仁义，从小康社会回到"大道之行，天下为公"的时代，恢复原初的道德浑然、生民自得的小国寡民时代？

　　列国兼并战争的进行，以广土众民为目的；《老子》反其道而提出"小国寡民"的理想，有其对于现实的深刻不满，同时也折射出大同理想的光芒。老子对这一理想社会的描绘是："小国寡民，使有什佰之器而不用，使人重死而不远徙。虽有舟舆，无所乘之；虽有甲兵，无所陈之。使民复结绳而用之。甘其食，美其服，安其居，乐其俗。邻国相望，鸡狗之声相闻，民至老死不相往来。"(《老子》八十章)

　　这展示了一幅没有战争、人人平等，人们共同劳动和享受劳动成果，甘食美服，安居乐俗并与世隔绝的社会图景。与儒家的积极态度不同，在老子看来，社会文明和社会罪恶是一对孪生子，他认为："民之难治，以其多智。以智治国，国之贼；不以智治国，国之福。知此两者，亦楷式。常知楷式，是谓玄德。"(《老子》六十五章)"玄德"之论的另一种表达即"绝智弃辩，民利百倍；绝巧弃利，盗贼无有。绝伪弃诈，民复孝慈"①。然而，这并非理想的至境，"玄德"之上还有"玄同"，即"不可得而亲，不可得而疏；不可得而利，亦不可得而害；不可得而贵，亦不可得而贱"，在这种社会状态下，人与人之间是一种不亲不疏、无利无害、非贵非贱的关系，而人与自然之间则是"为无为，事无事，味无味"的关系。在如此高超的社会境界中，"其政闷闷，其民淳淳"，而民亦甘食美服，安居乐俗。这就是老子所

---

　　① 此处文字引自郭店本《老子》。郭店本《老子》系战国中期以前的文献，但只有两千字左右，因此有人认为新出土的郭店本两千言只是全部《老子》的一部分。据此，本文在使用《老子》时并不全依郭店本，而参以传世旧本。

谓"至治之极"的理想社会中,人群所拥有的物质条件和所处的精神状态。这与儒家的普遍和谐观念有着某种相似,但儒家是以涵养道德的方式追求这种境界的,而道家则以无欲、无为为手段。

上述思想均传于后世,其中的儒家的"大同"观念,不仅在古代被称为王朝政治目的的蓝图,在近代也是很多思想家和社会改革家都深受其启发,如洪秀全、康有为、谭嗣同、孙中山等。道家的回归淳朴的"大同"观念也同样产生过显著的作用,它往往成为思想家对抗沉重统治的法宝,在近代还深刻影响了一些无政府主义者对未来社会的规划。

二、天下观念

先秦时期的另一个重要观念是"天下"。如果说"大同"观念所关涉的是世界的整体和谐,那么"天下"观则涉及华夏与四周人群的关系。毫无疑问,在天下观念中,中国人是把自己国家视作世界中心的,而且认为自己的德行文明最高。在古代,这倒并非妄自尊大的表现,而是对应着远东文明从中原发祥的历史现实。

"天下"观念的形成事件很早,西周时期就已出现。《尚书》多次提到了"天下",如《周书·洪范》:"天子作民父母,以为天下王。"《周书·召诰》:"其惟王位在德元,小民乃惟刑用于天下,越王显。"也是从西周开始,说到"天下",就有"中国"与之相对。就是说,"天下"观念的范围有中心,也有四方。那么,天下的"中心"在哪里?就在今天的洛阳。从西周文献来看,这一点是很清楚的。洛阳在西周时称"雒邑",又称"中国"。"中国"一词最早见于出土器物"何尊",为西周早期器铭。《尚书》、《诗经》的西周篇章中也有"中国"及与"中国"相对的"四国"、"四方"概念。如《大雅·民劳》就有"惠此中国,以绥四方"之句,"中国"以周人为中心、以周王室为中心,因而与"四方"相对;四方之国,有周之封邦,最远的则是四夷。"天下"观念的一个基本含义就是它的层次论:天下中心是"中国",以"中国"为圆心,由近及远划分出不同的层次。

这种层次,古代称之为"服"。《国语·周语》记载西周时人的说法是:"夫先王之制,邦内甸服,邦外侯服,侯、卫宾服,蛮、夷要服,戎、狄荒服。甸服者祭,侯服者祀,宾服者享,要服者贡,荒服者王。日祭、月祀、时享、岁贡、终王，先王之训也。"这样的说法在更早的《尚书·禹贡》，也大致出现过。这些文献都强调，不同层次周边人群对"中国"亦即周王朝的礼数是不同的，距离越远，承担的义务就越少。这是"天下"观念的第一层含义。

"天下"观念的第二层含义是，作为天下中心的文明人群，在对待四裔人群上，要坚持"修文德以来之"的原则。上引《国语》曾明确提出，王朝作为天下的中心，要凝聚天下，必须以德服人，即"先王耀德不观兵"，"观兵"即"显耀武力"之意。"天下"观念在古代并不是一种征服概念，不是用强力迫使人遵从自己的文明方式，它强调的是文明吸附的力量。这是天下观念中最有价值的原则，孔子批评季氏侵犯小国颛臾，西汉"盐铁论"会议上儒生批评汉武帝的外事四夷时，所持的都是这项原则。

"天下"观念的第三层含义是，对拒不接受文教教化、又扰乱天下和平秩序者，不得已可以武力加之。刘向《说苑》中有一段话："圣人之治天下也，先文德而后武力。凡武之兴，为不服也；文化不改，然后加诛。"可视为是对周人"耀德不观兵"之说的补充。

古人相信，以"文教"或曰"文德"吸引天下，有两大时期堪称典范。换句话说，古人深信，两个时期确实实现过以"文教"吸引天下所有苍生的景况：第一个时期就是尧舜禹时期，第二个则是周公致太平时期。文献记载说尧舜时期"光被四表，至于海隅苍生、万邦黎献，共惟帝臣，惟帝时举"；更有禹在庙堂修舞乐而三苗服从的说法。至于周公致太平，制礼作乐，使万邦来朝，《尚书大传》说："周公居摄六年，制礼作乐，天下和平。"《逸周书·王会解》记载，来朝会远方之邦有渠搜、康、大夏、昆仑、莎车、匈奴、月氏等，其中最远者则莫过于《尚书大传》所载越裳氏的老朝："越裳以三象重译而献白雉，曰：'道路悠远，山川阻深，音使不通，故重译而朝。'"（《太平御览》卷七八五引）。古来人们相信越裳氏在今越南南部一带，而张星烺《中西交通史料汇编》则谓越裳氏或为古亚述之迦尔底国。①

"天下"观念固然以居于天下中心的人群为中心，但居于中心的人群是

---

① 参见张星烺：《中西交通史料汇编》第一册，朱杰勤校订，28页、56页，北京，中华书局，2003。

否为文明人群，并不以地理位置来定。春秋时期，在判别谁是"中国"谁是"夷狄"的问题上，儒家经典《春秋公羊传》宣称，中国与夷狄之分只在礼乐文化，谁行礼乐，谁就是华夏；谁没有礼乐，谁就是夷狄。《公羊传》甚至说，当时一些"中国"诸侯国家，已经沦落为一批"新夷狄"，因为他们虽在地域上居华夏之地，在文化上却已经丧失了固有的礼义。"中国"、"夷狄"的分别以文化而不以地域划分的理性而开明的主张，是后来民族、文化大融合的一个重要的先决条件。

地处远东的特殊环境，使中国人将这"天下"观念维持了许久，它在上古形成后，经汉历唐一直延续到明清时代。在古代漫长的岁月里，天下观念影响了汉代的边疆政策。如汉武帝时期的打击匈奴，固然有扫除多年边患的意思，也不能排除重现西周周公"致太平"天下时天下诸侯大合会的荣耀。《汉书·武帝纪》记载元封元年冬十月，"勒兵十八万骑，旌旗径千余里，威震匈奴。遣使者告单于曰：'南越王头已县于汉北阙矣。单于能战，天子自将待边；不能，亟来臣服。何但亡匿幕北寒苦之地为！'"。如此或"战"或"臣服"的"遣告"，形同儿戏，然而整个巡边的活动，特别是"遣告"最后"何苦"云云言语，流露的"天下"心态，还是宛然可鉴的。到唐朝，在边地异族聚集的地区实行"羁縻州"的制度，① 也与"天下"观念有关。

不过，当西方世界迅速崛起的时候，清代仍然坚持以自己为"天下"中心的妄自尊大，则付出了极惨重的代价。明清之际，虽然有以利玛窦等为代表的西方传教士的活动，但根本不能使上层注意这些问题：去研究一下这些西洋人凭借什么远渡重洋来到中国，他们带来的地图、钟表何以那样

---

① 羁縻州是唐代处置边地人群的一套政策设置，一般认为始于唐高祖时，其要点是承认边地土著贵族，封以王侯，并纳入朝廷管理。大致有如下几种情况：其一，是在唐朝军事力量笼罩下的地区所设的羁縻州，其长官由部族首领世袭，内部事务自治，向唐王朝进贡。其二，是指一些内属国，如南诏、回纥等，封其首领为可汗或郡王，有自己的领土范围，其首领的政治合法性来自王朝册封。其三，是所谓"敌国"及所谓"绝域之国"，如当时的吐蕃、日本等，朝廷对其有册封，实际是对现实情况的追认，其首领的统治合法性并不依赖朝廷册封。设羁縻州的做法，在宋代得到延续，也有所变化，如朝廷加派中央任命的监管官员。到了元朝，羁縻州的制度变为"土司制度"。至明、清两朝代日益推行"改土归流"的政策，使"土司"变为不再世袭而由朝廷任命的流品官。1949年后土司制度正式废除。

先进，等等。然后皇帝只把传教士带来的钟表当作稀罕物件；[1] 士大夫则在欣赏利玛窦的世界地图时，又不快于洋人地图把中国摆在地球的一隅，保守人士甚至还以此为口实加以抨击。[2] 至于清代，虽然康熙时期曾允许传教，雍正皇帝接见西洋来使时曾走下宝座行握手之礼，但终因在"礼仪"问题上西方教廷采取强硬政策而导致雍正期间朝廷颁布禁止传教令。在明清时代的中西交流中，关于"礼仪之争"的问题又事关重大。乾隆五十八年（1793 年），英国特使马戛尔尼到中国谈判通商和传教事项，清朝照例将其视为进贡使节，要他打起"英吉利朝贡"的旗子。乾隆皇帝在热河行宫赐见，又要他行臣下觐见皇帝的三跪九叩大礼，致使此次中英外交不欢而散，马戛尔尼空手而归。[3] 这时候的"天下"观念，只是一种自我中心主义，即深信"中国"文教礼乐无敌于天下，任你西方人以传教的方式还是外交的方式，都不足以破除这一数千年来的文化固执。直到第二次鸦片战争，中国才迫于无奈，极不情愿地以平等身份加入世界列国的关系之中。

三、天人合一

"天人合一"是古代中国文化的一个指导原则。先秦以来，虽有别调孤弹如荀子，以为"天人两分"，但终未占据主导地位。天人合一既是宇宙论观念，也是政治观念，又是人生哲学，还是科学观。从思想的派别从属上说，有儒家的天人合一，有道家的天人合一，还有阴阳家的天人合一，后来的佛教如禅宗也讲天人合一。

中国人的宇宙观、世界观最高妙的表达，在先秦莫过于《易传》。《易传》观看世界的眼睛是"仰观"和"俯察"的，"仰以观于天文，俯以察于地理"（《易传·系辞上》），天文、地理在这仰观和俯察之中，见出的是周流不已的生生不息，所谓"一阴一阳之谓道"。天地主生，即"天地之大德曰生"，是因为天地只是"一气流行"。林林总总、根根块块的大千世界，包括人类

① 参见沈定平：《明清之际中西文化交流史——明代：调适与会通》，227～228 页，北京，商务印书馆，2001。
② 参见殷海光：《中国文化的展望》，5 页，北京，中国和平出版社，1988。
③ 参见张国刚：《从中西初识到礼仪之争——明清传教士与中西文化交流》，134～140 页，北京，人民出版社，2003。

在内，在中国人看来只是一气流行下的各种聚散形态。而这"气"实际是充斥着宇宙、流行于天地的鸿蒙伟力。因此世界既是整体性的，也是连续的和动态变化的。① "天人"之所以能够"合一"，先决条件就在众生、众物同源于"气"，是"气化"的不同形态而已。这是"天人合一"观念的第一个特点：世界是连续的、统一的。在这样的观念之下，石头可以变成人(如孙悟空)，蛇可以化作美女(如白娘子)，等等。

在天人合一的观念中，对"天"，也就是自然，是"仰观"与"俯察"，而不取分析、抽象的意态。像古希腊哲学那样努力透过现象分析出世界构成的最小基质(如"水"或"火"或"气")的做法，在中国是没有的。古代虽然也有金、木、水、火、土所谓"五行"说，但是，人们更关心的是五者之间的关系，如相生或相克，而不是五种物质自身的规定性。也就是说，在中国哲学里，从来就不像古希腊哲学家那样分析万物的最高本质，从而把"现象"与"本质"打成两截。中国古代哲学是"即体即用"的，它仰观俯察世界是"一叶知秋"的，如大海的本性就在一沤海水的特点之中。一即一切，一切即一，这是"天人合一"观的第二个特点。这样的一种宇宙论、世界观，源于中国的农耕文化经验。

《易传》之学"天地之大德曰生"这一满含大情感的宇宙论判断，实际脱胎于《诗经》农事诗篇中对天地的情感。《易传》的世界观念周流不已、变动不居，与《豳风·七月》篇描绘的大自然一年四季的流转密切相应。在《七月》篇中，全诗 81 句中表时间的词居然有 45 个左右，它们构成一首诗篇从一之日开始又回到一之日的循环往复。诗篇中突出了劳作与时令的应和，表现的是"天行健，君子以自强不息"的伟大韵律。由此可知，大易之学之生生之易的"道"，主要来自于记录着千百年农事文化经验的《诗经》篇章。这样的经验，起源于农业发祥时代对天文历法的追求逐渐精细，人在天地之间的农事劳作，培育出伟大的天地情感，培养出细致的"气"的概念，培养出生机主义的自然观和宇宙观。

这决定了"天人合一"观念的第三个特点，那就是顺应自然，而不是征

---

① 参见[美]杜维明：《儒家思想新论——创造性转换的自我》中译本，31～47 页，南京，江苏人民出版社，1991。

服自然。如前所说，天人合一来自农耕生活对人与世界关系的认定，而中国的农耕，从一开始就不是征服自然，而是利用自然。考古对原始农耕生活的发现，证明一种说法的不切实际，这种说法认为：中国也如同西亚的古巴比伦、古埃及文明一样，其耕种事业是建立在对大河干流的利用——如大规模组织人力物力修建大型灌溉工程等的基础之上的。事实表明，中国的原始村落不在大河主流干道上，而是在一些小的支流旁利于获得水源之地。大型水利工程不但出现得晚，而且没有达到改变"靠天吃饭"这一总体农耕生活格局的程度。这使得"天人合一"观念具有了不以征服自然为目的的特点。

"天人合一"的第四个特点，就是它认为人与伟大的宇宙之间，有一种相应的关系，人也是一个"小宇宙"，发挥小宇宙的潜在能力，可以无限地提高自身的境地。而人生最高宗旨，就是尽力发挥自己的潜能，让"小宇宙"的力量发挥出来，向大宇宙看齐。如下面要谈的"哲学义理"层次，就是其具体表现之一。下面就谈谈下"天人合一"在各方面的表现。

1. 科技层面的"天人合一"

如前所说，天人合一是有层次的。它的第一层次是理性/自然的符示，其实也就是科技的层次。中国人在理性/自然层面的"天人合一"的特性在许多方面都有精彩的表现，此处专就古老的度量衡的制定作些介绍。

从古代文献如《吕氏春秋》和《汉书·律历志》等中可以看到，在度量衡的制定上，先民采取了听取大自然声音的做法。《吕氏春秋·仲夏纪·古乐》载，黄帝时代，曾派乐官伶到昆仑上某个特殊的地方取了竹子，制成律管。所得的竹子取其两节为"三寸九分"，据专家考证应是九寸，[1] 用这样一段竹管吹音，再以凤凰鸣叫之声确定黄钟律。雄的叫声为律，雌鸟的叫声为吕。这样的说法也很神秘，因为凤凰鸟在现实中不存在。可是据音乐史家杨荫浏说，曾在四川灌县听到过一种鸟的叫声，可发出稳定的 G 调，[2] 可见《吕氏春秋》之说亦非纯属臆造。在一定的时令，因气温、气压等因素的

---

[1]　参见阴法鲁、许树安主编：《中国古代文化史》第 3 册，70～71 页，北京，北京大学出版社，1991。

[2]　参见阴法鲁、许树安主编：《中国古代文化史》第 3 册，79 页，北京，北京大学出版社，1991。

不同，一个固定长度的律管吹出的声高（音频）也就不同，在我国的古代，曾以此来确定时令。《国语·周语上》有用瞽人听协风以定春天节候之事，参之以《礼记·月令》以宫、商、角、徵、羽五音定时的记载，可知有专业训练的瞽人判定时节，用的就是吹律听音的办法，此即《汉书·律历志》所谓"天地之气合以生风；天地之风气正，十二律定"。一定时节来到，空气必然发生相应的变化，所以每年都可以用一个定长的律管来判断时令。反过来，一定的音频音高，又可以决定律管的长度。《汉书·律历志》说"度者，分、寸、尺、丈、引也，所以度长短也，本起于黄钟之长"，就是这个意思。具体说，黄钟律管的九寸是标准长度，再加上一寸，即九分之一律管的长度，就是一尺。据《律历志》，我国古代正是以律管长度为一尺下定义的。这符合科学精神。现代的米制，即一米长度的确定，是用光波在单位时间内的波长来确定的。我国古人用黄钟律管确定一尺之度，虽不能做得像现代人这样精准，却深合科学原理，关键在于古人为取得人间度制的最大客观性，他们想到了在长度上取"法"于"天"。英国在12世纪曾以某王从鼻尖到手指尖的距离为长度单位，德国人曾以16位先走出教堂的人的脚长之和的十六分之一为一尺（foot）。与我国古人的方法相比，都显得太主观了。

竹管吹律，可以测定天时，可以确定长度，同样，因竹管是空的，一尺之长的竹管可以为容积，这就是度量之量，此即《汉书·律历志》所谓"量者，龠、合、升、斗、斛也，所以量多少也。本起于黄钟之龠，用度数审其容"。一段"黄钟之龠"的容积，容以脱壳的黍粒，为一千二百粒。这一千二百粒的黍粒之重，重十二铢，两个十二铢就是一两，顺次，斤、均、石的权衡单位就得以建立了。这是何等精彩的度制观念！

2. 政治层面的"天人合一"

政治层面的"天人合一"，往往流于"天人感应"，主要表现为阴阳家的学说。追求天文历法以指导农耕实践是自远古来的文化传统，但对兴云作雨、能旱能涝的上天的敬畏，又势必使这样的文化追求带有浓厚的神秘和迷信色彩。阴阳家首先就利用了这一点，试图将君主的行为限制在天道阴阳的规矩之下。

先看《礼记·月令》开始部分的一段文字："孟春之月，日在营室，昏参中，旦尾中，其日甲乙，其帝太暤，其神句芒……东风解冻，蛰虫始振，鱼上冰，獭祭鱼，鸿雁来。天子居青阳左个，乘鸾路，驾苍龙，载青旗，衣青衣，服仓玉，食麦与羊，其器疏以达。""是月也：命乐正入学习舞；乃修祭典，命祀山林川泽，牺牲毋用牝；禁止伐木；毋覆巢，毋杀孩虫、胎夭、飞鸟，母麛毋卵；毋聚大众，毋置城郭；掩骼埋胔……"读这样的文字，即可知《月令》的真实用意。它不过是借助农耕文明时代人们对上苍的敬畏之情，以半是历法、半是神话的方式，将君主的行政行为限制在一个天道循环的格式中，其本衷不过是限止君权的肆滥。这样的意思也见于《管子·四时》"唯圣人知四时，不知四时，乃失国之基础。……刑德合于时，则生福，诡则生祸"的文字中，是当时流行甚广的观念。

　　这是一种神秘主义，将自然的时令神学化了，在很大程度上可说是诸子之学走向没落的表现。需要指出的是，这还只是阴阳家学说的一部分。这样的一个以年为单元的"刑德"周期，还可以放大，放大到天地开辟以来的历史大格局中去。"盛德在木"可以是春秋，也可以是某一朝代的"盛德"。木可以生火，春之后便是夏，这也同样可以解释有史以来的朝代更迭："木德"之后，就是"火德"之朝。保存在《吕氏春秋》中的阴阳家文献《应同》篇，对历史就作出了这样的解释："凡帝王者将兴也，天必先将祥乎下民。"于是黄帝时先有大螾大蝼出现，黄帝曰："土气胜。"夏禹出世则是"草木秋冬不杀"，禹曰："木气胜。"依此类推，轮换不已。阴阳家的代表人物邹衍在当时就因为这种学说而获得巨大的尊崇。史载"邹衍至梁，惠王郊迎接，至赵，平原君侧行避席；至燕，燕昭王拥篲先驱"（《史记·孟子荀卿列传》）云云，就是阴阳家荣宠至极的写照。[①]邹衍之说，本就有约束当时君主归于仁义的用心，到了西汉，阴阳家的学问与儒学结合，更使得汉儒"天人感应"之学大兴于世。然而，它可以约束皇帝于一时，但这样的思想方式最终解决不了历史的问题，却导致了王莽的出现和西汉的灭亡。

　　3. 哲学义理层面的"天人合一"

　　"天人合一"在哲学义理的层面，表现为儒、道两家之说。道家的"天人

----

　　① 《史记》此处所记或有误。据钱穆《先秦诸子纪年》考证，邹衍见平原君时，梁惠王、燕昭王皆已死。不过，邹衍曾红极一时，这一点还是可以肯定的。

合一"说讲究的是"道法自然"和"无为"，儒家则表现为"天道性命"一义相贯。共同的大背景，使儒、道两家都相信世界其实是一个"道"的存在，也就是在"道"的生化、产生世界万物这一点上，两家并无大的区别；在"道"的周流不息上，两家也是一致的。如道家讲"道者，反之动也"，儒家讲"生生"，讲"复见天地之心"，其间的分别只在于对这"生化"之"道"的价值层次的判断。道家认为"天地不仁，以万物为刍狗"，"道"的"生化"世界无固定方向，无目的，只是一大"自然"；儒家则以为天地创生世界是一大德行，即《易传》所谓"生生之大德"。虽然《老子》也讲"德"，但那是"上德不德"之"德"，天地不以自己的生化创造为德，便是大德。由此，产生了两家在人生观上的差别。道家讲"无为"，不是无所作为，而是讲不要人为地去造作什么，应顺乎自然；一切违背自然的造作，皆源于人的私心私意，于是道家讲究主观地去欲去蔽，不要干扰阻塞自然的生化。自然之道悠久无期，落实在生命的层次，去除一己之欲，可以长生久视；落实在政治层面，则有权力者的"无为"，可以使民众任其天性而"自为"，于是形成了中国古典政治主张上的放任主义。

与道家相比，儒家对宇宙自然的看法毋宁说是采取感恩的态度，他们以宇宙的"生生大德"为据，发出"天行健，君子以自强不息"的号召，强调人应当参与到天地"生生"的大业中去，这便是儒家"赞化天地"的人生要求。道家的人生，是仿照道的自然无为而来的；而儒家则将人生与天地之道紧密地联系在一起，形成了"天道性命"之说。儒家相信，既然人为天地所生，就一定秉承着天地的德性，发掘、修养、宏大这隐含在每个人生命之中的天地之性，就可以成就人的天地大的道德境界。儒家经典《易传》、《中庸》、《大学》及近年新出土的郭店简《性自命出》，都以大体相同的言语述说着人的心性上承于天这一信念。

三、"阴阳五行"之说

论观念影响面之大，"阴阳五行"之说最大，上层社会相信，民间也相信。"阴阳"和"五行"原是两个范畴，至战国末年及西汉开始融合为一。"阴阳"一开始指的是自然现象。"阳"指的是太阳照到的地方，"阴"指的是背日的地方。《尚书》、《诗经》等典籍中的"阴阳"都有这种自然的含义。把阴阳看作天地之气，最早见于《国语·周语》："天地之气，不失其序。若过之序，民乱之也。阳伏而不能出，阴迫而不能蒸，于是有地震。今三川实震，是阳失其所而镇阴也。"《易传》最早将阴阳确立为哲学概念，如"一阴一阳之谓道"，"立天之道，曰阴曰阳；立地之道，曰柔曰刚；立人之道，曰仁曰义"等。这里的"阴"和"阳"成了宇宙间既对立又统一的两种元素，两种元素相互作用，生成万物，并且匡定了人生的规范。

"五行"最早见于《尚书·洪范》："五行：一曰水，二曰火，三曰木，四曰金，五曰土。水曰润下，火曰炎上，木曰曲直，金曰从革，土爰稼穑。润下作咸，炎上作苦，曲直作酸，从革作辛，稼穑作甘。"这里的五行仅是"洪范九畴"中的一畴，五行所涉及的事物也是日常生活中基本材料的归纳，并非抽象的概念。逐渐地，人们又总结出了五行间的相生相克关系。其相生的次序为：木生火，火生土，土生金，金生水，水生木。这是基于先民的生活经验而形成的理论：木头可以生火，火烧东西成灰烬后变为土，各类金属是从土中发现的，金属器皿放置一夜即生露水，树木得水浇灌才能生长。五行相克的次序为：木胜土，土胜水，水胜火，火胜金，金胜木。之所以有这样的次序，是因为：树木破土而生长，筑土为堤可防洪水，水可灭火，火可熔金，金属工具可伐木。到了后代，则把这种具体事物间的关联抽象成了一种生克消长的关系。

最早将阴阳和五行关联起来的是战国末年的邹衍。《史记·孟子荀卿列传》中说邹衍"深观阴阳消息，而作怪迂之变"，"称引天地剖判以来，五德转移，治各有宜，而符应若兹"。邹衍创立了所谓"五德终始说"，把每一朝代配以五行中的某一德，然后按照五行相克的关系来排列和解释朝代的兴替。邹衍的这一套诡奇的学说，在当时和后代都产生了巨大的影响。董仲舒使阴阳五行形成了更完整的框架："天地之气，合而为一，分为阴阳，判为四时，列为五行。"（《春秋繁露·五行相生》）在阴阳的观念下，董仲舒将天人的关系连接得更加紧密："天有阴阳，人亦有阴阳。天地之阴气起，而人之阴气应之而起。人之阴气起，而天地之阴气亦应之。"（《春秋繁露·同类相动》）董仲舒最为著名的改造是将原来阴阳对列的关系改为"阳尊阴卑"，其"君为阳，臣为阴；父为阳，子为阴；夫为阳，妻为阴"的观点对中国的政治、社会、伦理影响深远。之后，阴阳五行学说迅速膨胀，将自然和人事一一纳入其中，通过类比推理，五行与五方、五时、五音、五色、五味、五灵、五谷、十二律、五祀、五常、五脏、五事、干支等对应了起来，成为涵天盖地的宇宙大框架。

阴阳五行学说，对中国古代的科技思维方式有巨大的影响，几乎在所有的科技领域都可以看到阴阳五行学说的作用。中医方面，现存的医学古籍如《黄帝内经》、《神农本草经》、《难经》、《伤寒论》等，莫不盛言阴阳五行。中医认为五行生克是人体生理的正常现象，相生和相克是不可分离的一体两面。中医把五脏与五行分别搭配起来，肝为木，心为火，脾为土，肺为金，肾为水。这种对应是从功能的角度确定的，如脾胃是人体的消化器官，为人体提供营养，犹如土壤为庄稼提供滋养，因而以脾胃配土；肾脏负责泄水，所以与水相配；肝主疏泄，与木性能向上而向四旁舒展类似，所以与木相配，等等。人体的各脏腑之间都存在五行之间的对立统一的关系。如果生了肝病，除了对肝本身的病变进行治疗外，还必须考虑与肝有生克关系的腑脏进行调理，控制其病变。天文学方面，古代天文学家常用阴阳来解释昼夜长短的变化，如晋代杨泉《物理论》中说："日者，太阳之精也。夏则阳盛阴衰，故昼长夜短；冬则阴盛阳衰，故昼短夜长，气之引也。……春秋阴阳等，故日行中平，昼夜等也。"古代的天文学家还常以日像君、月像臣，以五大行星配五行，来附会出一些神秘的意义。气象学上，对于一些天气现象，也常用阴阳来解释，例如，《大戴礼记·天圆》中说："阴阳之气各静其所，则静矣。偏，则风；俱，则雷；乱，则雾；和，则雨。阳气盛，则散为雨露；阴气盛，则凝为霜雪。阳之专气为雹，阴之专气为霰。霰雹者，二气之化也。"其他应用了阴阳之说的活动还有酿酒，《春秋元命苞》解释道："粟为阳，麹为阴，阴阳相感乃能沸动，故以麹酿粟为酒。"又，炼丹术士将金视为阳，将汞视为阴，金汞之合金视为阴阳的结合，等等。至于民间方术如面相，风水，阴宅、阳宅建造等诸多方面中，"阴阳五行"更是充溢流行。

五行之扩展大抵是类比推理，最初虽有经验的基础，但经过无限度的扩展，最终走向荒唐附会也就成了必然。例如，中医的许多理论无法得到现代科学的证明，如心开窍于舌、气血与经络等。而且，这套理论一般用来解释已存的现象，而不能预测将来，因此不能算作真正的科学理论。

第二节　古代思想的一些核心观念

先秦诸子百家，大多都对未来的国家社会做出了自己的设计，提出了各自的构想，对后世产生了深远的影响。其中影响最大的无疑是儒家、法家、道家，此外还有墨家的一些主张等。这些学派大都有自己的核心观念和中心范畴，把握住了这些核心的思想，也就把握住了一个学派的基本救世理路和思想特色。这些范畴与上一节类似集体无意识的文化观念不同，属于思想史的范畴，具有很高的独创性和理论价值。下面将从这些中心范畴入手，来介绍一下诸子百家的思想。

一、孔子的"仁"道

孔子提出的"仁"的概念，是中国文化中的一个核心概念，更是儒家的政治设计中最核心的理念。但是在对孔子的"仁"的解释上，今天仍是多有偏差的。考察儒家的经国理念，首要的问题是弄清孔子之"仁"的本意。

1."仁"的含义

要了解一个思想家，了解他所面临的问题，要比了解他的出身之类更能理解他思想的理路与核心。孔子比较了以往历史，认定周礼"郁郁乎文哉"，但是到他所生活的时代，"周礼"早已变成徒有其表的虚文，精神不振的老贵族们丧失了践行"周礼"的热诚。这就是孔子面临的问题。礼乐的形式与其真实含义之间出现明显的断裂，这就是"周文疲惫"。孔子高扬"仁"之一道，就是要弥补这断裂，以恢复周礼的活力。

那么，什么是"仁"呢？《论语》有一百余处说到了"仁"。那么"仁"到底是什么意思呢？《论语·颜渊》："樊迟问仁，子曰：爱人。"理解"仁"的意思，这个"爱人"的"人"最关键。此"人"是谁？《中庸》、《孟子》都说："仁者人也。"最可体现"仁"的基本逻辑。然而问题也是"人"到底指谁？"仁者人也"，翻译成现代汉语，就是："他人也是人"。"人""爱人"之"人"，"仁者人也"之"人"，就是"人家"、"他人"。"他人"与自己无关，"人家"就不同于"己家"。如此就要问：父母、兄弟、亲戚乃至乡党邻居，是"他人"、"人家"吗？不是。父母、兄弟讲究孝慈友爱，乡亲朋友也各有情谊的伦常。这些人，因为与"自己"有关，都不属于"他人"、"人家"。然而，一个人是否有"仁"道，就在其如何对待"他人"、"人家"，即与自己不相干的人，这才是一个真正的社会问题。提出这个"对待他人"的伦理，正是孔子的非凡之处。提出"仁"道的原则，正是孔子对原始宗法关系所要求的为人之道所作出的超越。在这一点上，儒家提倡的"仁爱"实与"博爱"无异，相异之处在于儒家讲"爱有差等，由内及外"，儒家强调，一个人对他人的"爱"应该先施于父母兄弟，一个人若对自己最亲近的人都不能"爱"，对其他人的"爱"就可想而知了。

然而，上述所言是就"仁"的伦理含义而言。当时的其实《论语》显示，孔子提倡"仁"道实有其很现实也很具体的针对性，那就是当时的"君子不仁"。从《论语》的具体语境看"仁"的限定，可以看出：第一，孔子高扬的"仁"道，其本意不是指向普遍的个人德性。如《宪问》篇说："克、伐、怨、欲不行，可以为仁矣？子曰：'可以为难矣，仁则吾不知也。'"具有上述四德，可以相信人为一坚毅之人，但是否仁者则尚待其他。第二，"仁"尤其不指向社会普遍的民众："君子之德风，小人之德草"(《论语·颜渊》)，"君子有不仁者矣，未有小人而仁者也"(《论语·宪问》)，由上下文来看，这里的"小人"和"君子"是从等级上说的，"君子"指在位者，"小人"则指一般百姓，如此，"未有小人而人者也"这句话，说的就是不在位、无权力的"小人"，与"仁"不相干。这已清楚地表明孔子学术所指向的范围。"仁"在孔子，首要考虑的是为政者之道；"仁"固然包含一切人应当具有的德性，但孔子论"仁"有其优先考虑的问题，那就是"君子有不仁"，"仁"首先针对为政者的"不仁"："仁"当由为政者来推行，为政者的"不仁"便是莫大的时代问题。这是理解"仁"的本义之关键。

"仁"所指的大范围已很清楚，继而我们要回答的是它作为一个特定范畴的具体含义究竟是什么。让我们从一个看上去很矛盾的地方入手去把握"仁"。《论语》中不止一次地谈到了管仲。对于这位被孔子讥为"不知俭"、"不知礼"，并且"小器"(《论语·八佾》)的管仲，在《论语·宪问》记载中，当子路、子贡以其不能为公子纠之死殉难而否认他是"仁者"时，孔子却说出这样的不寻常的话："桓公九合诸侯，不以兵车，管仲之力也。如其仁，如其仁。"《论语》中，孔子从不轻许人为"仁者"，可是对在个人德行上颇有瑕疵的管仲，却给了"如（乃）其仁"的高度评价。个人的德行与"仁者"的德行，被孔子分作两件事，这是孔子评价管仲给人的突出印象。那么，管仲何以获得"如其仁"的评价？是因"管仲之力"，才有齐桓的"霸诸侯"，且是"不以兵车"即不以杀伐，才有"民受其赐"的桓公霸业，才使"民到于今"没有"披发左衽"，即没有被野蛮文化消灭。这后者正是管仲的大功：管仲之功端在于捍卫了文明人的生活方式。很明显，孔子此处论"仁"，讲究的是客观效果：论主观，管仲或无此本意；但论客观功绩，管仲作为一个政治家的作为已暗合着捍卫华夏文明生活的大道。因此，孔子才用"如其仁"来评价他。

　　至此，我们可以明白孔子何以说"未有小人而仁者"了。那不是对处下位的"小人"的轻贱，而是说小人物们无位无权，与"仁"不相干。孔子不承认自己是"仁"者，他说："若圣与仁，则吾岂敢。抑为之不厌，诲人不倦，则可谓云尔矣。"（《论语·述而》）这样的话诚有自谦之意，但说的也是实情。"仁"之道与"仁"之行是两件事情，行仁道需要权位，此为孔子所无。"仁"如系个人私德，孔子此处的言论就说不通，自己尚不能有德性之"仁"，如何可以"诲人不倦"？"仁"是一种政治品德，它要求的范围是当位者和有权者。孔子论"仁"本有其特定的范围，"仁"还不是一个普适性的道德范畴，这是我们通过《论语》言"仁"的上下文相较得出的结论。

　　2."仁"的最高境界和最低要求

　　孔子说过："如有王者，必世而后仁。"（《论语·子路》）一"世"三十年，"王者"三十年才能达到"仁"的境界。那么，完成时态的"仁"政之境界又如何呢？《雍也》篇说："子贡曰：'如有博施於民，而能济众，何如？可谓仁乎？'子曰：'何事于仁必也圣乎！尧舜其犹病诸！夫仁者，已欲立而立人，已欲达而达人，能近取譬，可谓仁之方也。'"子贡的理解是，"博施济众"是"仁"；孔子则不同，他宁愿将这"博施济众"的境地视为一种未曾全然实现的理想之域，这表明孔子对尧舜的评价也有所保留。然而，与《学而》篇中"若圣与仁"一样，这里也是"仁""圣"连言的。因此，"圣"和"仁"并非不相干，下学而上达，两者可视为"仁"道的完成状态和实现过程之别；为仁者其实永远走在追求仁之理想境界的路途上。路途的起点即在"仁之方"，所谓"已欲立而立人，已欲达而达人"。此与"仁者爱人"一样，表明的都是一个仁者在对待他人问题上应有的态度。

"仁"是一种为政精神，需要"为仁者"从立志做起。因此在《论语》中，孔子及其门人大讲"刚毅木讷近仁"，大讲"君子不可不弘毅"，大讲信、义、智、勇一切"修己以安百姓"的德性，其意不外浇灌那个志仁行仁的"君子"精神，以塑造"杀身成仁"的坚强主体意志。"仁"有诸多的道德精神相助，方可成为德行。修身以成为仁者的过程是无止境的，但是，要成为一个仁者则有一个最低要求，那就是"仁者不贪"（《论语·尧曰》），成为一个仁者的最低要求就是免除私欲的贪心。"不贪"的话头，在《尧曰》篇这段不太长的谈话中出现了三次，一则曰"欲而不贪"，再则曰"欲仁而得仁又焉贪"，三则曰"出纳之吝，谓之有司"。有意思的是，《礼记·礼运》也说到"不贪"，正可作此处的注脚："用人之仁，去其贪。"孔子所以把"不贪"看得如此重要，在于"贪"与"仁"之"爱人"是水火不容的东西。作为一个行政者，如果连自己的私心都不能革除，又怎么能行"爱人"的"仁"道呢？这正是孔子对理想的统治者的最低要求。

孔子论"仁"，时而说"为仁"很难："为之难，言之得无讱乎？"（《论语·颜渊》）时而又说容易："仁远乎哉？我欲仁，斯仁至矣！"（《论语·述而》）看似矛盾，其实不然。要达到仁道的最高境界是"任重道远"，论其难度，难到尧舜都未臻完美；但做到"士志于仁"则不难，可以从克服一己私欲开始。难，说的是最高境界；易，指的是最低标准。

3. 孔子的文化方略

以"仁"的道德精神力量恢复周礼的文明世界，是孔子开出的救世方略。在这一方略之中，最重要的内容是道德力量。《论语·颜渊》云："季康子问政于孔子，子曰：'政者，正也。子帅以正，孰敢不正。'"因此政治问题实际只是为政者的"正也"问题，即所谓"修己以安天下"，在位的君子与德性上的君子的真实叠合是政令之行最重要的方面。其身正，不令而行，于是"君子笃于亲，则民兴于仁"（《论语·泰伯》）。《子路》篇说："上好礼，则民莫敢不敬；上好义，则民莫敢不服；上好信则莫敢不用情。夫如是，四方之民，则襁负其子而至矣。"这便是所谓"君子之德风，小人之德草"。这是孔子对政治的定义，也是儒家的定义，也可以说是整个古代对政治的最基本定义。如此定义的政治，实际只是道德教化，即德治。之后，孟子提出

"人性善"，为教化论提供了一个坚实的哲学基础，使其理论体系更加完备。后来荀子虽然提出"性恶论"，有引向专制的可能，但是荀子也指出为政者的任务在于"化性起伪"，依然是说要教化。

德治的政治图景中，君主的道德，或者说为政者的道德，居于首要地位。它是社会的方向，是社会政治的引擎。德治的最高理想是博施济众，从而使社会个体不分贵贱都能获得道德的提高，都能有充实而美妙的德性生活，尧舜之世"比屋可封"，是其要达至的最高理想状态。因此，政治的问题，在为政者只是道德修养事；而政治的实施，从为政者的良知自我做主，到德政的普遍实现，是直线贯穿式的，政治的改善实际只是使民众效法的问题。

在这"德治"的主张中，社会福利的位置又如何？"博施济众"是仁政的理想，但是通向这一境界的途径又是什么呢？《子路》篇说："子适卫，冉有仆。子曰：'庶矣哉！'冉有曰：'既庶矣，又何加焉？'曰：'富之。'曰：'既富矣，又何加焉？'曰：'教之。'"

这里说到"富民"的问题，在《论语》及整个儒家学说中甚为可贵。然而问题是，如何富之呢？积极的说法在《论语》中则付阙如。物质上的富裕，自然离不开生产之事，然而，《子路》篇记载："樊迟请学稼，子曰：'吾不如老农。'请学为圃，曰：'吾不如老农。'樊迟出，子曰：'小人哉，樊须也。上好礼，则民莫敢不敬；上好义，则民莫敢不服；上好信，则民莫敢不用情。夫如是，四方之民，则襁负其子而至矣。'"很明显，以道德的理由，孔子不赞成自己的学生学习有关农稼方面的学问。樊迟问稼、问圃，孔子之"上好礼"云云可谓答非所问；由"襁负而至"推而知之，孔子对"富民"之术的思考不离人民数目的增加。更重要的是，民众之富，在孔子政治理念中只是一件次要的事情。将"子适卫"一段与《颜渊》中的另一段文字对照，这一点就十分清楚了。《颜渊》篇说："子贡问政，子曰：'足食，足兵，民信之也。'子贡曰：'必不得已而去，于斯三者何先？'曰：'去兵。'子贡曰：'必不得已而取，于斯二者何先？'曰：'去食。自古民皆有死，民无信不立。'"

问题不在于"教"居第一、"富"居第二，问题在于民众的富裕是可去掉的，这便是富裕在孔子心目中的位置。富民的可"去"，决定着孔子反对学生学习农事，决定着在民众的富裕之事上孔子是一个"无为"论者。但"无为"只是属于事功上的无为，而非道德影响；在道德上，孔子是讲有为的，在经济和民众的福利上则主张无为。尽管他提出"富之"这一概念，但孔子仍只是一个消极富民论者。因此，孔子及儒家不会有真正的富民论，他们把全部心思用在为政者一边，只知在他们身上下功夫。

儒家消极的富民论的历史作用也不可小看，其内涵有两大端：一是反对权势人物过度的聚敛。"季氏富于周公，而求也为之聚敛，而附益之。子曰：'非吾徒也，小子鸣鼓而攻之可也。'"(《论语•先进》)在经济上，孔子的治国之道是："道千乘之国，敬事而信，节用而爱人，使民以时。"(《论语•述而》)不难理解，经济上的节约被视为治理一个大国的要务，只是出于反对加重民众负担的考虑。消极的富民论的另一重内涵是，"文德"之政的实施，本身即是消除经济上的不公平和贫困现象的保证："丘也闻有国有家者，不患寡而患不均，不患贫而患不安，盖均无贫，和无寡，安无倾。"(《论语•季氏》)将社会的贫富与社会正义联系起来，是这一观念的卓越之处，也道出了孔子"博施济众"的底里："博施"之"施"的实意只是公平地"施"，如此则带来国家的"和"。至此，不难找到其与前一端的联系：权势的聚敛，实际就是社会失去公平的根源。在这里，孔子提出"和无寡"，也已经注意到社会生产的顺利进行有赖于社会的整体和谐。但是整体来看，孔子所认为的取得社会正义的条件仍是道德论方面的，即当权者的道德觉悟；如何提高社会物质利益的总量，在孔子还不成为一个显著问题；同时，"民无信不立"的国家理念，更使得这一观点不再有任何的发展。

上述观点还涉及民众在孔子文化方略中的地位问题。孔子的学问，是君子的学问；存在于这样学问中的小民地位，甚可关注。诚然，当孔子说"君子之德风，小人之德草"，"君子喻于义，小人喻于利"和"民可使由之，不可使知之"时，或许像一些学者所辨析的那样，并非出于对小民的歧视，但是，在以道德救世的文化方略中，小民处于被动的地位，是毫无疑问的。小民的被动，决定了他们不承当社会混乱的主要责任。在被动中，民众可以接受德化的政治，这是孔子"仁"学的重要一点。民众可以接受道德教化，源于"性相近，习相远"这一重要的人性论判断。民众是德政的受施者；但在道德上，他们完全有觉悟随着君子德行走，即所谓"上好礼则民莫敢不敬"，等等。其实在孔子的文化方略中，政治的纲领在君子，政治的本质含义是德行之推广和被接受。

民众之所以处在被动地位，乃是因为"君子的学问"根本不是从民众的一端立言，民众被忽略了。如果道德的力量可以化为政治的力量，亦即德行的原则完全被君子贯彻于政治，德在其中，利也在其中，民众可以是被动的。问题是，只有德性原则的应当之理，如何可以保证德性原则的真正实施？从这个意义说，孔子的学术只完成了一半的任务，那就是应当之理的建构。应当之理的落实，需要一种力量的保证；这种力量，我们可以从大体与孔子同时的郑国邓析子以"讼师"身份与当权者的周旋中看出一点端绪，从墨家学者对平民的严格组织及其为捍卫民利的"非攻"、"节葬"等主张中可以看到一些作为。而以儒家为代表的一脉学术，则更关注社会混乱的事实，并力求从整体上稳定这个社会。

二、"中庸"之道

儒家的"中庸"之道，关系到中国人做事与做人的原则与方式。"中庸"之道，在孔子《论语》中讲得很少，"中庸"出现过一次。但是"中庸"的意思，《论语》中表达过多次。而且，马王堆出土文献证明，孔子晚年好《易》是可信的；另外，帛书《周易》文献中还记载，孔子说他读《易》与一般巫术之士读《易》不同，他要观的是其中的"德义"。一部《周易》，说"阴"必说"阳"，说"刚"必说"柔"，说"内"必说"外"，说"上"必说"下"，等等，全然是一种左右平行的"对称性"思维。这正是"中"之一道所以被提出的原因。一个合理的推测是孔子晚年不但好读《易》，而且提出不少的道理，其中一个就是"中庸"之道，经由后学者记录整理，便有了《中庸》。

什么是"中庸"？"中庸"的"中"又是什么意思？

请看《中庸》开始的几句："天命之谓性，率性之谓道，修道之谓教。"上天赋予人的就是"性"；沿着这个"性"去为人做事，就是人生正路；修养维持这个人生正路，就是教。上天赋予我们的是"性"，但是人身上有动物性也有道德性，如何可以说"率性之谓道"呢？沿着人身上的动物性走也是"道"吗？要解决这个疑难，必须回到《中庸》的时代去。考诸同时其他文献如《礼记·礼运》，可以确定，在当时的语境下，"天命之谓性"的"性"，专指人高出于动物性的那部分"人性"。也就是说，中庸之道的"道"，就是专指从"人性"延展出来的人生大道。"天命之谓性"的"性"既然专指"人性"，那么这高出"动物性"的"人性"的高，又具体表现在哪儿呢？就表现在人有十分复杂的情感，这就是《中庸》下面所说的"喜怒哀乐之未发"的喜、怒、哀、乐等情绪。的确，人所以高出动物，一个重要表现就是情感的发达。人有情绪，从而可以应对世界的各种情况。然而，过分的喜怒哀乐，都不是人生的健康状态。那么，如何使各种情绪的发生达到和谐平衡呢？这就是中庸之道要解决的人生问题。

《中庸》说："喜怒哀乐之未发，谓之中；发而皆中节，谓之和；中也者，天下之大本也；和也者，天下之达道也。致中和，天地位焉，万物育焉。"这段话，在古代于"已发"、"未发"上有许多的分歧。其实所谓"喜怒哀乐之未发，谓之中"，就是从人高出一般动物性来讲的，是说我们具有各种情绪及表达这些情绪的能力，这是与生俱来的，是上天特殊的恩赐，而且就像一台高级电脑一样，不但各种功能齐备，而且功能搭配得当；虽然电脑还没有被使用，但是齐备均衡的功能都在，这就是"未发"，而且是"中"即均衡的。它是"大本"，就是指人高出动物性的"人性"根植于上天。中庸之道的要点、难点不在"未发"，而在"已发"的"发而中节"。过度的、失当的喜怒哀乐都不"中节"，就像电脑操作不当就会毁坏机器一样。那么如何"中节"？这就是"和"的作用。中和自己的情绪，就是控制自己的情绪发作，使之适度、不过分，这就是"和"。"和"得需要"致"，所以说"致中和"；"致中和"就是修养，而修养就是首先做到控制情绪，不要被任何一种情绪牵着走。所以中庸之道的第一义，就是"内在的心灵的和谐"。能做到这一点，即是德，也是福；一个人能抗拒外在干扰，心气平和，对外而言，不会无端伤害他人；对自己而言其实也是一份福气。儒家讲究中和内心世界，讲求的就是人生的德福一致。

做人做事而言，只有内心和谐的人，也就是不为情绪左右的人，才能公平地对待他人，这点可以引用《大学》的一段话来说明："所谓修身在正其心者：身有所忿懥，则不得其正；有所恐惧，则不得其正；有所好乐，则不得其正；有所忧患，则不得其正。心不在焉，视而不见，听而不闻，食而不知其味。此谓修身在正其心。"这段话的意思是说，如果一个人的心灵被"忿懥"、"恐惧"和"好乐"等情绪控制了，他就会在处理各种事上产生偏差，"不得其正"。不论是对待人，还是对待问题，还是思考对策，只要情绪作怪，就难以做到合理、适度和公正。内在和谐实在关系到一个人在生活中的成败。关于中庸之道，还有许多方面可讲，但是，由内心和谐以达至外在的处事和谐、公正，是其最核心的内涵，对于中国人影响很大。要做人，需要中庸之道；要做事业，何尝不需要它？所以，孔子晚年思考"中庸"的问题，应该是在思考一种儒家的道德实践论。

三、道家的"无为"

道家思想对中国文化的影响几乎可与儒家等量齐观。它影响了古代的政治，影响了古人的人生。就其在先秦的发展而言，老子的"道德"衍生出了黄老之学和庄子之学。

1. 老子的"无"与"无为"

在《老子》中"无"就是"道"，然而用"无"表示的这个"道"，未尝不可理解为认识论意义上的概念。就是说，当老子用"无"表示"道"时，他其实是想说："道"很广大，广大到人根本无法全然认识，更不用说把握了。人固然可以认知一部分"道"的内容，但是，道还有更幽暗广大的部分，永远隐藏不见，自在地运行。因而，人类自以为认识了一切，而有所作为，有所安排，却往往是背"道"而行，终会遭受"道"的反弹。举例而言，18、19世纪以来，人类相信科学，然而，随科学改变世界而来的是严重的环境灾难，这是大自然的"回馈"，是超乎人类对科技无限进步的预期的。这就是"广大无边"的"道"（"无"）的力量，可以对人类的作为、安排施加"突如其来"的反弹。

"无为"是《老子》的核心概念。天地创生万物，是"道法自然"，道创造万物，无目标，无偏好，是创而不创，不创而创，一句话，是自然而然。自然而然就是"无为"；"无为"而创生了一切，就是"无不为"，"道"因此是一个"无为而无不为"的大逻辑。人取法于"道"，在人的文化实践方向上，就也应以"无为而无不为"为大取向。因此在文化的方略上，道家与儒家的差别在于道家以去除人的"有为"而恢复"道"的"无为"大境界为旨归。人世的一切伪弊，皆是因为人的造作和矫饰，这皆是因为人的欲望太盛，因而"文化"过盛，失去了"自然"之本。同时，从人生上说，"无为"不是百事不为，而是针对人的私心杂念而"为无为"、"欲无欲"，以"无为"的志向，去掉欲望，"视素抱朴，少私寡欲"（郭店本）。道家在思想上也倡导一个"天人合一"的大格局，从"道法自然"出发，道家提出了"无为而治"的主张，可称为"中国古代式的自由放任主义"政治文化观。它的集中表达见于如下的句子："道常无为而无不为。侯王若能守，万物将自化。"（《老子》三十七章）"故圣人云：我无为而民自化；我好静而民自正；我无事而民自富；我无欲而民自朴。"（《老子》五十七章，郭店本第三十二简，语句及语次微有不同）。

文句中的"我"因与"民"的相对而可以确知其所指为君主，即《老子》三十七章所谓"侯王"。这几句话的精义，在其石破天惊地将"民"在经济文化上的主动性一端突显了出来。在讨论孔子及儒家教化论的文化方略时，我们看到，"民"是一个可以接受道德教化的被动体，但在老子这里，"民"被视为可以"自化"、"自正"、"自朴"和"自富"的实在，被独立出来了。这几个句子，实际可解为"无为而无不为"一句的具体说明。有了这几个"我"与"民"相对而称举的句子，"无为而无不为"的"无为"与"无不为"之间的逻辑关系，"无为"达致"无不为"的具体理路才变得清晰："我"、"无为"、"好静"、"无事"了，"民"就"自化"、"自正"、"自富"了；反过来说，"民"的不"自化"、不"自正"、不"自富"，是因权力者们的不能"无为"、不能"好静"、不能"无事"。如此，天下大混乱的根源在君王权力者一边。如此，改造社会文化现状的枢纽和关键，就在于权力者以"无为"作自我限定，而将一切"为"的权利让给"民"之一边。这样一来，因果关系就是"我"的"无为"是"民"的"为"的前提。

因此，"无为而治"的精义在限制君主施展其无限的权力。《老子》中"为无为"、"欲不欲"和"学不学"的说法，即指此点而言。其将君主、侯王的"无为"视为"民""自化"、"自正"、"自朴"及"自富"的先决条件，更承认了民众自在自为的主动性。当然，对这主动性也不能估计过高。因为在整个的文化取向上，道家以回归"自然"为大旨。其国家观是"小国寡民"的，民众在无知无识状态下返璞归真，又是道家憧憬的历史景观。民众"自富"的具体内涵也欠明确。但是不论如何，《老子》提出了一种"最低度的政府"的观念，因而与法家强调服从国家总体目标、强调令行禁止的政治观念形成鲜明对比；对"自为"、"自化"及"自富"等诸义虽缺少积极的说明，但在强调一种社会的"自发的秩序"上还是很清楚的。

2. 黄老道术：君"无为"而臣"无不为"

《老子》道家学术的后继者黄老之学。顾名思义就是黄帝、老子之学。"黄老"之称，始见于《史记》。① 黄老文献有保存在今本《管子》中的《心术》上下两篇、《白心》篇和《内业》篇，共四篇；有 1973 年在湖南长沙马王堆出土的帛书本《黄帝四经》；有《鹖冠子》这部先秦后期代表南方道家的子书；有《吕氏春秋》的一些篇章；另外，《史记》也保存了不少涉及黄老学说的记载。

老子的文化设计的要义，在君主"无为"而民众"自为"，亦即以限定君主的方式为民众的"自为"提供前提，以此达致"无为而无不为"。但是，发展到黄老之学，在限定君主方面，即在要求"最低度的政府"方面，从《老子》的立场后退了。"无为"变成了一种君主"无为"与臣下"有为"的对峙关系，所谓君主的"无为"，只是要求君主尽量少"为"具体之事，而将具体之事交给臣下；"无为"的君主修道，并以此驾驭群臣，用《庄子·天道》的话说就是"君无为而臣下无不为"，因而"无为"的含义发生了根本的变化：首先，从内涵上说，《老子》"无为"强调君主对民众减少干预，而君主的少干预也就是臣下的少干预；在黄老，则变为君主少做具体事情而让大臣做，大臣做的也是对民众的干预，如此，《老子》的"无为"，已经质变为"黄老"的"有为"。再从方法论上看，《老子》强调"无为"，重的是社会"自然"秩序，因而"无为"是一个禁令；在黄老，"无为"只是君主在具体事情上的"无为"，其目的在更好地驾驭群臣以干预社会，因而只是一种"有为"的手段。以上两方面的改造，实际将《老子》之学中被限定的君主和君又重新彰显了出来。因此，黄老之学具有人主"君人南面之术"的属性，这便是黄老之学与《老子》的重大不同。

退两步，进一步。当黄老之学在重张君权的同时，并未忘记对君权的约束。在黄老之学那里，君主守道，需要"洁其宫，开其门，去其私言"。黄老之学认为，循"道"需要去私，"道"的无形无象，可以象征君主的最高德行，那就是去除了私意。无关的情感、意见都属于私情、私意，有"道"的君主不能以一己私情、私欲干预或改变法度。由此出发，黄老之学更讲

---

① 参见吴光：《黄老之学通论》，110 页，杭州，浙江人民出版社，1985。

究"大公"之道，如《心术下》称："圣人若天然，无私覆也；若地然，无私载也。私者乱天下者也。"《黄帝四书·经法·道法》称："至公者明，至明者有功；至正者静，至静者圣。"而修道的基本要求，就是节制欲望，这从《老子》就开始了，黄老之学更从君主"节欲"角度提出了"节用"及轻徭薄赋等主张。如《黄帝四经·经法·君正》称："三年无赋敛，则民有得。"又说："民之用在力，力之用在节。知地宜，须时而树，节民力以使，则财生。"赋敛有度则民富，这种观点在《管子》等黄老文献中也保存了许多。这种节用厚民的主张，其实是儒家、道家的共许之义。儒家的孟子在向齐宣、梁惠等君主们高谈王道时，他的"使民以时"，正是我们从黄老之学中看到的内容。从"仁"的要求出发，必然是节用爱民；在"道"的原则下，也必然是节用厚财。政治主张上，道家与儒家呈现出这样的高度一致，是很值得注意的。

由《老子》之学向黄老之学的演变，是"民"的诸多"自为性"的消退，君主权力的重新被张出，这是很可惜的事情。而君主侯王权力的彰显，又岂止是道家？儒家从孔孟到荀子，不也经历了这样的变化？因之可以说，君主权的大张，显示出的是思想学术在春秋与战国两大时期精神上的差异。

四、法家的法、术、势

法家分为早、晚二期。早期的法家，以商鞅的"法"、申不害的"术"、慎到的"势"最为重要。

早期法家的重要组成部分是商鞅之学。商鞅之法的核心是"驱农归战"，即"农战"和"弱民"的"去强"思想；其法术的重心在政治上严明号令，令行禁止。韩非子讨论商鞅与申不害法之不同时说，商鞅之"法者，宪令著于官府，刑罚必于民心，赏存乎慎法，而罚加乎奸（干犯、扰乱）令者也"（《韩非子·定法》），即商鞅之法强调以法令统治民众。将韩非之说与《史记·商君列传》相较，合若符契。

申不害之"术"同样可由《韩非子》窥其大略。《韩非子·定法》篇曰："因任而授官，循名而责实，操杀生之柄，课群臣之能者，此人主所执也。"又《史记》载："申子之学，本于黄老，而主刑名，著书二篇，号曰《申子》。""黄老"为司马迁沿用汉代习语，实为"道家"的同义语。"刑名"之"刑"，即"形"字假借；又同《传》太史公曰："申子卑卑，施之于名实。""名实"即"形名"之意。"刑名"即"循名责实",君主"操杀生之柄",这无疑是要强化君权。

对慎子主张之"势",可以通过《韩非子·难势》一文略知一二。《难势》说:"慎子曰:'飞龙乘云,腾蛇游雾;云罢雾霁,而龙蛇与蚯蚓同矣,则失其所乘也。……尧为匹夫,不能治三人,而桀为天子,能乱天下。吾以此知势位之足恃,而贤智之不足慕也。'"又《荀子·解蔽》言:"慎子蔽于法而不知贤。"批评他一味重视权势不知贤者之用,与韩非子所"难"一致。

站在权力的立场约束民众,是法家的要义之一。因此,早期法家思想第一个方面就是为民"制分"、"立禁"。慎子说:"故治国及天下,在乎定分而已矣!"(《慎子·佚文》)《商君书》说:"名分已定,分盗不取。"(《商君书·定分》)又说:"分定而无制,不可,故立禁。"(《商君书·开塞》)制分的目的是限制人们的"好利"自私之心。

早期法家另外一个重要的思想就是限制君权,这是法家思想的重要一翼,也是早期法家区别于韩非法术之处。早期法家固然强调法自君出,但更强调社会之所以要设君主在于一种需要。慎子说:"古者立天子而贵之者,非一利人也,曰天下无一贵,则理无由通,通理以为天下也。故立天子以为天下也,非立天下,以为天子也。"(《慎子·威德》)。因此,早期法家坚决反对君主以权侵法。慎子还说:"君人者舍法而以身治,则诛赏予夺,从君心出矣……怨之所由生也。"(《慎子·君人》)《商君书·修权》说:"今乱世之君,区区然皆擅一国之利,而管一官之重以便其私,此国之所以危也。"因而,强调君主自我克制,法度面前人人平等,是早期法家的共同特征,这就是早期法家的"尚公义"。

需要指出的是,这种崇尚"公义"的精神,在商鞅变法的实践中曾有明确的体现,如太子犯法,刑其师傅。但是,早期法家将法度的实施诉诸对这样一种逻辑的觉悟:君主奉公守法,对民众有好处,对君主自身更有好处,可以富国强兵,可以统一天下。但是,法度的客观公正可以指望君主和社会权力者阶层的理性自觉吗?这与儒家所说靠道德的良心发现有什么分别呢?他们不懂得一套适宜社会的制度得以实施,必须有真实的历史力量支撑;而这真实力量只能来自与权力者相对峙的民众。这当然是法家及先秦时代的思想家们根本无法想象的事情。于是,"尚公义"的破产就是必不可免的了。商鞅之死本身即"公义"原则的破产。但是，法家也获得了巨大的成功，那就是"下约民"的成功。据《荀子·强国》的描述，严刑峻法终于在秦国造就了一批胆小怕事、"甚畏有司"的民众。"被动的历史实体"终至养成。

早期法家失败后，又有韩非集法、术、势于一身，成为法家的集大成者。关于慎到之"势"，韩非认为慎到过于强调"势"的作用。"尧为匹夫不能治三人，而桀为天子不能乱天下。吾以此知势位之足恃而贤智之不足恃也。"(《韩非子·难势》)这是慎到之说，韩非表示了不同的看法。他说，他承认"势"的重要，但是"势"之外必须要有法。"抱法处势，则治；背法去势，则乱。"(《韩非子·难势》)"去度量之数，使奚仲为车，不能成一轮；无庆赏之劝，刑罚之威，释势委法，尧舜户说而人辩之，不能治三家。"(《韩非子·难势》)"去度数"云云，是说"法"之不可去；"尧舜"云云，是说"势"之必须有。法、势必须相依，是韩非对慎到"势"说的纠正。

慎到是只知"势"而不知"法"，商鞅则是"无术以知奸，则以其富强也资人臣而已矣"(《韩非子·定法》)，也就是说商鞅不知"术"，富国强兵的实际得利者不是君主而是权臣。权臣强大则是君主"势"弱，商鞅便是不懂得"势"了。申子的"术"又如何呢？仍然有缺陷。《定法》篇说，"术"是"知奸"的，但申不害只讲"术"，结果还是"奸多"。此"奸多"不指朝廷而指官吏，"虽用术于上，法不勤饰于官之患也"。行政上，宪令的不一使得官吏有机可乘，奸伪丛集。至此，已不难看出韩非子法术思想的大纲。他要用"势"强化君权，用"法"约束社会，用"术"来限制大臣。商鞅、慎到、申不害在韩非子看来都各有一偏，他认为，圆融的法家学术，应当是法、术、势三位一体，而三位一体的效力首先是强化君主的极权，继而是以此极端的权力，贯彻法治于社会，来安定这个混乱已久的世界。韩非"法术"理论的核心问题，是高扬君主之权，为这些权力掌握者捍卫已有的权力出谋划策。但是，说韩非讲"术"的立意只在维护权力，那也不是实情，他是想先强固君权，然后以一个强有力的权力，推行"法"的政道。

然而，"借势行道"的思想结构本身只是一个诱人的幻景，权力根本不能像韩非子设计的那样归于君主；就是归于君主，也不可能带来"道"的实行。儒家出身的法家人物每以理想主义的背叛者面目出现，如商鞅，如韩非；但到头来，他们的权力主张，还是与权力的真实相去甚远，仍难免是理想主义者，仍难免因理想主义而毁灭自身。

第三节　历史上一些遭冷遇的思想

春秋战国的"百家争鸣"中出现了很多思想派别，思想的成分丰富多彩。然而检讨历史，并不是每一家学说、每一种思想都被后世所接受，如邓析、公孙龙子及惠施等所从事的对于语言概念方面的思辨，就不是后来主流读书人传习的兴趣所在。其中特别令人遗憾的是墨家后期在逻辑学上的贡献，几乎全被后人遗忘了，直到 20 世纪，才有学者发现墨家这方面的遗产，到 20 世纪后期，《墨子》中所含关于概念、判断、推理方面的自成系统的体系，才被清晰地勾勒出来。原来《墨子》的"墨辩"部分，记载着很有中国特点的逻辑学体系，较诸亚里士多德的学说并不逊色。同样值得一提的是"墨辩"中的科学知识，在几何、力学、光学方面有很多惊人的发现，例如，今天照相机的"小孔成像"原理在后期墨家那里就已经被发现了。这还只是墨家"八大光学发现"的其中之一。[①]

此外就是在治国理念上，秦汉至清朝的两千多年，基本遵循的是"重农主义"路线。但是，在春秋战国时期的齐国，还有与商鞅变法的重农主义迥然相异的治国思想体系，那就是产生于齐国而托名管仲的"轻重"治国理念。

探讨这些思想为什么被忽略，也是观察古代历史文化的一个很好的视角。下面就来看一看墨家的思想和《管子》中的"轻重"治国论。

一、墨家的主要思想

墨家学派与上面儒、道、法的立场有一个重大的不同，那就是它是从下层民众立场出发的。而且，它的出现是战国民力发展的产物：墨子以一个匠人而成为一个学派的创立者。这个人数众多的学术派别，有着严密的组织，即"矩子"制度。"矩子"之责，是执行学派的法规。墨家的组织纪律性从他们的赴汤蹈火中可见一斑。这种纪律性还内化为墨家人物的自律性，

---

① 参见徐希燕：《墨学研究》，187 页，北京，商务印书馆，2001。

矩子腹䵍做了秦惠王的顾问，其子杀人，秦王有意赦免，他不同意，说："墨者之法曰，杀人者死，伤人者刑。"（《吕氏春秋·去私》）这样一个庞大的学派群体有这样严密的组织和严格的纪律，是一个颇为独特的历史现象。

这样一个学术的派别本身就是一个团体的聚合，因此，它一经出现就是不可轻视的社会力量。这是墨家学派与其他学术派别最根本的不同。他们有自身的力量，主张"非攻"，不想楚国以大欺小，就可以派出三百人的群体，到宋国的城墙上去守城；他们的宗师可以用专业性技巧在战术上说服楚国，而且，这个学派因理论上主张"非攻"，就花了很大的思想气力去研究城池的守备学问。这样一个学派的存在，首先就是对当时迅速伸展的政治权力的分庭抗礼，这正是中国传统社会最缺少的一样东西。将与政权相对峙的民众，组织起来，形成一种力量，这首先是一个民主社会赖以建立的根芽。不是说这样的群体已经有意要争取民主，而是说他们本身的存在，他们站在下层立场的发言，即可以对铁板一块的君权构成一种有效的解构。墨家学派所具有的文化史的意义就在这里。

考察墨家之学的独特，要从它的立场着眼，这一点特别关键。墨子之学有所谓"十大主张"，计有"兼爱"、"非攻"、"节用"、"节葬"、"非乐"、"尚贤"、"尚同"、"天志"、"明鬼"和"非命"。这十大主张中，大致可划分为两大部分："非乐"、"非攻"、"节葬"和"节用"为一部分，是墨家本着自己的立场对当时社会的不合理现象展开的非难，并在非难中提出自己的主张。其余"兼爱"等六项，构成了另外的部分，正面表达了墨家的社会理想。前一部分的内容，都是本着这样的社会现实出发的："民有三患：饥者不得食，寒者不得衣，劳者不得息，三者民之巨患也。"（《墨子·非乐上》）墨子目光如炬，指出这"三巨患"源于在上之人的奢侈。奢侈即表现在上层社会的"撞巨钟，击鸣鼓，弹琴瑟，吹笙竽"，表现为上层社会的"厚葬"和一切为张扬权位所设计的繁文缛节；此外最大一项，就是君主之流不义的攻战。这里有一个古代中国政治经济学的真理：上层社会的奢侈和资源的浪费，造成下层民众的困苦和贫乏。明白这样一种"政治经济学"原理，"非乐"、"非攻"及"节葬"、"节用"的具体主张可豁然贯通，其基本目标在于使民"得息"。

十大主张中，属于正面建树的内容则有"兼爱"、"尚贤"、"尚同"、"非命"及"天志"、"明鬼"等。"兼爱"是根本，它的意思是强调每个人不能只爱自己不爱别人，应该有的态度是"为彼犹为己也"（《墨子·兼爱下》）。很明显，"兼爱"之说是从儒家的"仁爱"发展过来的，而且无悖于孔子"博施济众"的最高的"圣人"之"爱"。[1] 然而，墨子的"兼爱"，仍与孔子之"仁"有深刻的差别：在孔子，"仁"是一种纯粹道德情操；而在墨子，爱作为一种道德情操的内容并未得到多大的关注，他更关注的是"兼爱"的效果，即有"兼相爱"导致的"交相利"。"兼爱"的意义，在墨子看来，最值得注意的或许只在它的"交相利"。强调"兼爱"导致利益的互惠，是墨子与孔子的区别。

墨子试图建造一种旨在为万民兴利除害的新型政治，那就是"尚同"和"尚贤"的整治。"尚贤"是"尚同"的条件，于是选拔贤人，就成为墨子关注的首要问题。他说："列德而尚贤，虽在农与工肆之人，有能则举之。高予之爵，重予之禄，任务之以事，断予之令。"（《墨子·尚贤》）墨家的民主品质，于此也表现得尤为分明。他甚至提出"选天下之贤者立以为天子"（《墨子·尚同上》），只不过说选天子是上天鬼神之事，而非下界万民之事而已。上天选立了天子，天子不能独自治理天下，于是选贤人为三公，天子、三公既立，以天下广大，是非利害之事不能明知，又选贤者为诸侯以为助。墨子设计中的最下层正长是里长，他们都是里中仁人。里长负责收集乡人兴利除害的意见，上告乡长。乡长是乡中仁人，他把这些意见收集起来并加以甄别，乡长肯定的大家就遵行，乡长否定的大家就放弃。于是"一人一义"的情况就改变了。乡长再上报国君，国君再上报天子，于是天下就形成了统一意志，尚同的过程就实现了。墨家实际是根据自己学派的生存方式，幻想着未来的国家治理。

二、《管子》的"轻重"治国论

较为完整地保存着轻重治国论内容的文献，是《管子》中《海王》、《国蓄》、《山国轨》、《山权数》、《山至数》及《轻重》从甲到戊各篇。《管子》一书，成于众人之手，而且成书也不在一时，因此有理由说，在稷下兴学的年代里，在那些记述、引申管子的政治实践的学人中，有学者在管子"通货

---

① 参见萧公权：《中国政治思想史》，113～114 页，石家庄，河北教育出版社，1999。

积财"和"贵轻重,慎权衡"的启发下,提出了一整套的商业强国论。东方各国特别是齐国的文明水准,也实在具有这样的理论土壤。

什么是"轻重"? 胡寄窗说:"轻重一词的内容是很广泛的,凡是关于封建国家的财政、土地政策、经济体制、货币、物价、积蓄各种经济政策或措施,如对内外贸易政策,农工业生产奖励……都是轻重理论的重要应用范围。不过在许多内容中,《管子》更侧重谈货币、物价及农产品之交换等。"[1]巫宝三的结论则更具体,他说:"'轻重'一词的解说,依司马贞的解说'轻重谓钱也',更为简明扼要。因为不论司马迁所说的'通轻重之权'等等,或《轻重》各篇所说的'轻重之筴'或'轻重之数',讲的都是商品流通和货币价格关系问题,而货币的'轻重',则是论证和处理这些问题的核心。"[2]何者为"轻",何者为"重",首先是一个变动不居的现象。当年景好的时候,粮食多价格就低,这就是"轻";一定数量的钱可以买很多谷物,钱就"重"。此外,如果齐国的粮食价格偏高,别的诸侯国偏低,在齐粮食就是"重",别的国家则是"轻"。按轻重流通的法则,如水之就下,别的国家的粮食会因价格差,而自然流向齐国。轻重关系的变动不居还表现在万物(商品)的散则轻,聚则重,藏则重,发则轻,少或不足则重,有余或多则轻等,不一而足。国家要做到富强,当国者必须掌握这轻重关系的要领,并灵活地运用它来治理国家,并在经济上打垮他国,货币是其中的关键。这便是轻重治国理念的大致内容,与重视小农的重农主义差异甚巨。

需要指出的是,《管子》"轻重"之术,诚如胡寄窗指出的,"仍未发展到'货币崇拜主义'的水平"[3]。"轻重"之术重视的是谷物这一具有战略意义的物资,《管子》学者们将谷物信奉为"万物之主",称之为"民之司命"(《管子·国蓄》)。因此"轻重"之术中谷物处于"谷重则万物轻,谷轻则万物重"和"谷独贱独贵"的位置。因此,"轻重"之术的关键是谷物和货币,谷物和货币是轻重之术的核心。有货币方可收购囤积谷物,有谷物方可回收货币,"人君操谷币准衡而天下可定也"(《管子·山至数》)。

"轻重"理论的提出,是以齐国发达的社会文明和社会各业经济为基础

---

① 胡寄窗:《中国经济思想史》上册,323页,上海,上海人民出版社,1962。

② 巫宝三:《管子经济思想研究》,280页,北京,中国社会科学出版社,1989。

③ 胡寄窗:《中国经济思想史简编》,144页,上海,立信会计出版社,1997。

的。首先，《管子》学派坚信"仓廪实而知礼节，衣食足而知荣辱"(《管子·牧民》)。重视财富积累对富国强兵的作用，是先秦大多数思想家的观点。不同的是，《管子》的财富观不是片面地重农，片面地强调五谷的生产；相反，它强调各业的并兴，《管子》也有"工事无苦窳，女事无文章"的话，但那是反对"文巧"[①]，而不是反对手工业。特别需要注意的是，在"所务者五"中，《管子》还强调了水利，假如这不是首次，也是较早注意到水利是农业的命脉这样的道理的学说。

主张多种经济，甚至提出消费以增加就业，从而重视社会分工，所以《管子》有"分民"之说。《宙合》篇说："天不一时，地不一利，人不一事，是以著业不得不多。"多样化的社会生产，又决定了《管子》的作者们对私人工商业的基本态度，那就是他们并不一味主张"工商食官"，承认社会上有"不为官贾"和"不为官工"的私人工和商(《管子·乘马》)。对这些人，《管子》的作者们只强调了一点——诚实："非诚贾不得食于商"，"非诚公不得食于工"(《管子·乘马》)。明确承认私人工商业的生存，是《管子》最了不起的思想之一。于是在《管子·轻重乙》中我们看到这样的文字："桓公请以令断山木，鼓山铁，是可以毋籍而用足。管子对曰：'令发徒隶而作之，则逃亡而不守。发民，则下疾怨上，边境有兵，则坏宿怨而不战，未见山铁之利，而内败矣。故善者不如与民量其重，计其赢，民得其七("七"原作"十"，误)，君得其三。'"

这真是非凡得很！这是承认私人工商业存在权利的结果。富国强兵诚然是《管子》的基本主张之一，但是，有这样的文字，就可以证明，《管子》学派富国强兵理论，并不排除民间私人求富的行为。相反，这种与民"三七分利"的设想，还将国家的富强与工商业者的利益结合起来。因此，《管子》中的富国论是一个兼顾民间利益的"富上而足下"的"上下具富"论。这是《管子》学派与商鞅、韩非法家治国言论的重要不同。"富民"是《管子》中一个被反复谈到的话题，《管子》的作者们特别注意民众利益，《治国》篇说："凡治国之道，必先富民。民富则易治，民贫则难治也……故治国常富而乱国常贫。是以善为国者，必先富民，然后治之。"《小问》篇又说："富上而足下，

[①] 参见巫宝三：《管子经济思想研究》，15 页，北京，中国社会科学出版社，1989。

此圣王之事也。”

这样的富民论，诚然还有其限制；站在权力的立场，《管子》学派必然相信"甚富不可使，甚贫不知耻"（《侈靡》）的道理。然而，在一个极权迅速膨胀的时代，有这样一番照顾民众利益的言论，已是难能可贵了。重要的是，它承认民众的求富，承认民众工商业的存在，还为后续的历史发展留下了空隙，留下了希望，留下了真正能否定极权制度的根芽。

那么，"轻重"治国论的价值是什么呢？

首先，以重小农为核心的重农主义，肯定不会在中国获得那样永久性的统治地位。齐国自建国那天，就开始走了一条因地制宜、重视渔盐之利的治国道路；到管子在齐国实施富国强兵的政治，更是坚持既有的道路而有所出新；及至《管子》，多种经营、各业并重的财富观念，更被现代学者誉为"现代财富论（物质财富生产的重要性和包括范围）的先驱"[1]；再进展到《管子》的"轻重"之术，则在理论上更明显地超越了单纯的重农的治国观念范围。

其次，以重农主义的政治手段治理国家相对而言技术含量低下。"轻重"之术则大不同，它是从高度发达的社会经济生活中抽象出来的治国理念，对治国者提出很高的以经济手段管理国家的技术要求。《轻重》各篇中讲了许多寓言性的故事，不论是"斗豪民"，还是以人为方式将某些物品变得"重"，都显示出这样一点：治国者简单地靠一纸政令不足以解决复杂的社会经济问题，"轻重"治国技术要求相当高，这与齐国的整体政治水平有关。《管子》中有一篇文献《问》，很像是一份国情调查问卷，涉及政治、经济各方面。这份文献不知是否实际使用过，不过，其中显示出的齐国治国手法之丰富却是毫无疑问的。因此下面的情理是可以想象的：假如实施"轻重"等治国理念，势必对管理国家的官员提出另外的要求，或许古代官僚队伍的建构会是另一番情形。官僚制度在先秦时期萌芽并初步成熟，那时还是楚材晋用、唯才是任的；列国竞争，用的都是有本事富国强兵的人才。到秦汉时期，官员的叙用已经明显地呈现出偏重道德的倾向。业已确立的治理国家的理念是小农主义加道德教化，于是孝子廉吏、文学贤良纷纷走

① 巫宝三：《管子经济思想研究》，12 页，北京，中国社会科学出版社，1989。

上政治舞台，并逐渐占据要津。这一批人进一步雅化，连意识形态方面的文化也都是他们的。中村元教授研究东方思维偏向，说中国人对漂亮文章和训诂太倾心了。①漂亮文章外加古书训诂，都属于官僚文化的特殊兴趣，都可从秦汉以后选定的国家理念找到逻辑起点。中国人喜用"道德文章"四字连成一个固定语来赞美人，就很说明问题。真正能在经济上富国富民的官员不是没有，偶尔还出过几个很厉害的，但总归不是士大夫阶层的主流。

再次，要讨论一下"轻重"之术治理下的民众。民众这个概念是包括富人和一般人的。自古以来，富人这个群体在中国社会中的处境很尴尬：皇权离不了它，并造就了它，却又很不待见它，尤其是那些靠着经营工商业而致富的富人。所以重农主义的王朝对这些富人往往会严厉打击。然而"轻重"治国论，只是限制富人，却不是要消灭这一群体。《轻重》篇的"斗豪民"实际带有明显的利用"豪民"的意味。"轻重"之术不以消灭"豪民"特别是其中的富商大贾为目标，这一点非常重要，可以避免商业资本向土地的转移，从而避免因商业资本的流通减速而产生的兼并土地的现象。西汉政府最忌讳的是商人兼并农民，可它所实施的那套重农抑商的基本国策，恰恰给它不愿看到的土地兼并火上浇油。

"轻重"之术与小民的关系，是它的"无籍"主张。如何以"轻重"之术使一般民众不要陷入太贫困的地步，是《管子》的作者们时常考虑的问题。而《轻重》各篇中"无籍"主张的实施的基本思路，是政府通过"官山海"即控制盐铁等重要物资的生产销售来获得财政收入，进而免除一般民众的赋税的方式，梁启超称此为"无税主义"。②《国蓄》篇说："夫以室庑籍（纳税），谓之毁成；以六畜籍，谓之止生；以田亩籍，谓之禁耕；以正户籍，谓之养赢。"③《管子》的作者很清楚，各种直接税收，会严重影响生产积极性，这是

---

① 参见［日］中村元：《东方民族的思维方法》中译本，143～151页，杭州，浙江人民出版社，1989。

② 参见梁启超：《管子评传》，见《诸子集成》，第5册，51页，上海，上海书店，1986。

③ 马非百说："养赢"一词，与《盐铁论》"养强"一词同义，是对大户有利的意思。（马非百：《管子轻重篇新诠》上册，243页，北京，中华书局，1979。）《管子》此段文字内容亦见于《海王》篇和《轻重甲》篇。

他们不主张"以室庑籍"等的原因之一。《管子》的学者们对此还有更精彩的洞见，《国蓄》篇说："今人君籍求于民，令曰十日而具，而财物之贾（价）什去一；令曰八日而具，则财物之贾什去二；令曰五日而具，则财物之贾什去半；朝令而夕具，则财物之贾什去九。"直接向民众征税，要求的时限越短，民众卖出产品时价格越低。从国家的角度说，是"轻重"之权操在富商手里；从小民角度说，是财物凭空被商人剥夺。那么"无籍"的具体措施是什么呢？就是通过对盐铁等国家控制经营物资早销售时的加价，来获得财政收入。盐、铁之物，每人必食，每家必用。一定程度的加价就可以代替各种税收。《国蓄》篇称此为"见予之形，不见夺之理"。

对于"无籍"的具体措施，这里须指出两点：一是到明清之际，江南一带的棉农还在经受着"令曰十日而具，而财物之贾什去一"的剥夺。二是对此"见予之形，不见夺之理"之说，不可简单地以欺骗伎俩视之。这是一个强调用商业法则来满足国家财政要求的策略。尊重商业法则的采用，在唐代就有刘晏"敛不及民而用度足"（《新唐书·刘晏传赞》）的巨大成功。《管子》的作者们主要从富商的乘人之危来谈直接税收的"毁成"、"止生"种种，实际从后世的历史经验看，直接的赋税收取，还是将小民投入大小官吏虎狼之口的罪魁。官吏以国家的名义向民众征税时层层扒皮、处处中饱的现象，是古代政治经济生活最黑暗、最惨痛的恒常光景。特别是那些千百年被固着在土地上的农民，他们的生产事业，正像商鞅期待的那样，确实培养了他们的懦弱可欺，从而使其成为永久性的"鱼肉"对象。"轻重"之术的一个重要理想"无籍主义"，或为民众摆脱最深重的经济剥夺的一个法子，当然前提必须是"轻重"之术能成套地不折不扣地得以实施。

最后，在《管子》学者对"轻重"之术的讨论中，可以清楚感受到这样一点：他们并不汲汲于武力征服天下，而更热衷于在经济上使他国臣服的"商战"。前面所谈到的以"轻重"为手段击败鲁、梁是这样的例子，而在《轻重甲》篇中更有明确的说法："桓公曰：'请问用兵如何？'管子对曰：'五战而至于兵。'桓公曰：'此若言何谓也？'管子对曰：'请战衡，战准，战流，战权，战势。此所谓五战而至于兵也。'桓公曰：'诺。'"对此，马非百先生的解释是："所谓战衡，战准，战流，战权，战势者，皆属于经济政策之范畴。一国之经济政策苟得其宜，自可不战而屈人之兵。何如璋所谓'权轻重以与列邦相应，即今之商战'者，得其义矣。"[①]"五战而至兵"实际是不使用"兵"，与"不战而屈人之兵"不是一个轨道。商业活动是需要对手的，当《管子》的作者们设想用"商战"征服天下时，他们的心中想的不是别国的人民和土地，不是做万人之上的帝王的威风和美感，而是现实的巨大经济利益。

历史不可假设，但以假设的方式考察历史不失为致知的一个方法。当我们在这里虚拟"轻重"之术可能带来的结果时，实际只是在突出它与成就于西方秦国变法的重农主义之不同。也许注意到这样的分别就可以了："轻重"之术作为一个成长于东方诸侯国家的治国理念，虽强调经济上的干预政策，却不一味排斥民众在经济上的求富，而且还可防止一般民众把过分贫困放在心上。但最重要的一点是，这样的治国理念，随着秦的统一，就走向末路了。

思考练习

1. 结合教材，阐述中国文化中的"大同"、"天下"、"天人合一"等普遍观念。

2. 结合教材，阐述中国传统思想中的"仁"、"中庸"、"无为"、"法"、"术"、"势"等核心观念。

3. 结合教材，阐述中国文化中遭到冷遇的墨家思想与《管子》中的"轻重"治国论。

---

① 马非百：《管子轻重篇新诠》下册，501～502页，北京，中华书局，1979。

第七章　汉语的特点

要点提示

1. 了解汉语的基本特点，即由此而来的汉语文学的一些特点。

2. 了解"雅言"、"方言"与历代"韵书"的编写情况。

3. 了解文言文变化的基本情况。

4. 了解白话文的历史。

　　在今天的山西襄汾县，考古学家们在这里发现了陶寺遗址，时间早于夏代，距今四千多年。有趣的是，在一件出土的陶器上，居然写着今人一眼就能认出的"文"字！

　　古代埃及、巴比伦语言文字，都是靠后代语言学家破解的；古代希腊、罗马的语言，今天也没有哪一个文化人群还在广泛沿用。汉语则不然，从甲骨文

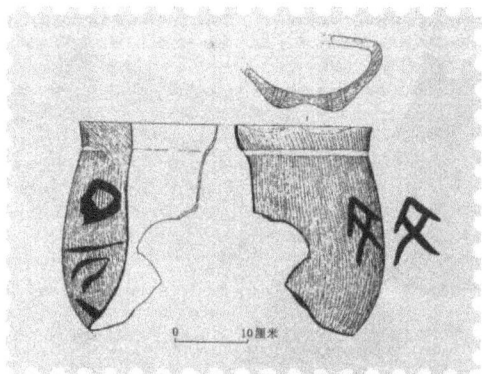

图 7-1　陶寺遗址出土陶器上的"文"字

到西周金文（刻在青铜器上的文字）、到简帛文字，再到秦汉至元明清的书面文言文，一脉相承。一些重要的变化，只发生在字的读音、词汇的代谢及某些语法差异方面，属于延续中的变化，与一种语言取代另一种语言有质的不同。

第一节　汉语的一些特点

20世纪50年代曾有苏联语言学家说，单音节的词是动物发出的声响。当时有些中国学者很着急，因为汉语绝大多数的语词，如天、地、上、下、山、川、河、流，等等，都是单音节词。其实是那些语言学家的说法只是少见多怪，单音节正是汉语的特点之一。那么，汉语都有哪些特点呢？

一、汉语字词像"马赛克"

汉语的一个词，一般由声母和韵母组成，此外还有声调的变化。一个词写出来就是一个字。零声母的语词是有一些的，如一、元、以、无、舞等，同时，只有声母却没有韵母的语词是没有的。

汉语的声母其实是不发音的，只起确定发音部位与方式的作用。韵母是元音，像a、o、e等都是元音，听起来悦耳。这就是一个汉语语词的单音节，包括声母（不少词是零声母）、韵母和声调三个元素。一个词，写出来就是一个方块的字，很像一块一块的马赛克。

汉语单音节"马赛克"的几个特点，后来都被利用到文学上去了，具体说，古典诗、词、曲、赋，都是利用"马赛克"的三个元素构建出来的语言形式。

因为汉语字符整齐如"马赛克"，所以可以组织起长短一致的句子。例如，对联"忠厚传家久，诗书继世长"，上句和下句都是五个字，形式齐整，其他七言或更多字数的对联也都会上下句对齐。据说拉丁文作家也曾有人讲求过这样的整齐，但终因西语的多音节特点而难成局面。中国的古人却早就利用这一点说出或者写出漂亮的对偶句了。请看下面的句子：

> 谁谓尔无羊？三百维群。
> 谁谓尔无牛？九十其犉（黄毛黑唇的黄牛）。

这是《诗经·小雅·无羊》里的句子，诗篇年代距今已三千年了。不过，那时的对偶还不是很讲究。大约从东汉时期开始，人们写文章就很注意讲究句子的对偶；到魏晋南北朝时，像"悲落叶于劲秋，喜柔条于芳春"(陆机《文赋》)，"树入床头，花来镜里；草绿衫同，花红面似"(庾信《梁东宫行雨山铭》)之类的精巧偶句层出不穷。后来的古文家如韩愈等对此大力反对，可是在文章中写几句对偶句的现象，还是经常有的事，韩愈自己也难免。

实际上这种"对偶"现象，还关系到句子与句子的关联。启功先生在《汉语现象论丛》发现，像《论语·泰伯》篇中曾子的话："士不可以不弘毅，任重而道远。仁以为己任，不亦重乎？死而后已，不亦远乎？"就是这样的例子。"任重而道远"之后的两个句，意思上是对"任重"这句的具体解说，其关系也是一种对峙的格局，即上下句的关系。

```
                任重而   | ——仁以为己任，不亦重乎？
   士不可不弘毅，          |
                道远 。   | ——死而后已，不亦远乎？
```

这样的句子关系，再加以发展，就是五言、七言格律诗的句法：开头两句可以不对偶，中间句却必须左右开弓、两两相对才合乎格律，最后一联又是可以不对偶的句子。

```
           | ——3 | ——5 |
1——2(单句) |        |        | ——7——8(单句)
           | ——4 | ——6 |
```

这样的句子关系，又不限于格律诗的语句，连写文章如八股文文体，也是开头有破题、承题，接着就是中间各股之间的两两相对。其实都是从汉语自身特点衍生出来的现象。[1]

古代人很重视培养学生作对偶句的能力，为此还有些专门讲对偶的读

---

[1] 参见启功：《汉语现象论丛》，12页，北京，中华书局，2005。此书对汉语"声律"构造句子的作用进行了深入系统的研究。本章内容多取自此书，一些想法也受此书启发。

物，如《声律启蒙》、《笠翁对韵》等，其"天对地，雨对风，大陆对长空"很适合少儿读者。对偶，正是利用汉语自身条件而形成的文学语言现象。①

二、抑扬的声调

因为元音的关系，汉语读音听起来悦耳。此外还有一个特点，就是有声调的高低。今天北方流行的普通话，只有一、二、三、四个声调，南方的一些方言，如今天流行于广东、广西一带的粤语有入声，共有九个声调。然而，不论有多少声调，归结起来不外"平（普通话的一、二声，旧称阴平、阳平）""仄（zè，平声之外的各声）"两调。平声高，仄声低，就是汉语音调最基本的分别，也是古典诗文声律中最基本的因素。也就是说，古代诗文的声律讲究的"平平仄仄"，就是利用每一个字的读音的高低，制造语句高高低低的音乐效果。汉字一个字有声调，正是古代诗文"韵律"得以成立的条件。

正因如此，汉语特别注意"读起来"的感觉。所谓"读起来"，也就是"听起来"的感觉，即写文章时要注意句子的声调和谐，读起来抑扬顿挫，听起来悠扬悦耳。例如，欧阳修《醉翁亭记》，有一句是"太守与客来饮于此"，还有一句是"太守归而宾客从也"。两句中的"客"和"宾客"意思一样，一处只用"客"，另一处却用"宾客"，就是出于"读起来"韵律平稳的考虑。注意音律极致性的表现，就是古代格律诗造句，为追求格律的平仄和谐，可以完全不顾语法的逻辑。在古代汉语中，格律是有语法一样的约束句子秩序的作用的。当年陈寅恪先生曾因为"孙行者"的考题写信给刘文典，陈先生

---

① 1932 年，清华大学中文系招生，当时系主任刘文典（字叔雅）请陈寅恪先生出考题，陈先生出的考题除了作文《梦游清华园记》之外，还出了"对对子"（对子，即对偶句）的题，其中有一道是"孙行者"。考试之后，这道题引起很大争议。为此，陈寅恪写信给刘文典，说明自己让考生"对对子"的理由有以下三点：第一，可以测验应试者，能否分别虚实字及其应用；第二，可以测验应试者，能否分别平仄声；第三，可以测验读书之多少及语藏之贫富；第四，可以测验思想条理。后来陈寅恪回忆此事，说他当时预想的答案是"胡适之"（有学者说，答"祖冲之"、"王引之"也可以）。上述四条中，第一条的"虚实字"，即虚词实词，"孙行者"的"者"与"胡适之"的"之"，都是虚辞，"者"对"之"就是虚辞对虚辞。"胡"（可通"猢"）与"孙"对，"行"与"适"对，都是实词对实词。"语藏"就是今天所言"词汇量"。"思想条理"，是做好对偶句必有的思维能力，首先词义上要正反相对，不能重复（重复叫合掌，如"斯为美矣，岂不妙哉"之类），最好能对出不同层次的意思来。

还举了一句杜甫《秋兴》八首中"听猿实下三声泪"的例子。他说，按照一般的语言表达次序，应该是"听猿三声实下泪"。可是，那样一来平仄声调就不谐和了，所以诗人"不惜违反习惯之语词次序，以迁就声调"。这样的迁就，是古典诗歌的一个特点。就是说，在古代诗文里，为了合乎声调的平仄，是可以违背一些语法规则的。这也未尝不可以说，对声韵的要求也是"语法"，是汉语特有的语法。

在古代，很早就有诗人自觉不自觉地讲究声律和谐。例如，《诗经》第一首诗《关雎》中，就有"君子好逑"(平仄仄平)"参差荇菜"(平平仄仄)和"左右流之"(仄仄平平)等合乎后来格律要求的"律句"。甚至在一些很古老的古代散文中，也同样讲究读起来顺口、听起来顺耳的音乐感。启功先生在其《汉语现象论丛》中谈道，贾谊在《过秦论》中说到秦统一之前贤人云集时，列举了三串人名，这些人名的排列，竟然也照顾读起来抑扬顿挫的感觉。这说明，汉语诗歌后来出现五言、七言"格律诗"，正是由汉字有声调这一特点决定的。由此也可以说，汉语的语句除了可以有一般的主谓宾补定状的语法之外，还有另一种"语法"，那就是声律意义上的造句原则，如上举的"听猿实下三声泪"句遵从的就是声律的规则。

三、汉语的双音节

有这样一个小故事：有家电影院放映新电影，甲问乙："今天放什么新电影？"乙回答："翔。"甲没听明白，追问："'翔'？什么'翔'？"乙只好回答："'飞翔'的'翔'！"

这件事曾引起语言学者的注意，并评论说：这个电影的名字起得有缺陷，不利于口语交流。汉语同音字多，一个音节的字，说起来就容易产生歧义和疑惑。

这样的麻烦古人早就遇到了。两字合成的双音节语词从先秦时就有，到汉代更变得多起来。例如，"亲戚"、"宾客"、"介绍"，等等。双音节词增多，还有一个原因，那就是古代诗文追求韵律和谐。两字一个音节，是古代诗歌最通行的节奏。例如，《诗经·桃夭》"桃之夭夭，灼灼其华"两句，读的时候两个字一顿："桃之—夭夭，灼灼—其华。"再如王湾的"客路青山外，行舟绿水前"两句，读的时候也是："客路—青山—外，行舟—绿水—

前"。像七言"沉舟——侧畔——千帆——过"等，这样读出来的节奏才好听。掌握了这种节奏，就读出了诗味。

汉语也有一些三音节的词，大约出现在魏晋南北朝唐宋时期，元朝以后变多，近代以来更多。例如，"耳刮子"、"可怜见"、"赤条条"，以及"蒸汽机"、"科学家"等。但是，总体而言三音节词仍是少数。

四、成分的省略、凝缩

有一首儿歌："两只老虎，跑得快，跑得快！一只没有眼睛，一只没有尾巴，真奇怪，真奇怪！"启功先生《汉语现象论丛》言，这首儿歌可以拿来形容汉语的一些特点，即汉语的一些句子可以成分残缺，却照样有表现力；而且在一些文体当中，若不"残缺"（省略）反而没有味道。例如，贾岛的《寻隐者不遇》：

> 松下问童子，言师采药去。只在此山中，云深不知处。

谁在"松下问童子"？不说，按照语法观念，就是缺主语；"云深不知处"，不说是谁的"处"，就是缺宾语。可是若按照合乎"语法"的要求译成下面的白话：

> 我在松下问童子，他说其师采药去。采药只在此山中，因为云深不知处。

主语宾语倒是齐全了，可诗意也差得多了。①

《诗经》开篇第一句"关关雎鸠，在河之洲"。"关关"是形容鸟叫的象声词，但后来称道这首诗，就叫它"关雎"，是压缩了的称法。《诗经·卷耳》有一句"陟彼崔嵬"，"崔嵬"形容山坡高耸崎岖，可在另一首《诗经·小雅·渐渐之石》中，有一句"渐渐之石，维其卒矣"。"卒"，就是"崔嵬"的凝缩形式。

---

① 参见启功：《汉语现象论丛》，51页，北京，中华书局，2005。

还有"犹豫"一词，有的文言中，把这两字写作"犹与"，本来意思是犹豫不定，一般而言不可拆开解释，可是在《老子》中却有"豫兮若冬涉川，犹兮若畏四邻"的句子，"犹豫"是分开的。文言词法的灵活可见一斑了吧？其实呢，细想一下，语词的凝缩或分合，大多情况下都是为了"读起来"的感觉。

五、语序可颠倒

英语动词有各种"进行时"，还有主格、宾格之分，又有主动、被动语态等，汉语的动词全没有这些。没有的结果是什么？就是灵活。语词可以颠倒，却可以保持句子的意思没有大的变化。王维的名句"长河落日圆"，就可以变为"河长日落圆"、"圆日落长河"、"长河圆日落"等句子，虽然不如原句优美，意思上却没有大的变化。

王宁先生对此解释说："像英语、俄语这种语言，一个词像一根小铁钩，一边有环，一般带钩。这个钩钩进那个环，连成一条，就是一句话。钩和环连得不合适了，大钩穿不进小环，大环挂不牢小钩，词的结合自由度很小，错了一点就被判为'语法错误'。可汉语的词，像一个多面体，每面抹的都是不干胶，面面都能接，而且用点心都可以接得严丝合缝。"①《易传》说"神无方易无体"，汉语的语词句法就有这样的奇妙。

六、"名词"是关键

英语句中的动词，有及物、不及物的不同，有主动、被动的差别，有过去时、正在进行时的分别；汉语的动词，不论文言还是白话，一个词（字）嵌在一个句子中，是及物、不及物，是主动、被动，是"过去式"还是"正在式"不用特殊表示，看了句子就可分清，很省事。可是英语，却一定要在动词的变化形式上讲究，学者说，是因为西方语言中的句子以"动词"为中心，而汉语是以"名词"为中心。一个动词表示一个动作，谁做出的？做出了要干什么？都得交代清楚。而以名词为中心，是以一"事儿"为主脑。比如说，在一个茶壶上用四个字（一个名词词组）标出一件事："陆

---

① 王宁：《汉语现象和汉语语言学》，见《汉语现象问题讨论论文集》，39～40 页，北京，文物出版社，1996。

羽高风。"人们就可以联想：茶壶是喝茶的，喝茶是高雅的事，对高雅喝茶之事有贡献的，是唐人陆羽。所以，老前辈学者就说：名词在一个句子中是"体词"，其他词在句子中只是"相词"，意思就相当于"主角"和"配角"的关系。

源自西方语言的"语法"，特别强调主语、谓语齐全，才算得上起码的一个句子。可是，看如下的作品：

> 枯藤，老树，昏鸦；
> 小桥，流水，人家；
> 古道，西风，瘦马；
> 夕阳西下，
> 断肠人在天涯。

"枯藤，老树，昏鸦；小桥，流水，人家"，六个名词往那里一摆，六个名词，就能构成一幅幅的画面，而且没有语法问题。

这首元曲，也被翻译成英文，下面就是翻译家许渊冲先生的翻译：

> Over old trees wreathed with vines fly evening crows；
> Under a small bridge near cottage a stream flows；
> On ancient road in the west wind a lean horse goes.
> Westward declines the sun；
> Far，far from home is the heartbroken one.

名词并列的语言秩序，被改成了名词贯穿在动词之中。其中"老树昏鸦"那一句，原作只强调黄昏时分"老树和乌鸦"的意象，英语翻译则因加一个"fly"，就有了黄昏的乌鸦在老树上飞旋的意思。中国读者可能觉得不太合乎原作的味道，因为原作中没有"飞"这个动作的意象，起码是不突出。可是，这在翻译家，也是事出无奈，因为英文中的一个语句，若没有动词，在语法上就不能成句。汉语则不然。汉语就一个词一句，几个名词可以并列，可以单独成句，这样的特点表现在文学，就是几个画面可以拼合为一首意趣盎然的诗篇，如下面的例子：

> 迟日江山丽，春风花草香。
> 泥融飞燕子，沙暖睡鸳鸯。
> ——杜甫《绝句》
> 一去二三里，烟村四五家。
> 亭台六七座，八九十枝花。
> ——无名氏

其中杜甫的这一首还曾受到诟病，认为诗篇没有一个贯穿的东西，其实说的是诗篇是由四个光景并列集合而成。但是，这样的诟病并无道理。将几个春天特有的光景有机组合，正是诗篇特点。名词并列可以出现"枯藤、老树、昏鸦"妙句，几幅光景并列，也可以成为美妙的诗章，两者"异质"而"同构"。

这又实在与汉语文的艺术境界的营造有关。画面感强烈，从而将读者带入特定的境界，正是汉语诗歌的显著特点。请看这样一首翻译的西方语言写成的诗：

> 希望是什么？
> 是娼妓：她对谁都蛊惑，将一切先给；
> 待你牺牲了极多的宝贝——你的青春，
> 她就弃掉你。
> ——裴多菲诗，鲁迅译

还有雪莱的名句：

> 冬天到了，春天还会远吗？

前一首，主语就是"希望"，下面的句子是以颇为怪诞的比喻表达"希望"是什么。至于雪莱那个名句，更是以其哲理性思索的耸动力量而流传甚广。以理为诗在中国古代也有，从《诗经·小雅·鹤鸣》的"他山之石"到汉代的"百川东到海"，再到唐人的"曾经沧海难为水"，再到后来宋人的"横看成岭侧成峰"、"半亩方塘一鉴开"，等等，都是，特别是宋代，"以理为诗"是当时的风尚。然而，就诗歌发展的大流而言，还是唐诗的意象玲珑、境界高远，更令古今读者着迷，讲究意象鲜明、意境深邃，才是中国古典诗歌的正法。质言之，汉语诗歌的重要特点就是"引起印象"，如下面句子就是典型一例：

> 五更疏欲断，一树碧无情。
> ——李商隐《蝉》
> 曲终人不见，江上数峰青。
> ——钱起《省试湘灵鼓瑟》

这样的诗句，如从天降，出人意表，又意象分明，引人遐思无限。这就是汉语造出的好句。其实从最初的《诗经》时代，人们就可以造出这样的优美之句，如《诗经·秦风·蒹葭》的"蒹葭苍苍，白露为霜"，又如《小雅·采薇》的"昔我往矣，杨柳依依"，皆是出神入化的美句。诸如此类的诗句，其感染力可以在刹那之间，令读者灵魂暂时出窍，被带到一片虚灵妙境，受到片刻的洗涤、滋润。

第二节　文言的变迁

文言就是以古代汉语为基础经过加工的书面语（此处诗词除外）；白话，这里说的是白话文，就是接近日常口语的表达方式。

逻辑上说，口头语言要早于书面语，最早的书面语应该与口头的白话有所区别，却不会差太大。有所区别，是因为书写需要严谨凝练，表情达意要准确，还得讲究读起来的效果等。所以，成为"文字"的语言自然与口说交流的言语有所不同。此外，不要以为白话文出现得很晚，其实在先秦时就可以看到接近口语的白话文。

最早以文字写作文章出现在何时？考古工作者曾在今山东邹平丁公古

代文化遗址发现属于龙山文化时期的"文章",是"写"在黑陶平底盆底上的,竖排5行,一共11个"连笔草书"的符号(图7-2),距今4000多年。另外,在江苏高邮的一处遗址,也有类似的刻写黑陶片发现。不过,这些文物上的符号究竟是不是"文章",学者还有不同看法,还需进一步的研究。

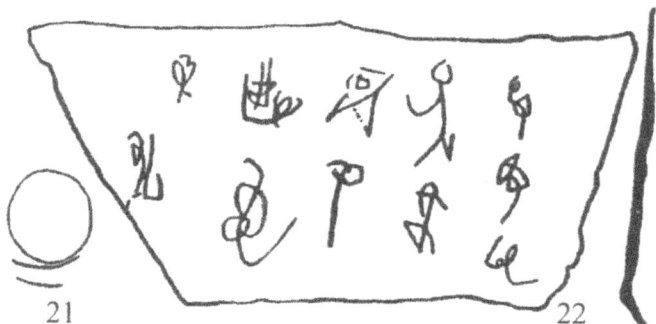

图7-2 龙山文化时期黑陶盆底刻划成行的符号系列

可信的书面语,是从商代甲骨文开始的。同时也是在商朝后期,浇铸在青铜器上的书面语出现了,被称为金文、铭文。晚商的铭文篇幅较短,到西周时期就有数百字的长文出现。同时还有《尚书》中许多篇章的编写。《尚书》文章"渊懿古奥",读起来佶屈聱牙。再后来的春秋战国,《国语》、《左传》、《战国策》和《孟子》、《庄子》等"大块文章"纷纷出现,文言文的基本规范也确定了。此后,秦汉时期有以晁错、贾谊政论为代表的论说文,以《史记》等为代表的叙事文言文。一般说来,这些文言,读起来浩浩荡荡,文气顺畅。再后来有以"八大家"为代表的唐宋古文。再后来,小说兴起,其中的"文言小说"虽说是文言,但为了让一般读者看明白,也力求浅近生动,是文言文最后的变化。

文章感乎时变,文言文章风格与时代变化息息相关。考究春秋战国的文章变化,除宏观的时代原因之外,对"言说"的态度的变化,又与当时文章风范的演变密切相联。例如,在春秋时期,不论是道家还是儒家,都不大相信"语言"。老子讲"道可道",孔子讲"言之不出,耻躬之逮",对言说也是深有戒惧。看当时的文章,《老子》、《论语》都是言简意赅的,当时的史著如《左传》在言语的使用上也是婉曲隐晦的。到战国则大不同,首先是关于语言的观念变了。孟子讲自己"好辩"(《孟子·滕文公下》),荀子也讲"赠人以言,重于金石珠玉;劝人以言,美于黼黻文章;听人以言,乐于钟鼓琴瑟。"(《荀子·非相》)看那时的文章，诸子文如《孟子》、《庄子》的雄辩滔滔、汪洋恣肆则不待言，还专门出现了一个能言善辩的纵横家，他们的文献有不少保存在《战国策》里，是那样声色俱全、如火如荼。

这样的文章被西汉的贾谊、晁错等继承下来，就是所谓"西汉文章"。不过，这样的文章，到了东汉中期就出现了一种骈俪化的倾向，逐渐到魏晋南北朝，就流行华丽的骈体文了。这时候，文章写作的旨趣也发生了显著变化。贾谊、晁错的文章，那是急国家之所急，想王朝之所想，著文的立意是为王朝长治久安献计献策，就是稍后的汉大赋，也以讽谏君主的偏失为目的。[①] 后来韩愈等提倡西汉文章，就是想要恢复文章有补于政治现实的精神。然而，更具体观察，韩愈等提倡的文章（如《原道》、《原性》等），在气质上更接近贾谊，更关注超越层面的问题。

魏晋以降的骈体，大致而言，文章重在呈现作者的才性，其文也就如萧统《文选序》所言"不以立意为宗"了。既如此，那么骈体的文言追求什么呢？追求文句的抑扬、句子的对偶，还极爱使用装饰意味强烈的典故。那是一个门阀贵族主宰历史的时代，世家大族的文章审美观念占主宰地位。文人所以要那样费心思讲究华丽辞藻，又喜欢掉书袋、用典故，一方面有显示自己才华学问的用意，另一方面，也是在故意设立高高的门槛，以考问读者：你是学富五车的高雅之士吗？有高深的文史功夫吗？否则就无资格懂我的文章。这样说来，骈文对应的是贵族的文化高傲。这样的意趣，表现在赋体、诗歌乃至一些实用文如论说文甚至史学著作中。不过，即便在骈体盛行的年代，有不少的文章还是用较平实的文言写的，例如，史书的文字和一些随意笔记等。前者是因为文字自身功能的限制，过分讲究文

---

① 关于"汉大赋"历来有"曲终奏雅"、"劝百讽一"的评论，甚至有学者不相信司马相如等作家的大赋有什么"讽谏"含义。其实这是不了解汉代"讽谏"特点导致的误解。"讽谏"又叫"谲谏"，即曲折地谏、拐弯抹角地谏。文献记载，在诸多劝谏的方式中，孔子特别强调"讽谏"或"谲谏"，因为这样对君主、上级而言，可以"言之者无罪，闻之者足戒"。举一个切近的例子，如教师面对迟到的学生，若不愿意直接批评，就可对着迟到者念学生守则"不许迟到"的规定。更重要的是，在汉代，"讽谏"、"谲谏"的方式，还是儒生解释经典的思路。例如，《小雅·楚茨》、《信南山》等农事诗篇，汉代的解释就是"君子"面对不重视农事的周幽王的"思古焉"之作；换言之，周幽王不重视农业，诗人就回忆往昔先王重视农业的表现，以这样的回忆性的诗篇对周幽王加以"讽谏"、"谲谏"。这样的解经方式，影响了当时汉大赋的写作，是文化观念影响文章写作的典型例子。

采会伤害实用要求，后者则是因为随意性强。

到唐代中期，韩愈、柳宗元提倡古文，反对骈体，"西汉文章"成为古文运动高标的典范。这也是因为时变，当时一些科举出身的士大夫与门阀世家的文章家心态不同，他们要升进，必须先要深度地参与权力运作，当时社会面临那样大的问题，还写展现一己才性的文字，就过于"我与我周旋"，太做作、不合时宜。因此，唐代古文家要追摹"西汉文章"，除了对文章典范的追求之外，其实他们更心仪于贾谊、晁错。像贾谊，他的"过秦"的文章，提倡改秦法的"更化"文章，都是有大的历史感觉的文字，而他重视农耕储蓄的建议，得到皇帝采纳，使国家经济有大的改善；像晁错，一两篇讨论汉帝国边疆防守的论文，可以为国家提出解决问题的切实思路并得以落实，这样的大块文章才是古文家心仪的对象。可是，毕竟实用文章与艺术性的文章分途已久，韩愈虽反对六朝骈体，可他的论文称"气盛言宜"还是六朝以来的途辙，只是略有区别。曹丕说"文以气为主"，与韩愈的"气盛"不同。即前者说的偏于才性气质亦即才气，后者则偏重的是气格、气势；前者是说文章才华，后者则强调历史的主体精神。至于像贾谊、晁错那样的对具体国家政策产生重大影响的文字，唐代的文人所作并不多，到宋代才有较大改观。总之，魏晋以下的文言风范是一个影响巨大的存在，所以唐宋古文终究与西汉文章有别。以后的古文大致沿着唐宋文的风范走。同时，骈体也没有消失，国家发布的一些官样文章就多骈体，到清代骈体文章还有所复兴，很多大家都善作骈体，像阮元那样的学者，还主张所谓"文"就是指骈体。

第三节　语言关乎文教统一

地域辽阔的国度，语言文字不统一，文教就难以通畅。汉字的书写，经过春秋战国地域性的分化后，出现很大差异。所以，秦始皇统一中国后马上推行"书同文"政策，在语言文字上实现天下统一。① 其实，秦朝推出这

---

① "书同文"的说法又见于《礼记·中庸》，而《中庸》的年代又在秦朝统一之前，如此秦朝统一后落实的是儒生的主张。但也有学者认为，"书同文"的主张应是后人掺入的内容。问题还需要继续研究。此外，"书同文"看似文字统一，其实也包含着语音、语法上的规范要求。

样的政策，是有其历史基础的，因为早在春秋时期"雅言"这个词语就出现了，就是说，在春秋以前，在语言交流上就有一个类似今天"普通话"的东西存在。"雅言"与"方言"相对，在秦朝那样广阔的疆域，一定还有着与"雅言"相对的各地方言存在。①

一、"雅言"的出现

"雅言"这个词出现在《论语·述而》篇："子所雅言，《诗》、《书》、执礼，皆雅言也。"是说孔子在诵读《诗》、《书》和主持典礼时，说的都是"雅言"。学者认为，所谓"雅言"，就是春秋时期的"共同语"，其作用相当于今天"普通话"。而且，据学者研究，"雅言"的语音与夏朝人群有关，"雅言"即"夏言"，流行的中心区域在今天河南洛阳地区，这里曾是夏王朝的都城，后来随着周人的崛起，又通行于今陕西关中地区。这里古称中原，所以"雅言"在后来又被称为"中州音"或"中原音"。征诸文献，《诗经》中的"十五国风"篇章，涉及地域十分辽阔，可语言上基本都属于"雅言"系统。

秦人生活在西周以来的雅言区域，料想秦代的通行语为"雅言"，汉代建都今陕西地区也应该用雅言，南北朝以后，"雅言"随晋室南渡而在长江中下游一带流行。《晋书·谢安传》记载："安（谢安）少有盛名，时多爱慕（羡慕）……安本能为洛下（洛阳）书生咏，有鼻疾，故其音浊，名流爱其咏而弗能及，或手掩鼻以教（xiào，效仿）之。"又《世说新语·轻诋》说："人问顾长康（顾恺之，东晋大画家）：'何以不作洛生咏？'答曰：'何至作老婢声！'"（［南朝梁］刘孝标注："洛下书生咏，音重浊，故云老婢声。"）谢安生活的东晋时代，在当时的都城即今南京一带，懂得洛阳音的人不多，又因谢安是当时的大名士，"粉丝"众多，所以，他用洛阳音吟咏，惹得很多人效仿。谢安患有鼻疾，吟咏时鼻音重，竟也引得人们东施效颦，闹成了笑话。这样的小故事起码说明这样几点：一是当时大名士的影响很大，一是大家对洛阳音感兴趣。还有一点可推测而知：洛阳音传到江南，会与当地方言方音结合，因而新腔调的"雅言"就会出现，类似今天江南人说的轻柔

---

① 刘向《说苑》记载，春秋时期越国人唱"今夕何夕"的《越人歌》，楚国的君子是听不懂的，需要翻译成楚语。可见当时方言分歧之大。

柔的普通话。

在古代，推行"书同文"政策的同时，还对方言进行过调查研究。原因不难理解，众多方言的存在是一个显著的事实，对于推行政令的士大夫而言，了解方言对行政有好处。在这样的需求之下，西汉后期出现了扬雄所著《輶轩使者绝代语释别国方言》(简称《方言》，共 13 卷)，是我国第一部记录方言的著作，也是中国第一部比较方言词汇的重要著作。

书名中的"輶轩使者"，是王朝的官员，据说先秦时每年八月，政府派使者乘坐轻车("輶轩")到各地搜集方言，并记录整理。"绝代"就是"先代绝言"，即曾经流行的语词，"别国"就是不同诸侯国家的"异国殊语"，"方言"即不同邦国之言，古代四方诸侯国家称方国。扬雄在前人工作的基础上，根据周秦残存的资料，进一步收集和整理各地方言，耗时 27 年成就此书。扬雄如此用心著作此书，是为方便人们了解方言语词，服务语言的交流。不过，扬雄只完成了书中的部分内容，后经学者补充才全部完成。《方言》是研究上古汉语言的重要资料。

二、"韵书"的编纂

正因雅言有沟通天下各方言区人群交流的作用，所以，历代都重视雅言的规范。这又涉及汉语语音的变化。任何一种语言的流传，总会有变化，而语言的变化有语法、词汇和读音方面的诸多表现，其中变化最快、最明显要属词汇的衍生和变异，其次是语法与读音。而读音的变化，往往与民族的融合有关。魏晋南北朝曾是民族融合的高峰期，汉语的读音也就在这个时期结束的时候，出现了上古音与中古音的分别。再后来北宋与辽南北对峙，到元朝统一天下后，元朝学者周德清作《中原音韵》时，古老的"入声字"已经在北方消失了。而汉字读音的变化，最妨碍语言交流。

正因如此，在古代，官方、私人都十分重视语音的规范。例如，隋朝统一后，马上派学者编辑韵书，于是《切韵》(今只存残篇)问世，并在唐代被定为"官韵"。《切韵》共 5 卷，编辑体例是用平、上、去、入声分韵，共193 韵。《切韵》收字 12158 个字，有些字有字义的注解。稍后，唐开元年间，孙愐著《唐韵》，共 5 卷，平声分上、下平声，平声上 26 韵，平声下 28韵，上声 52 韵，去声 57 韵，入声 32 韵，一共 195 韵，比《切韵》多出上声 1

韵、去声 1 韵。全书收字 26194 个。《唐韵》很注意正字形、解释字义，使韵书更具有字典性质，是一大发展。北宋时期又在《切韵》和《广韵》基础上增订完成《大宋重修广韵》，编者为陈彭年、丘雍，流传至今。全书收字 26194 个，注文 191692 字。按照平、上、去、入的顺序排列，平声 57 韵，上声 55 韵，去声 60 韵，入声 34 韵，共 206 个韵部，是研究古代语音的重要文献。

元代周德清的《中原音韵》是根据当时人的实际读音编辑成的韵书，这使其与以往的韵书有很大不同。《中原音韵》是根据当时剧作家的戏剧押韵的韵字编成的。全书分 19 韵，四声不分立。这与元曲四声通押有关。平声分阴（今天的第一声）、阳（今天的第二声），入声字被分别派入平、上、去，这就是所谓"入派三声"。这就是说，《中原音韵》只有阴平、阳平、上声、去声四个声调。这已经与今天的北方话的声调一样了。再后来明代还有《洪武正韵》。此书的编辑者是乐韶风、宋濂等，朱元璋洪武八年（1375 年）编成，是一部官韵书。平声、上声、去声各 22 部，又有入声 10 部，共 76 部。这部书保存了全浊声母和入声，较接近当时的南方方言。因而有人说，假如没有后来明朝迁都北京，今天普通话的读音可能是另一种样子。

从上可知，《中原音韵》以前的韵书，多以书面语的押韵资料为据来编写。于是官方韵书规定的韵部与实际的读音，有相当的差距。唐李肇《国史补》曾记载了这样一则故事：

> 宋济老于文场，举止可笑，常试赋，误失官韵。乃抚膺（胸膛）曰："宋五又坦率矣！"由是大著名。后礼部（唐代科举由礼部主持）上甲乙名，德宗问曰："宋五免坦率否"？

宋济称宋五，是唐代人习惯，喜欢用在家兄弟排行相称。故事要点在他的"误失官韵"，是说宋济在科举开始作赋时，没有按照官方韵书规定的韵部押韵，这就是他的"坦率"，实际就是"出韵"了，所以考不上。从这件事可知当时的"官韵"的韵母，与实际生活中的读音已经有不小的差别。差别的原因较为复杂，其中之一就是分韵过细，为解决这个问题，宋代有人把《广韵》的字数简化，成《礼部韵略》，还是 206 部。再后来刘渊编《壬子新刊礼部韵略》，把原书的 206 部归并成 107 部。不过，据钱大昕《十驾斋养新录》说，金代王文郁（平水人）编写《平水韵略》，共 106 部，比刘书还少 1 部，这就是《平水韵》，在金代颁布并流行。此书一直流行到现在。

第四节　"白话文"的历史

白话就是口语说的话，根据白话写出的文字，就是白话文，白话文与文言文相对。在古代有意用当时的白话写作，是较晚的事。不过在一些文言文中，也偶尔保存了一些古代的白话。这里主要谈的是古代的一些白话、白话文现象。

一、经典中有"白话"

古代白话文很早就有，例如，《诗经》中的雅颂篇章，读起来很庄重，其实就是修饰的带有明显书面特征的文言。然而在"国风"的诗篇中，有些至今读起来也不难。例如《周南·行露》："谁谓雀无角？何以穿我屋？谁谓女（汝）无家？"不用今译就大体可读通。而且，《诗经·国风》之后，汉乐府和南北朝乐府诗中，也颇有一些属于"白话"的诗篇。请看下面一首汉乐府《上邪》：

> 我欲与君相知，长命无绝衰。
> 山无棱，江水为竭。冬雷震震，夏雨雪。
> 天地合，乃敢与君绝。

再看一首五代时期的敦煌曲子词：

> 枕前发尽千般愿，要休且待青山烂。水面上秤锤浮，直待黄河彻底枯。白日参辰现，北斗回南面。休即未能休，且待三更见日头。

两者对爱情的忠贞的表白是不分彼此的，而且理解起来都是不用怎么注解的。这样的诗篇应该不是文人作。实际《诗经》的"谁谓雀无牙"篇章，也是来自民间的语言。

原来周代有一种文化观念："天听自我民听。"是说你要想了解上天对王朝的态度，就去倾听民众的心声，去了解民情。为了解民情，据说周王朝专门派人员到民间采集民风即民间歌唱内容，以此来了解天意和民声。不过，据笔者研究，所谓采集歌谣，能采集到现成的或只需要粗加工的歌谣并不在多数，大部分的民间歌唱都只是初具故事的原型，是需要深度加工才能成为重章叠调、可以歌唱的篇章的。① 既然是采集民声，就得尽量保存民风的原生模样，这样顺带也就把古老的"白话"保存下来了。《诗经》开了一个有权威的先例，汉代的"乐府诗"，就是遵循诗经的传统有意采集的民间歌谣或采集文人的诗来配乐。再后来，南朝也有采集民歌小调加工而成的"乐府"诗，一直到清代，这样的工作也有人做。

二、文言中保留"白话"各有原因

文言形成于先秦，那时候的经典文献，如《论语·学而》就有"有朋自远方来，不亦乐乎"的句子，读起来一点也不难。孔子教育学生，说话不拿架子，是贴近当时的口语的。所以，读这样的两千多年前文字，感觉离我们也是很近的。

文言中保留的汉代的白话，如《史记·陆贾传》："陆生时时前说称《诗》《书》。高帝骂之曰：'乃公居马上而得之，安（干嘛）事诗书！'陆生曰；'居马上得之，宁可以马上治之乎？'""陆生"，就是陆贾，汉初有文化的大臣。刘邦自称"乃公"，今译就是"你老子我"，其他字句都是不难解的。这应该是史家尽力保存刘邦当时说话的口语状态，目的是突出草根出身的皇帝特有的性格。在《汉书·外戚传》中也保存了一些西汉晚期的白话，汉成帝的宫女生了儿子，被皇后赵飞燕害死。成帝死、哀帝继位，司隶校尉解光调查此事，并上奏新皇帝。为了保持奏疏的可信性，宫中被调查的知情者交代的语言部分，保持了说话者的白话腔调。

到了南北朝时期，也有一些文言文献保存了当时一些白话口语。如任

---

① 参见李山：《礼乐大权旁落与"采诗观风"的高涨——"王官采诗"说再探讨》，载《社会科学家》，2014(12)。

昉的《弹奏刘整》,大臣刘整欺负寡嫂,任昉将其罪行奏报朝廷,其中包含着刘整寡嫂的言说,也是白话的口吻。又如,记录在《周书》中的《为阎姬与子宇文护书》。这是一封家书,收信人是宇文护,发信人是宇文护的母亲阎姬。当时宇文护掌握北周大权,东魏的人要与宇文护拉关系,就以其母阎姬的口吻写了这封信。为了取信于宇文护,信中说到了一些只有他们母子知道的关于宇文护的往事,同时还保留了阎姬的口吻,而阎姬不是文人,所以信件所载阎姬的话,带有明显的口语色彩,可以使我们读到一些当时的白话。下面是信件的节选:

> 汝与吾别之时,年尚幼小,以前家事,或不委曲。昔在武川镇,生汝兄弟,大者属鼠,次者属兔,汝身属蛇。鲜于修礼起(起兵)日,吾之阖家大小,先在博陵郡住,相将(相互)欲向左人城,行至唐河之北,被定州官军打败。汝祖及二叔,时俱战亡。汝叔母贺拔及儿元宝,汝叔母纥干及儿菩提,并吾与汝六人,同被擒捉入定州城。……于后吾共汝在受阳住。时元宝、菩提及汝姑儿贺兰盛洛,并汝身四人同学。博士姓成,成人严恶,汝等四人谋欲加害。吾与汝叔母等闻之,各捉其儿打之。唯盛洛无母,独不被打。……如此之事,当分明记之耳。今又寄汝小时所著锦袍表一领,至宜检看,知吾含悲戚……

这封信的写作距我们今天已有一千年左右时光了,其中的"属兔"、"属蛇"、"打败"和"博士姓成"等,与今天白话没有区别。"各捉其儿打之"的句子,白话中带点文言,也特别符合人物口吻,颇有意趣。

三、佛教传播对"白话"的促进

两汉之交,佛教传入中国,并且在隋唐时期达到鼎盛。佛教的僧人为宣传佛教,用讲故事的方法吸引群众,一面展示图画(佛变插图),一面唱故事;图画称为"变相",说唱底本就是"变文"。变文有散文、韵文相间的,有全部是散文的,后世将其发展成为鼓词和弹词,这是早期的白话文。例如,发现于敦煌的《伍子胥变文》:

伍奢乃有二子，见事于君。小者子胥，大名子尚。一事梁国，一事郑邦，并悉忠贞，为人洞达。

楚王太子，长大未有妻房。王问百官：“谁有女堪为妃后？朕闻国无东宫，半国旷地，东海流泉溢，树无枝，半树死；太子为半国之尊，未有妻房，卿等如何？”大夫魏陵启言王曰：“臣闻秦穆公之女，年登二八，美丽过人。眉如尽月，颊似凝光，眼似流星，面如花色。发长七尺，鼻直颜方，耳似珰珠，手垂过膝，拾指纤长。愿王出敕，与太子平章。傥若得称圣情，万国和光善事。”遂遣魏陵，召募秦公之女。楚王唤其魏陵曰：“劳卿远路，冒涉风霜。”其王见女，姿容丽质，忽生狼虎之心。魏陵曲取王情：“愿陛下自纳为纪后。东宫太子，别与外求。美女无穷，岂坊（妨）大道。”王闻魏陵之语，喜不自升（胜），即纳秦女为妃，在内不朝三日。

以上所选，是故事的开始。楚王要“父纳子妻”，引起大臣伍奢反对。结果伍奢全家除儿子伍子胥之外全部被杀，伍子胥出逃吴国。文中说楚平王娶秦穆公的女儿，据记载，秦穆公要比楚平王大百岁左右，所以秦穆公的女儿，也得比楚平王大几十岁，根本不可能像文章里说的“年登二八”。但变文这样说，显示的是民间文学的特点，不必较真。变文是讲给普通大众听的，所以，尽量追求浅显易懂。不过，整篇文字还是带有文言色彩，说它是“浅近文言”，也可以。用浅近的文言文写小说，此后成为延续时间很长的传统。

中唐以后，古代市井社会发展，城市商业化气息渐浓，小市民增多，于是就有了“说书”这个行当，对白话文发展的促进作用就更大了。白话小说纷纷出现，一直延续到近代。

四、近代白话文运动

近代推进“白话文”的动因，先是变法维新，之后是五四文化运动。目的在启发民智，推广新的文化。

甲午海战之后，变法的呼声日益高涨。变法维新派积极提倡白话文，梁启超在《变法通义》中认为，文言文是口语与文章分离，影响民智开化，解决问题的不二法门是推广白话、俗语，从而使书面语与口语统一。梁启超的主张得到诗人黄遵宪的赞同，黄也提出写诗"我手写我口，古岂能拘牵"的主张。不过，对于什么是"白话文"，梁启超和黄遵宪都没有给出说明。第一次使用"白话文"这个概念的是裘廷梁。裘廷梁于1998年在上海的《苏报》上发表《论白话为维新之本》，明确提出"崇白话而废文言"。而变法维新时期，全国有9份白话报纸。稍后孙中山领导推翻帝制革命时期，全国白话文报纸增加到70多份。革命党人也积极用白话文宣传革命主张。请看陈天华《警世钟》如下的片段，可以感受一下当时白话文的热度：

> 嗳呀！嗳呀！来了！来了！甚么来了？洋人来了！洋人来了！不好了！不好了！大家都不好了！老的，少的，男的，女的，贵的，贱的，富的，贫的，做官的，读书的，做买卖的，做手艺的各项人等，从今以后，都是那样人畜圈里的牛羊，锅里的鱼肉，由他要杀就杀，要煮就煮，不能走动半分。唉！这是我们大的死日到了！

激情澎湃的文字，十分警策，有振聋发聩的作用。作者为了把话讲得任何人都能听懂，还用了不少比喻。

到五四运动时期，新文化的健将如蔡元培、陈独秀、李大钊、胡适、鲁迅、钱玄同等，都是白话运动的积极推动者，鲁迅先生发表在《新青年》上的《狂人日记》，历来被视为文学革命运动中第一篇白话小说。胡适除了主办白话报之外，还发表《文学改良刍议》提出八项主张：一曰，须言之有物；二曰，不摹仿古人；三曰，须讲求文法；四曰，不作无病之呻吟；五曰，务去滥调套语；六曰，不用典；七曰，不讲对仗；八曰，不避俗字俗语。

此外胡适还积极地用白话文写诗，如下面这首：

> 我从山中来，带着兰花草。种在小园中，希望花开早。一日看三回，看得花时过。兰花却依然，苞也无一个。转眼秋天到，移兰入暖房。朝朝频顾惜，夜夜不相忘。期待春花开，能将夙愿偿。满庭花簇簇，添得许多香。

写得很直白，可是在许多地方好似流露出古诗浓厚的影响。例如，"朝朝"、"夜夜"两句就是"对仗"，看来白话写作彻底与文言决裂，也没那么容易。

新文化运动，表现在语言革新上，就是白话文运动，虽然遭遇反对，最终还是白话文取胜，成为通行的文章语体。1920 年民国教育部下令，自该年秋季起，国民小学一年级、二年级语文教材改用白话文。从此，白话文就成为通行的语体使用至今。

近年学术界对胡适等的白话主张也出现了反思，像"不用典"的主张，就是既不可能，也没必要的要求。艰深的用典当然影响理解，但适当的用典，可以使语言精炼。讲求对仗及韵律的和谐，都是发乎汉语自身的特性，过分讲究固然会有弊端，完全抛弃也不是健康的态度。

思考练习

1. 汉语的特点是什么？与一些文体有何关系？
2. 为什么古代很早就出现"雅言"？
3. 什么是"西汉文章"？
4. 查阅相关材料，谈谈对白话文历史及现代学者白话主张的理解。

第八章　写意塑容的古代绘画与雕塑

要点提示

1. 了解古代绘画雕塑的历史。

2. 把握古代绘画雕塑的基本特征。

3. 了解古代绘画的构图、皴法等特点。

艺术是趣味与技艺的综合，是一个文化人群性灵与观念的表现，绘画与雕塑也是如此。学者每以中国哲学解释中国艺术特别是其中的绘画和雕塑，其实，艺术与哲学是同根共生的关系，不是"甲决定乙"的因果关系，而是相互阐发。下面将会看到，早在中国哲学系统观念的表达出现之前很久的史前时期，表现在彩陶艺术上的中国文化特征，就已相当明显，后来的艺术不过是其延续和丰富而已。

这就意味着，了解古典艺术，可以理解古老的哲学，反之亦然。两者之间可以互为注解，它们都是一个文化人群特有的性灵的表现。就让我们从绘画与雕塑两门相近的艺术入手，领略古代的审美文化。

兹先从绘画艺术开始。

第一节　绘画的历程

古老的绘画艺术经历了漫长的发展后，其艺术的种类大体分为人物、花鸟、山水和风俗等几大题材。几大题材的发展并非齐头并进，而是不同时期各有侧重。下面就从"文化史"的角度，简要介绍古老绘画艺术发展的大概。

古代绘画的历史，据考古发现，时间上限可以追溯至七千多年前。有意思的是，后来绘画一些民族性的特点，在史前的彩陶画面中已初见端倪。

一、彩陶上写意的动感

讲神似、尚气韵，讲究线条流动的自由感，是古典绘画的基本特征。观察考古发现的彩陶绘画，这样的特征始于史前时期。

在渭水流域的老官台遗址，人们发现了距今六七千年前的新石器时代的彩陶，较为光滑的陶面上画有装饰性的线条。随后，在今天的河南、陕西和山西的仰韶文化区域、受仰韶文化影响的甘肃青海地区，以及大汶口文化、大溪文化、屈家岭文化、红山文化等，都出现了各具地方特色的彩陶。其中又以仰韶文化区域和受仰韶文化影响的马家窑文化遗址的彩陶最为成熟。仰韶和马家窑文化区域的彩陶器，多以红色黏土为陶土，红色黏土含有铁的成分，陶坯在半封闭的窑中烧制后，陶器呈褐色和橙红色，又因为陶土所含杂质少，陶器表面经打磨后光滑明洁，适宜绘制彩画。远古的先民就在这样的"画纸"上，绘制出精美的图画。

图 8-1 为出土于仰韶文化半坡遗址的人面鱼纹彩陶盆。此器物为一具儿童瓮棺的棺盖，形状为盆形。陶盆整体呈红色，口沿处有被特意作间断处理的黑彩带，内壁以黑彩绘出两两相对的四个图案，其中两个为相同的鱼纹，另两个为相同的带有鱼纹、人面组合的图案。最有争议的是两个圆形人面图案，其头顶有发髻状和鱼鳍形装饰，眼睛细而平直，呈闭目状，嘴巴左右两侧分置一条变形鱼纹，鱼

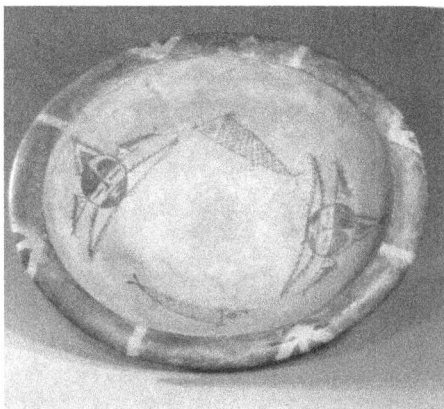

图 8-1　人面鱼纹彩陶盆半坡遗址出土，今藏中国国家博物馆

头与人嘴外廓重合，仿佛口内同时衔着两条鱼。另外，在人面双耳部位也有相对的两条小鱼分置左右，从而构成形象奇特的人面鱼纹合体。盆内四个图案的寓意如何，众说纷纭，有人认为是巫师请求鱼神附体，以此为天

折的儿童招魂；也有人说两组图案看似不同，其实只是鱼的平视、俯视及侧视所得到的形。有一点可以确定：此画堪称中国花鸟画的鼻祖。

图 8-2 双鱼彩陶瓶
甘肃秦安王家阴洼遗址出土

从画面构图的手法看，这件彩陶盆也很有代表性，那两个头尾颠倒的鱼纹是象形纹饰，即鱼的摹写，特点是"以意写形"①，即不受客观的自然物象的束缚而能处理得灵动多变。彩陶盆上的鱼头形状被处理成三角形，鱼的眼睛是空心的小圆，鱼鳞是用交叉的几何线条构成。就是说，象形的纹饰是依照几何结构图式的规则来构形的，而且，这样的倾向越到后来越明显，以至于鱼儿的造型终于变成点、线的装饰图案。再从整体画面看，两个人面组合图案之间所绘的两条鱼纹，头尾颠倒，给整个画面增添了相互追逐的动感。这样的动感还有发展，到马家窑文化时期，在甘肃、青海一带的彩陶画面中，发展出旋转效果，动感塑造达到了出神入化的地步。

观察这件写意的彩陶作品，可以得出这样的看法：是摹写自然物象的真实，还是表现万物的动态？远古的彩陶艺术家更倾向于后者。图 8-2 是出土于甘肃秦安王家阴洼半坡类型遗址的彩陶瓶，瓶面的鱼纹竖立弯曲，鱼与鱼之间相依相背，仿佛是鱼儿们在游戏、跃动。鱼儿的画面处理仍然是写意的，鱼眼点成墨点，鱼身、鱼鳍等处施以粗壮的线条。动感、写意的倾向十分明显。重视线条不是后来书法绘画的灵魂性要素吗？学者称："这些象形纹饰……是中国绘画的形态和语言的源头。"②此言不虚。

仰韶文化分布广泛，有趣的是，大致以华山为界，以西的泾、渭流域

---

① 参见张朋川：《中国彩陶图谱》，208 页，北京，文物出版社，2005。

② 张晓凌：《中国原始艺术精神》，70 页，重庆，重庆出版社，2004。

的彩陶多鱼纹，以东的黄河中游地区的彩陶多鸟纹；而在华山周边地区则多鱼鸟结合的图案。[①] 在庙底沟文化遗址（庙底沟属于仰韶文化区域中的一个文化类型，以河南陕县庙底沟遗址命名，时间为仰韶文化晚期）的彩陶盆发现过长有三足的鸟纹，与远古太阳中神鸟"三足乌"传说相符；在郑州大河村遗址（仰韶文化晚期）出土的距今五千多年的彩陶片上，双头多足的鸟纹经常与太阳纹一起出现。《山海经·大荒东经》说："一日方至，一日方出，皆载于乌。"实际都显示的是先民关于太阳与鸟一而二、二而一的特殊关联。这样的主题纹饰，又不仅限于陶器，在大汶口文化的一口陶缸的表面刻画的"文字画"，在良渚文化的玉器上刻画的人鸟结合神人，在河姆渡文化一块牙板上雕饰的"双鸟捧日"图，都是"鸟与太阳"这一主题的不同表现。

　　至于鱼和鸟两者之间的关联，可以参考仰韶文化的姜寨遗址的一件彩陶瓶，瓶面纵向是两条相向而游的鱼，与两条鱼呈直角关系的是一只鸟的头部。鱼、鸟都施黑彩，鱼所在的长方形空间则为褐色，即没有施彩。在这幅画中，很明显，鸟和鱼是一种"鸟捕鱼"的关系。而鱼鸟主题中，有一类图像十分重要，即描写鸟捕鱼的情状。这样的鱼鸟关系还出现于今河南临汝阎村的一件装成年尸骨的陶缸上（图 8-3），这幅画面名为"鹳鱼石斧图"，画面纵 37 厘米，横 44 厘米，由鹳鸟、鱼和一件制作精良的石斧构成，整幅作品的内容可分为两部分，右面是一把竖立的石斧，斧的孔眼、符号

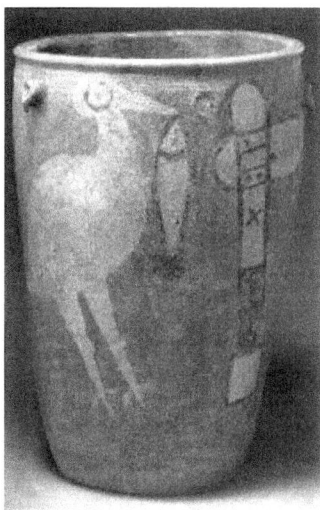

图 8-3　鹳鱼石斧图
河南临汝仰韶文化遗址出土

和紧缠的绳子，都是用黑色线条勾勒，细致而逼真；左边画的是一只圆眼、长喙、嘴上衔着一条鱼的鸟，鸟身躯微向后倾，两条健硕的长腿则斜撑地面，整个鸟身坚强有力；而被衔住的鱼，其直条的形状，很明显已经成为鸟的战利品。

_____

　　① 参见张朋川：《中国彩陶图谱》，193 页，北京，文物出版社，2005。

在画法上，鹳鸟形体直接用色彩平涂而成，是最早的"没骨法"。[①] 鱼、斧则用线条勾勒轮廓，粗壮的线条运行稳定，颇具力度。鹳鱼石斧图与一般彩陶文化时期的绘画有重要的不同，即它不再是单纯的器物装饰，而是有所表达，就是说在装饰器物的同时，还想在画图中展现某些生活故事或概念，如权力、征服、死亡或其他什么。

这是中国最早的"花鸟画"，为后来的艺术做了最初的定向。

二、青铜时代的纹饰

宗白华《美学散步》说："中国的画境、画风与画法的特点当在……钟鼎彝器盘鉴的花纹图案及汉代的壁画中求之。"[②]经由前面的讨论可知，中国古典绘画风格的渊源还要更加古老，尽管如此，宗先生的说法还是有其道理的，那就是，强调了商周器物纹饰和汉代壁画对后来绘画艺术的重要影响。

一如彩陶时期的绘画是画在器物上的，到了夏、商、周时期，图案还是附着在器物上，所不同的是器物大多为青铜器；同时，绘画的画面还寻求更加宽阔的素地，那就是记载中盛行于这一时期的许多壁画。而在墙壁上施加彩绘，其起源也甚早。在红山文化牛河梁"女神面"遗址既有发现，在山西陶寺遗址、陕西石峁遗址也有发现。到商周时期，关于在墙壁上绘画的记载颇多，如《孔子家语·观周》篇就记载说，孔子到东周（今洛阳市）访问老子，在周王室的明堂，"覩四门墉有尧舜与桀纣之象，而各有善恶之状、兴废之诫焉；又有周公相成王，抱之负斧扆南面以朝诸侯之图焉"。可见周代宽阔明亮的殿堂中，有许多富于训诫意味的画图。

这正是上古绘事的一个动力，即是说，绘画图像在很大程度上是为了"成教化，助人伦"。如此的绘事艺术推动力持续很久。此外，正如西晋陆机所说："宣物莫大于言，存形莫善于画。"（《士衡论画》）古代在各种空间的图绘，还有着传授知识、认知世界的作用，如《山海经》中一部分最初的是有图的，或者说，今天所读到的文字，是某一时期人对图绘内容的文字转

---

① 没骨法：中国画术语，指那些直接用色彩，而不是像一般国画着意用墨笔勾勒线条的技法。没骨法可以用于山水画和花鸟画，后来也有用此法画人物的。旧说此法始于南朝张僧繇，现在看来此法之起要早得多。

② 宗白华：《美学散步》，122页，上海，上海人民出版社，1981。

述。还有，战国时期记载各种天文、地理、神话、历史的屈原《天问》篇，汉代注释家说，是屈原面对楚人祖庙上的各种绘图内容的发问。古代的宗庙，往往也是教育和文化传承的场合。

绘画的理论，也在春秋战国萌芽，如《考工记》关于色彩的言说。据说夏代就"铸鼎象物"（《左传·宣公三年》），然夏鼎至今未见，商朝的青铜器上的纹饰却富于表现力。其中最多的就是兽面纹（旧称"饕餮纹"），《吕氏春秋·先识》篇言："周鼎著饕餮，有首无身，食人未咽，害其及身。""饕餮"之名由此而来。从构图上说，此种纹饰一般是由两个可以独立的图案构成，其分隔的中线，多为青铜器的菲棱，合观是一个神秘猛兽的正面，大瞪的双眼令人胆寒，分看则是相对的两条爬虫类动物。爬虫的尾部是勾曲的，狮虎猛兽在扑杀猎物之前一般都有此状。这些，令整个图案阴森可怖。然而，仔细观察，神秘可怖的纹饰，还多为爬虫的变种，即图案为爬虫变种的组合。就是说，此类纹饰很大程度仍延续的是史前装饰图案的传统，只是发生了严重的变形而已。

鸟纹是史前艺术的一大亮点，到商周时期也在变化中延续。商代的器物装饰有很多鸟纹，其阴森一如兽面纹，但是到了西周时期，一种长冠大尾的鸟的图案出现，学者称之为"大凤"纹。龙凤是具有代表性的图案，也是后来中国绘画常见的主题。最迟到西周这个图案已经基本确立。到战国，更有新的发展。

三、战国帛画上的龙凤

给丝织着色并在上面绘画的行为起源很早，但考古发现的帛画却是战国时期的。不同于后世"三矾九染"的绢画，帛画是直接绘制在桑蚕丝织成的布帛上的，有的是用朱砂、石青、石绿等重彩的矿物颜料绘制而成，如马王堆一号汉墓帛画；也有的只用墨白粉绘制，如出土于湖南长沙的一幅龙凤人物帛画（图8-4）。

龙凤人物帛画下端描绘了一位妇女身着宽袖长衣，而上端有翱翔升腾的一龙一凤，仿佛在引领她飞仙升天。从寓意上看，帛画反映了一种脱离尘世的超越精神，腾跃高昂的龙头凤首、飞扬高蹈的凤足、人物的宽松飘洒的裙摆、衣袖和纤细的腰身，使整个画面空灵而富于动感，仿佛人物也要随着龙凤飘然远逝，于奇诡中尽展其飘逸秀美。再从画法上看，凤飞在

图 8-4　龙凤人物帛画　1949 年出土于
湖南长沙陈家大山楚墓，今藏湖南省博物馆

天，而由下上升的卷曲之龙，尾部的位置靠下，因而整个画面搭配平衡。
以线勾勒龙凤形象，右下方则大面积涂色描绘人物服饰，中间自然过渡，
已有了明显的布局意识。画面由工整的墨线画成，而线条，如前所说，是
中国画的基本要素，是描绘和表现的主要手法，因而可以说，这张帛画在
表现"重线条"的中国画传统方面，有其重要的地位。

　　这幅画的重要性，还在于它是迄今见到的较早以优美笔法勾勒人物的
图画。远古的彩陶，虽然也有 1973 年出土于青海省大通县上孙家寨的舞蹈
纹饰，然而那个画面的主题是远古舞乐，人物也只有涂彩的轮廓，此后夏、
商、周时期表现人物，多形态丑陋，绝大多数都是仆役厮养之类。虽然这
幅帛画中的人物不是画面上唯一的形象，却是整幅画面的主体，在图画中
占有很大空间的龙凤，不过是画中人物敬拜的对象。这样的情况，不是仅
见的例子，1973 年在长沙子弹库楚墓还发现了一幅名为《人物御龙图》的帛
画，线条描绘的是人物御龙飞升的场面，画面重视人物的倾向与此画一样，
都是战国绘画观念发生重要变化的例证。从《龙凤人物图》和《人物御龙图》，

可以看出一种转变，一方面图画延续着古老的神灵崇拜，另一方面又向重视人的方向演进。

　　春秋战国时期，绘画艺术的正统尚未确立，古人也在做着各种的探索。例如，下面这幅绘制在漆盒上的精美漆画，就给人以异样的新奇之感。图画为出行图，是用漆涂写在夹纻胎漆奁盒上的，为战国晚期楚墓陪葬品。奁，是古代妇女用以存放梳妆用品的盒子，此件奁为圆盒形，通身装饰着艳丽华美的凤鸟、祥云等纹样，延续的还是古风。然而，其令人叫绝的是，在宽度不足六厘米的盒壁上，绘有一幅精致生动的出行图。可以说这幅画在妆奁盒上的图画，是古代"出行图"的先声之作，也是迄今我国发现的最早的风俗画作品。同时，它还是世界上现存最早最大的一幅漆画（古人也称漆画为油画）。

图 8-5　夹纻胎漆奁出行图　1987 年湖北荆门包山 2 号楚墓出土，今藏湖北省博物馆

图 8-6　夹纻胎漆奁出行展开图

　　此图以黑漆为底，用朱红、熟褐、翠绿、黄、白等多种颜色，以平涂、线描与勾点相结合的技法，描绘了王室贵族纳聘迎亲的生活场景。画中的 26 个人物，或昂首端坐，或俯首肃立，或扬鞭催马，或急速奔跑，舞步神态逼真，甚至不同人物的气质神态，贵族的骄矜、侍者的恭谨、奔跑者和御者的紧张都被刻画得惟妙惟肖。还有那随风飘动的柳树梢头、空中飞翔的大雁、地面追逐的犬豕，种种事物全都生动有趣，特别是那几匹膘肥体

健、形态各异的骏马,或奔驰,或站立,或踏步,意态盎然。

在构图上,以五棵柳树为分界,画面依次分为对话、迎送、出行、犬豕腾跃等场景,各段因内容不同而长短不一,相对独立又首尾连贯,是已知最早的横向平移视点的"手卷式"构图。同时,这幅画也显示出对透视、布局技巧的初步运用,作者力图通过经营安排物象的空间位置来准确传达与生活实感相符的空间维度。然而,重视线条和写意的特征依然明显,线条如车马的轮子、飘扬的旗帜等,写意如风摆中的柳树等。飘逸流动,是其整体的气象。此外,整幅绘画虽也有龙凤神秘之图像的出现,却只是名副其实的装饰,图画着意表现的是人马的出行,或者说是人世间的一种生活、生活中的一番光景。树是古代山水画必有的形象,这件战国的"出行图"中已经出现了姿态婀娜的柳树,在后来顾恺之的《洛神赋图》中,还可见到柳树的影子。

三、汉代"气韵生动"的画像

汉代是绘画发展的重要时期。据记载,东汉时已经有了出名的画家,如张衡、蔡邕等。今天所见汉代的画作,主要为帛画、壁画、画像砖、画像石及漆画、瓦当图案等。帛画如马王堆轪侯妻墓出土的"非衣"(出殡时张举的铭旌),以细绢为画地,描绘的是天上、人间和冥府三层世界,主题是飞升天堂,代表着汉代人对世界及死亡的理解。

汉代画像石和画像砖发现较多,全国不少地方都有出土,其中山东、河南、陕西和四川的画像砖石,尤其著名,是汉代留下来的重要美术作品,其中一些作品达到了相当高的艺术水平。例如,山东嘉祥县东汉武梁祠,共有 50 多幅,内容有表现日常生活的,如车马出行、狩猎、饮食等,还有表现历史著名人物的,如伏羲、女娲、尧、舜、禹等;有表现孝子节妇的,如曾参、闵子骞等,还有表现侠士刺客故事,如曹沫、荆轲等,以及一些民间故事、神话传说等。可见其"教化"意图,是遵从了传统并有所光大的。

汉代还有一种用墨线勾勒在墓室砖砌墙壁上的画,叫做壁画。图 8-7 是河南洛阳八里台一处东汉墓室的壁画,值得注意的有两点细节:一是人物之间的呼应,图中最左侧两个人在交谈,左边的抄着手在倾听,右边的很明显是在表达,而且他右手手指不自觉地伸着,姿势颇为优雅。两个人的视线是交流的，以此将两者连成呼应的整体，堪称"气韵生动"。在线条的运用方面，忽粗忽细的变化很灵活，也使得画面动感强烈。

图 8-7　《迎宾拜谒图》　1925 年出土于河南洛阳八里台汉墓，今藏美国波士顿美术馆

在内蒙古的和林格尔东汉墓葬，发现了《乐舞百戏》壁画。画面以黑、白、朱三色描绘墓主和家人一起坐观乐舞杂技的情形。图 8-8 是此画摹本的局部，表现的是男女演员的舞动，画面中的飞刀的是由画面右下角的演员抛出的，表演看来颇为惊险。整个画面各部分相互呼应，动态感十足；最动人的是男女舞蹈，特别是那背对着人们的黑发、红袖相衬的舞女，姿态矫健婀娜。画面黑、白色块搭配协调，舞女飘逸飞动的长袖、右侧配合的演员的腿部和胳膊，则全用线条，与墨色配合虚实相称，还有人物那夸张的红唇，也让小小的画面生动活泼、神采飞扬。

图 8-8　乐舞百戏壁画图(局部)　内蒙古和林格尔东汉墓葬出土

汉代对人物的刻画为后来的绘画艺术奠定了深厚的基础。

四、中古时期的重要变化

所谓中古时期，指从魏晋南北朝到隋唐这个历史时期。古代绘画艺术进入魏晋南北朝，一方面古老的传统在延续，另一方面则是出新。同时，一股来自印度的文化融入了绘画传统的河流，那就是随佛教东传而来的画风。本土的传统与新风交融，对后来的绘画艺术影响很大。

1. 人物画

魏晋南北朝，是中国人物画第一次大发展时期，涌现出顾恺之、曹仲达、陆探微、张僧繇等名家。顾恺之有"传神写照，正在阿堵(这个，或指眼睛)中"的经验总结。曹仲达的佛像人物有"曹衣出水"的美称，谓曹仲达笔下的人物线条清晰优美，衣饰褶皱生动，"其体稠叠，而衣服紧窄"；"曹衣出水"与唐朝的"画圣"吴道子绘画的"吴带当风"遥遥相对。张僧繇从学印度佛画中得到灵感，变化了自顾、曹以来以"高古游丝描"的线条勾勒为主的人物画法，独创了人物肖像不见轮廓、只见布彩的画法，称"没骨法"(又叫"染晕法"，实际此法远古就出现过)。陆探微虽然没有真迹传世，据记载其画法对后来影响很大。作《古画品录》的谢赫称赞陆探微的画"穷理尽性，事绝言象。包前孕后，古今独立，非复激扬所能称赞"。对上述三位画家，唐代书法家张怀瓘评价说："张僧繇得其肉，陆探微得其骨，顾恺之得其神。"重视线条的顾恺之，在评论家心目中终究是上品。

东晋时代的顾恺之，是我国古代人物画史的一位高峰人物。顾恺之生活的东晋，是世家门阀势力全盛的时代。他出身于江南望族顾姓，有才绝、画绝、痴绝之名。不仅画技高超，还提出了人物画要"以形写神"的理论。《女史箴图》、《洛神赋图》是它的代表作。这两份作品虽然只保存了唐人的摹本，却可以从中领略顾恺之画艺的一些特点。

人物画在汉代有重要进展，"宣教化"的意图，是先秦、汉代人物画重要内容之一。例如，汉代《列女传》就曾以图像的方式传播，《后汉书·顺烈梁皇后传》就有"常以列女图画置于左右"的记载。顾恺之的人物画就继承的这一传统。他的《女史箴图》取材于晋张华《女史箴》。"女史"指的是宫廷里的女官，"箴"是规劝的格言。"女史箴"就是女史向君王姬妾们进的规诫。

篇中写了一些前代贤德女子的故事，如樊姬、卫姬等，他们都能帮助君主修身齐家。顾恺之就把这些内容画成了《女史箴图》十二段画面。不过，目前只剩下九段了。

《女史箴图》不仅在精神上继承了传统，在画法上也接续汉代的画法而有所发展。他画的人物"笔彩生动，髭发秀润"，而且很注意人物的神态。图 8-9 是该画作第 11 幅（下）、第 12 幅（上）。第 11 幅表现的是《女史箴》"翼翼矜矜，福所以兴，靖恭自思，荣显所期"一段文字，劝解女子谨慎自修，一定获得尊显荣耀。第 12 幅是《女史箴》结尾，画面中右侧的是女史，正在专心书写记录，左侧两位女子正在向她走来，表明

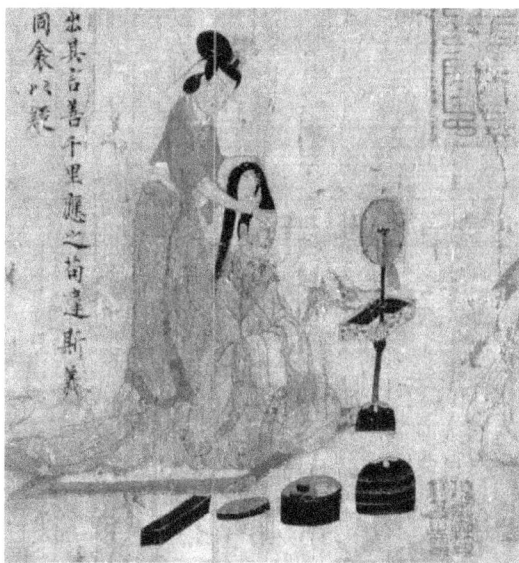

图 8-9　东晋·顾恺之《女史箴图》　南宋摹本局部，全卷绢本设色，纵 24.8 厘米，横 348.2 厘米

她们是乐于接受女史告诫的。画中人物身材修长，裙子下摆较宽，造型非常稳定。画面线条均匀而有节奏，像一根丝一样连绵不断，所以叫做"春蚕吐丝"描，线在空中循环婉转，均匀而清雅。

据刘义庆《世说新语·巧艺》记载，顾恺之为裴楷画像，在他的面颊上增了三根毫毛。看过的人不知何意，顾恺之回答："裴楷这个人俊朗有见

图 8-10 《洛神赋图》局部

相遇与相别为线,辅以山水风景隔开故事的段落,疏密有致。展开画卷,简单的风景铺叙后,由随从陪侍的曹植站在岸边,出神地望着远方水波上款款而来的洛神。曹植的目光深情而隐忍,周围紧紧围绕的侍从凸显出他的身不由己,所以即使他激动,但也只能站在岸边,远远遥望。洛神梳着优雅的双环飞仙髻,款款而来,裙裾飞扬,步态优雅却眼神幽怨。初见之后,画家安排洛神一再与曹植碰面,但多数时候洛神都是回眸顾盼,曹植默默遥望,二人欲说还休、爱而不得的缠绵之情跃然纸上。故宫藏本的《洛神赋图》卷首,还有乾隆题写的"妙入豪颣"四字,表达的是这位"文艺皇帝"对顾画精于刻画人物丰富细腻的表情这一点的欣

识。这三个长毛,就是他有见识的标识。"看画的人,再细端详那三根毫毛,确实令画中人更富神采。顾画真迹难寻,故宫与辽宁博物馆收藏的宋摹本《洛神赋图》是后世摹本中的精品,千载之下,亦可从中遥窥顾恺之的笔墨神情。此设色绢本长卷宽 0.3 米,长约 6 米,以俊逸的笔法生动形象地再现了《洛神赋》的场景。全卷以曹植与宓妃的洛水

图 8-11 顾恺之《洛神赋图》中的曹植及其侍从,(宋摹本局部,今藏北京故宫博物院)

赏。顾恺之的这个特点，也是古往今来画人的难点和重点。此外他"高古游丝描"的表现手法，更是大大强化了古代绘画重视线条的传统。

唐代是人物画的高峰时期，阎立本、吴道子、张萱、周昉等都是艺绝当代的人物，其中吴道子艺术成就最高。阎立本为由隋入唐的画家，官至宰相，出身贵族，擅长工艺，多巧思，工篆隶书，对绘画、建筑都很擅长。代表作品有《步辇图》和《历代帝王像》等。阎立本认真研究前人张僧繇、郑法士和父亲阎毗的画法，画人物如《历代帝王图》，线条凝重有力，色彩艳丽。

吴道子有"画圣"美称。吴道子年少孤贫，曾流落洛阳，以作寺庙壁画为生。也就是说，他不同于当时宫廷画家（如阎立本），而是因为画得好有名气被召入宫，成为宫廷画师的。传说他随张旭、贺知章学过书法，还因观赏长安名伎公孙大娘舞剑而悟出了用笔之道。笔下人物圆融自然，妙趣横生，衣袂飘飘有如迎风飞舞，称为"吴家样"。他能在很大的壁画上画几尺长的线条，好像被风吹动，在空中飞舞，后来就有了"吴带当风"的美誉。有《送子天王图》、《八十七神仙卷》、《明皇受箓图》、《十指钟馗图》等名作，惜传世真迹稀少。吴道子《送子天王图》，画面用白描勾勒，线条飞动，每一根都有几次转折变化，的确像被风翻动的衣带。这样的线描法称兰叶描。观此画，可领略"吴带当风"与"春蚕吐丝"之间的不同。"春蚕吐丝"比较均匀，节奏比较缓慢，而"吴带当风"似乎饱含着很大的力量，气势磅礴。

图 8-12　（传）吴道子《送子天王图》（局部），纸本墨笔，
宽 35.5 厘米，长 338.1 厘米，今藏日本大阪市立美术馆

张萱是开元时期的画家,其《虢国夫人游春图》、《捣练图》都精美绝伦,今存宋人摹本。中唐时期的画家周昉,其画作被唐人称为"画女子为古今之冠",其"周家样"不仅独步晚唐画坛,还得到了宋元画家的追摹,元代画家赵孟頫就极力推举"周家样",其造型特征甚至还远涉重洋,影响到日本镰仓时代的佛教造像。周昉笔下的仕女体态丰腴,人物表情刻画得精致细腻,以"铁线描"勾勒的衣裳简劲流转,彩色柔丽,素雅而富有诗意。周昉之后,南唐顾闳中的《韩熙载夜宴图》、五代阮郜的《阆苑女仙图》、南宋牟益的《捣衣图》等,人物面部造型都留有"周家样"丰腴动人的特点,这也成为唐宋时期人物画所共有的特点,即无论男女,脸颊都是丰满的,"浓丽丰肥"的形象为当时所崇尚,此风一直延续到宋代才发生改变。还有,唐代人物画色彩浓丽的特点,明显受到佛教绘画的影响。

图 8-13　周昉(传)《挥扇仕女图》　唐　绢本设色　现藏北京故宫博物院

2. 佛窟壁画

从汉魏开始,一股新的文化精神汇入中国,此即佛教的东传。于是,随着大量寺院、佛窟建筑的兴建,以传教为目的的佛教艺术如佛教雕塑、绘画等,大兴于世。至今保存较多的是佛窟壁画,其中具有代表性的是敦煌莫高窟壁画。莫高窟开凿始于前秦建元二年(366年),经历北魏、唐、宋,至元代结束。属于北魏时期的石窟有 38 个,属于唐代的有 210 多个。壁画内容,从北朝到隋唐有着明显的变化。

北朝时期的壁画题材多以佛、菩萨为主,"本生"①故事也占重要地

---

① "本生"即佛本生,按照佛家的说法,释迦牟尼在成佛之前,经过了无数次轮回转生,曾做过国王、王子、婆罗门、商人、妇人、大象、猴子、鹿,等等,每一次转生,便有一个行善立德的故事,这些故事被称为"本生故事"。

位。这些本生故事画，宗教色彩十分浓厚，如北凉 275 窟北壁中层和后来北魏 254 窟都画有尸毗王"割肉贸鸽"的本生故事，宣扬佛舍身救人的弘愿。北魏的 254 窟的显著位置和北魏 428 窟的东壁，又都画的是萨垂那太子本生故事，254 窟墙壁则描绘萨垂那太子跳下山崖，用自己的血肉救活即将饿死的母虎与它七个幼虎的故事。西魏 285 窟画的是"得眼林故事"：憍萨罗国五百人造反为盗，战败被俘，被挖去双眼，放逐山林。佛吹香山药使五百强盗眼目复明，强盗皈依佛法，最后成佛。此外还有"鹿王本生"故事（北魏 257 窟）和释迦佛降魔的故事（北魏 428 窟）等。

　　这些故事，虽然以宣扬佛的弘愿、慈悲、关爱及超越人间痛苦的崇高为主旨，但故事往往是充满苦痛的，画面气氛往往是激烈而令人惊惧的。然而，故事惊悚与色彩壮丽的壁画，并非洞窟的主角，洞窟的主角是塑像，是佛本身。"热烈激昂的壁画故事陪衬烘托出的，恰恰是异常宁静的主人（佛像——引者）。"①强烈的对比引发的是崇高的观感，而北朝作为塑像陪衬的壁画，正是为突显这样的崇高。然而，这样的情形到了唐五代悄然而变。"壁画开始真正走向现实：欢歌在今世，人间即天堂。"②具体表现就是"本生"故事让位于"经变"③，法华变、东方药师净土变、西方净土变、报恩经变、维摩居士变等占据了佛窟的主要空间，画像图示的是经典的内容，展现的却是人间理想化富贵如意的生活。经变的崇高追求被淡化，日益强烈的是对热闹人间生活的眷恋。例如，被称为"功德窟"的唐五代 156 窟，《张议潮统军出行图》④、《宋国夫人出行图》及《张议潮夫妇出行图》中赫然出现人间的生活光景。

　　佛教壁画描写人物的画法，影响到唐代的人物画的色彩，不论是张萱

---

　　① 李泽厚：《美学三书》，103 页，天津，天津社会科学院出版社，2003。
　　② 李泽厚：《美学三书》，109 页，天津，天津社会科学院出版社，2003。
　　③ 经变画，用画像宣示某部佛经的内容，亦称"变"或"变相"。敦煌佛窟经变画有三十几种，画的是一部或几部佛经主要内容的图像，首尾完整、主次分明，画幅很大。据张彦远《历代名画记》记，经变画出现于南朝时期。
　　④ 《张议潮统军出行图》，画于莫高窟第 156 窟南北壁及东壁南北两侧底部，长卷式画图，场面繁复宏大，前为文武仪仗行列，中部张议潮着红袍跨白马，后有军队随从。尤其是前面的仪仗部分，情节复杂，布局井井有条，显示出画家把握宏大场面的能力。

还是周昉,所画人物色彩鲜艳,都是影响的明证。而中国人物画在唐五代
达到历史的高峰。

2. 山水画

图 8-14 东晋·顾恺之《洛神赋图》
宋摹本局部,绢本设色,宽 27.1 厘米,
长 572.8 厘米,今藏北京故宫博物院

这个时期绘画对传统的延续与出新最重要的表现,是山水画开始成为绘画大宗,并取得重要成就。

山水画萌芽很早,先秦已见端倪,到南朝时已经颇具规模。山水在这一时期的发展,明显受玄学和山水诗歌的影响与促动。魏晋以来的士大夫尚清谈,也特别喜欢"散怀沟壑",萌芽甚早的山水画,就在这样的强劲的士大夫趣味的推动下开始了它的艺术历程。

不过,与士大夫当时喜爱的文学山水诗相较,山水画不仅起步晚,而且在艺术上还不能与之并驾齐驱。当士大夫的山水诗已经发展到很高的境界时,山水画只刚刚起步而已。文人士大夫对诗歌的兴趣,早在先秦时期已牢固确立,文人士大夫产生作画的兴趣,明显要晚得多。由此,山水画受山水诗的美学趣味的深刻影响,是难以避免的了。

山水画的发轫,与东晋大画家顾恺之关系密切,顾恺之据曹植同名作《洛神赋》所做的画图中,山水的影子已相当清晰,(图 8-14)只不过山水还是衬托人物故事的背景。稍后,以山水为主题进行创作的画家就出现了,如东晋的戴逵、南朝刘宋的宗炳等。宗炳酷爱山水,他把自己一生游览过的山水描绘在居室的墙壁上,"澄怀观道,卧以游之"。他的《山水画序》是较早探讨山水画论的文章,提出"以形写形,以色著貌"的主张,且对"透视"的原理有所认识。

进入隋唐,展子虔的《游春图》出现了,再不久,受展子虔影响的李思训"金碧辉煌"青绿山水也惊艳出世,其《江帆楼阁图》又标志着中国画山水

技法已至相当成熟的境地。另外，还有一幅《明皇幸蜀图》（图 8-15），画没有落款，属于唐代李思训、李昭道（二人为父子，李唐宗室，称大、小李将军）"金碧山水"一派的风格。画面表现的是安史之乱长安陷落后唐玄宗逃往蜀地，经过艰难蜀道时的光景。整幅画是在讲一个历史故事，但画面中以山水为主，人物鞍马为辅，此画是山水画走向独立题材历程

图 8-15　（传）唐·李昭道《明皇幸蜀图》局部，绢本、青绿设色，纵 55.9 厘米，横 81 厘米，今藏台北故宫博物院

中有标志意义的作品。画面中的山石只有轮廓的勾勒，笔法很精细，山石和树木涂以深浅不同的青绿，未见后来常见的皴法，画风古朴。山峰是巉岩奇险的，行路是艰难的，但是，画面整体的气氛，未免过于明朗鲜亮，与"逃难"氛围不合。

到五代十国时期，山水画有了长足发展。荆浩的山水画处于唐宋演替变革的过渡时期，有其特殊而重要之处。荆浩，河南沁水（今济源）人，唐末隐居山西太行山。《匡庐图》（图 8-16）是其流传至今的墨迹，其构图在中国山水画史上称得"开山"二字：画家以全景式的构图表现了庐山峻拔的山峰与山间村落的景象，却不是单纯地复制某一观察点看见的景象，而是"把从不同角度上观察来的山石、树木、人家、路径……曲折繁复的景物，巧

图 8-16　五代·荆浩《匡庐图》，绢本、墨笔、立轴，收藏不详

妙地安排在一个长幅里"①。由此得以更加鲜明具体地展示庐山的巍峨挺秀，这样的"全景山水"的构思，是荆浩在技法上的一大创举，影响巨大，北宋李成、范宽的绘画，都可以见到师法荆浩的痕迹。画幅上端高峰耸立，中段幽谷掩映，前景村居错落，皆由水墨皴、染而成，② 凸显了画家心中险峻苍古而安逸宁静的庐山景色。荆浩主张笔墨并重，《匡庐图》即是这样的水墨画，体现了荆浩在其《笔法记》中总结的"度物象而取其真"、"笔墨晕章"、"气韵俱盛"、"真思卓然"的境界。

荆浩之后，还有关仝，长安人，师法荆浩，有"出蓝"之誉，作品被称为"关家山水"。他延续了荆浩"搜妙创真"的主张，其刻画山石，使用了被后人称为"泥里拔钉"的皴擦方法，特点显著，令山水画创作手法更加丰富。荆浩与关仝并称"荆关"。

五、宋元山水画的鼎盛

经历了唐五代的酝酿之后，到宋元时山水画进入了鼎盛时期。在这段时期，山水画与其他题材如人物画、花鸟画和风俗画都在发展，然而，论变化的显著、成就的巨大，山水画当仁不让。这段时期的山水画可以划分北宋、南宋和元代三个阶段。北宋延续唐五代画风，李成、范宽和郭熙等为画坛巨擘，画面雄奇壮丽；南宋则"残山剩水"的画风流行，"马一角"、"夏半边"是其典型。到元代，文人画风兴起，画风为之大变。李泽厚在《美的历程》中说宋代特别是北宋的绘画是"无我之境"，元代的山水为"有我之境"，形容的正是元代"文人画"与宋代山水画的区别。

1. 北方的雄奇壮丽

北宋时期山水画的兴盛，首先表现在风格的多样，而风格的多样又往往与画家生活的地域有关。例如，延续着荆浩、关仝画风的李成、范宽和郭熙等，都是北方人，他们之间虽然区别明显，然而总体上说，其山水画

---

① 启功：《启功谈中国名画》，52页，北京，中华书局，2012。

② 皴染，是中国画的一种画法。皴，用比较干的笔皴擦，表现画中山石、峰峦和树身表皮的脉络纹理；染，用墨水或淡彩润色画面，不露笔迹或少露笔迹，以此显示景物的阴阳向背，加强物象的立体感。另外，皴法有披麻皴、斧劈皴（大斧劈皴、小斧劈皴）、雨点皴、钉头皴、解索皴、荷叶皴、牛毛皴等多种。

面的构图往往山形巨大、大气磅礴，精气十足，读之令人震撼。即如上举荆浩《匡庐图》，虽说是画南方庐山，山形其实也颇带太行山壁立千仞的雄奇之感。大体而言，这些画家的山水显示的是一种壮美的风格，由此也可以说与唐人的艺术意趣更为相近。这些北方的画家画山画水，尚质求真，多"全景式"的山水画面。

例如，图8-17范宽的《溪山行旅图》即宋代山水画的代表作。范宽，名中立，华原（今陕西省铜川市耀州区）人。他初学李成、荆浩，常年观察自然山水，形成了自己的风格。与从五代入宋的关仝、李成并称北方山水三大家（郭若虚《图画见闻志》）。

《溪山行旅图》表现的是行走于大山之间的一队驴驮货物的行旅。构图十分简洁，画面大致为三部分，近景是画面最下方的巨大石头，中景是驴队及其右手侧前后的山岩丛树，远景则是耸立的大山，占据画面的三分之一。主山的山腰颜色浅淡，是远望高山云雾笼罩的视觉效果；山腰间细细的飞流直下的瀑布，同样突出了主山的遥远，同时也反

图8-17 《溪山行旅图》设色绢本，
长155厘米，宽74.3厘米，
今藏台北故宫博物院

衬出山峰的高耸。在画法上，画面中的山体，先用方折线条勾勒轮廓，再以短笔皴抹，以显示山体的凹凸嶙峋的质感。这种皴法被称为"雨点皴"，因为看上去像无数的雨点落在山岩上。密密麻麻的树叶，细看是一片片累积起来的，画法质朴。整幅画面，布局雄伟、严谨，不炫耀技法，浑融厚

重，给人强烈的震撼。这幅画的皴法和树木的画法都有开新的意义，影响很大。人称范宽的山水"远望不离坐外"（刘道醇《圣朝名画评》），就是说，山再高大，却是人眼可观的景象。这样的效果，以行走山间的行旅和掩映在树丛的寺宇等来加以强调。雄奇壮丽的山水，只因有了人才真正充满生机。

这也正是古典山水画显著的文化特点。摹山画水，目标不是图写世间的物象，而是描绘一个世界、一种情境，寄寓精神，彰显情趣。因而，不论山势多么奇险，水面林木多么宽阔苍郁，总会有曲折的蹊径，隐现在山水之间；往往有茅屋或亭台、萧寺；时常有行走于山水之间者，或为行旅之人，或为抚松眺望的雅士等。这个世界与现实是不同的，是按照心灵的理想亦即"中得心源"的"心源"（唐人张璪语）来图写的，或者说是画家如同造化主人那样创生了一个诗意的山水境地。李泽厚说北宋的山水画为"无我之境"，其实只是就艺术表现层面说，其精神的底里仍然"有我"，有"我"的理想在内，有"我"的情趣追求，只不过在表现上显得"客观"而已。

荆浩、关仝和范宽的山水，以北方关陕一带的大山为依据，雄奇峻厚，阳刚十足。比范宽稍早的李成，则另有风范。李成，唐王室后裔，性格磊落不羁，晚唐五代长期生活在今山东青州一带，源自不同审美趣味和地域环境的影响，李成虽然师法荆浩、关仝，却创造出明显有别于二者的山水画图。具体说，李成的画，不同于荆、关的"四面峻厚"、"石体坚凝"，而是"淡墨如

图 8-18　郭熙《早春图》，北宋，绢本浅设色，纵 158.3 厘米，横 108.1 厘米，今藏台北故宫博物院

梦雾中，石如运动"，即一种"秀润"（米芾《画史》）的风格。例如，他的《茂林远岫图卷》，描绘夏日山水，其构图也是远、中、近三景，远景峰峦叠翠，奇峰崛立。空濛之中见深邃；近景有流水曲桥，舟车行人，还有林木中成片的宅舍屋宇；中景则有山谷间的寺院殿堂和宝塔，画面内涵是丰富而热闹的，然而整幅画面的感觉是宁静安详的。古典山水讲究高远、深远、平远，即所谓"三远"（郭熙《林泉高致集》），这幅就符合"三远"的原则。与范宽的《溪山行旅图》巨峰突兀不同，这幅画是"一片山"的光景，仿佛照相的广角视野。画面追求视野的广阔，显示出心胸的容纳，亦即"与碧虚辽阔同其流"（米有仁语）的宇宙襟怀。

提出"三远"的构图法则的郭熙本人就是一位出色的有宫廷身份的画家，被认为是李成画法的继承者（同时也吸收董源、范宽的画法），其生活的年代在北宋的中后期。存世作品有《早春图》、《窠石平远图》、《树色平远图》、《幽谷图》等。其中《早春图》全景式的构图基本延续的是荆浩至范宽的路数，不同之处在其对早春山水的表现，山形仍是巨大的，山腰间的烟岚弥漫，则为春天来临时特有的光景，那大大小小的山岩，由近而远，由下而上。笔触堆积出不规则的圆形山岩，称"云头皴"，浑浑然如云翻卷。山峦是朗润的，泉源是淙淙的，整个画幅是壮丽而秀美的。尤其是那如云翻卷的层层岩石，犹如天地生机正在春天蓄势待放，足以激发观者心绪的翻卷。《早春图》不仅是郭熙的代表作，也是北宋山水画的经典之作。其近、中、远三层构图法，以及远虚近真、远高近低和起笔由近及远错落而上的笔法，都显示的是古典山水画的基本构图法。

2. 南方的秋岚远景

在荆、关、李之外，另一种画风也同时发展。这就是由五代董源开创、北宋初期巨然接续的南方山水画风。北宋中期以前，董、巨的画风不受重视。刘道醇作《圣朝名画评》，董源未入品评之列，巨然的作品也只被视为"能品"，在刘道醇的眼里，最高级别的"神品"要归之于李成、范宽。

这样的风尚，到北宋中期就发生了改变。这与当时大文人对绘画的看法有关，如苏轼说："论画以形似，见与儿童邻。"（《书鄢陵王主簿折枝二首》之一，见《苏东坡集》）也正是苏轼，提出了"士人画"这一概念。又如作为"苏门四学士"之一的晁补之说："然尝试以物以观物，物常不能廋（藏）其状。"这些都是关于绘画重神不重形的言论。此外着意推崇董源、巨然的是米芾,他的《画史》对于北方风格的山水,颇不以为然,甚至有李成、关仝"俗气"的过分之言。米芾推崇董源,是喜爱其画中显示的"天真平淡"。这样的见解,未尝不可以理解为宋人对山水画雄壮"唐风"的不喜,是一种社会性的风尚。因为年辈略长于米芾的沈括,在《梦溪笔谈》中也说董源的"秋岚远景,多写江南真山,不为奇峭之笔",且言其山水"用笔甚草草,近视之几不类物象,远观则景物粲然",并赞叹道"此妙处也"。"秋岚远景"不正需要"平淡天真"的意趣吗?苏轼是能画的,米芾和他的儿子米有仁更有所谓云山雾罩的"米家山水",就是说他们自有其绘画的审美趣味,也影响了后来的画风。"文人画"的观念由此确立。这样的文人趣味的确立,实际与文化在中古时期的转变息息相关。在这样的大背景下,北宋早期不入画品的董源受到重视和表彰,就是可以理解的。董源的画也确实特点明显。

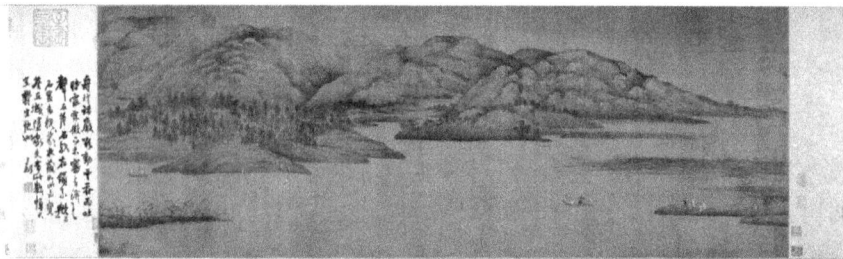

图 8-19　董源《潇湘图卷》,五代,绢本设色,纵 50 厘米,
横 141 厘米,今藏台北故宫博物院

　　董源,钟陵(今江苏南京,一说江西进贤)人,五代南唐时任北苑使,故有"董北苑"(该职可能与当属的皇家画院有关)之称。他留存至今的画有《溪岸图》、《溪山行旅图》、《秋山行旅图》、《笼袖骄民图》、《潇湘图》、《夏山图》、《寒林重汀图》等,一些画,真伪有争议。早期的画,保存了唐代山水画的特点,中后期画风大变。例如,《笼袖骄民图》写的京师郊民在山水间的龙舟竞渡,图中山势平缓而不险峻,山势以大披麻皴,山顶多作矾头,山越远越高大,富于"平远"构图法,是董源摆脱唐人影响而呈自家面目的转变之作。《潇湘图》历来被视为董源代表作,一派山峦起伏、平沙汀州的幽远之景,山木多以花青运墨点染,画面整体烟雨空濛,草木葱茏,空气润泽,其用笔正符合沈括所说"用笔甚草草"的特点。

　　董源之后有巨然、董源同乡，代表作有《秋山问道图》、《万壑松风图》、《层岩丛树图》等。此外，赵干《江行初雪图卷》、赵令穰《湖庄清夏图》等，都属于南派画风。赵令穰的画作多富于诗意的小景山水，预示着未来的新变。

　　3. 南宋的水墨苍劲

　　古代绘画发展形成了三大系统：民间画、院体画和文人画。[①] 文人画兴起于宋代，民间画最悠久，可以追溯到先秦那些在器物绢帛上创作的画面，汉代画像石、敦煌壁画，都可归之为民间画一脉。院体画是宫廷聚养画家的结果。先秦、两汉就有朝廷招聚画家之事，到唐代翰林院中更有画家人物，而且据南宋赵升《朝野类要》记载，还是"诸色皆有"；同时宫廷画家的作品又作为"宫样"流传，为世所法，对绘画的发展是有促进作用的。五代十国时期的西蜀、南唐，开始设立画院，画院名家辈出，贡献很大。北宋沿袭前朝制度设立画院，而画院的成就到宋徽宗时期达到高峰。到南宋时，"高宗南渡，萃天下精艺良工，画师亦与焉。画院之名盖始于此"（明·郁逢庆《读书画题跋》）。院体画之名即从南宋开始，南宋画风与院体关系极密。

　　宋徽宗主导的画院，讲究细节的真实，邓椿《画继》记载说，徽宗曾与画家辨"孔雀升高，必先举左（脚）"而令"众史骇服"。这样的讲究造就了当时画风的工巧精微。山水、花鸟无不如此。另外，北宋后期的画院，还用诗句为题考试画工技艺，要求画作富于诗情画意。这样的艺术追求，实际与苏轼、米芾等提倡的文人画的意趣是不相违背的。而如此风尚在南宋的画院得到延续发展，新画风出现。

　　南宋山水画新风尚的发端，一般认为始于北宋南宋之交的李唐。李唐的画如《采薇图》和《万壑松风图》，在构图上出现了明显的改变，不是范宽式的一峰突兀，也不是李成、董源的平林远视，李唐的山水也是全景式，但犹如相机的镜头拉近，画面截取山水景致的一部分加以描绘，上不留天、下不留地，"当中方立意定景"[②]。在画法上，皴笔和着墨大刀阔斧，简约奔放，苍硬刚劲。李唐的改革影响很大。之后，南宋山水画就出现了人称"马

　　① 参见王璜生、胡光华：《中国画艺术专史·山水卷》，9页，南昌，江西美术出版社，2008。

　　② 王璜生、胡光华：《中国画艺术专史·山水卷》，236页，南昌，江西美术出版社，2008。

图 8-20　马远《踏歌图》
南宋，绢本设色，纵 192.5 厘米，
横 111 厘米，今藏北京故宫博物院

"一角"和"夏半边"的两位著名院体画家马远、夏圭。

马远，祖籍山西，生于杭州，出身宫廷画世家，作品画院风格浓郁。这幅《踏歌图》(图 8-20)描绘了春日里农夫在山间行走歌唱的情景，构图下紧上松，有意拉开近、中、远三景的空间，笔墨雄劲简放，造型精炼，有异于北宋缜密精丽的院体画风，属于"水墨苍劲"一派，将雄阔奔放的画风与江浙清润奇秀的山川巧妙地统一在一起，创造出深邃清旷的意境。从细节上来看，图中的点景人物线条刚直挺健，硬朗明了；各类树木在风格统一的基础上形尽其态，画松树时行笔既瘦且硬，向下伸出的树枝有力而不病弱，有"马远拖枝"的美称。画山石时用中锋勾出岩石轮廓，再以浓墨干刷"大斧劈皴"，是马远极具个人特色的山水画法。

夏圭，钱塘人，也师法李唐，取景也是截取式的，用笔更加简率，有《溪山清远图卷》、《西湖柳艇图》传世。其画后世评价不一，赵孟頫、董其昌对其评价很低，而明代一些画家则奉其为圭臬。

4. 元代文人山水的繁盛

元代的绘画继承两宋又有较大的发展，逸兴遄飞的文人山水画是其最突出的成就。北宋苏轼、米芾等提倡并创作文人画，然而到了元代文人画才蔚为大观。一方面，元朝统治大体排斥士大夫，隐逸成为很多士大夫的选择，绘画中寄情山水的归隐逸兴，就很容易成为风尚；另一方面，也许更值得注意，即纸张制造的工艺进步，为文人画提供了"绘事后素"的新"素"地。用纸作画虽起源甚早，很长时间却不甚流行，起码不如书法用纸流行。学者考究，南宋用纸作画之风渐开，元代画家袭之。原因是当时出产的生纸更易使笔墨淋漓渗化，使得画面"有许多滋润处"（黄公望语）。①

元代文人画是从南宋遗民开始的，其中的钱选和赵孟頫最为关键。赵孟頫师钱选，两人曾经有过关于文人画的对话。赵孟頫问钱选什么是画中的"士气"，钱回答："隶体耳。"这个"隶"又作戾、利、力、立，所谓"隶体"，犹言"戾家体"、"利家体"，戾家或利家等与"行家"相对，是"行外"的意思。"行家"则是指那些以绘画为职业的画家。他们常被视为"匠人"，实际唐代的阎立本、吴道子都是因匠人身份而受到歧视的。钱、赵的对话，摆明了要与画工相区别。在元代，为了彰显画为"隶体"，往往采用在画图空白题诗、题记的做法，不但自己题，还有画家好友相互题跋。在宋代，画家在画上题写自己的名字，往往是找一个不显眼的小地方书写。

赵孟頫，字子昂，号松雪道人，吴兴人，南宋宗室后裔，是书法家兼画家。元朝不设画院，却有御用画家，赵孟頫就是。为此他也颇有精神负担，其《罪出》诗："在山为远志，在野为小草"，就显示出他入世为官的苦闷姿态。这样的心情难免表现在他的画里，或者说"寄情山水"的绘画本身，就是他苦闷心境的一种出路。赵孟頫是学者、诗人，他的绘画讲究师法前人，又能出新。例如，《双松平远图》构图师法北宋的李成、郭熙，又自出新意，具体表现就是画面中"阔岸"图景。所谓"阔岸"，表达的是"三远"之外的"阔远"，两岸的山岭树木夹一片宽阔的水景，空灵缥缈，冲淡简远。这样的构图在后来倪云林的画里还有更多的表现。此外，用书法的笔致画画，赵孟頫也有开创之功。例如，《双松平远图》中的山形即带有书法笔墨的意味。赵孟頫的水墨画、水墨淡着色（水墨浅绛）和青绿山水都很出色。赵孟頫影响了后来的许多画家。

元代画家有所谓"四家"之说，具体指黄公望、吴镇、倪瓒和王蒙。黄

---

① 参见王璜生、胡光华：《中国画艺术专史·山水卷》，363页，南昌，江西美术出版社，2008。

图 8-21 黄公望《富春山居图卷》("无用师卷"局部)，纸本墨笔，今藏台北故宫博物院

公望，字子久，江苏常熟人，61 岁后加入全真教，号大痴，70 岁后常隐居在杭州、吴兴和富春江一带。他的《天池石壁图》、《丹崖玉树图》、《九峰雪霁图》、《快雪时晴图》和《富春山居图》等，以《富春山居图》最著名。《富春山居图》动笔于画家 79 岁时，82 岁题款，是画家衰年变法之作，也是大器晚成的杰作。① 图卷因火烧而剩余两段，较长的一段藏台北故宫博物院，称"无用师卷"，另一段称"剩山图"，藏浙江省博物馆。现存《富春山居图》分为四部分：首段构图为野岸低丘、屋舍树木与远山隔水相望，章法为"阔远"，此为平稳的序幕。第二段秀峰凸起，顶天立地，随后群峰如波澜起伏，层层叠叠绵延伸展，奔向烟波浩渺的远方，雄秀苍莽；章法上既有传统的"高远"之法，又有新变：传统的"高远"笔法是由低向高，此画不然，而是远山层层不尽，营造的意境也是天高地迥，画家自己说这是"从山外远景谓之高远"（黄公望《写山水诀》）。第三段画面豁然开朗，先后出现松林及松林掩映的荒亭，继而是浅滩烟树，似断若连，一幅平远的图景，望之畅然。最后一段奇峰突起，与远方成片的山峰遥遥相望，是高远与平远的交融。整幅画卷，虽然完璧不存，但"尽峦峰波澜"的特点却十分明显的。前人评此画说："凡数十峰，一峰一状；树数百，一树一态。雄秀苍

---

① 这幅画卷命运奇特，曾被明朝收藏家吴洪裕收藏，吴临死时命人将此画烧毁，幸被吴的侄子从火中救出，遗憾的是画已被烧成一大一小两段。小的一段称"剩山图"，藏浙江博物馆，大的一段称"无用师卷"，现藏台北故宫博物院。

莽，变化极矣！"（恽寿平《瓯香馆画跋》）。

《富春山居图卷》为水墨设色，总体构图远承董源、巨然，而董、巨无此阔大雄奇。元人绘画自赵孟頫多用书法笔意入画，此画可谓有极致性的发挥。全卷笔法千变万化，用墨浓淡深浅，洒脱自如；画山画石，皴涂似披麻，又似解索，多用中锋行笔，[①] 虚虚实实，写远林，写近松，各具笔墨。总览画卷山山水水，境界广大；近观墨迹，笔墨纵横、斑斑点点，元气淋漓，是"文人画"的笔致，却不同于一般文人画的闲情雅趣。它是雄奇远大的、震撼心扉的。可以说是北宋山水画之后的又一高峰之作，但它还是文人画，观其笔墨的纵横淋漓，画图终是"写"出的，较诸范宽、郭熙的山水，从画面色泽和质地上看，区别是十分明显的。面对画卷中一座的山峰，或浅或深的墨色，纵横交错的皴擦，高远、平远的交融，将人带入的是山峰磅礴的气势，是水天无限的远大，是天地清灵的奇秀，是宇宙造化的伟大气象。如此的气象万千的"文人画"实在罕见。

"元四家"的另外两家是吴镇和王蒙。吴镇，字仲圭，浙江嘉兴人。他的画多渔隐山水的题材，"云散天空烟水阔"是其特点，就是说，他的画多"阔远"山水的图景。如《芦花寒雁图》中，萧瑟的芦苇，夹着渔夫，远处是低矮的石丘林木，更远处则为层层叠叠的远山。画面层次多而境界阔远，寄寓着人格放旷的内涵。王蒙，字叔明，浙江吴兴人，号黄鹤山人等，赵孟頫的外孙，元代画家，死于明初胡惟庸案。王蒙的绘画风格多样，贯穿一线的是山林间的"书斋"，因此有学者称之为"书斋山水"。在异族统治下，"读书"就是士大夫对文化最好的坚持。王蒙喜画"草堂"（中期山水如此）、书斋，当有此用心。王蒙的画如《青卞隐居图》，山势起伏、奇奥幽深的山林高处，堂舍中一人抱起而坐，山下林石间则有持杖来访的文士。山石皴法多样，且有篆书笔意渗入，淋漓尽致地表现出江南山水的秀润多姿。

倪瓒，名号颇多，以"云林子"之号行世。其年岁较王蒙略大，去世晚于王。原先家道富裕，后中落；与黄公望为好友，与当时的大文人张雨、

---

① 披麻和解索，古典山水画皴法，前者由五代董源创始，状如麻的披散与错落；解锁皴是从披麻皴演化而来的，其运笔一般比披麻皴要长，且行笔更曲回，形如绳索麻股的开分、披散。

图 8-22　倪瓒《六君子图》，元，纸本墨笔，纵 64.3 厘米，横 46.6 厘米，今藏上海博物馆

杨维桢、虞集多有来往。中年弃家出走，流落江湖。论元代文人画中之"逸"，当以倪瓒为首。其画的特点是山水阔远、平易简略。

倪云林为人孤傲清高，为表现自己的节操，他在前人基础上，创造了"一河两岸"式的阔远山水。这样的"远阔"山水也有变化。较早时的画如《六君子图》，画面近处是坡岸，上有六棵树，象征志同道合六君子，中景是开阔的湖水浩渺，远景即画面顶端的远山。画中偏左有作者自题："大痴老师见之必大笑也。""老师"即黄公望。后来黄果然在画上题诗："远望云山隔秋水，近看古木拥坡陀。居然相对六君子，正直特立无偏颇。"后来倪瓒常画的"阔远"图景变化为近岸有亭林岩石，中景为水面，远景也是山峦，不过山峦的位置下移，留出大片的天空。这样的光景更显得辽远、空阔和寂静，如《秋亭嘉树图》即是此种图景的代表。无论如何，孤傲的倪云林的画面，近处孤高而特立独行，远景则是对隔岸远方的企慕。平淡简洁的画面，有无限的令人遐想的余地。

六、明清近代绘画的转变

明清两代，文人画占据画坛绝对优势，而且绘画朝"怡情适性"方向发展，画家个性特征变化明显。同时，画派多、宗派性强也是这个时期的特点。此外，明末清初，随着中西方的接触，西方画风吹入，画风出现了一些新变，延续至近代，画风的转变更加明显。

1. 绘画的"怡情适性"

明代都有院体画家，明初皇帝还曾因对画作不满意而杀掉画家，院体画家严守规矩，也就很自然了。明代在院体画风流行的时候，出现了"浙派"画，代表人物为戴进。戴本人也曾为院体画家，其画以南宋马远、夏圭画风为基础，兼容他家，其后追随其画风的有吴伟、张路、蒋嵩等。之后，在经济发达的苏州地区兴起吴门画派，代表人物有沈周、文徵明等。与吴门画派有关又有所不同的画家人物还有唐寅、仇英等。其后，以董其昌为代表的"松江派"崛起，取代吴门画而领画坛风骚。

吴门画派综合多家，主要以董源、赵孟頫的文人画为楷模，并接受当时院体画影响。其山水画往往将人物活动情节作为画面的焦点，使画的意境有新的变化。还有从文徵明开始，画面的房舍前后，常有一个巨松擎天而立。关于沈周和文徵明还有"粗文细沈"之说，是说文徵明善粗笔画与沈周好细笔画。

唐伯虎，字伯虎，号六如居士，苏州人。其山水画师承沈周，善画山水，也擅长人物。其人物画，多取材妓女生活，寄寓着对此类人物的同情。如《秋风纨扇图》，画一女子抱扇立于秋风之中，并有"请托世情详

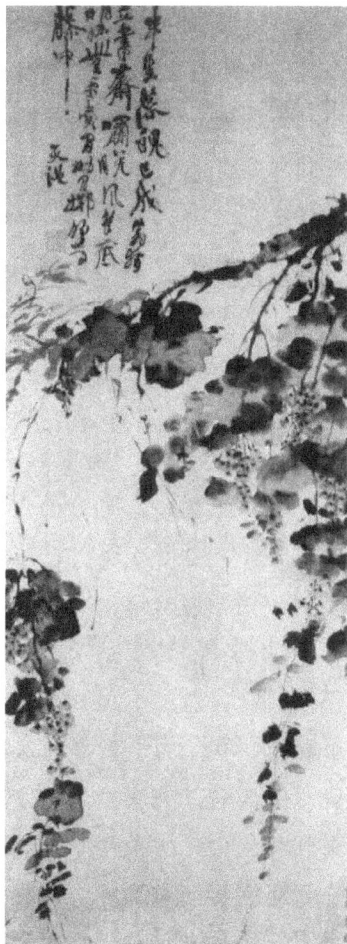

图 8-23　徐渭《葡萄图》，明，纸本墨笔，纵 166.3 厘米，横 64.5 厘米，藏北京故宫博物院

细看，大都谁不逐炎凉"之句，有画家个人身世之感。这样的画，立意已不再是士大夫的情趣气节之类，而是另有怀抱。仇英，字实父，号十洲，

江苏太仓人，寄居苏州。山水画也是师从沈周。其画除青绿山水之外，就是工笔重彩的人物画。同时他也能以水墨作写意人物画，如《羲之书扇图》等。

山水、人物之外，绘画艺苑中花鸟一类也有很大发展。北宋著名的画家皇帝宋徽宗，可谓花鸟画的大家，他的诸多花鸟画如《芙蓉锦鸡图》、《瑞鹤图》、《竹禽图》、《腊梅山禽图》等，工笔详加勾勒描绘，生漆点睛，有超凡的表现力。明代受文人山水画的影响，水墨花鸟画逐渐增多，涌现出一大批舍弃富丽精工、转而以挥洒笔墨来描绘花鸟世界的画家。林良就是明代宫廷花鸟画代表人物之一，擅长用粗简豪放的墨笔画山林野逸之禽鸟，尤其是山鹰。此后，花鸟画大家有徐渭。徐渭，字文长，号天池、青藤，因疑心杀妻而入狱，半生落魄，患精神疾病，擅长水墨写意花卉，如他的水墨葡萄。画法上，徐渭以草书入画，笔法恣意汪洋，用这样的书风和画风，为画坛输入了自由的风气，把晚明的写意画引入一个浓淡疏狂、不落陈规、自由奔放、"不求形似求生韵"的新境地。

晚明还有一位擅长画人物的陈洪绶，其山水画风多怪诞，所画人物除清高之外，还带有玩世不恭的特点。他还为《楚辞·九歌》、《西厢记》、《水浒》等作插图，刻成木版画广为流传，是那个时代画家商业化的一种表现。

"松江派"其实是"华亭派"、"苏松派"、"云间派"的合称。所涉地域属于松江府，当地的棉纺业十分发达。"松江派"代表人物董其昌，字玄宰，号思白、香光居士，是画家，还是绘画收藏家。其画博采众家，以董、巨、黄、倪为宗，书法也是大家，为当时画坛领袖。他还是一位理论家，提出画分"南北宗"的说法，认为中国山水画从唐开始分南宗、北宗，李思训父子为北宗开创者，王维为南宗祖师。董其昌崇尚文人画，贬斥工匠和职业画家。他的南北宗说，明显是仿照禅宗分派而来，其实是违背历史真实的，显示的是推崇文人画的宗派意见。宋元之际，文人画渐居上风，明代文人画大行其道，士大夫的趣味终于统治了画坛，晚明出现这样的宗派意见，也是不奇怪的。

2. 近代画的中西相遇

清初遗民画家现象显著，著名的有八大山人朱耷和石涛等，都是明室后裔，也都山水、花鸟兼长，个性突出。二人还与明清之际的髡残、弘仁合称"四大画僧"。这些人都属于变革派。考山水画的发展史，曾经历过唐宋之际荆、关、董、巨的变法，令山水技法完备；经历过元代四家的变法，令山水画满含文人趣味；到八大、石涛，又完成了一次变化，那就山水画作个人性格的突出。这个变化，始于明末董其昌，完成于石涛。此外，还有就是所谓"正统派"，即所谓"四王"（王时敏、王鉴、王翚、王原祁）及恽寿平等。他们政治上亲近清廷，画法上遵循古法。此外，清代一如明代画派众多，如有所谓"新安派"、"宣城派"、"姑苏派"、"江西派"，以及"金陵八家"、"扬州八怪"等。值得注意的新现象是"洋法"对传统画法的影响。

元、明时期，西方传教士先后进入中国，西方绘画来到东方。较早在绘画上接受"洋法"的是清初的吴历，他是个牧师。与吴同时，还有宫廷画家焦秉贞、陈枚和冷枚等。吴历，字渔山，早年学黄公望等，晚年加入耶稣教会，其《湖天春色图》出现西方透视法的构图因素，是与传教士接触的结果。他还有一种"阳面皴"的画法，是晚年到澳门后融汇中西画法的结果。注意新的皴法，意在突出山水画的立体感，着意表现山石的光影的阴阳向背。焦秉贞康熙二十八年入宫，任钦天监官员，与传教士汤若望、南怀仁同任，康熙三十五年奉诏作《耕织图》，就用了西方绘画的透视法，雍正时期擅长山水画的陈枚作《康熙耕织图》也用"海西法"即透视法作画。冷枚是焦秉贞的学生，乾隆年间画家，其《避暑山庄图》，以中国的界画和西方画法结合，笔法精致，画面的空间层次感很强。

清代还有一位外籍山水画家，他就是郎世宁。郎世宁，意大利米兰人，耶稣会会士，西洋画家。康熙后期到中国并进入宫廷，一直到乾隆初年。他的画，有皇宫嫔妃的肖像，花鸟走兽图如《嵩献英芝图》，还有用中国勾皴法画的《山水图》等。其中不少画是与中国画家合作的，如《羊城夜市图》，就是与唐岱合作而成。对于郎世宁的中国画一般评价不是很高，但在中西绘画交流上，他却是很特殊的人物。

近代沿海城市被辟为通商口岸，其中上海为一大都会。这里又聚集了一批新画家，有所谓"沪上三熊"（朱熊、张熊、任熊），又有所谓"沪上三任"（任熊、任熏、任颐），后来又出现了更多画家。他们被称为"海派"。其中的虚谷、赵之谦、吴昌硕、任颐（字伯年）等，借鉴西方画法，突破传统水墨画的藩篱，师法造化，努力创新，对现代中国画风产生重要影响。另外，早在"海派"画家之前，还有所谓"外销画"，其出现的时间，据学者称，始于清朝康熙时期王朝宣布开放海外贸易，在广州出现"十三行"。一些西方人士回国时，要携带一些反映中国风情的东西，于是外销画也应运而生。最早的外销画风格接近传统手法，不久，就学习荷兰、意大利和英国风格。他们用油画的方式绘制肖像，描绘风景，作品数量众多，很受欢迎。其中有一位"林呱"（被确认为关乔昌，可能使用这个名字的不止他一个），就被当时的人誉为"杰出画家"。[1]

第二节　中国画的独特气质

古代绘画艺术延续数千年，有其日新月异的发展，也有其稳定的民族特征。傅抱石先生说："中国美术在与外族、外国的接触上，最能吸收，同时又最能抵抗。"[2]以中国佛教艺术和近代西方艺术的中外接触的历史而言，这样的说法是准确的。那么，数千年形成的古典绘画的特点是什么呢？回答这样的问题，最好有所参照，前人也经常是这样做的。例如，宗白华先生在其《美学散步》中曾就中西绘画做过如下的评判：

> 中西画法所表现的"境界层"根本不同：一为写实的，一为虚灵的；一为物我对立的，一为物我浑融的。中国画法以书法为骨干，以诗境为灵魂，诗、书、画同属一境界层。西画以建筑空间为间架，以雕塑人体为对象，建筑、雕刻、油画同属于一境界层。中国画运用笔勾的纤纹及墨色的浓淡直接表达生命情调，透入物象的核心，其精神简淡幽微，"洗尽尘滓，独存孤迥"。……形似逼真与色彩浓丽，却正是西洋油画的特色。[3]

这段话涉及多层次问题。首先是画境的分别。"写实"和"虚灵"涉及的画家以何等的艺术之眼观察、描绘世界，从而形成不同艺术境界的问题。其次涉及的是绘画与其他艺术的生态关系问题。最后涉及的是绘画的色彩光影问题。

---

① 吕澎：《美术的故事——从晚清到今天》，6～7页，桂林，广西师范大学出版社，2015。
② 傅抱石：《傅抱石美术文集》，226页，南京，江苏文艺出版社，1986。
③ 宗白华：《美学散步》，123页，上海，上海人民出版社，1981。

一、"散点透视"下的"意境"

西方"写实"的画境，按照丰子恺先生的说法就是"画中的市街、房屋、家具、器物等，形体都很正确，竟同真物一样。若是描走廊的光景，竟可在数寸的地方表出数丈的距离来。若是描正面的（站在铁路中央眺望的）铁路，竟可在数寸的地方表出数里的距离来"[①]。这便是西方绘画艺术的求真，与此求真重实相呼应的，是富于几何精神的"定点透视"法。例如，《最后的晚餐》（图 8-24）所显示的，整个画面以耶稣为焦点。不仅人物画，就是一些自然风景画，如 17 世纪荷兰画家霍贝玛《并树道》，也同样是有确定的焦点。

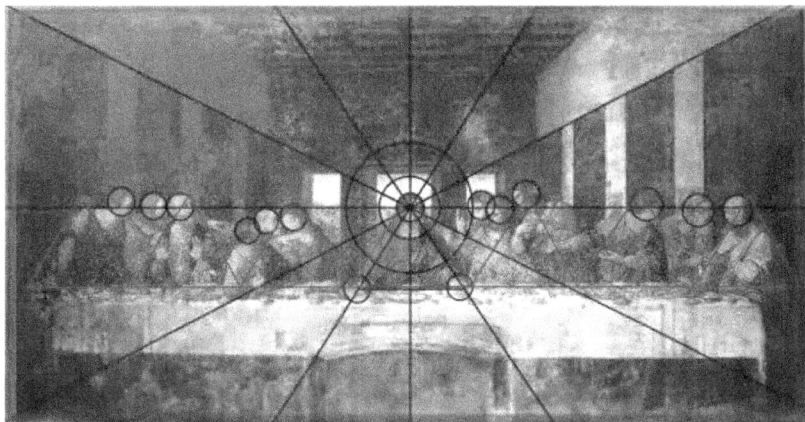

图 8-24　［意]达·芬奇《最后的晚餐》

然而，在古代中国，这样的方法是被有意摒弃的。宋代沈括《梦溪笔谈》记载了他对同时代画家李成的一则批评，说："李成画山上亭馆及楼塔之类，皆仰画飞檐，谓'自下望上，如人平地望塔檐间，见其榱桷'。此论非也。大都山水之法，以大观小，如人观假山耳。……李君盖不知以大观小之法，其间折高、折远。自有妙理，岂在掀屋角哉！"李成的做法是注意到以一个确定角度观看事物会出现感觉上的大、小、远、近分别，其实就是"定点透视"现象。沈括则提出画山水应该"以大观小，如人观假山"，并且讥讽李成做法为"掀屋角"，则是强调画家笔下的光景不能为肉眼所限，

———————————

①　丰子恺《中国画与西洋画的区别》。

图 8-25 [荷兰]霍贝玛《并树道》

其"观假山"之说，其实有意无意遵循的是早在《易传》就提出的"仰观俯察"的哲学，也就是《中庸》中所说"诗云：鸢飞戾天，鱼跃于渊。言其上下察也"的"天眼看世界"的道理。此理也通着诗文，如张九龄"海上生明月，天涯共此时"，又如杜牧诗："南朝四百八十寺，多少楼台烟雨中"等，都是沈括讥讽李成的依据，其实根据的是一种集体无意识的文化心理。到清代随着西方画法的东进，不少固守中国画立场的人仍对西洋画法表示不屑，如邹一桂在其《小山画谱》中称"善勾股法（即遵循透视原理）"的西洋画为"笔法全无，虽工亦匠，故不如画品"。其实这都表现的是中西画风的分歧：是"以我观物"还是"以物观物"。以我观物，必然重视视线中的物体的大小远近，若"以物观物"则无上述差别。中国画坚守的是后一种观点。因为文化的集体无意识早就教给他们"山水之为物，禀造化之秀"的意识，画山画水，自然也必然是"鸢飞戾天，鱼跃于渊"、"上下察"的心胸格局，画境自然也就不同。

"以我观物"即定点观物，表现在构图上就是"定点透视"；"以物观物"原则下的构图法却是另一种即"散点透视"，就是以"天眼"看世界，而"天眼"背后是"天心"、"天地之心"，所以要讲究以包举宇宙的心胸去澄览世界，其实也就是以天地之心，为造化显形。如此心态下的图写山川，当然也要有所布置，只不过是画家照着"天心"、"天眼"的思路和理想去展现山水气象。由此，就形成中国山水画的构图原则，即北宋郭熙在其《林泉高致》中总结的"三远"法：

> 山有三远：自山下而仰山巅，谓之高远。自山前而窥山后，谓之深远。自近山而望远山，谓之平远。高远之色清明，深远之色重晦，平远之色有明有晦。高远之势突兀，深远之意重叠，平远之意冲融而缥缥缈缈。其人物之在三远也，高远者明了，深远者细碎，平远者冲

澹。明了者不短，细碎者不长，冲澹者不大，此三远也。

文中的"高远"指的是画中的山巅，如范宽《溪山行旅图》中高大厚重山峰给人的感受；"深远"是说画家画山水层层不尽的深邃感，从荆浩的《匡庐图》以来成功的山水画都会给人这样的感受，像黄公望《富春山居图》，层层不尽的山水真有"动而愈出"的深远感，画家还常用山前溪水和山间小路及云雾的迷离，来强化这样的意境。"平远"则是视角的悠远辽阔，董源、李成和郭熙等人的许多画，在这方面都是特点突出。在三远之外，到元朝赵孟頫、倪瓒等，又有所谓"阔远"之法，其特点如前所说，是宽阔水面隔着近岸与远山，令画图具有另一种心旷神怡之感。

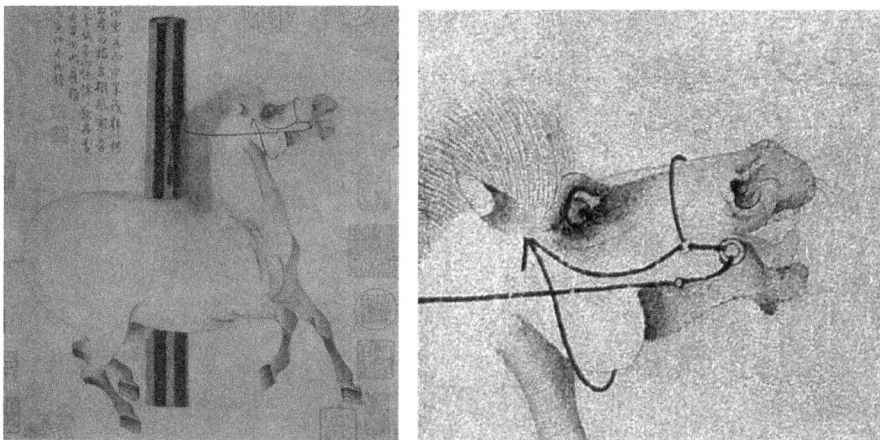

图 8-26　韩幹《照夜白图》　右图为马首局部，左图为马之全体。今藏美国大都会博物馆

这些方法，显示的是画家在对自然山川悉心观察后的感受与体会，也就是画家心中形成的"意"，山水画的意境由此诞生。丰子恺先生说："中国画者却以风景来表现自己，代山川而立言，画者所表现的是生命情调与自然景象水乳交融后的境界，是一个诗情画意、渊然深邃的灵意之境，非人间山水所有。而意境，是中国山水画的一种独特品质，是画者人格内心与大自然的辉映投射。意境的创构，是用客观景物作我主观情思的象征，纸上的自然风景不止是自然风景的侧写，更是画家心灵境界的展现。胸中的气魄与山水交合，成就了中国山水画标志性的以'意境'为上的审美趣味。"写意，是中国画的最基本特征。

二、"线条"与"气韵"

重视线条，是古典绘画的另一显著特征。如果不了解古代绘画艺术的史前起源，或许会以为古代绘画的喜爱线条是受书法艺术影响的结果。其实，以线条"写意"，早在仰韶文化时期的一些彩陶画中可见其端倪。与此相伴，则是仰韶绘画的另一个重要端倪：以线条勾画游鱼活动的意态。线条及线条勾画事物的灵动意态，从此就作为一条或隐或显的线索，若隐若现地表现在青铜器的纹饰中，表现在战国时期楚国的帛画中，表现在汉代墙壁上的人物图画中。从幼稚到老练，从无意流露到有意的追求，一脉相承地传承，贯穿于古代绘画的漫长历史。于是，高古游丝描、铁线描、兰叶描等所谓"十八描"异彩纷呈，无论是线条的流动，还是墨色浓淡，都成为中西绘画之间的区别。

图 8-27　赵孟𫗦《人马图》(局部)
注重线条描绘是此画的特点。今藏美国大都会博物馆

顾恺之名言："传神写照，正在阿堵中。"可视为对绘画"传神"的明确表述。然而，"传神"是任何艺术都有的追求，然而古典绘画的"传神"，却偏重于线描。线描的长处在轮廓，在动态(如仰韶彩陶的两条活泼的游鱼)，在风神的烘托(如"吴带当风"用线条勾勒的飘逸)。古代画家在擅长于此的同时，似乎又有意排斥对色彩、墨块的使用。例如，南北朝时期的张僧繇，擅长"凹凸法"，即用墨色营造对象物的光色视觉效果，虽名噪一时，但在评论家的眼里只是"得其肉"，所以终是后继乏人。在当时，

"气韵生动"的趣味已被赫然提出，① 这样的要求是作画"不求形似求生韵"（徐渭语）的。而所谓"气韵生动"，其实就是先秦以来将世界理解为"一气流行"，理解为"神无方易无体"的神妙变化的哲学观念在绘画论上的特定表达。绘画求气韵，求"传神"，而"神"和"气"有时是无形无相、无影无色的。就是说，表达所画对象的神采、气韵，根本就与形状的逼真、光影明暗的变化无关。简淡的笔墨线条，勾勒事物的生机意态，就是最适当的选择。这就可以解释"凹凸法"何以不彰的缘由了。如此，追求"气韵"的趣味，虽始于人物画，却能贯穿于整个中国画领域，从人物、花鸟画，一直扩展到山水和竹石类画作。

前面讲过的河南洛阳八里台东汉古墓中的《迎宾拜谒图》壁画，是"气韵生动"的例子，内蒙古和林格尔东汉墓葬墙壁的"乐舞百戏"图画，也是同样的例子。后来唐人对神韵的把握，更是从人物画延续到了动物画上。美国大都会博物馆藏有一幅唐代韩幹的《照夜白图卷》，描绘的是唐玄宗最钟爱的一匹骏马，它鬃毛竖立，鼻翼翕动，张口嘶鸣，怒目圆睁，四蹄奔腾，仿佛即将绝尘而去。通过对骏马头部的描绘，充分表现出雄马暴烈的性情，也传达出奋发昂扬的时代精神——这也是绘画艺术的魅力之一。同样的描绘对象，同样生动的神韵，反映出的是不同的画家心态与时代风貌。唐韩幹的《照夜白图》与元赵孟頫的《人马图》，同样是画马的名作，两幅画的气象

图 8-28　林良《双鹰图》，明，
绢本设色，纵 166 厘米，
横 100 厘米，今藏广东省博物馆

① 南北朝人谢赫在《古画品录》中提出所谓"六法"，曰："六法者何？一，气韵生动是也；二，骨法用笔是也；三，应物象形是也；四，随类赋彩是也；五，经营位置是也；六，传移模写是也。""气韵生动"高居"六法"之首，虽然谢赫当时只是谈人物画，然而就影响而言，又绝不止于人物画。

就完全不一样。韩马奔腾嘶鸣，赵马温顺安静，韩幹画的是御前之马，自然是风神俊逸，高蹈飞扬，赵孟頫当时身处自宋入元之际，画的是臣下之马，必然是低眉顺目。奇妙的是，这两种神态，都是自然界中的马儿原有的神情，却因画家的妙笔，活出了各自不朽的情态。

图 8-29　朱耷《双鹰图》清，纸本水墨，纵 178 厘米，横 85 厘米，今藏南昌市八大山人纪念馆

同样的对比我们还可以在林良（图 8-28）和朱耷的《双鹰图》（图 8-29）上找到，二人画的都是山林中的猛禽，且后者对前者还有所取法，可是一位是宫廷画家，一位是落寞皇族，抱着不同的心态，笔下的鹰也就不一样了。王国维《人间词话》说得好，"以我观物，故物皆着我之色彩"。林良画中的鹰通常以天空为背景，从高耸的栖身之处傲视四周，画家以其敏锐的观察力，赋予代表力量和勇气的鹰雄壮的翅膀和犀利的眼神，望之令人寒栗。朱耷身为一位极度忠诚于明朝的宗室遗民，赋予鹰以勇敢忠诚的象征意义。他笔下的鹰，独立土石之上，高傲冷漠，愤懑不甘，对其俯视下的世间万物充满不屑，蕴含着强烈的个人情感，极具感染力。

三、绘画中的士大夫趣味

古代雅致精神文化创作主体是历代的士大夫。宋元以后古典绘画的文人趣味逐渐占据上风，影响到画作，也影响到绘画的艺术批评。那么，如何看待这一文人趣味的现象？

从史前开始的重线条、崇意态的绘画之道，与后来提出的绘画应"外师造化，中得心源"（唐张璪语）、"气韵生动"艺术理想存在密切的联系。换言之，绘画中的士大夫趣味终于在宋元时期渐趋占据上风，最终支配画坛，实在有其久远的潜在根苗。

实际上，"士夫画"（苏轼语）亦即文人画的概念出现颇晚，唐以前并无此说。唐前的绘画，不论是彩陶上的色彩涂绘，还是周秦西汉各种画图，都是一些无名艺术家的创作。到东汉时期，善画的文士才有记录，如张衡、蔡邕等。到南北朝顾恺之等画家及画艺评论家出现，他们提出的画人物要"气韵生动"（谢赫语），画山水则"澄怀味象"、"山水以形媚道"、"万趣融其神思"及"畅神"（宗炳《画山水序》）的说法，实际也可以视为对古老绘画传统意趣的觉察，变远古以来的画趣的无意显露为有意的追求，是理论的总结，因其合乎传统，所以一经道出，影响很大。

隋唐五代绘画大发展，人物画达到高峰，山水画也在五代宋初呈现高峰态势。但画家有的属于官员、文人雅士，有的是画工，而画工中"院体"画家的成就又颇为引人注目。当时的评论家如张彦远《历代名画记》评画，也只是分析绘画发展的变化，也只是根据画风将画分为用笔细致的"密体"和用笔疏放的"疏体"等。从五代到宋初，山水画虽然有南、北之别，那也是因地域及其他因素出现的分别。然而，到北宋时期，随着绘画特别是山水画大发展，取得的成绩足可以与原先士大夫最热衷的诗文并驾齐驱，于是绘画这门艺术便引发了士大夫的广泛关注。在此，有必要说明的是，士大夫参与绘画创作早已如此，如张衡、蔡邕和后来的顾恺之、宗炳等，都是士大夫。然而，他们与后来士大夫参与绘画存在明显的不同，即他们是以士大夫之身，做画工之事，他们还没有想到在画家的队伍中独立出一种"士夫画"（文人画），没有想在古典绘画重气韵、神似的趣味之上高标一个"士夫气"的宗旨。不过，这不是说他们的参与没有贡献，宋元时期士大夫对绘画之事的参与，其显著的特征是将古典诗文的审美趣味有意地渗入绘画中来。例如，苏轼高度赞美王维的画，说他的"诗中有画"、"画中有诗"（《书摩诘蓝田烟雨图》）。王维的画流传很少，流传的《雪溪图》、《江山雪霁图卷》和《辋川图》等又真伪莫辨，而且，在苏轼的高度赞美之外，还有另外的声音。例如，米芾《画史》就说"王维之迹，殆如刻画"。更早的张彦远在《画记》中也只将王维画列为"妙品"，位在吴道子、李思训和张璪画的"神品"之下。无论如何，苏轼在高度评价王维画作时，提出了一种艺术理想，就是绘画特别是山水画，应当有诗歌的意境，提出诗与画相互融会的理论。这对后来的绘画影响颇大，例如，在北宋画院的考试题目中，就有"野水无人渡，孤舟尽日横"、"嫩绿枝头一点红"之类的题目（见邓椿《画继》）。在当时，这样的文人趣味甚至影响到人物画，如被史家称为"文人画在实践中的有力推动者"的李公麟，① 其人物画就有意突出"立意"及"用笔简率"，将吴道子以来的"白描"手法提升到潇洒、自由的新境地。而文人趣味在元代的山水画中有充分体现。即以黄公望的《富春山居图》为例，大气磅礴的山水，是由元气淋漓的笔墨涂抹而成的。重视线条的传统在此变为条条的纵横交错淋漓尽致的墨迹，不着色彩，皴擦点染，是画也是书法，是逸笔草草的典范，是文人画意抒怀的高峰。

黄公望的画做到了很好的结合，即绘画技法与诗文意趣的水乳融合。而论技法的讲究，还是那些专业画家。说到此，难免要谈一下宋徽宗。邓椿《画继》记载说，他曾说"孔雀登高，必先举左腿"，可见其观察生活的细致，所以他主导的画院会出现张择端《清明上河图》那样的"风俗画"大作。此外，像武宗元擅长人物写真和宗教建筑人物壁画，还有苏汉臣（代表作《秋庭戏婴图》、《妆靓仕女图扇面》等）和李嵩（代表作《货郎图》、《骷髅幻戏图》）等写风俗人情的画家。

明清时期善绘画而又不被视为"士夫"的画家，也不在少数，如戴进、沈周等。他们的画是不能因为非"士夫画"而被轻视的。但是，也就是在明末的董其昌，提出了画分"南北宗"的说法，以"士夫画"自我标榜，显示了浓郁的宗派主义偏见。董其昌在其许多论画的著作中说："禅家有南北二宗，唐时始分；画之南北宗，亦唐时分也。"很明显，"南北宗"说是仿着佛教的禅宗分派来的。具体说是把讲究水墨渲染画法的文人画家归入南宗，将青绿勾填画法的职业画家归入北宗；将王维和李思训分别定位为南、北两派的祖师，荆浩、关仝、董源、巨然、米芾父子，到元四家即黄公望、吴镇、倪瓒、王蒙，为南宗巨匠；将赵伯驹、赵伯骕和南宋四家李唐、刘松年、马远、夏圭定为北宗。董其昌极力推崇南宗为山水画家的正统，贬斥北宗为行家画。画分"南北宗"据说是起于莫是龙《画说》，然据启功先生考证，《画说》之论，实出董其昌。② 其说法是没有史实依据的，标榜自己的文人画又是他的基本动机。③ 如此高标文人画，实际显示的是士大夫的傲

---

① 参见樊波：《中国画艺术专史·人物卷》，372 页，南昌，江西美术出版社，2008。

② 参见启功：《启功丛稿·论文卷》，181～183 页，北京，中华书局，1999。

③ 参见启功：《启功丛稿·论文卷》，179 页，北京，中华书局，1999。

慢，对绘画艺术发展的作用是消极的。士大夫阶层是古代强势人群，其文化的趣味对绘画艺术发展是有很大的积极作用，但流于宗派偏见，就非艺术之福了。

第三节 绘质塑容的雕塑艺术

传说女娲抟土造人，可在远古先民的泥塑艺术里，人们看到的却是人用泥土塑神。不论是造人还是塑神，善用泥土，都是我国古典雕塑区别于西方同类艺术的特点之一。而且，即便是塑神，那些神像也往往带有强烈的人间色彩。

一、远古的泥塑

梁思成《中国雕塑史》说："艺术之始，雕塑为先。"是的，梁先生的说法是有世界艺术史的证据的。在我国，新石器时代（约公元前 10000—约公元前 4000 年）的先民就开始用泥土塑造形象。例如，在甘肃青海一带的彩陶文化文物中，就有头部被塑造为人的头部的容器；又如，在红山文化时期，先民用泥土塑造硕大的女神像和一些大大小小的裸体女像。特别值得注意的是大汶口文化的一些名为鬶的拟形陶器，模拟猪、狗等动物的形状，它们四足踏地，颈项长引，作吠叫之状，陶鬶拟形营造的是这些家畜精神最紧张那一刻，神态逼真。其中还有一件白色的

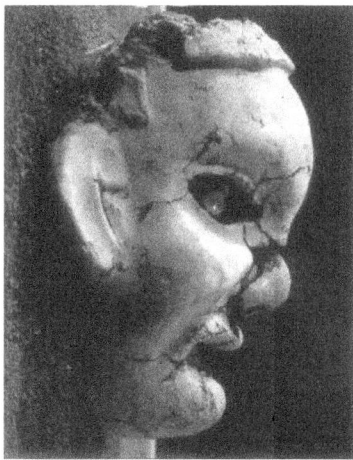

图 8-30　红山文化女神像
辽宁凌源牛河梁遗址
出土，今藏辽宁省博物馆

三足陶鬶，细看不是任何动物的拟形，但是整个器物的神态，特别是其曲线上扬的引流部分，特别给人以雄鸡奋扬高唱的印象。大汶口陶鬶的拟形，不在意具体的写实，而追求对神韵的彰显，与彩陶表面的绘画是同样的艺术趣味。同时，在新石器时代一些文化区域，先民还十分喜欢雕琢玉器，例如，红山文化的先民就将那些比一般石头坚硬许多的玉石，雕琢成各种

龙的形象；而在良渚文化区域内，先民则擅长在坚硬的玉石表面上雕琢出各种神秘的形象(图 8-31　良渚玉琮的神秘纹饰)。而国人对玉器即玉雕的喜爱，一直延续到今天。

**图 8-31　良渚玉琮
的神秘纹饰**

历史进入夏、商、周，社会文明也进入青铜时代。人们用最珍贵的材料、最虔诚的态度铸造大鼎，铸造各种的酒器，青铜雕塑的形象神秘而凝重。但这仍然可以归于泥土的艺术，因为人们不是在青铜上雕琢形象，而是在泥土的型范上下雕琢的功夫。如商代重达 832.84 千克的后母戊大方鼎，以雷纹为地，盘龙和饕餮纹饰的浮雕分布在器物四周，这些图案都是浇铸之前刻制在泥范上的。然而那毕竟是青铜艺术，在蒸煮食物的食器的表面铸造的图案，却是最早宣示权力的神秘和威严煞气的艺术。这样的青铜雕塑典型的图案就是所谓"饕餮纹"。饕餮纹一般有大瞪的双眼直视着观者，爬虫的身躯，卷曲着的尾巴，显示出凶猛动物扑杀猎物之前的蓄势状态。[1] 有学者研究饕餮纹的原型，提出各种假设，其实，此纹很可能是良渚玉器纹饰图案质变后的结果。而所谓质变，首先就是商代的饕餮都有了爬虫身躯，其中以蛇的形象为多(古籍称为"肥遗")，其次是头部还长出了或牛或羊或鹿等动物的角。良渚玉器看似一张脸的图案，笔者认为其实是巫师"携日飞行"的简略图。[2] 但是，一旦有了爬虫的身躯尾巴，再将面部表情往凶煞方向夸张，令人恐怖的图景就出现了。看良渚玉器的简图，只感觉古老的神秘、神奇，并不令人产生不适感，质变后的饕餮纹却总会令人有不寒而栗之感。神秘、惊悚，正是上古国家社会形成、权力集中于贵族之手后，当权阶层神化威严自我的手段。论刻画的技

---

① 其实，若仔细观看，大多沿着器物的棱角向两边对称分布的饕餮图案，其实是两条侧面的爬虫形象的合体，就是说，饕餮其实是由对称的两部分合成。

② 良渚玉器上的此类刻画，可以分为繁、简两种，本书所用之图即简者，而繁者可能为"人神合一"的巫师形象。参见李山：《西周礼乐文明的精神建构》，191～199 页，石家庄，河北教育出版社，2014。

艺，有些饕餮纹也是十分精美的，正因如此，有学者称其有一种"狞厉之美"。一方面，这些艺术宣扬的是险恶的权力，显示的是权力的不可干犯；另一方面，从技艺上说又无懈可击。

　　回到青铜艺术，当这项艺术在中国处在其郁勃时期，在西方的古希腊，则是人体雕塑艺术大发展的时期。值得注意的是，在中国古代雕塑艺术中，严肃地表现人体、人物的造像基本上是缺乏的。在中原地区的商周文化遗迹中，所见雕塑的人像一般地位低下，姿态滑稽不端，或者形态丑陋。在中原之外四川古蜀国三星堆遗址却是大大的例外，这里发现了巨大的人神合一青铜像，还有硕大的面具。图 8-32 即典型之作。这尊青铜浇铸的铜像，身材本来修长，又站立在高台上，更显得高耸无比。这尊青铜像的形态基本是人，又有超出常人之处，那就是大耳和巨大双手，正在把握献神或法器之物。他是人，更是巫，即沟通人神两界的神秘之人，是人精神的统治者。这类人的神能，可以从同时出土的面具得到更具体的认识，面具上两只长长的圆柱形的仿佛照相机长焦镜头的眼睛，显示的是这类人有"千里眼"远见未来的能力；两只巨大的"招风耳"则显示出闻听范围的超常无比。总之，三星堆青铜人像、面具是青铜塑像的文化和艺术两方面的奇迹。它们的被发现，又反衬出中原青铜塑造那个明显的缺失：就是严肃人像雕塑艺术的不见踪影。

图 8-32　三星堆青铜
立人铜像

二、秦汉的雄风

　　秦汉王朝都有显示王权赫赫声威的雕塑艺术。在青铜艺术高峰过后，首先异军突起的是秦朝的兵马俑泥塑艺术，继而是西汉武帝时代的陵墓雕塑。而且，与先秦时期宣扬权力不同，秦汉及后来的王朝主要靠的不是神秘、惊悚，而是靠雕塑的体量来宣示力量。

图 8-33　兵马俑

秦始皇陵附近的兵马俑堪称奇迹。首先是它的规模宏大：兵马俑坑纵横 4.2 万平方米（230 米×183 米），有着当时军队的所有兵种，排列整齐，法度森严，总体上有排山倒海的气势。其次是"多"：兵马俑的兵阵，有人、马和车多达七千多件，数量庞大。最后是"真"：兵马俑是高度写实主义的。形体如真，犹似脱胎于秦兵马的模拟品。[①] 人俑的身高在 1.75～1.96 米；陶马通高 1.72 米，两者与真人真马都取 1∶1 的比例。就人而言，那可真是一个彪形大汉的队伍。

兵马俑人俑的制作，重视头部，重视相貌的肖像式刻画，而最让人感兴趣的也是人俑的面貌特征。军官与一般的士卒有别，年长者与年轻者有别，每个人都各有其面，也就是各有其生活阅历的表现。泥土可塑性强的特点，在秦俑这里得到十分突出的表现。

到了汉代，雕塑艺术仍然是雄风不减。最典型的例子是霍去病陵墓石刻群。大约从秦汉开始，雕塑制作一般分为陵墓和宗教两大类，然而，正如王子云先生所说："霍墓石雕群却突出于二者之外……其艺术成就也超出了陵墓雕刻的格

图 8-34　西汉霍去病陵园前的石雕

---

① 参见王学理、梁云：《秦文化》，北京，文物出版社，2001。

式局限。"①霍去病为汉武帝喜爱的将军，英年早逝，武帝在今天的陕西兴平，即武帝陵寝茂陵的东侧，为之造墓，并树立雕像。这座陵墓，不像其他显贵的坟墓雕刻是为了显耀其死后仍不放弃的威赫，而是为了纪念一位名将在短暂生命中建立的功勋。群雕中最引人注目的是那座被名之为"马踏匈奴"的雕像，雕像体量巨大，高190厘米，长168厘米，放置在墓塚之前。这件石雕的石料为花岗岩，循石造型，不求细节，浑朴苍茫，显示的是一种磅礴的古拙之雄美。此外，陵墓的坟塚"象祁连山"，坟塚周围战马昂首屹立，四足之下则是被马踏翻倒地的敌人，他一手持弓，一手握箭，马与人，胜与败，对比分明。从造型上说，被马踩踏的匈奴形象，蜷缩在马腹之下，填充了战马四足间的空隙，增加了雕像的稳定性。另外，在陵墓宽阔的坟山乱石之间，还摆放了各种花岗岩雕塑石马、石牛、石虎和石猪，以及"野人噬小鹿"和"怪兽吞羊"等石像。其中的石马有跃马、卧马，一动一静神情各异。马的形象与石虎、野人、怪兽，都表现的是勇武、力量，而卧着的石牛和石猪，则为塑像群增加了蕴含上的厚度。牛可以负载，可以是英雄精神中承受力的表征，石牛取卧势，是英雄的休息、力量的恢复？还是和平的间隙？甚或干脆就是表现和平生活？闲卧的石猪，则更有趣，应该象征的是汉家军营的充实和神闲气定吧。整个陵寝显示着雄沉的力量，是王朝国力的象征，也是王朝不可干犯的象征，浓郁的生活气息也是十分明显的。当然，真正有艺术价值的是当时匠人根据主题处理材料的艺术手段。王子云先生对石雕群像的艺术这样评论到："这组石雕……很少受有封建意识的支配和形制的约束，而是由身受奴役的雕刻匠师们自由表达的制作。正是由于这种原因，才得以创作出这样一批气魄雄大的雕刻艺术杰作。"②

霍去病陵前的战马只是汉代马匹雕塑的一种。在甘肃武威雷台出土的东汉铜奔马，则是另一副姿态。这是一尊充满理想浪漫情怀的雕像杰作。一马凌空奔驰，三蹄腾空，一蹄踏燕；马首昂扬，马口大张，意味着嘶鸣，上翘的马尾，前腿的伸迈和左后腿的扬起，使得整尊雕像呈飞翔之态。这

---

① 王子云：《中国雕塑艺术史》上册，53页，长沙，岳麓书社，2005。

② 王子云：《中国雕刻艺术史》上册，54页，长沙，岳麓书社，2005。

图 8-35　马踏飞燕图
甘肃武威出土

正是雕像要表达的。那只被踏的燕子，就是奔马速度的参照。说它理想化，是因为整尊塑像很可能就是当时人们想象中的天马；说它浪漫，是因为那只燕子所映衬出的马的速度的超凡。整个作品，线条简洁流畅，形象饱满健硕，是汉代雄壮阳刚精神的象征，艺术价值很高。霍去病墓前的马雄浑，武威出土的马则是雄健。

古代关于马的雕塑、绘画艺术，几乎是王朝国家力量与意志的象征。文献中关于马的最早记载是《穆天子传》，周穆王巡游天下，之后以八骏所驾的战车，战胜东方的徐偃王。马代表的就是王朝国力。其实在此书之前的西周中期就有青铜铸造的马像出现，其时代距离真实的西周穆王时期不远。汉代的关于马的艺术，除上述之外，还有汉武帝时期的天马、《天马歌》，到唐代则有"昭陵六骏"，即雕刻在唐太宗昭陵的战马形象。此后，关于马的艺术创作，雕塑让位于绘画，韩干、李公麟、赵孟頫等都是画马的大家。显示王朝威赫的艺术情调减淡，个人的情趣表达增强。不过，马的形象，总与俊逸、英雄的气概相联。

汉代强调孝道，到东汉时期，强宗大族开始兴旺，建造祠堂十分兴盛。东汉祠堂修建兴盛，祠堂墙壁上的雕刻，也成为当时雕刻艺术的一种重要形式。山东嘉祥的武梁祠，就是其中较为重要的一个。前面讲到的帛画、漆画、壁画等早期美术作品大都是为了墓葬、祭祀而制作，是为礼仪服务的美术，武梁祠虽然也是一个家族祠堂，但它已经开始体现出设计者的个人观念。

武梁祠的画像分为三皇"本纪"和列女、孝子、忠臣、刺客四"列传"，以图画来表述故事。设计者采用分层、分格构图方法，在一层中并列多个不同的画面和人物，构图复杂而均衡，并着重表现故事冲突和事态发展转折的瞬间，因而人物多具有夸张的戏剧性动作，在均衡平稳中又表现出动感和力度，具有浓郁的装饰效果，体现了从礼仪美术到艺术家美术的演变。正是有了这样的发展，后来的魏晋南北朝才出现了像顾恺之、王羲之这样的艺术家，美术作品开始和艺术家个人联系起来，中国传统人物画开始逐渐走向成熟。

图 8-36　《荆轲刺秦王》画像砖　山东嘉祥武梁祠壁画局部

在武梁祠堂的诸多刻画中，《荆轲刺秦王》画像石是很有特点的一幅。这幅《荆轲刺秦王》由"良匠卫改雕文刻画"，已明显地出现了艺术创作的痕迹。画面正中是秦宫立柱，立柱的右下方打开盒盖的匣子里，装的是樊将军的头，还有仓促间摔倒的侍臣。立柱右侧的秦王绕柱而走，他的袖子已经被扯断，飘在空中，横过立柱锋芒直指断袖的，是荆轲投出的匕首。立柱左侧的荆轲，此刻已被两名武士死死抱住，不甘就范的荆轲双手高举作斗争状，雕刻家特意夸张了荆轲的长发，使之斜上举出，以突出其"怒发冲冠"的豪壮。整个画面富于张力，将故事最紧张的时刻加以凝铸，充满了激情与创意。武梁祠画像石的制作方法，是先将石面磨平，再凿刻勾出物象的轮廓，然后把物象轮廓周围部分铲去，使画面浮起造成阳文轮廓，最后在阳文上用阴线精雕细刻而成。这样的手法在当时很普遍。画像石还标明作者为卫改，也是很值得重视的。

三、佛教雕塑：从云冈到龙门

佛教在中国的传播，是中古时代重要的文化现象，给古典雕塑艺术带来巨大变化，同样值得重视。考察从北魏到宋代佛教造像的变化，可以清楚地看到中国艺术精神中世俗化、人间化倾向是如何改变外来艺术影响的。

中国石窟造像，源自古代印度，始于十六国时期。佛教石窟数量众多。例如，甘肃炳灵寺、麦积山，山西云冈、天龙山，河南龙门，河北响堂山

图 8-37 云冈石窟 昙曜五窟之第 20 窟露天大佛

等，作品多且精美。其中以山西大同的云冈石窟，甘肃的麦积山石窟与河南洛阳的龙门石窟最著名。

云冈石窟开凿于公元四世纪的北魏时期，不仅图样取自印度，更有西域僧人参与其中。印度佛像的制作，有两大艺术源头：一是犍陀罗艺术（犍陀罗，古印度地名），产生于古代印度西北部。当年希腊王亚历山大东征，把古希腊艺术带到这里并产生影响，出现"犍陀罗艺术"。还有就是产生于印度中部的秣菟罗艺术（秣菟罗，印度地名）。但是，这两大艺术源头从一开始进入中国，就被艺术家们按照中国艺术的趣味加以改造了。

"昙曜五窟"（昙曜，主持石窟开凿的和尚）中的大佛是云冈石窟的典型代表，也是西域造像艺术东传的顶级作品，这尊巨大佛像的头部，就是"阿波罗型的头部"外加东方式的大耳垂，其高挺的鼻梁更是颇具西洋古典的意趣。另外，佛像的僧衣为坦肩式，衣服的纹路成条状，是印度雕塑刻划的方式。整尊大佛石像，神情庄严又和蔼可亲，气度恢弘。诚如唐代道宣和尚所云："造像梵相，宋、齐间，皆唇厚、鼻隆、目长、颐丰，挺然丈夫之相。"（宋《释氏要览》卷2）。

云冈石窟中昙曜五窟开凿时间最早，稍后的石窟佛像雕刻产生了一些显著的变化。佛像开始变得清秀（古人称此为"秀骨清像"），佛衣也出现了"褒衣博带"的样式，图8-38为云冈石窟第16窟主像，为释迦立佛，波纹状发髻，清秀俊逸。佛像身穿褒衣博带式袈裟，胸前结带下垂，属北魏太和年间推行汉化时的服制。同时，菩萨的衣饰也发生了变化，除头戴宝冠者外，又流行花蔓冠；裙衣贴腿样，转变为裙裾张扬状。

　　这样的转变出现，与北魏当时的政治文化变革有关。北魏政权为鲜卑人所建，入主中原日深，汉化益浓，特别是孝文帝改革大力推行汉化政策，积极接受南方文化，表现在佛教造像，就是佛的面部特征和着装样式的变化。其实早在北魏之前，南朝士人戴逵、戴颙父子就在佛像制作上创作出"秀骨清像"和"褒衣博带"的样式，也就是说清秀的模样和读书人的装束，以及"吴带

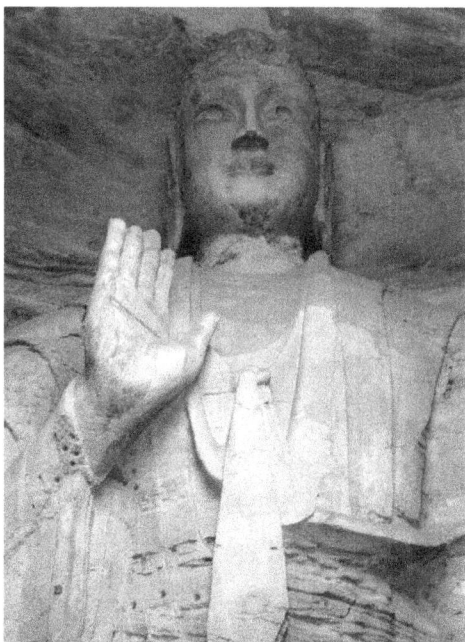

图 8-38　云冈石窟第 16 窟立佛像

当风"的线条，① 都体现的是南朝士大夫的审美理想。在"南朝化"文化追求下，这样的佛教造像样式被云冈石窟的建造者接受了。

　　隋唐统一，石窟造像艺术也随之变化。魏晋南北朝士大夫的趣味，让位给新的审美趣味。有一点却始终未变，那就是佛像雕塑的中国化的脚步不停，且越走步子越大。

　　北魏孝文帝迁都洛阳以后，云冈石窟的开凿基本结束，新的石窟制作，出现在了洛阳附近的龙门。其他很多地方的佛教造像也都齐头并进，艺术趣味上一个普遍的特点，也可以约略看到，那就是都呈现出一种不离人间又高于人间、高出人间又不离人间的气韵。

　　图 8-39、图 8-40 为唐代武则天时期的佛教造像，也是龙门石窟雕塑的极品。在雕刻技巧上，圆刀代替了北魏的平直刀法，佛像衣纹更加流动飘

---

　　① "吴带当风"语出宋代郭若虚《图画见闻志》，他还说到另一种塑像之风即"曹衣出水"，指北齐时曹仲达绘画的线条风格。曹擅长人物画，尤其是佛画，为中国带来了域外佛像画法。其画笔法刚劲稠叠，所画人物衣衫紧贴身体，犹如刚从水中出来一般。这种"曹衣出水"的画法被称为"曹家样"，一时影响很大。另有一说，"曹"指三国时期曹不兴，"吴"指南北朝时期刘宋的吴暕。

图8-39 洛阳龙门石窟卢那舍大佛（局部）

逸，"曹衣出水"让位给"吴带当风"。佛像的面部轮廓，也遵循的是南北朝时梁代画家张僧繇吸收印度技法而确立的"面短而艳"的新法，呈现出高度的女性化特征：面容丰腴饱满，修眉细长，眉若新月，眼睑下垂，双目俯视，嘴巴微翘而又含笑不露，庄重、文雅、睿智而明朗。整体的姿态并未完全抛弃秀骨清像的风格，只是将其向女性的优美方面伸展了一步。

图8-40 龙门石窟卢舍那大佛全景①

女性化的特征又不仅限于佛像，如敦煌莫高窟42窟菩萨、少年阿难的造型（8-41），上身只披从左肩向右下方斜披的帔帛，戴项圈、臂钏，端庄秀丽，站姿呈"S"曲线状，女性特点也十分突出。

一般认为唐代早期造像这样的特点与武则天有关。然而，问题可能不那样简单。早在南北朝就出现了佛像"面短而艳"的特点，而且，若只是因为武则天的关系，那么武周统治结束后，佛像的女性化特征就该随之改观。可是，佛、菩萨造像的女性特征不是一直延续下来了吗？或许，这应从佛教的"慈悲"教义理解：在中国传统观念中，母亲代表着慈祥；"慈悲"在阴阳观念中属"阴"。另外，佛教传入中国的时候，儒家思想已经占据治国平

---

① 此窟修建，武则天曾为它捐出"脂粉钱二万贯"，而当地更是传说卢舍那大佛就是武则天的化身。注意两边护法者的衣裙下摆。

天下的正统地位。治国平天下是男性的事业，可是苦难的人生需精神的寄托和情感的慰藉，需要温柔与宽和。这应该是人们宁愿把佛、菩萨女性化的深层原因吧。也就是这时候，人们从唐代佛像女性化的变化看到这样一点：佛教已经在中国文化精神世界里找到自己的位置。

四、走向世俗，不离人间

中国文化的一个基本特点，就是它的人间化色彩。美国学者格莱特说孔子这位中国文化代表性人物是"即凡而圣"，即在凡俗的人间成就神圣的人生。这样走向人间化（也叫作世俗化）的特点，也

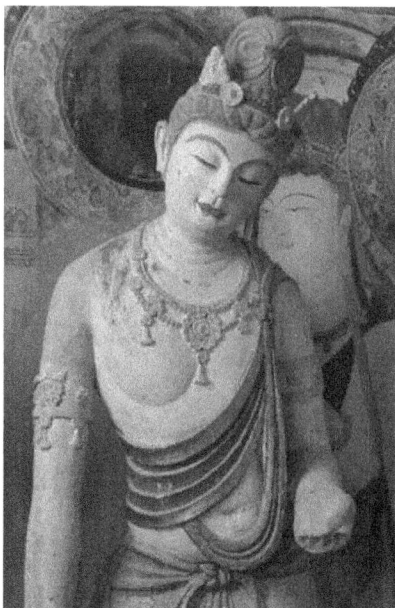

图 8-41 敦煌莫高窟 45 窟少年阿难像

图 8-42 麦积山 121 窟菩萨与比丘立像

显示在佛教的雕塑艺术上，早在北魏时就开始变得明显。例如，试将北魏时期表现释迦佛苦修的雕塑（图 8-44），与今巴基斯坦拉合尔博物馆收藏的表现同一题材的塑像（图 8-43）相比，其间的差异就不啻天壤。后者的塑像很像骷髅，前者则虽然清瘦，却仍没有用"皮包骨"的样态刻画佛祖的苦修，佛的身姿还是血肉活络的。又如麦积山石窟的 121 窟，也是这样的例子。洞窟塑像表现的是佛觉悟后不久传道的故事，除释迦佛之外，其他塑像是最早跟随他出家修行的五位弟子。最引人注意的是五位弟子的形象。其中正龛左侧的菩萨和比丘两位的立像（图 8-42），完全冲破了佛教禁欲主义的表

现范式，菩萨与比丘窃窃私语，好似一对少男少女窃窃私语，全然一派人间的趣味。雕像能如此细腻地展现情感，应该是抟和泥土才有的灵性吧。

图 8-43　释迦苦修像
巴基斯坦拉合尔博物馆藏①

图 8-44　释迦苦修像
敦煌石窟北魏 284 窟②

　　这样的倾向到宋代的佛教雕塑发展得更加彻底。宋代的佛教石窟雕塑比唐代少了很多，宋代保存至今的石窟造像分布在各地：陕西北部地区的延安、富县、子长县及黄陵县都有石窟保存至今；四川大足北山、宝顶山石窟及四川安岳县保留各石窟等；陕西、四川之外，浙江杭州西湖雕塑石窟，以及广西、云南等地也有同类石窟留存。其中，陕北各石窟的佛、菩萨造像，四川宝顶山各种石刻像，都是宋代石窟雕塑艺术的代表。

图 8-45　陕西延安北宋佛窟菩萨像

宋代在佛教造像上有新变化，其中最突出的是一腿高跷作"泼辣"相的菩萨像，有人称之为"安乐"坐式(图 8-45)。这样的坐式的出现，"当然与宋代佛

① 图片自《中国美术全集·雕塑编·7·敦煌彩塑》。
② 图片自《中国美术全集·雕塑编·7·敦煌彩塑》。

教造像更进一步地走向世俗化有关"①。

四川大足石刻历时 230 余年建成，其中的佛教石刻拥有迥异于魏、唐的完全的世俗的神的样貌，比唐代更为现实，更为逼真，更为具体，更为可亲。大足的观音、普贤等佛像，面容柔嫩，眼角微斜，秀丽妩媚，文弱动人，那种优美俊秀的形象，正是人间妇女的真实写照，是神，也是人。

图 8-46　重庆大足石刻的塑像

石窟之外，还有寺庙雕塑建造。寺庙塑像中的罗汉造像，在这一时期最有的代表性。如山东长清灵岩寺的四罗汉像、山西平遥十八罗汉像、山西晋城青莲寺十六罗汉像，江苏角直镇保圣寺十八罗汉像等。佛教之外如山西晋祠的泥塑，也很能代表这一时期的雕塑艺术。在与北宋并存的辽金统治地区，在今天的河北、山西及东北各地，也流传下来一些寺庙雕塑，如天津蓟县独乐寺泥塑观音、山西大同下华严寺彩塑菩萨、辽宁义县奉国寺彩塑菩萨等。

罗汉在佛家的地位低于菩萨，非礼拜的对象。而从宋代开始兴旺的罗汉群塑像，以其丰富多姿的艺术造型，取得了很高的成就。这些罗汉塑像，常

图 8-47　磨面图　北宋时期

以十六尊、十八尊以至五百尊为组群，其中不仅长幼有别，人物面貌、性格不同，而且姿态、形神也迥然各异，出色地体现了宋代艺术世俗化、人性化的特点。更"人间化"的雕刻在墓葬的砖雕中。如宁夏泾源县出土的北宋后期的砖雕"磨面图"（图 8-47），小

① 王子云：《中国雕塑艺术史》下册，522 页，长沙，岳麓书社，2005。

孩子帮母亲推磨的母子情深的画面，着实感人。当时，墓葬中的俑还出现了一种新的主题，就是戏剧人物，如1973年在江西景德镇郊外墓葬出土的瓷俑，就是形神兼备的正在"做科范儿"的戏剧人物。也就是在宋、辽时代，民间雕塑艺术蓬勃兴起，构成了中唐以来不断蓬勃的市井文化的一部分。

元、明、清六百年雕塑总体上延续着宋、辽以来的传统，且日益变得墨守成规，流于公式化，一些雕塑讲究表现细腻如工笔画（图8-48）。新的变化是道教雕塑的兴起，另外元代崇尚喇嘛教，

图8-48　云南筇竹寺罗汉塑像　清代

在佛教造像中也有表现。除了传统的佛寺之外，城镇普遍建造城隍庙、马王苗、药王庙，以及财神庙、土地庙之类，五花八门，其中也都塑造偶像。此时各种工艺美术雕刻特别发达。例如，有匠人夏白眼、王叔远等，可以在橄榄核或核桃上精细雕刻人物，眉眼分明，神态活现。民间"捏泥人"的艺术也十分活跃，无锡有丁阿金、周阿生等，天津有"泥人张"，广东潮安有"浮洋泥塑"等。此外，根雕艺术领域在这一时期也出现很多出名的匠人。

第四节　雕塑艺术的特点

一、雕塑与绘画的关联

雕塑艺术的历史与绘画有一个明显的不同：几千年雕塑艺术基本缺少士大夫参与。绘画之事原本也是匠人的艺术，大约从东汉开始，就有一些关于士大夫善画的记载，到南北朝更有顾恺之、宗炳等人的出现，再到唐、宋，王维、苏轼、米芾等画山画水，对山水画发展影响巨大。士大夫的绘画，被称为"戾家"、"隶体"，其原意就是"行外"、"客串"的意思，指的是与专业画家有别。然而，士大夫是强势群体，代表着当时的先进文化，绘画上虽不专业，品味却不低，像王维、苏轼、米芾又是天分极高的人，由

这些人开的绘画风尚，自然与专业画工有明显分别。而文人画的特点，就在于善于扬长避短，崇尚"逸笔草草"，讲求画面中的情趣、神韵，他们又擅长诗文，可以在画面上题写诗句，一种新的绘画审美倾向，很快就在宋、元形成。这时候，纸张制造的工艺也发生变化，宣纸取代丝成为绘画的材料，于是绢本绘画被宣纸绘画取代，唐五代至两宋质实细致的画风，也被宣纸上的笔情墨趣所取代。同时，一个与专业画家、画工相对立的"戾家"山水画（就是"文人画"）流波越来越波澜浩荡。然而，雕塑的历史则不然。或许是由于铁锤敲打石头的艰辛，抟土和泥也不够高雅，士大夫很少参与雕塑创作。戴逵、戴颙父子，杨惠之等，[1] 只是很少的例子。因而，古代关于雕塑艺术的理论总结明显较弱，起码不如画论多。此外雕塑艺术史上基本没有各种画派那样的现象出现。雕塑的风尚是跟着时代走的，具体说，首先，雕塑的风格受王朝国力、帝王意志等政治因素的影响。因为大型的雕塑创作，往往是王朝歌功颂德、树碑立传的产品。上述秦始皇兵马俑及汉唐大型雕塑作品，无不如此。其次，雕塑深受宗教的影响，典型的代表就是佛教塑像的艺术。从云冈石窟可以看到来自印度乃至古希腊的艺术风范，这要拜佛教传播之赐。此外，佛教传播的差别也会影响洞窟造像的形象。最显著的例子可以从南北朝佛教发展分南北看到。汤用彤先生指出："南方偏向玄学义理……北方重在宗教行为。"[2]北方佛教注重拜佛求福，重宗教实践，讲究"日面佛，月面佛"，所以洞窟造佛像多，云冈石窟、敦煌石窟和麦积山洞窟等的造像艺术，应都与此相关。南方佛教受玄学影响大，喜言佛理，喜与僧人交往，表现在佛教文化的建造上则是寺庙众多，正所谓"南朝四百八十寺，多少楼台烟雨中"。

  雕塑还受一种无声无像仿佛地球磁力的因素的影响，那就是世俗化的文化倾向。这样的影响力的作用，较早表现在麦积山菩萨窃窃私语的造型中，后来在唐代大佛像的"男带女相"的特征中，在宋、元时期高抬一只脚的菩萨像中，以及在以契此为原型的弥勒佛造像中，都有明显的表现，都是富于强烈人间化趣味表征。同时，佛法广大，不宜不严肃，但是罗汉的

---

  ① 杨惠之，唐代的雕塑家。不过，他的记载留名，多少因为他也善画。在雕塑上，杨惠之发明了一种"壁塑"，即在影壁墙上塑造山水画面。后来的画家郭熙也擅长此道。

  ② 汤用彤：《汉魏两晋南北朝佛教史》下册，350页，北京，中华书局，1983。

地位相对较低，雕塑家们容易以人的情趣，塑造这些出家高僧的千奇百怪的特别情态。

二、线条与色彩

雕塑与绘画还有一层密切的关系，就是雕塑深受绘画艺术影响。在砖块、石头的平面上刻画，所用的思路、图样往往与在绢帛上绘画是高度一致的。例如，汉代的武梁祠等祠堂雕刻，其图案基本是绘画性的，人们称之为"浅浮雕"。

关于重视线条，涉及雕塑艺术结构方式这样的深层次问题。学者称，西方的雕塑与建筑关系密切，而雕塑的理念也接近"建筑"，西方艺术家提出雕塑应该是"建"和"造"而不是"雕"和"塑"，就是强调雕塑体积、面积的空间转折与扩展。[1] 然而，表现为三维结构的块面造型与平面化的线条造型之间，深受绘画影响的中国雕塑艺术，很自然地选择了后者。正如学者所指出的，东汉那俊美英武的"马踏飞燕"的塑像，其"空间关系是一条直线上的关系"[2]。此外，汉晋一些陵墓上的走兽，其虎虎生风的前行姿态，是依靠起伏的轮廓线和身体部位的平雕手法刻出的纹样式的翅膀，来加以表现的。唐宋菩萨三段式造型，不过是胸、腹、臀在一个面上摇摆，而不是围绕体的轴心前后左右地转动。霍去病墓石雕刻之巨大的体量中动物的肉体感，很多方面是通过刻线暗示出来的。

古代的塑像多用泥土，而泥土塑造出的还只是塑像的坯模，还有一个更重要的阶段就是"装銮"，即对坯模进行"绘质塑容"，以求逼真的效果。例如，山西太原晋祠中的泥塑群像，皮肤、衣着、头饰都是按照生活的真实情形敷色设彩的，其最终雕塑的形象也堪称对真人的再现。绘容的重要，还表现在一些泥塑对于衣服的褶皱的表现。如山东长清灵岩寺宋代的彩色罗汉造像，其袈裟的褶皱就不是塑出来的，而是通过色彩的描绘加以表现的。在古典绘画中，青绿山水画始终没有占据主导地位，浓墨重彩被施加于泥塑的造像上了。这也正是雕塑艺术人间性色彩的显著表现。塑造人物，不是按

---

① 参见黄宗贤、吴永强：《中西雕塑比较》，107页，北京，五洲传播出版社，2008。

② 黄宗贤、吴永强：《中西雕塑比较》，106页，北京，五洲传播出版社，2008。

照艺术的理想，而是模拟真人，所以要逼真，要色彩如实。活脱脱地再现生活中的人及其情感的百态，是中国古代雕塑艺术越来越强烈的追求。

另外，还有一个特点曾在一个时期流行。从商周时期的饕餮纹到秦朝的兵马俑，都可以看出这样一种倾向：重视对头部、脸部的刻画。饕餮纹中最令人惊悚的是其面部大瞪的双眼，其身躯部分的塑造只作示意性的表现，而兵马俑的上半身特别是面部特征也是精心刻画的，因而从面部可以读出每个人不同的阅历、性情；可是下半身尤其是小腿以下的塑造，就显得太粗线条了。这样的特点到佛像雕塑的时代仍旧延续，一些隋唐时期或受此期影响的人物画也有上大下小的特点。

三、寄寓山林的雕塑

古代，大型雕塑出现的场合一般在帝王的陵寝，其他的场合地点也有，如秦代咸阳的"金人十二"，汉代昆明池建章宫中的牛郎石像（与之相对的织女石像则在昆明池以外的西南方），都江堰水利工程中的李冰石像等。然而，像西方那样在市政广场、大的建筑和街道等树立雕像的布置习惯，古代中国是没有的。在陵寝之外树立雕像，往往出于某些具体的宗教或政治原因。古代的建筑上可以装饰各种各样的形象，如屋脊和房梁上的鸱吻、神兽及鱼鸟花草等，人物形象则基本阙如。

随着佛教在中国的兴盛，除了庙宇、石窟中的雕塑之外，还出现了在山崖林木之间雕刻的艺术。大足石刻、乐山大佛、飞来峰石刻都是如此。天下名山僧占多，在山崖水利之处雕刻的佛教艺术，就与山水文学、山水绘画形成并立格局，都显示的是一种"乐山乐水"的情怀。还有一点值得一提，就是一些寺庙的造像，也讲究山水情怀，那就是利用"壁塑"来得到这样的效果。① 例如，河北正定隆兴寺摩尼殿中的墙壁上就塑有山水云树的图景，规模宏大。其中的观世音菩萨像作半倚坐式，形态自然，与环境十分协调。

---

① 壁塑的诞生可以追溯至南北朝，唐朝有杨惠之善此艺，北宋山水画家郭熙也善壁塑，宋代邓椿《画继》称"杨惠之塑为天下第一……郭熙见之（指杨的壁塑）又出新意，令圬者不用泥刀，只以手抢泥于壁，或凹或凸，俱无不问，干则以墨随其形晕成峰峦林壑，加以楼阁人物之属，宛然天成，谓之影塑"。

思考练习

1. 结合相关文献，思考顾恺之在绘画史上的地位。

2. 对比"三远法"与西方绘画构图思路的分别。

3. 以佛教造像为例，说明佛教雕塑艺术"人间化"的倾向。

第九章　古典建筑的文化特征

要点提示

1. 了解古代建筑的历史及特点。

2. 了解斗拱、雀替等建筑构成。

3. 了解古代建筑特别是园林的审美内涵。

建筑是凝固立体的艺术，是文明的肌理，既有实用价值，又可以观赏。中国古代营造的许多宫殿、庙宇、园林、民宅都是传世杰作，宛如一部部打开的书。随手翻阅，既能欣赏其靓丽的外表，又能领略其文化内涵。

第一节　古典建筑的基本特征

建筑是文化的一部分，中国古典建筑被称为"土木建筑"，由土木凝结的建筑，有其独特的文化特征。

一、诗人为建筑构思立法

飞檐斗拱是古典建筑的显著特征之一。有趣的是，《诗经》中有一首诗，早早地为中国古典建筑提出了形态上的审美理想，这就是"飞起来"。这首诗，就是见于《小雅》的《斯干》篇。诗篇先表夯土筑墙，强调的是墙身的坚固厚重："约之阁阁，椓之橐橐。风雨攸除，鸟鼠攸去，君子攸芋（居）。"古代建筑的屋身多用版打墙，诗篇就表现了用版筑所建屋墙的厚重结实，可以防鼠防麻雀的侵扰。房屋的厚重结实，是实用的要求。仅此，还难以形成艺术。诗篇紧接着就提出了在结实厚重之上应有的审美意趣:"如跂斯翼,如矢斯棘(棱角一样直),如鸟斯革,如翬斯飞,君子攸跻。"诗人连用了"跂翼"、"鸟革"和"斯飞"三个飞鸟展翅的比喻,形容建筑屋顶的姿态,诗篇强调:厚重的房屋还应该"飞起来",让人有飞动的审美观感。这是诗人的描绘,当然也表现的是当时人对房屋建筑美感的赞许。房屋一方面要结实厚重以合乎实用,另一方面,还应在结实厚重的基础上灵动起来,如鸟翼张开那样有飞翔之感。厚重与灵动结合,不恰恰

图 9-1 河姆渡住房想象图 河姆渡先民建筑房舍的场景想象图 房屋即将完成,先民有的在破析、修整木料,他们的工具和方法值得注意。房屋是南方"干栏式"建筑的起源,屋舍可住人的底层是用木桩架起来的,可以防潮及虫蛇侵害等

是后来中国古典建筑特有的美妙吗?从这个意义上可以说,《诗经》时代的诗人为后来的古典建筑立了法。

这首诗写作于西周晚期,距今有三千年左右的时光。有意思的是,学者称诗篇所形容的"飞起来"之感,与当时建筑的真实样态略有差异,因为就考古发现而言,西周时期"反宇"亦及屋檐上翘的样式还没有出现。这或许是考古还未发现,即使西周真的没有"反宇"屋顶出现,也不重要,因为诗人有一种特权,即在事物未出现之前就能展开美好的想象。

二、木架还是砖石

然而,诗人的想象与立法,也是有其文化的限定的。一言以蔽,《斯干》篇的建筑理念,也是许久以来建筑文化积累的结果。

世界上曾出现过七大建筑体系,[①]中国居其一。如上所说,古典中国建

---

① 古代建筑曾出现过七个独立体系,即古代埃及、古代西亚、古代印度和古代美洲建筑,以及中国、欧洲和伊斯兰建筑。其中有的或已中断,或流传不广。而其中的中国、欧洲和伊斯兰建筑,被认为是世界三大建筑体系,延续时代最长,分布地域最广,成就也就更为辉煌。

筑的特点之一就是材料使用"土木"，因此古典中国建筑与世界其他建筑意趣迥别。如欧美古典建筑，从古希腊、罗马时期就喜欢用石头，为什么会出现这样的分别？有各种说法，至今也没有大家都接受的结论。但是，偏爱泥土，不是古代中国文化的普遍特征吗？新石器时代的远古中国，色彩斑斓的陶器，是用泥土制作的，后来抟土为器，发展出彩陶、黑陶工艺，后来又发展出玉石一般晶莹的瓷器；供人膜拜的女神像（如红山文化女神像），也是泥土塑造的，后来又发展出泥土为骨肉、金碧为严妆的佛教造像。再以造房而言，从八九千年前的贾湖遗址原始村落开始，就是用木头为住宅搭起支撑的木架，然后涂抹泥土，有的还要对泥土进行烘焙令其干燥结实；在属于仰韶文化的姜寨遗址，出土了泥土与木架、木板凝聚的锥形房舍；在今天的浙江良渚出土了最早的干栏木架房屋，泥土与木料结合的建筑艺术，一直在延续、壮大。中国先民也是很早就知道使用石头了。石质的工具如石镰、石斧是使用石头的表现，在距今 5000 年左右的红山文化中，先民还用石板修筑坟墓；西方建筑中石头的拱券是其显著特征，在古代中国，自西汉开始就出现了砖石拱券建筑结构，至东汉更盛，圆筒的形状之外，还有曲线扁壳形和穹隆形等。有趣的是，古人并不把这一新技术用于建造日常生活所用的建筑，而是用来建造墓室，似乎是遥承了红山文化牛河梁遗址以石板建坟墓的遗意。喜爱生习惯，习惯变常例。使用泥土木材有了心得，也许会在习惯的作用下，自觉不自觉地排斥其他材料的使用吧。

还有一点也应考虑在内，用石头建筑房舍等，在中国有一个困难，那就是黏合材料问题。古代希腊、罗马，特别是后者，在用石头修建各种建筑时，有一个便利，那就是火山灰，火山灰是"天然水泥"，用这样的天然材料修建的巨型建筑，可以存留至今。在古代中国，虽然在很古老的马家窑文化遗址，古人就知道以粉碎的礓石粉面和泥，铺设出相当于今天 100 号水泥硬度的地面，[①] 但这项技术在后来并未得到广泛流传。于是，用石头修筑住宅一类的建筑，没有像水泥一类的黏合之物，风雨冲刷久了会脱落，不利于防风防雨，而且维修起来也不如泥土方便。这或许是先民不愿意使用石头建筑房屋殿堂的另一个原因。

---

①　参见白寿彝总主编：《中国通史》第一卷，254～255 页，上海，上海人民出版社，1994。

土木建筑的特点，如学者所言，是"温暖亲切的木结构"①。在中国，以木为架的建筑方式延续了几千年。先用木架支起一个可以容纳人或神居住的空间，然后用以泥土为主体(墙基也有用砖石的)的墙，将这一空间封闭、与外界隔绝起来，就是一座"土木建筑"。这样用梁木支架子的结构，大体有两种，一种是抬梁式，另一种叫穿梁式(图9-2)。这又与西方高大建筑的拱券，形成显著的区别。

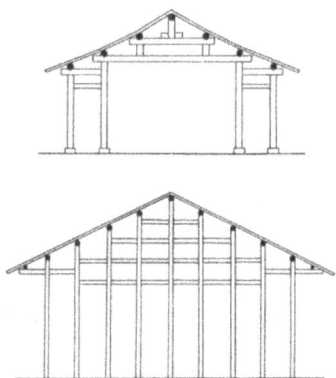

图 9-2　梁木结构示意图
图上方为抬梁结构，下方
为穿梁(穿斗)结构

土木建筑还有一个特点是建筑时间短，可以迅速完工。这应当是一种现实生活的要求，即建筑不应该妨碍农时，《春秋》中对妨碍农耕的建设公共建筑的行为是持批评态度的，更早在《诗经》的《大雅·灵台》篇，更明确赞美西周灵台建筑有"不日成之"的快速。即以后来北京故宫这样规模浩大的土建工程而言，其建筑的时间从1406年开始到1420年竣工，也只用了十多年的时间。较为特别的是一些佛教石窟的开凿，如云冈石窟、龙门石窟等，经年累月，耗费巨大。这也容易理解，如此浩大的工程出于宗教热情。这也可以帮助我们理解，在西方一些教堂的建设何以那样岁月持久，如希腊奥林匹克宙斯神庙建筑群一共花了306年(公元前174—132年)，近代的德国科隆大教堂从13世纪开始兴建，一直到19世纪才完成，历时长达650年。

土木建筑的局限很明显，存留的时间较短就是其一，另外对防火的要求也比较高，若遇到战乱，更容易变成断壁残垣。而且还有一些观念上的原因应当注意。古代中国人并没有把房屋宫殿建设与"纪念"的要求连在一起，中国人要纪念某些人事，更喜欢用文字书写，刻写在青铜器表面或者石板上。明代后期的计成著《园冶》，该书分析中国人的建筑观念说："固作千年事，宁知百岁人？"人生百岁，在建筑上不应期许长久，前一辈的建筑安排，后人也未必喜欢。房屋常盖常新，是古来房屋建设的常情。诸多原

---

① 萧默：《建筑的意境》，6页，北京，中华书局，2014。

因决定了今天能够看到的最早的古建筑是唐代的，而且都是宗教建筑。保存最多的古代建筑则是明清时期的。

二、建筑的种类

多姿多彩的古建筑，大致有多少种？细分一下，不外如下几种：居室、宫殿、寺庙道观、陵墓、礼制建筑及城市街道装饰性设置等。

居室，就是一般住宅。现存的清代以前的住宅极少见，一些仿古住宅也颇有观赏价值。在北方，流行的民居样式是四合院。说起四合院的历史可就太久了，考古发现西周时期就有了四合院的格局，起码三千年了。在南方还有三合院和天井院，更奇特的是在福建、江西、广东一带，出于特殊环境的要求，化方为圆，出现了巨大的围屋建筑群落。狭义的围屋指的是半圆形的围拢式围屋，广义的围屋可以指各式的客家围楼或围屋，其外形基本分同心圆形、半圆形和方形三种，此外也有前方后半圆形、八卦形、椭圆形等形状的。

论建筑水平，王朝的宫殿最高、最豪华，也最可观赏。现存的宫殿有几处，其中最有代表性的当然是北京故宫。古代寺庙数量多，千年古刹也保存了一些。至于寺庙中的古建筑，现存有五台山唐代南禅寺、佛光寺等。同属于宗教建筑的，还有道观。寺庙被认为是神灵的居所，然而其建筑结构，却与高等级的民居没有质的区别，这与西方宗教建筑迥异于一般住宅的特点，是颇为不同的。所以，自古就有不少富贵人家为了表示信教的虔诚，将自家住宅舍给僧人做寺院。此外，还有一类建筑，是为死去的皇帝及其妃嫔建造的，这就是陵寝。像秦始皇陵，汉代的阳陵，唐代的昭陵，明十三陵和清代的东陵、西陵等，都属于这类建筑群体。

礼制建筑多用于典礼场合，如北京的天坛用以祭天，在古代属于"礼"的范畴。还有一种较为特殊，今天看来实际是科技设施——古代的天文观象台，如河南登封的古观象台（元代郭守敬负责建造）。细究起来，这类建筑的起源更早，考古发现龙山文化时期"陶寺遗址"，就是全世界范围最早的古天文历法的观象台（图9-3）。

城市街道也有一些特殊建筑，如牌坊、桥梁和高塔等。寺观、古塔和小型优美的桥梁等，分布在城市村镇和山川平野，装点出令人遐想的人文

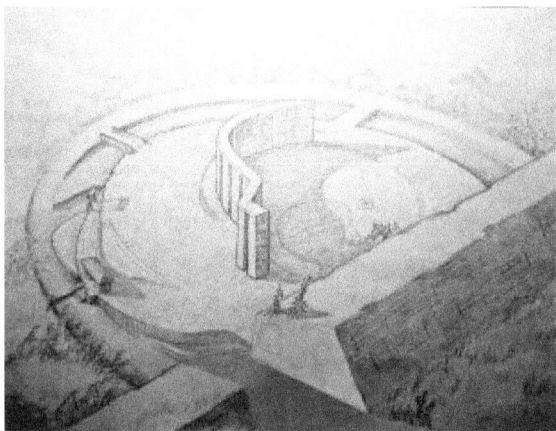

图 9-3 陶寺遗址古天文观象台复原图 该遗址发现于 2003 年，地点在今山西省襄汾县陶寺村，建造时间大约距今 4300 年(夏王朝之前 200 年)。观象台的形制为半圆形三层夯土台，最高层土台东侧，筑有留有缝隙的土墙。不同的时令，太阳的第一缕光线，就会从不同的墙缝射入。站在半圆中心的人，据此确定不同节令的到来

景观。

生活中经常会看到或听到"楼堂殿阁"、"轩榭庐斋"等与建筑有关的说法或词语。所谓楼，就是多层建筑，古代称为"重屋"。出土的汉代文物中有不少下葬的明器为高楼建筑。堂，这个词常与"殿"通用，其实"堂"的本义是高大的台基，后来才指高台上的宏伟建筑。殿，本为"镇"的意思，高大的宫殿建筑，给人以震慑威严之感，这就是"殿"的由来。常与殿连用的"宫"，本义是有屋顶的地洞，后来也成为堂室之称。阁，也是一层以上的建筑，却不像"楼"那样分层，就是说，"阁"的内部空间是整体通畅的。轩，有窗的长廊或小屋，也有敞亮的意思。古人为自己的书房命名喜用"轩"字，如曹雪芹"悼红轩"等。榭，一般建在高台、水面或临水的地方，最初是用来射箭的，所以起码有一面是敞开的。后来园林建筑中多有"榭"，翼然临水，为园林增添诗意。庐，本来是古代农民到田野耕种临时搭建的草棚。古人用这个字为自己的住房命名，取其简朴的意思。斋字的本义是斋戒，用以命名住所，取其心无杂念、专心致志的意思。

三、建筑的通性

说起中国建筑的住室、宫殿和庙宇等，即不同种类的建筑，大都以同样的方法配置，都是中间一间大屋，大屋前为庭院，庭院左右又有对称的配房。看上去好像不讲究建筑的个性，其实这正是中国建筑的特点。中国建筑很早就注意采取"通用式"、标准化。与西方建筑讲究"特殊式"形成对

比。于是，官衙与大宅第也区别不大，一座私人住宅，完全可以出于宗教热情捐献为寺庙。就是说，神住的地方和人住的屋室，在中国人的观念中是大可互换的。

这里面正包含中国文化的特点。一座中国庙宇或圣殿，如曲阜的孔庙大殿，不管多么堂皇庄严，都与一般住房一样，门都是开在大屋的横长面，一进庭院就看见高坐大屋中的神像；这与一进四合院，就能见到正堂坐着的父母，没有什么质的差别。可是西方的教堂神殿的开门，往往是在纵面（就是俗称的山墙面）开门，一律朝向东方耶路撒冷的方向；此外就是纵向延伸，从门口进入到达神坛、神位，需要一个过程，其实是增加神秘感的过程。这与中国神庙殿堂的建筑方式，不是大异其趣吗？学者说，中国文化的一个基本倾向就是追求"人间性"色彩，神庙殿堂与四合院正房的相似就说明这一点。

第二节　古典建筑巡礼

出于这样那样的原因，古代建筑保存下来的凤毛麟角。不过，不少地方的民居还延续着古风，显示着自古以来一方水土所孕育的文化魅力。

一、古建遗珍

中国古代建筑的历史漫长。木架结构、泥土筑墙等基本特征，也早在五六千年的仰韶文化与河姆渡文化诸遗址中见出端倪。夏商时期，继续发展，考古发掘表明，房屋主体的木架、斗拱和院落式布局等古典建筑的基本特征，在西周时期已经形成。

汉代是古代建筑发展的辉煌期，将远古以来以木架为主、院落式布局等中国古代建筑的基本特征延续并固定下来。不过，今天所能见到的汉代建筑遗迹，除了随葬的建筑明器之外，就是东汉时期的一些石阙石祠（图 9-4）。

魏晋南北朝时期古典建筑的重要变化之一是建筑风格的改变，建筑外观由汉代的端正宏大变为活泼遒劲，屋檐两端上翘，由直线变为曲线，屋顶面也由平面改为凹曲面。

图 9-4 沈府君阙图 发现地点在四川省渠县土溪镇汉亭村燕家场，东汉建光元年(121 年)建，原为双阙，现仅存东阙的主阙。由阙基、阙身、枋子层、介石、斗拱层、屋顶 6 部分组成，通高 4.38 米。阙身正面铭文为"故尚书侍郎河南京令豫州幽州刺史冯使君神道"。阙上仿木结构的仿子、窗格、斗拱和饕餮等浮雕造型优美，雕刻精细

这一时期另一重要变化是由佛教的传入引起的，主要就是寺院和佛塔的建造异常兴盛。值得注意的是寺庙的建筑普遍采取的是中国式宫殿和官署的形制，佛塔也与本土的楼阁相结合，显示出佛教建筑"中国化"的特征。现存最古老的塔是北魏时期的建筑(图 9-5)。

隋唐五代时期，古典建筑的建造又进入另一个辉煌期。富丽堂皇的宫殿建筑之外，私人豪华宅邸也大有发展。宅旁修筑园林的风尚出现。现存的唐代古建，时间最早的为五台山南禅寺(图 9-6)和五台山佛光寺(图 9-7、图 9-8)。此外西安大雁塔、小雁塔等砖石佛塔，以及福州华林寺大殿，都是唐五代建筑。

图 9-5 嵩岳寺佛塔及塔身局部图 北魏后期始建，塔身为十二边形，为现存最早的古塔。左图为塔，右为塔入口处图，入口上方的火焰形门楣和柱头塑火珠垂莲瓣的装饰，都带有明显的印度趣味

图 9-6　南禅寺　位于山西五台山李家庄西南，据殿内梁底题记，曾重修于唐建中
三年（782 年），始建年代应更早，是中国现存最早的木构建筑。佛寺坐落于乡间，
朴素秀雅。殿内佛祖和菩萨塑像，应是唐代原塑，艺术价值极高

图 9-7　佛光寺大殿　位于五台山豆村镇，唐大中十一年（857 年）建，1937 年由
梁思成、林徽因发现列入建筑史。建筑斗拱巨大，为唐式风范

图9-8　佛光寺内部构造示图

(1)柱头使用"双杪双下昂"斗拱，雄奇有力　(2)檐柱与内柱等高，尚放置大斗，再以乳栿相连，形成整体性结构，梁柱粗硕，使用一等材 (3)乳栿为较小的梁　(4)殿身内柱　(5)外槽，指檐柱与殿身内柱两圈柱列之间所形成的空间　(6)指由内柱柱列所框成的空间　(7)保存唐代所塑佛像三十多尊　(8)扇面墙作为佛台背景，围内佛台的神圣空间，背面也可以施壁画　(9)明栿，是可以看到的大梁，其长度有四椽，梁下发现唐代的施主名字与年代之题字　(10)偷心造斗拱，是以数支丁头拱相叠而成，它对大梁帮助很大，可降低端点荷重之剪力 (11)拱眼壁仍有唐代彩塑　(12)平闇，为一种小格子天花板，内槽平闇较外槽高　(13)明栿，在平闇之上，从地面看不到，所以不加修饰 (14)大叉手，为一种斜柱，支撑中脊梁重量　(15)唐宋时期屋坡斜度以"举折法"计算①

　　进入宋、辽、金时期，历史又出现了一个"南北朝"时期，建筑的南北差异也变得明显。北方的辽，文化上多承袭唐代，其仅存的建筑为山西应县木塔，该塔建于1056年，八角五层，全木结构，高67米，是现存古代佛塔中最高的木建筑。此外，天津蓟县的独乐寺观音阁也属辽代建筑。

---

① 李乾朗：《穿墙透壁——剖视中国经典古建筑》，27页，桂林，广西师范大学出版社，2009。

北宋和南宋建筑在当时最发达，宋代建筑一改唐朝的宏大开朗，向精炼、细致和装饰富丽化方向发展。北宋建筑保存极少，今河北正定县隆兴寺（图9-9）、福建泉州开元寺及宁波报国寺等建筑，保存了不少宋代建筑风韵。

在宋代，还出现了建筑技术的总结性著作，即李诫的《营造法式》。该书借鉴吸收了五代宋初匠人

图9-9　正定隆兴寺摩尼殿　大殿建筑四面都有"抱厦"（围绕厅堂、正屋后面的房屋建出来的小房子，见宋代《营造法式》）。摩尼殿的主体建筑屋顶山面向前，流行于唐代，屋顶为重檐歇山式，加上四边凸出的歇山屋顶，当地人称之为"五花朝天"。此殿屋顶设计对日本一些建筑影响很大

图9-10　福建泉州清净寺图　该寺始建于北宋，元代重建，现存寺庙大门（如图）、奉天坛和明善堂，为我国最古老的伊斯兰教建筑。大门高12.3米，基宽6.60米，门宽3.80米，系右辉绿岩条石砌筑；整座大门分外、中、内三层，大门之外的第一、第二层门，为圆形穹顶拱门，大门则为圆顶，是典型的伊斯兰建筑式样。寺院内的明善堂则为中式建筑

喻皓所著《木经》的成果，于北宋崇宁二年（1103年）刊行全国，是北宋官方颁布的关于建筑设计、施工规范的书。该书对群体建筑布局设计和单体建筑及构件的比例、尺寸都做了明确确定，对编制用工计划和工程造价，工种间工作的先后顺序及质量标准等，都有说明。此书的刊布，使建筑工程有法可依、有章可循，便于设计、施工，也便于质检验收。

元代文化呈多元性特征，这也表现在建筑上。官式的建筑，遵循着两宋以来清秀的传统，木料用材变小。同时，南北差异更为明显，南方承袭宋式，架构严

谨，加工精细，因而风格也秀雅。北方屋梁多用圆木，自由灵活。多元文化也呈交流之势，西藏、新疆乃至中亚风格的建筑，纷纷传入中原。建于1281 年的杭州凤凰寺、建于 1346 年的泉州清净寺(图 9-10)，都是阿拉伯式样。

明代的官式建筑沿袭的也是宋代传统，北京故宫建筑群和一些城镇中保留的砖砌城墙及钟鼓楼，大多为明代始建。同时随着地方经济发展，各地建筑的地方特色越发明显。从明代中期开始，兴造园林的风尚兴起，开清代园林筑造高潮的先河。

清代建筑最突出的成就是园林建设。皇家造园林，民间也造园林。皇家园林的代表有颐和园、北海、圆明园和承德避暑山庄，民间园林的代表作多在江南，苏州的拙政园、留园等为翘楚。

二、多姿多彩的民居

一方水土养一方人，民居也是一样，各地民居因自然环境和人文传统的差异而多姿多彩(图 9-11)。

图 9-11 东汉随葬品陶楼图 主题建筑为楼，四角为攒尖望楼，合成一个院落；楼间有飞桥相连，窗棂为竖直窗棂

古代民居，从西周时期就开始出现院落，并得到延续，同时影响各兄弟民族。小的院落只有一个院，大的则由几进院楼构成，这些院落分内外宅，外宅住男，内宅住女，内外有别，尊卑有序，是古代礼法精神的无言宣示。

院落，可以说是自古以来的民居建筑的普遍的组成部分，各地民居的差异主要在如何构成这个"院落"上。走遍祖国各地，不论北国还是江南，是黄土高坡或东部原野，到处都是各有千秋的民居院落(图 9-12)。

如果你来到安徽皖南的绩溪、歙县一带，青山绿水、烟雨蒙蒙中的白墙黑瓦、线条分明的马头墙映入眼帘，仿佛置身水墨苍苍的画图之中。

图 9-12 皖南民居外观图 最显著的特点是高耸的"马头墙"形状如梯，其中作用是防火，所以又称"封火山墙"，具有五山的墙又称"五岳朝天"。从外面看，是厚实的石墙，走入院内，则是精致的木结构。而且巨大的屋梁与细小的柱子对比鲜明，称"粗梁细柱"。门窗，则雕绘满眼，精美异常

皖南民居多四合、三合院，且多二层小楼，院心小，周围的屋檐紧凑，形成"天井"，即所谓"四水归堂"，有"聚财"的寓意。左右厢房狭窄，也是这里民居的特点，往往宽度只容一个楼梯，就是说厢房只起联络上下周围的作用。有些二楼通道绕建筑一周，称"走马楼"。

离开皖南，再向东南走，来到福建、广东与江西三省交界地带，

图 9-13 皖南民居透视图 选自李乾朗《穿墙透视——剖视中国古典建筑》

就进入了客家人聚集（也有闽南漳州人）的地区。这里有著名的土楼（或称"土堡"、"楼寨"），从它们的坚固与封闭，可以看出它们的防御性特征极其明显。土楼有圆形的、方形的，方、圆之外，还有一种"五凤楼"（图 9-14）。

同为客家，距离闽粤赣三省交界不远的广东梅州，这里的客家人建筑房屋则另有风范，前有水镜、后有山屏，山水之间，坐落白墙黑

图 9-14 五凤楼 分布于福建、广东与江西交界地带，是当地土楼的一种，特点是前水后山、三堂两横（主楼、一进门厅、二进中堂，加两侧横屋），犹如凤凰栖居人间，"五凤"之名因此

图 9-15　云南白族住宅大门图

瓦的房舍。

再向长江流域走，如来到今天的湘西一带的山地，陡峭的山坡处，往往能见到土家族的吊脚楼，它们的精巧，难免让人有"惊耸"之感呢！

在向西南的云贵高原处行走，奇丽的山川之外，那些多姿多彩的建筑，也令人目不暇接。例如，在云南大理白族人居住区，"三坊一照壁"（三坊每坊皆三间二层，正房一坊朝南，面对照壁），"四合五天井"（不同于"三坊一照壁"，去掉正房面对的照壁，代之以三间下房，围成一个四合院，同时下房两侧多出两个漏角小天井）的"一颗印"式的民居，秀雅而又富丽，点缀在苍山洱海之间，如诗如画。

西北地区黄天厚土，古来这里的人民就能开挖洞穴，辅之以砖石木架，建造温暖宽亮又舒适的窑洞，有些民居，还把平原的屋舍建筑与窑洞结合起来，还有的干脆直接向黄土深处挖，形成下沉式窑洞民居，十分新奇。

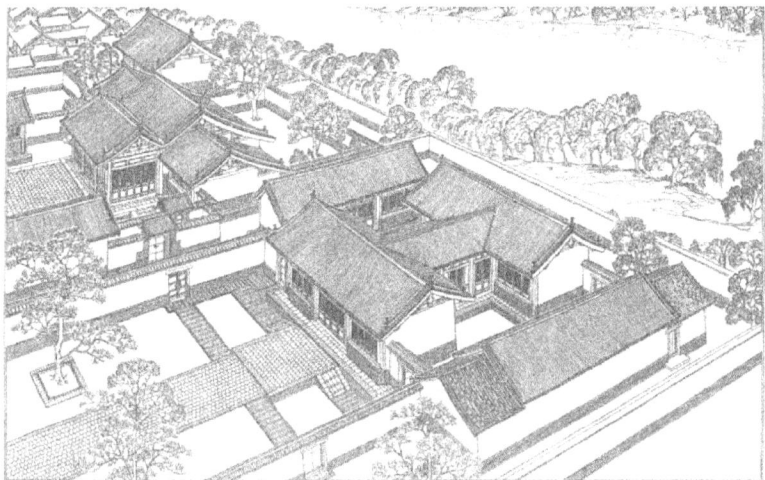

图 9-16　北京后英房元代居住遗址复原图　选自傅熹年《中国古代建筑概说》，就此图看，元代流行的四合院实际与明清以来的四合院颇有不同

若是再往高处和远处走，来到世界屋脊的西藏和地域辽阔的新疆，那里藏族和维吾尔族等民族别具匠心的建筑，也都各有魅力。

各地的院落，争奇斗艳。北方最流行的民居就是四合院了。说到四合院，当然以北京四合院最为典型，其灰砖青瓦、朴素雅致的外表，与出于人伦秩序的大小房屋均衡的分布，显示出深厚的文化蕴含。

第二节　构件的巧思

一、奇妙的斗拱

斗拱，是中国古典建筑最奇妙的构件，是力与美的结合，是古代木架结构设计的得意之笔。

在古典建筑中，支柱往往是立面很重要的组成元素，不论从视觉上看，还是从构造上说都是如此。古希腊、罗马流行的各种装饰性柱式，因其形状优雅而长期被西方建筑所遵循。相映成趣，在中国古代，建筑家长期为斗拱的构架投入了大量的心力与巧思。

与西方石柱的柱头形态不同，斗拱是向上撑住的，而西方装柱头的装饰则是向下弯曲。斗拱向上撑住形成撑举的拱卫结构，形状精巧，似云朵，又似花开。关于斗拱，著名建筑史家梁思成先生解释说："在梁檩与立柱之间，为减少剪应力，[①] 遂有一种过渡部分之施用，以许多斗形木块，与肘形曲木。层层垫托，向外伸张，在梁下可以增加梁身在同一净跨度下的荷载力，在檐下可以使出檐加远。"[②]所以增

图 9-17　古希腊爱奥尼亚式柱头图　其柱头的装饰，是向下弯曲为圆形的

---

① 物体由于外因（受力、湿度变化等）而变形时，在物体内各部分之间产生相互作用的内力，以抵抗这种外因的作用，并力图使物体从变形后的位置恢复到变形前的位置。在所考察的截面某一点单位面积上的内力称为应力。与截面相切的力称为剪应力或切应力。

② 梁思成主编：《中国建筑艺术图集》上集，刘致平编纂，149 页，天津，百花文艺出版社，1999。

加荷载力,是因为斗拱可以使梁柱受到的压力化整为零,此外就是可以使房檐向外延伸,向外延伸的屋檐,在雨季可以令雨水从房顶下流时流得更远一些,既可接纳阳光,又可保护梁木不受暴晒及雨水的侵害。

一件斗拱,至少由四个构件组成:斗、拱、昂、枋。斗,立在柱头上,又称栌斗,所以称为"斗",当与其形状如"升斗"之"斗"有关。斗上交叉并相互垂直的横木,就是拱。两条交叉的拱木中,与房屋立面平行的拱木叫做"泥道拱",与泥道拱垂直的向建筑内外两侧伸展的拱木叫"华拱"。华拱有单层的,叫"单抄"("抄"字或作"杪");有双层的,叫做"双抄"。华拱之上,安置向外伸展的木料,这就是"昂",又称"下昂"。昂的数量最多可多至三层,所以有"单下昂"、"双下昂"和"三下昂"之别。

斗上有拱,拱上有斗,斗拱就是这样不断重复,向外延展(用建筑术语即"出跳"),每一出跳的横拱上,都要放置一层木枋,这叫做一跳一枋。木柱正顶着的枋为"柱头枋",安置在外侧(屋檐方向)的柱头枋的叫"罗汉枋",内侧的叫做"平棋枋"。最高的那块支撑房檐椽木的枋为"橑檐枋"。以上是一件斗拱的四个构件。

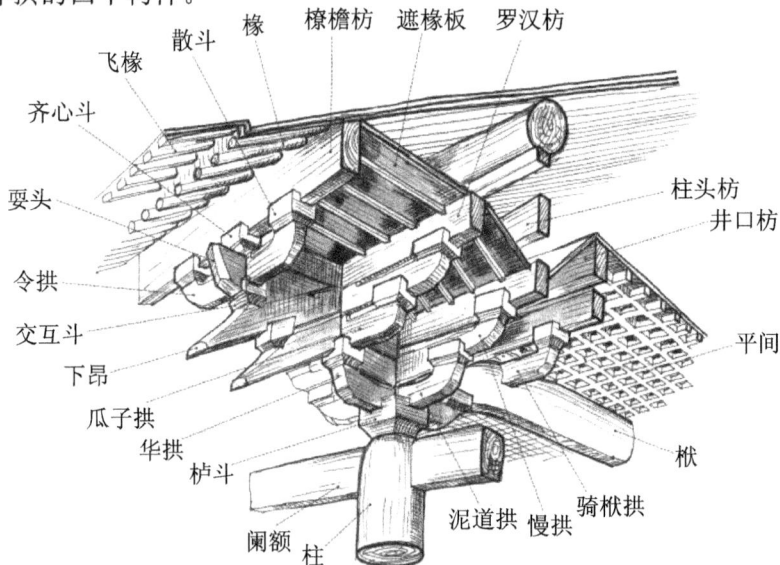

图9-18 斗拱示意图 斗拱各个构件的名称有宋代、清代之别,图中构件标名皆为宋称。选自李乾郎《穿墙透视——剖视中国经典古建筑》一书

层层的斗和拱，称谓复杂。例如，"瓜子栱"是放在华拱或昂上的拱。瓜子栱再上一层，亦即向外出跳最远的拱，就是"令拱"，令拱是最高的拱。令拱中间垂直伸出一段木材，称为耍头。此外还有一种拱叫"慢拱"，是放置在泥道拱之上的。

斗是托载着拱的，除了华拱和泥道拱之外，还有"交互斗"，是安置在最上层的昂上的斗，它是支撑令拱的。另外还有"齐心斗"和"散斗"，三个斗排列成"山"字，中间那个斗就是齐心斗，两边斗即称散斗。

斗拱起源于西周时期，汉代得到发展，高峰期则在唐宋，斗拱的形状硕大，不仅外檐有斗拱，内檐也有。外檐铺在柱头上的拱叫做柱头铺作，铺在两柱之间的梁枋上的叫补间铺作。"在整个建筑形式上，一直采用'倍斗而取长'的尺寸设计关系，立面的构图以斗拱为中心而展开，到了清代，完全以'斗口'作为标准的'模数'单位，开间的柱距也以置放斗拱的朵数来

图 9-19　额枋与随梁枋示意图
选自傅熹年《中国古代建筑概说》

决定。"①元明以后，斗拱逐渐减缩为建筑装饰性构件。高峰期的斗拱，不仅起托垫和挑檐作用，而且柱头与横向的梁、纵向的枋形成交织穿插，从而起到稳定梁木整体结构的作用。元明以后，柱头与柱头之间使用了额枋和随梁枋，这样柱纲的整体性得到强化，斗拱的结构作用就大大降低了。斗拱也就越来越变成建筑中的装饰性构件了。所以，看一座古典建筑，有时是可以从斗拱大小判断其建造的大致年代的。

二、雀替与柱础

古典建筑中，与柱子相连的除柱头上的斗拱之外，还有雀替和柱础等。

所谓雀替，是安装在横梁或者横枋与立柱相交处的撑木，像一对翅膀一样在柱的上端向两边延伸。其作用是缩短梁枋的净跨度，有加强水平构件产生的剪力的作用，也可令其在同一净跨度之内承受更大的荷重，还有

---

① 李允鉌：《华夏意匠》，238页，天津，天津大学出版社，2005。

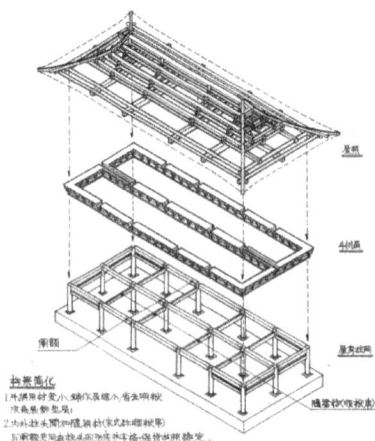

图 9-20 雀替

防止方形框架结构变形的功能。一般木架建筑上用木雀替，石建筑上用石雀替。雀替的起源较斗拱要晚，其雏形始见于北魏，经过了漫长的发展演变，到清代，"雀替"之称正式出现，使用也最为普遍，是古典建筑中力学与美学完美结合的又一表现。雀替的造型多种多样。图 9-20 为较常见的一种。

柱础，又称礩盆，是安放在柱子下面起托载作用的基石，可以增加柱子与地面的接触面，有防止塌陷的作用。另外，对木柱又起隔潮防朽的作用。柱础有多重样式，图 9-21 上图形如古镜，称古镜式，图 9-21 下图形如覆盆，称覆盆式，有多层。此外还有须弥式等。

柱础与斗拱中间就是柱的主体，自古圆形木柱居多，此外还有八角柱、方柱、梅花柱、雕龙柱等。圆柱又分直柱与梭柱两种，直柱整根木柱的圆径一致，而梭柱则在三分之二处开始收小，称为"杀梭"。古典建筑多以廊柱为建筑的立面，如此一列水平面绝对垂直的立柱，就会在视觉上出现偏差，两边的垂直立柱看上去上端向两侧倾斜。古希腊人发现了这一点，古代中国的建筑家也发现了这样一点，中西采取的视觉纠偏方式也基本相同。

图 9-21 柱础二

第四节 外观与布局

斗拱、立柱，飞动感明显的屋脊及屋脊上的装饰，还有五颜六色的刷漆，以及题写在楹柱上的书法，组成了古典建筑华美的外观。平面展开的布局，也显示着古典建筑自成一格的鲜明特点。

一、单体建筑的三层立面

站在一个适当的位置看古典建筑，呈现在你面前的往往是视觉上的"三层立面"，亦即三层结构的正面。

具体说，古典建筑的立面一般是由三个部分构成的，即台基、墙柱构架和屋顶。三个部分比重大体相等，层次清晰。而且，三层中的每一层，还要分出层次，于是整座建筑显示的是组合的层次感。这又与西方建筑讲究"一体化"形成分别，为了突出一体化，西方建筑往往用外墙把台基包住，同时，墙面、屋顶，也都与隐蔽的台基相配合。

图 9-22　故宫太和殿　高高的台基，多柱的屋身和重檐屋顶，层次分明

台基即建筑的根基部分。台基必然要坚实雄厚，而在古典建筑设计观念中，又十分讲究展现台基的雄厚坚固，于是台基与墙柱和屋顶，形成三层的空间分布。就是修建楼阁、佛塔，也同样如此。后来受佛教影响，台基座还出现了新的样式，即须弥座。须弥座又名"金刚座"、"须弥坛"，源自印度，系安置佛、菩萨像的台座，大约北魏时传入中国，也用于较高级的建筑，如宫殿、坛庙的主殿及塔、幢的基座等（图 9-23）。

图 9-23　清式须弥座　梁思成、刘致平《中国建筑艺术图集》　此座共有六层，最顶层称上枋，第二层称上枭，第一、第二层之间的横线称皮条线，第三层为束腰，束腰之下的第四层为下枭，其下一层即第五层称下枋，下枋之下的第六层称圭脚

墙柱的部分就是屋身，高大的台基之上，有竖立的朱柱、交错的斗拱、横向的额坊、并列的门窗，还有木质构架上的丹青彩绘。这些彩绘式样繁多，有金龙和玺、旋子彩绘及苏州彩绘等，北京颐和园长廊彩绘即为苏式彩绘。此外还有山水花鸟、人物故事画等，一般用于园林中的小型建筑，如亭、台、廊、榭及四合院住宅、垂

图 9-24　金龙和玺　金龙和玺在彩画中等级最高，其图案以各种姿态的龙为主，枋心内一般画二龙戏珠，藻头内画升、降龙

花门的额枋上。这些彩绘纵横交错，色彩斑斓，各有实际的用处。即以彩绘而言，也是有保护木料的作用的。所以，古典建筑是实用与艺术的高度结合。

一些高级建筑的屋身，往往讲求虚实结合的"三维"立体感。就是说，当进入一座殿堂时，先上台阶，来到屋檐之下，然后才能进入殿堂内。这是有一个纵深的，这一纵深部分，最外一层是屋檐的外端，中间还有支撑屋檐的柱子(称檐柱)，然后才是屋墙和墙上的门窗和支柱(称金柱)，是一个"三维"空间。这个空间的顶部，还有为墙身、木柱遮风挡雨的作用。

图 9-25　旋子彩绘　旋子彩画俗称旋子、蜈蚣圈，等级仅次于和玺彩画，其最大的特点是在藻头内使用了带卷涡纹的花瓣，旋子之名，即由此而得

图 9-26　苏式彩绘　源于苏杭地区，俗称"苏州片"

古典建筑，屋顶部分是最讲究的。学者说，中国建筑就是一种屋顶设计的艺术。这个特点由来已久，《诗经·小雅·斯干》中"如跂斯翼"的美句，说的就是房屋整体形状恰似鸟儿踮脚起飞的一刹那，再现的是房屋整体向上飞翔的动态的态势。古语称屋顶为"两注"（注，水流；两注，即两面流水），指的是屋顶的"两面坡"的形状。坡顶横向屋脊叫平脊，两侧呈"人"字形的屋脊叫"垂脊"。随着建筑艺术的发展，两面坡的屋顶又发展出许多样式。

中国式屋顶有三个特点：第一，出檐远。加大了屋檐的体量，增强了对屋面的保护作用。第二，屋顶的装饰构件多，如正吻、套兽、悬鱼、惹草等，丰富了屋顶的轮廓线。第三，屋顶呈明显的反曲向上的弧线，就是俗称的"飞檐"。这在世界建筑领域独树一帜。

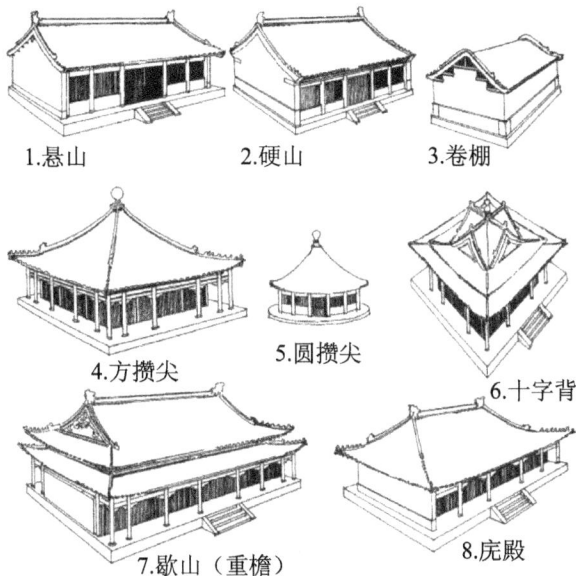

1.悬山　　2.硬山　　3.卷棚　　4.方攒尖　　5.圆攒尖　　6.十字背　　7.歇山（重檐）　　8.庑殿

图 9-27　古典房屋建筑的各种屋顶式样图

古代建筑屋脊和房梁等处还喜好装饰各种神兽，有以下几种。

套兽，是汉族古典建筑的脊兽之一，安装于仔角梁的端头上，其作用是防止屋檐角遭到雨水侵蚀。一般由琉璃瓦制成，为狮子头或者龙头形状。

望兽，是中国古代建筑的一种屋脊饰件，位于房屋正脊的顶端。与吻兽朝内吞脊的形式不同。因其兽的兽头向外望去，故称望兽。位于房屋正脊的顶端，等级不如吻兽。

鸱吻，用在正脊的两端，又称鸱尾、龙吻，据说此兽可辟除火灾，相传鸱吻是龙的九子之一。

在垂脊上还有成套的走兽，是古典建筑四角屋脊上常见的现象，它们排成一行，有神兽和仙人。《大清会典》上对它的排列顺序有说法：龙、凤、狮子、天马、海马、狻猊(suān ní)、狎鱼、獬豸(zhì)、斗牛、行什。他们出现在屋脊上的数量视房屋等级而定，最多的是北京故宫太和殿角脊的神兽，一共十个，有人把他们的顺序编为顺口溜："一龙二凤三狮子，海马天马六狎鱼，狻猊獬豸九斗牛，最后行什像个猴。"这些高居檐角的神兽，有着防火消灾、吉祥如意的象征意义。究其根源，是从固定檐瓦的钉帽变化而来的。

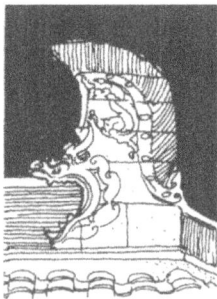

图9-28　山西晋南龙岩寺套兽图，
右上角的龙头形物即套兽

图9-29　宫殿上的走兽

图9-30　五台山佛光寺大殿上的唐代鸱吻

二、汉字为建筑增色

古典建筑多用木料，古代多用刷漆的办法保护它们不受风雨侵蚀，有些高等级的宫殿，如故宫，漆刷的同时还要贴金。古代的能工巧匠以五颜六色的油漆，当做绘画的颜料，描绘出各种的纹饰。另外，如上所说，古代建筑多采取"通用式"，这样又容易导致建筑的个性特征不明显，于是一种补救措施出现，书法就派上用场了。建筑上的匾额、明柱上的楹联及各种大门上的题字等，都有画龙点睛的作用。例如，杭州西湖那座著名的邻水台榭"平湖秋月"，其题额很明显是对游者所处审美情境的提点。又如，成都武侯祠大殿的题额："能攻心则反侧自消，从古知兵非好战；不审势即宽严皆误，后来治蜀要深思。"反思历史，警示来者，与祠堂所纪念人物地位相称，也使得这座纪念堂非同一般。此外，为了表明建筑的属性，安插一些旗帜（酒店）、幌子（商家），这样的做法，可见于《清明上河图》，产生的时间应该还要更久一些。寺庙安放钟鼓、香炉、幢、幡之类，也可以起到给建筑点题的作用，成为建筑的组成部分。

三、画卷般的布局

有学者比较中外建筑，认为古典的"单座建筑"比西方建筑要简单，只不过是"原始型"建筑平面而已。这样说固然有些道理，却忽略了古典建筑整体布局的风格，因而是片面的。

其实中国古典建筑的设计，更愿把一个个的单座建筑，巧妙合理地分布在一个空间的不同位置，而不是追求一个单座建筑物在构成上的复杂和体量上的庞大。比较一下法国的卢浮宫和北京的故宫，两者的"建筑面积"总量差不多，可是故宫占地面积要比卢浮宫大差不多一倍。原因是卢浮宫的建筑是集中组合的，而且是多层的。故宫的建筑则是富于变化的分散布局的。因而整个故宫的平面布局，在组织安排上要比卢浮宫复杂得多。

古典的单座建筑虽然独立，却不独处。单座的主体建筑，往往与楼、台、亭、阁、门、廊等相结合，组成建筑群落，形成一个主次分明内容丰富的整体，群是中国建筑的显著特点。还有一个特点，就是用不同的单座建筑围出一个空间来。这个由建筑和空间组成的建筑单元，就是院子。中国的建筑文化，甚至可以说是"院子文化"。考古发现，早在商代的早期宫殿，就已经具备平面院子的雏形了。

正如学者指出的，在建筑的平面组织上，往往是以院子为单位展开的。一个院子，主要的建筑即正房或正殿，一般坐北朝南，两面有东西配房，整体形状多为长方形。例如，四合院就是一种由东南西北四个方位的房间合成的封闭院落。北方四合院最典型。整个院落是以中轴线为核心的建筑模式，正房（即北房）、倒座房（南房）、正门（仪门）、后罩房等主体建筑全部排列分布在中轴线上，厢房和耳房等左右对称建于中线两侧。沿街的大门一般在东南角，

图 9-31 南方的天井

即所谓"巽位"。大型四合院或者超大型四合院一般为府邸、官宅和衙署用房，普通民宅一般为中、小四合院。大门样式、院落层数，以及建筑装饰，如彩绘、屋脊兽吻、门钉数目甚至屋顶用瓦颜色等，都有严格规定，不得逾越。流行于南方汉族的天井，也是一种院落。天井四面围以楼房（也有左、右、后为楼房，一面为墙的），仰望院落上空，状如天井。阳光从井口射入，天井又有拔风的作用，阴凉通风，始于南方炎热、潮湿的气候。四面房顶的雨水都排向天井，风水学称之为"四水归堂"（"水"象征财富）。天井院落外围耸立的马头墙，高出房顶，有防火作用，轮廓多为阶梯形状，富于变化。墙面白灰粉刷，墙头覆以两坡青瓦，青白相映，清朗素雅。

一个大型建筑群落，往往以"院"为基本单位层层排开。纵向的排列，主要殿堂坐落在纵轴线上，与其他两侧的建筑形成一个院落。横向上左右两侧的建筑排列，也往往是一个院落、一个院落地展开，如故宫后宫部分就是如此。一般中轴线称中路，两侧则称东路、西路。

在这样的布局下，门就显得尤为重要了。正是门，区分并连接着不同的院落，是建筑平面组织一个段落、一个层次的标志。门，"正如一本书的序言、楔子，一首乐曲的序曲、前奏……总之相当于一切艺术品的一个开头，首先做出一个简短扼要的概括，使人对其内容和性质产生一个总的印象。"[1]实际上，不论北京的故宫，还是曲阜的孔庙，总是过了一道门又有一道门。

---

① 李允鉌：《华夏意匠》，64页，天津，天津大学出版社，2008。

四、高低远近各有趣

一般而言，中国古典建筑，适合远望，适合近观，却不太适合中距离观看（西方建筑则相反）。因为古典建筑往往有院墙隔绝，中距离看只能看到局部。但是，远距离观看，因为古典建筑屋脊高耸、飞檐斗拱，还因为建筑是群落化的，所以，远而望之，总可以看到建筑的曲折柔和的天际线，优美的建筑轮廓与旷朗的天空相互映衬。实际上，古人建筑是很重视远望的审美效果的。例如，在南方和北方都很常见的山巅上高耸的"风水塔"，为山河平添了许多的"文气"，又如颐和园万寿山上的佛香阁，景山上五座亭子，都为整体的风景区增添了壮丽和雄伟。

图 9-32　建筑所形成的天际线

近距离观看，就是深入建筑群落之内来观看。进入一道门，站在庭院中，映入眼帘的是雕梁画栋，栾栌交错，绮窗疏格。从外面只能看建筑的轮廓，进入院落中，建筑里面构成的"风景"美轮美奂。古典建筑的设计，很注意人站在院中的观感，所以特别讲究"内院"观看的舒适。有学者敏锐地观察到，故宫午门的三个大门洞，入口处的形状是方形的，但穿过午门后回看，三个门洞的形状却是半圆拱形的。外侧门洞取长方形，与午门外侧建筑的整体威严格调相一致，而内侧门洞呈半圆拱形，又照顾到从门洞观感太和门前整体氛围的协调性。由此不难理解，古典建筑在注意"内院"观感上，是多么的细致精心！

更有意思的是，古典建筑的设计，又是特别注意进入庭院中的观察。还是以故宫为例，萧默先生在《建筑的意境》中说，从午门向里走，行到午门尽头时，此处距离太和门及左右两座门屋，距离正好 150 米。这意味着什么呢？意味着这时游人若抬头观看前面的太和门和左右的两门，视角正好是 54°，为什么要 54°呢？因为这个角度才是观赏眼前景物最好的角度：既可将对象尽收眼中，又不会把其他景象掺杂进来。站在午门后 150 米处看太和门，就是三座大门最好的角度。同样，再往前走，站在太和门的后檐柱处看体量庞大的太和殿，也是最佳的 54°视角。[①] 这就是古典建筑设计的精心之处，注意人观看时的视觉效果。

五、故宫神游

图 9-33　故宫俯瞰图

北京的故宫，是国内保存下来的规模最大最完整的古代建筑物群落，堪称中国古典建筑代表作。关于这座建筑群落，前面已经说了一些，现在，让我们对这座非凡的历史建筑，再做一次较为完整的神游吧。

1. 故宫的"三朝"结构

要了解北京故宫，先得简单了解一下故宫整体结构的含义。

故宫是一个坐北朝南的建筑群落，其总体是依照古代"三朝制"观念建造的。所谓"三朝制"，按照《国语》的说法是外朝、中朝和内朝。外朝朝万民，中朝治国事，内朝治家事。皇帝既是天下的君主，也是家族的家长，所以他的起居住处，也要分出"内"和"外"。

今天故宫建筑群落，天安门(明代称承天门，清初改今名)以南到大明门(清朝改为大清门，后又改中华门，在今人民英雄纪念碑以南、前门以北，已拆除)是一个丁字形外庭广场，是君主朝见万民的地方。中朝就是进入午门以后的太和殿、中和殿、保和殿及太和殿广场等。这是皇帝治理国事的地方。

图 9-34　中华门(大明门、大清门)

① 萧默：《建筑的意境》，70～71 页，北京，中华书局，2014。

三大殿之后是乾清门，是内朝的开始。进了乾清门，就是乾清宫、交泰殿和坤宁宫所谓"后三宫"。这里就是内朝，是皇帝"私生活"的地方了（全长 950 米）。在靠北的御花园，也应该是皇家私生活空间的一部分，与一般有条件富裕之家有个后花园一样。内外朝之分，用《国语·鲁语下》中的说法，

图 9-35　大清门与天安门之间的千步廊

是"合官职于外朝，合家事于内朝"，就是要把国事与家事区分开来。皇帝是天下的治理者，同时他也有自己的家庭生活，两者不可混淆。

明白了故宫含有这样的文化观念，就明白为什么在午门之前，居然还有一条东西马路了。按照古代文献，那里是内朝的外部空间，政府制定的政令，是要悬挂在午门外墙壁上供人观看了解的。古称象阙，午门所以建成一个"凹"字形的，应该就是取"阙"的意思。

2. 故宫的建筑氛围

前后分布在一条中轴线上的故宫建筑，确实是抑扬顿挫、高潮迭起的序列。若在明清时期，从大明门走进宫殿的前区，漫长的御街和御街两旁连檐通脊的"千步廊"，形成了带很强引导性的透视线，平淡而又简练。但是当临近天安门"金水桥"时，眼前会突然呈现空阔广场，给人豁然开朗的感觉。在红色城墙的映衬下，外金水桥、汉白玉栏板与河两岸栏杆纵横交错，远远望去，犹如缭绕的白云，衬托着宏伟壮观的皇城正门，气魄非凡。

图 9-36　故宫午门侧面图

再往里走，进入气势收敛的"端门"前庭，御街两旁工整一致的朝房，令人感觉到一些压抑而又平淡的气氛，为另一个更大的高潮——"午门"的到来，做着准备。"午门"（37.95 米）呈凸形，三面合围，咄咄逼人的气势迎面压来，高峻单调的红色城墙占满

视野，使人产生封闭、压抑和紧张之感。

进入午门，展现在眼前的是一个广阔豁亮的广场，留出天地空白，呈现无边的天际。院中横贯的内"金水河"，蜿蜒向南呈弓形，横卧在庭院之中。整个广场开阔壮美，庄重严肃中又流露出一些宁静平和，于是身处太和广场的感觉与身在午门就有了微妙的不同。因为这里的建筑设计，是既要突出皇帝的尊严，又要突出他的仁爱宽厚。

3. 宫殿布局的哲学

过了太和门，映入眼帘的就是太和殿等"前三殿"了。这里要注意的是建筑展现的文化观念。太和殿（地面至顶35.05米）、中和殿与保和殿，三大殿建筑在同一个"工"字形三层月台上，月台前部凸出，于是三座宫殿的建群就组合成为一个"土"字形。我们知道，中国文化中有所谓"金、木、水、火、土"的五行观念，而"土"在五行的方位中，又居中，所以，"土"字形的三大殿，就是强调自己居于天下中央的权位啊！

再向前，就是"内朝"，亦即皇家私人生活的空间了。这时候，你会感受到古代文化中"阴阳"观念在建筑组合上的体现。按照阴阳观念，外朝为"阳"，内朝为"阴"。外朝为体现"阳"，无论是面积的占用还是建筑的布局，甚至所选用的数目都以凸显"阳"为出发点。例如，三大殿布局纵横均以奇数"三"为例。纵为"太和殿"、

图9-37 整体呈"土"字形的太和殿、中和殿和保和殿

"中和殿"、"保和殿"，横为"英武殿"、"太和殿"、"文华殿"。三大殿的台基使用三层须弥座。"太和殿"为阳中之阳，因此无论从高度、开间、进深还是装修均要达到极致：开间面阔为九，进深为五，对应"九五之尊"的思想。甚至外朝的台阶级数、台基、坎墙的砖层数多以奇数为准。

内朝则与外朝相反，所占面积较小，建筑布局密集紧凑，数目选用偶数，处处体现"阴"的意识。内廷中主要的建筑是"乾清"、"坤宁"两宫。"乾

清宫"为皇帝的寝宫，为阴中之阳，为内廷之冠，因此多效仿太和殿，有时也在此召见大臣，处理国家要务。"坤宁宫"是皇后居住的地方。《周易》中说"乾为天为父，坤为地为母，阴阳交泰，万物化醇"，因而两宫之间设"交泰殿"。以乾清、坤宁宫为中轴线，两侧的建筑命名多依《周易》：乾清宫东门为"日精门"，西门为"月华门"，这样就形成了前为乾，后为坤，东为日，西为月，以天、地、日、月为布局的内廷核心。

东西十二宫，仍为偶数，象征十二星辰拱卫乾坤。六宫之北是格局相同、东西并列的五个院落，被称为乾东、乾西五所。五为阳数，在内廷中何以出现阳数，是因为古人认为"善补阳者，当从阴中取阳"。另外，东、西五所合起来为十，象征天干，仍为偶数；东西六宫合起来为十二，与地支相符。

从北京紫禁城建筑格局的构思，不难看出古代宫殿建筑在观念上对"天人合一"的追求。

第五节　诗意的园林

一般建筑都是营造实用的生存空间，然而有一种古典建筑，却专门为了精神生活而建造，那就是园林。走进园林，就走进了文化的殿堂，走进了中国文化最富情趣的一方天地。在古典名剧《牡丹亭》里，主人公杜丽娘读书厌倦，来到后花园，好像发现生命的新大陆："良辰美景奈何天，便赏心乐事谁家院？朝飞暮卷，云霞翠轩，雨丝风片，烟波画船。"

美好花园的春光，惊起了杜小姐生命的情感波澜，引发了后续一系列生生死死的故事。一次"游园"竟有这样大的冲击力，当然有剧作家夸张的因素，可是花园或者说园林所具有的超大魅力，也由此可见一斑了。同样，在后来的经典小说《红楼梦》中，也是精心描绘了"大观园"中生命的觉悟、才情的华美。花园，其实就是小规模的园林，寄托的是建造者的生活情趣与精神追求。

一、园林的灵魂

一般的古代建筑，从寻常百姓的民居到皇家的宫殿群落，大多讲究坐南朝北、有正有偏，皇家建筑在讲究不可一世的威严时，还要表现仁爱，从这方面说，一般民居和宫殿建筑大体遵循的都是儒家的文化观念。与之相对比，园林建筑更多崇尚的是道家"自然"哲学。应该说明的是，这样说，是就园林在发展中经历的一个重大变化而言，所谓重大变化，具体说就是园林建筑发展到南北朝以后，接受了道家思想的灵魂，从而产生新的变化。古代园林的出现，实际要比道家思想出现早得多，就文献的记载看，商周时期已经出现了。

较为详细记载王家园林的是西周的诗篇。在《诗经·大雅》中起码有两首诗记载了西周王家的园林建筑，那就是《大雅·灵台》篇和《小雅·鹤鸣》篇。前者显示，王室的园林有池沼，池沼中有跳跃的鱼儿，还有池沼沙洲上栖居的白羽之鸟；池沼周围则有茂盛的树木，林丛中有肥大的鹿等，其主体建筑就是融政治、宗教于一身的辟雍和灵台。后者以"乐彼之园"句清楚交代出诗篇所歌，系境地深远的王家园林，其中有高大的檀木，也有低矮的树丛，诗篇还特别用"他山之石，可以攻玉"强调了园林应有的包容；包容一切，不正是后来许多皇家园林的通性？宫室、池沼、树木、石头、珍禽，构成一个独立的空间，园林建筑的构件已经颇为丰富。以后汉代的皇家园林上林苑更加宏大，昆明池方圆数十里，除了树木、鱼鸟珍禽之类以外，还有建章宫等大型宫殿。此后，魏晋南北朝时的铜雀台、华林苑，隋唐时期的隋西苑、大明宫、乐游原，以及更后来宋代的艮岳、清代的颐和园（之前叫清漪园）、圆明园等，都是皇家的园林，帝王造园林的兴致一直不减。

其间一个重要变化，就是文人趣味的加入，使园林增加了雅致清新的新种类，还深深影响了以后皇家园林的建造思维。这样的变化，大体是从魏晋时期开始的，那时的高门贵族士大夫，崇尚玄学，喜欢清谈，喜欢"散怀丘壑"，"山水有清音"，士大夫们想从"山水"的"清音"中谛听到"自然"的真义，将生活的情趣倾注于大自然。然而，真正在淳朴而自然的乡村中做到"诗意栖居"的，要属归隐的陶渊明，他的《归去来兮辞》写诗人的"园日涉以成趣"，表达对田园风光的眷恋，也许只能用发生于少男少女之间的"爱情"来形容，才可得其神魂。陶渊明的《归园田居》，"草屋八九间"表明的不过是诗人简朴的村居，其"榆柳荫后檐，桃李罗堂前"也是村宅很普通的光景。然而，当诗人将这一切笼罩在他真实的"爱情"之下时，盎然的诗意空间形成——"爱自然"者的精神家园诞生。后来的文人雅士形塑园林时，基本都在追摹陶诗所展现的诗意生存的空间。此后，谢灵运、王维等大诗人也都对园林审美情趣的完善做出了各自的贡献。

稍后于陶渊明，在另有记录当时士大夫形神精彩的《世说新语·言语》中又出现了这样的言语："会心处不必在远，翳然林水，便自有濠濮间想也，觉鸟、兽、禽、鱼自来亲人。"是说心灵的寄托不必远求，若能发现眼前的茂盛林木具有的美妙，就可以达到庄子那般的"濠濮间想"。《庄子·秋水》篇记载庄子与惠施两位好友在濠濮观鱼的故事。这使得"会心"的园林，与道家发生了关联。这也不奇怪，"道法自然"落在文人雅士的生活层面，就是追求诗意的生存。由此，古典园林建造的一些基本构造精神也随之确立。

二、园林的基本特点

1. 含蓄而内敛

作为寄托文人们"萧散"精神的私人园林，其特征是含蓄内敛。

中国建筑一般是平面地展开（如故宫），进入城门后，一会一道门、一座桥，走许久才见到宫殿，仿佛是一卷画，一幅一幅展开；又像看戏，一幕一幕地上演。园林的布局也是这样，不论皇家与私人，也不

图 9-38　拙政园

管大园和小园，就像小说、像戏剧，总是有序幕，有高潮，有余响，有结尾，其间故意的遮掩、隐约，正为的是传达一种情调，一种含蓄、内敛的情调。为了达到这样的目的，古典园林采取了许多手法来布置安排空间、组织空间及创造空间。其中如借景、分景和隔景等。惟其如此，观者才会感受其意蕴的丰厚。所以，"到此一游"的囫囵吞枣是不行的，要静下来慢慢看，细细瞧，细体味，这样，才可以领略园林由山、水、树、石、屋、路构成的情趣和意味。

2. 不规则，非对称

住房建筑，为的是居住，而园林却是为了欣赏、游憩、放松。古人说："宫室务严整，园林务萧散。"一般宫室住房，因为实用，就需要规则、齐整，对称等，园林则不然：它尽力追求的是不规则、非对称，讲求的是曲折、起伏，忌讳一览无余、千篇一律。简言之，中国古典园林追求的是"回归自然"。

图9-39 网师园的水和假山

这样的"人文"观念，使得中国古典园林与西方园林大异其趣。中国园林，用建筑学者萧默先生的话说，是"自然式"，西方园林颇为几何式；前者讲究的是顺从、尊重自然，后者则讲究的是改造、征服自然。

图9-40 留园池馆

于是在审美风格上也差别明显，前者为含蓄内敛和阴柔的，后者为外向和阳刚的。此外，西方园林基本为国王、贵族所有，这与中国文人雅士喜欢造园也有大的不同。陶渊明，如前所说，是有自己的小园林的，谢灵运的《山居赋》，把自己的硕大庄园，写成了汉帝国的"上林"，此后王维的"辋川别业"诗篇，表达的园林理想虽与陶诗有所不同，然其榜样的作用则是相当大的。而且，王维不单是诗人，还是画家，据说他曾画过"辋川图"的长卷（今只有保存于日本圣福寺的摹本）。由他们主持或参与设计的古典园林，自然会是诗情画意的。

3. 水、植物和石头必不可少

"翳然林水"，说的主要是园林中的水和植物。

图 9-41　假山　见于苏州狮子林，假山系由太湖石堆叠而成

在园林中，水是不可或缺的，"三分水，二分竹，一分屋"，缺了水流，那还叫园？西周的"辟雍"的"雍"就有以水围绕的意思，汉、唐皇家的"昆明池"、"太液池"，以及后来清朝颐和园的前身"清漪园"，顾名思义，都是有"水"的。园林或依自然池沼而建，或远输近引、人工开挖，而开挖的土方，正可堆为假山。园林建筑就是"山水画"，"山"、"水"就这样一举两得。

园林中的林木当然是树木，还有竹子和其他花草。陶渊明赞颂"木欣欣以向荣"，唐代诗人张九龄也说："欣欣此生意，自尔为佳节。"所谓回归自然，就是回归自然淳朴而旺盛的"生意"。所以，园林中，北方皇家园林多用垂柳，一排排，一行行，与大片的碧波相映，美不胜收；南方私家园林则用适宜本地水土的树木，以获"翳然"之效。树之外的植物，还有花、藤、草、竹，或成行，或成林，或成丛。

此外，还有一种不须种的苍苔，江南湿润，苔藓易生，自觉地为园林增加了一份特有的古雅。园林花草忌讳人工痕迹，大片的草坪是不要的，但一些短斜坡处，也会种植小小草坪，那草就叫"规矩草"。古人治园，真可谓至纤至悉。

各种花木植被，各具姿态，与之争奇斗艳、相互衬托还有一种"植"物，就是各种的怪石。古人论石，一太湖，二罗浮（浙江温州罗浮山等地，故名），三天竺（印度）。三地特产的石头各有其精怪奇异形态。被安放在园林中，可以激发人的想象，感受自然的鬼斧神工，总归还是指向"自然"。

4. 亭台、曲径与院墙

图 9-42 扬州瘦西湖的五亭桥

为了观看的人，园林当然还要有"屋"的因素。这里的"屋"不是要住的，它包括亭、台、阁、榭等，它们是园林中可以观看的景点，也是给游人驻足观赏其他光景的驻足处，宋代郭熙《林泉高致》说："山水有可行者，有可望者，有可游者，有可居者。"园林内这些亭台轩榭一类的建筑，就是让游人停留一下，小憩片刻，从而"望"（欣赏）一下远近美景美境。如颐和园的佛香阁，又如扬州瘦西湖的五峰桥，游园来到固然是要驻足观望、欣赏的。其实，就园林的建造思路来说，一些亭台之物，还是园林的大小高潮，是欣赏者"视线的焦点"。一个偌大园林，若没这样的"高潮"，那可就容易缺魂，就像一部长篇小说没有写出主人公性格一样失败。

园林的道路是曲折的，所谓曲径通幽。游园，讲究的是一步一景。路径的设计实际是园林设计者展开自己得意画卷的次第，沿着合理的路径行走，当然是美不胜收的画面。

园林的墙，常常把一方园林胜地与尘世隔绝开来，仿佛画家的画框。同时，园林内部，墙的遮蔽，往往就

图 9-43 拙政园的倚虹亭

此亭更远处即园林的借景北寺塔

是隔景的设计，如此，院内景色就不会一览无余，如谐趣园这座大园中的小园，就有隔出的独立小胜境。此外，园林的墙上一定有窗，于是墙就隔而不闷，隔而通，墙的通，是犹抱琵琶半遮面的，招惹你，引你的兴趣。

另外，古典园林还有很要紧的一招，就是借景。所谓借景，就是把园林以外的美景，通过精心选择和剪裁，收纳到园林中来，这称为远借；也会用一处景致映衬另一处景致，这称为互借。不仅使有限的园林能提供更丰富的景观，更深远，还极大地扩充了欣赏者的空间感受。

三、颐和园揽胜

著名的皇家园林颐和园，吸收了很多江南园林的特色。

作为皇家园林，颐和园占地面积甚广，气魄宏大，金碧辉煌，布局开阔。既有北方园林的大方，也含江南园林的精巧。

这座园林原名清漪园，始建于清乾隆十五年，乾隆二十九年(1750 年)完工。清咸丰十年(1860 年)，清漪园被英法联军破坏，光绪年间慈禧太后花费两千万两白银修复此园，光绪十四年(1888 年)完成并改为今名，颐和园大致上保持了清漪园的格局。

图 9-44 颐和园长廊

1. 平稳的序幕

入园先要过"涵虚"牌楼，之后进东大门，首先看到的是仁寿殿，雕梁画栋。右手前方不远就是德和殿，再前行就是宜芸馆，四合院建筑，风格上比仁寿殿朴素一些。再前行不远，眼前就会哗啦啦亮成一大片：正前方一大片碧波荡漾，右侧的远方就是高高耸起的佛香阁。再看，左前方还有横卧水面的姿态娇媚的玉带桥、十七孔桥。

2. 画中游

园林给游者准备好了画廊，通向有魅力的远处。顺着长廊一路观赏，就是所谓"画中游",会不知不觉来到排云殿西侧,那里有依山而建的亭台楼阁,还有那条与西太后有关的石舫。这条长长的画廊,背面是佛香阁制高点所载山岭,面对碧波荡漾的昆明湖,在空间的布置上属于分景。长廊本身东起邀月门,西至石丈亭,中间穿过排云门,两侧对称点缀着留佳、寄澜、秋水、清遥四座重檐八角攒尖亭,分别象征春、夏、秋、冬。长廊全长728米、273间、548根柱子。长廊是一条五光十色的画廊,廊间每根枋梁都绘有彩画,共14000余幅,内容多为山水、花鸟图及古典四大名著(《红楼梦》、《西游记》、《三国演义》和《水浒传》)中的故事,是画师们根据乾隆皇帝意图绘制的。

图 9-45　颐和园长廊留佳亭迎风板上的彩绘《桃花源记》

3. 登上佛香阁

佛香阁西侧的石舫等景观,游人是不会放过的。可是,若不登上佛香阁,那可能会留下较大的缺憾。所以人们总要回到正对着池水的排云阁,目的是鼓足力气爬上佛香阁。登上这个园林的焦点、制高点,新的境界又在你眼前展开了。近俯昆明池,涤荡心胸;西眺巍峨大山,豪情万丈。这时候,可别忘了前面说的借景,向西,远处玉泉山那座玲珑的宝塔,会风姿绰约地映入你的眼帘。

再向园林的北边看,是一幅江南图景,原来是"苏州街"一带的溪流拱桥。正北方离你近一点的眼下,则是须弥胜境,这是一座藏式的佛寺,面向北,与佛香阁南侧的排云殿背靠着背。

图 9-46　颐和园的借景——玉泉山宝塔

4. 来到谐趣园

下了高阁，穿过须弥胜境之后，一路向东北是苏州街。在游过这些之后，园林还有一个小高潮在召唤着游者，那就是谐趣园。从苏州街向东，曲径通幽，经过一片的树丛，就来到了"园中之园"——谐趣园。这座小小的园中之园，是当年乾隆皇帝仿照江南无锡寄畅园修建的，最初它的名字就叫"惠山园"。

图 9-47　谐趣园全景图

这座小园占地仅数亩，它的建造主人乾隆皇帝说它"以物外之静趣，谐寸田之中和"，又说"一亭一径，足谐奇趣"，因而得名。别看此园小，它可有声谐、楼谐、桥谐等三"趣"。所谓声趣：春夏之季，园内除荷花、绿竹

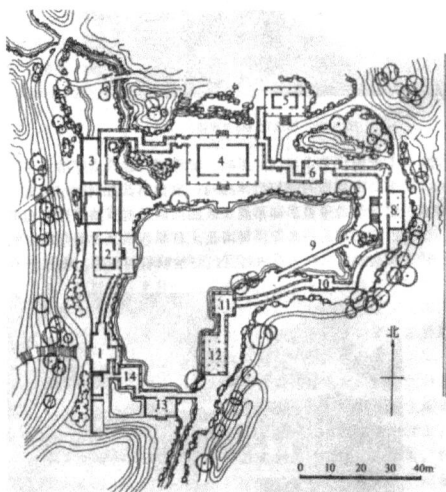

图 9-48　谐趣园平面图　1. 园门
2. 澄爽斋　3. 瞩新楼　4. 涵远堂
5. 湛清轩　6. 兰亭　7. 小有天
8. 知春堂　9. 知鱼桥　10. 澹碧
11. 饮绿　12. 洗秋　13. 引镜
14. 知春亭

之外，还有山泉数股注入荷池。谐趣园有意取势低洼，为的就是形成流水落差，于是溪水溅溅，犹如琴韵，横卧泉边的巨石上镌有"玉琴峡"三字，这就是"声趣"。所谓楼趣：玉琴峡西侧是一座楼，名为瞩新楼。这座楼，从园内看是两层楼，从外看却是一层。这是因为谐趣园地势低，园内的楼高是两层，对站在外面路上看的人，却只露一层。里外不一，似楼非楼，就是小园林的"楼趣"。所谓桥趣：谐趣园不大，桥可不少，共有五座桥，其中知鱼桥最著名。因它接近水面，便于观鱼。

人们今天见到的园貌是晚清改建后的，因增多了一些建筑，水体和林木空间比原先变小些。不过，改变后的小园，仍然独有风情，值得悉心品味。

小小谐趣园，那样多的建筑，那样多的山石林木，然而景物繁多却不凌乱，而是一步一景，意趣随生。要做到这一点，古典的建造家首先注意了建筑秩序，用了两条线将众多建筑组织起来。一条是南北线，从园子正北的涵远堂到水面南侧的饮绿亭，为一主轴线；还有一条次轴线，是从宫门到洗秋轩。这两条轴线，将主要建筑定住，其他建筑随机安排，因此整个园林就显得严谨而又活泼。其次，谐趣园的建筑组合多样，手法丰富。例如，园中的亭子就有方亭、长方亭、圆形重檐

图 9-49　谐趣园园门处遥望洗秋、饮绿二亭

亭及八方重檐亭等多种；廊子有双面空廊、随墙空廊、水廊、弧形廊、曲尺形廊等。建筑形态的变化，再加之以位置上的巧妙布局，游走于小小园林之中，自然就意趣横生了。

离开小巧而意趣丰富的谐趣园，我们又不知不觉来到了东门附近。一次游园就要结束了。像颐和园这样的大园林，一次是看不尽的。

将出东门之际，我们还可以看一看高大的文昌阁，这可是颐和园内六座城关中最大的一座台楼建筑，屋檐高挑，气象雄伟。

思考练习

1. 查阅文献，就中国古代建筑所以采用"土木"的原因谈谈你的看法。

2. 古代建筑讲究飞檐斗拱，可斗拱到明清时期逐渐成为装饰，原因何在？

3. 观看中国古典建筑时应注意些什么？

4. 总结古典园林的特点。

第十章　近代文化转变

要点提示

1. 了解两次鸦片战争对中国传统社会造成的影响。

2. 熟悉并理解"中体西用"的洋务运动理论及其实践。

3. 熟悉从维新到革命再到现代的近代文化转变的曲折历程。

从 15 世纪开始，由于欧洲人的探险，人类进入了各大洲之间的隔绝被打破、各种肤色的人群相遇的历史。大碰撞、大交融前所未有，人类的历史愈发成为一个整体。当然，此前世界各地的人类从未间断过联系，但这联系往往是间接的，是在无意识间发生的，但是到了近代，黑头发黄皮肤人群的世界，突然闯入了红发蓝眼的西洋人。他们的行径未免蛮横，但他们的文明绝不野蛮，他们的坚船利炮、声光电器，以及包含在这些有形事物背后的文化，都具有势不可当的冲力。东方固有的历史轨迹，被西方势力无情地席卷得乱了套。在被征服和被掠夺者一边，其历史表现首先是感到屈辱和痛苦，但同时也被激发起自强不息的斗志。这是一个行动的和理性的过程，也是一个由浅到深、由改良到革命、由保守到打破的过程。本章的内容，就是检讨一下这个百余年痛苦学习的自强的过程所显示的文化轨迹。

第一节　两次鸦片战争及其影响

中国近代史从鸦片战争开始。两次鸦片战争的最大结果，是在西方列强以炮舰和烈火轰击下，以"天朝"自居的大清王朝，不得不承认现实，不情愿地与列强平起平坐地交往，从而进入近代国际关系的秩序中。另一个同样分量的结果是中国人开始有了自强的意识和行动。

一、第一次鸦片战争："剿"与"抚"

在鸦片战争以前，中国的对外贸易主要在广州进行。在 19 世纪的最初十年，中国在国际贸易中拥有巨大的顺差，国际收支结算大约盈余 2600 万元，清政府实际上获得了巨大的利益。在中国传统的士农工商等级观念下，清政府当然不会公开赞同广州的贸易，但是私下里，清朝皇帝把广州贸易视为个人利益的重要来源，海关监督由内务府授权，负责把广州每年海关税收多达 855000 两现银输入统治者的私囊（这笔钱并不上缴户部）。使中国的贸易顺差转变为逆差的是鸦片烟。17 世纪，欧洲水手将吸食鸦片的恶习传入中国，鸦片的吸食便从各港口迅速蔓延开来。乾隆初年，鸦片每年约输入 400 箱，每箱约百市斤。朝廷禁止内地商人贩卖鸦片，但是没有效果。到了嘉庆初年，鸦片输入竟增加到了之前的十倍。朝廷下令禁止进口，但是因为官吏的腐败和查禁的困难，销路还是继续增加。到了道光年间，仅 1828 年到 1836 年，就从中国流出了 3800 万元。中国人对鸦片的需求解决了英国支付中国产品的货款问题。鸦片贸易成为中英战争的导火索。

到了 19 世纪 30 年代，罪恶的鸦片贸易已经有百余年的历史，日益引起严重的社会问题。至于如何处置鸦片贸易，当时清廷有两种意见：一派主张对鸦片贸易解禁，认为禁绝不如把鸦片贸易合法化，加重关税，另外也可以自己种植，外洋没有利益，自然就不经营了，这样国家还可以获得巨大收入。另一派则坚持认为鸦片贸易属违法的和不道德的行为，持比较激烈的禁烟主张，如黄爵滋在《严塞漏卮以培国本疏》提出要制裁那些吸食者，理由是："无吸食，自无兴贩，无兴贩，则外夷之烟自不来矣。"这项提议交由官员讨论，大多数官员认为这样做不妥，赞成黄爵滋意见的只有林则徐等少数人。最后，朝廷决定禁烟，而且从广州着手，因为那里是鸦片的来源。1838 年 7 月，林则徐给皇帝上奏疏，指出在南方应加强反对烟贩的斗争，将他们真正置于中国法律的管制之下。同年 12 月，林则徐被任命为钦差大臣，到达广州后他雷厉风行地将英国人的 20082 箱（合 1000 多吨）鸦片付之一炬。这成了英国向中国开战的借口。原来英国在广州的商业监督义律在销烟时，耍了一个手段，他先让英国商人把烟交给他，然后再由他交给林则徐，而他是英国政府的代表。于是，两万多箱私商鸦片一转手就成了大英帝国的财产，林则徐的销烟就成了中国政府对英帝国的挑衅。当时英国正值维多利亚时期，主持外交政策的巴麦尊勋爵是一个好大喜功的不折不扣的帝国主义者。义律及富商查顿，联合一些在华英商，怂恿巴麦尊对华实施武力。这给了巴麦尊说服政府的借口：战争是保护在华贸易顺利和英国公民安全的必要手段。对华战争的目标制定了：中国要赔偿英国的损失，要割地给英国以便其经商，还得保证自由贸易。这个底线，中国方面并不清楚。在清王朝一方，不论是"剿"还是"抚"，都是想恢复旧有的太平。林则徐被罢免后，皇帝交给"办洋务"的臣下的底码是，既要讲和，又不可以让步。

鸦片战争第一阶段开始。1840年7月，英国舰船北上，先占舟山岛，再进天津。皇帝和大臣慌了，"剿"派的人就要负责，林则徐要承担办事不力的责任。一战不利，朝廷马上就查办他，以换取战事结束。中方派琦善与英方义律签订了割让香港和赔款600万元的和约。但是，英国政府不满意，清廷也不满意，结果是琦善和义律都被本国政府撤掉。战争又进入第二阶段。1841年5月，英国人攻占广州。此时中方在广州的大臣是主"剿"的，这当然也是皇帝的主意。道光皇帝看上去是忽"剿"忽"抚"，摇摆不定，其实是"剿""抚"兼用。住在紫禁城里的他和一班大臣，根本就不相信"天朝"打不过一群远渡重洋的小小"英夷"。但是，打必失利，不得已只有"抚"。但这"抚"，在清朝人的脑子里，并不是平等谈判，而是对这些"喻于利"的洋夷"小人"施以"利"的安抚。再从战略上说，"抚"也是为拖住对方，以备再战；最后对方被打服，还是要"抚"，施以威德，令这些"远人"服帖。这不是千百年来屡试不爽、卓有成效地对付"四夷"的法宝吗？可是，这套自汉朝就已形成的老皇历，实在是遇到了新问题，于是就出现了那些主战派一到广州马上改变初衷的现象。战争第二阶段守广州的将军是杨芳，他曾经擒获叛乱分子张格尔，清廷派他来觉得自然可大吉大利。然而年迈的杨芳将军毕竟是军人，有他职业上的敏锐。一到广州，杨芳马上就发现战争毫无胜利的希望。但是，朝廷要打，就得硬着头皮干，结果是广州陷落。战争随即进入最后阶段，这回主要是陆地战争，先是发生在宁波、镇海，继而英军进入杭州湾，有乍浦大捷，继而英军进攻长江入海口一带的吴淞、宝山，得手后进而攻陷镇江。以前英国的胜利都是在海上获得的，靠的是射程远的大炮。这次在陆上作战，该是清朝军队的拿手戏了吧？中国人这样想。但战争的结果仍是惨败。

皇帝不得已，又要用"抚"策了。1842年8月签订《南京条约》。条约要求割地、赔款、开放通商口岸及平等贸易，要求中国与英国的官方对等交往。在清廷，这是屈辱吗？是失败吗？今天看如此，在当时，则不一定。英国人不是在条约签订后退兵了吗？这就是成功，是皇帝"抚"的策略的成功。洋夷贪利，开几个口岸令其通商，是大不了的"互市"，于古有之。至于平等，字面上的东西，鬼才当真。皇帝和一班大臣这样想，不对吗？今天看不对，在当时，则不然。洋夷把炮舰开到中国国门，中国用"抚"的办法，出让一些权利，归于无事，只表明"天朝"的宽怀，在道义上实无错。但问题是，这样的想法用错了时代，清廷错误地理解对方，错误地理解了世界大势。

在这第一次鸦片战争中，有几个人值得一谈。他们是琦善、耆英和林则徐。

琦善是在林则徐被查办后接手与英国人谈判的。他以"绥抚"的办法使英国人离开天津，大得皇帝喜爱，进而被委任办理广州事务。这个人在很长时间里，被视为"汉奸"，当时就有他受了英国人巨贿的传说。说琦善是汉奸，早有学者为之洗刷，近年来的学者做了更多同样的工作。[①] 在那样的情形下，在中英双方对争端的不同目标的夹击下，谁去与英国人打交道，都落不了好。琦善的不幸，在于他的"绥抚"根本不能保证他可以全身而退。实际的情况也是他比林则徐的下场惨得多，他是戴着镣铐离开广州的，而且不像林则徐那样保全了自己的英名。

沿着琦善的"绥抚"继续做并且下场更悲惨的是耆英。耆英接手办"夷务"是在1842年3月，当时正是陆地战争刚开始时。屡战屡败的朝廷接受浙江巡抚刘韵珂"十可虑"的奏议，再次用"抚"策。皇帝在任命耆英的同时，

---

① 参见蒋廷黻：《琦善与鸦片战争》，载《清华学报》，1931(3)。又见其所著《中国近代史大纲》所附"外二种"之一。又，茅海建：《天朝的崩溃：鸦片战争再研究》(1~15页，北京，生活·读书·新知三联书店，1995)也为之作了深入细致的洗刷性考论。

发布了一道有关"羁縻"的圣旨。① 而耆英秉此旨意，对英国人大行"羁縻"之策。具体的手段是与"外夷"建立私人情感，以此来缓和对立和冲突。耆英的"驯夷"手腕，在他给璞鼎查的告别信中表现得淋漓尽致，那封信写得"颇像一封情书"。耆英还向璞鼎查提议要收养他的儿子，并带他到北京去。当他得知这孩子先要在英国完成学业时，他答道："很好！从今天起，他就是我的养子弗里德里奇·耆英·璞鼎查了！"这意思也很清楚，他以为这样做，就可以牵制璞鼎查了。

与"羁縻"相伴的是"以夷制夷"，表面的词令则是"视为同仁"。英国人得到他们想要的，美国人和法国人便接踵而至。但他们不再像英国得其所欲那样困难了。他们要什么，朝廷都给，甚至连法国人提出的传教权，中国方面都予以答应。因为清廷以为这样可以收列强互相牵制之效。就这样，在《南京条约》签订以后的十年中，清方谈判者使出了整套的传统策略来虚与委蛇，在如何利用谈判礼数令对手处于下风和保持"天朝"体面上大费心思。例如，会谈只许在货栈中进行，或者只许"外夷"同低级官员进行会谈等。外国人仍然被视作"蛮夷"，他们对贸易的重视更验证了他们的"文教低下"。中国被迫做出的让步被当作"仁政"，而不是让利于外国人。第一批条约就这样被作为"羁縻"手段签订了。"办夷务"已经被中国方面在心理上换算为对付"夷狄"，用利益安抚他们，这样，"天朝"就可以照旧享有崇高地位。

其中的耆英，一方面对英国人展现亲和的外交身段，一方面又在给皇帝的奏折中丑诋洋夷，结果他的奏稿在广州衙门陷落后被英国人拿到。到第二次鸦片战争时，年迈的耆英再次参与天津谈判时，英国翻译把他那些丑化英国人的言论抖了出来，使中国大失面子。耆英为此受到审查，最后被皇帝赐死，下场比琦善还惨。

再说林则徐。蒋廷黻在其所著《中国近代史》里责备林则徐，说他城府太深，即他已经觉悟到中国的军事力量不如西洋，因为怕清廷的指摘，而没有公开地提倡改革。蒋廷黻举出林则徐在谪戍伊犁途中的私人信件为证。

① 参见茅海建：《天朝的崩溃：鸦片战争再研究》，428页，北京，生活·读书·新知三联书店，1995。

但是，在一封私人信件里，他嘱咐对方不要将自己所说的话传给他人，可能有各种的考虑。况且，说出去又如何？琦善说了不少打不过英国的实话，他成了汉奸。而实际的情形是，朝廷的笼络羁縻政策模糊了历史的焦点。林则徐同他那个时代的人一样，有对世界缺乏了解的局限，如他曾断言英国人因长腿捆绑太紧，不利陆上交战，不久就被证明是荒谬的。面对鸦片的泛滥，面对洋商的不法，朝廷上下，不论是主"抚"或主"剿"，谁又对世界的形势有真切的了解呢？因此当局做出的都是无视对手的主观决策。"林则徐本是清中叶兴起的"经世致用"思潮的重要代表人物之一，可是，鸦片战争之前他对敌我形势的估计完全是闭门造车，所以捅出了那么大的娄子。在这一点上他确有错，但这也不是他个人的错误。林则徐的可贵，是在他一经与西方交手，马上意识到问题，马上懂得利用西学和西方武器来保卫中国文化。在这一点上，林则徐、魏源等人的见解远远超出了同代人。林则徐把他在广东所收集的资料给了魏源，魏源以此编成《海国图志》，代表了那个时代对西方的最高见识。魏源的一句"师夷长技以制夷"，更成洋务运动的口号和指南；林则徐还直接影响了被视为洋务运动思想家的冯桂芬。

二、跌破"天朝"面子的第二次鸦片战争

第二次鸦片战争还是由广州而起。第一次鸦片战争以后，虽说开放了广州，但傲慢的英国人进入城里，欢迎他们的是百姓投来的石头。对此，英国人的回报是以大炮还击。1847 年，英国攻入广州。耆英答应两年后开放广州，英国人再次撤退。

两年后，英国人照约要求进入广州时，广州官员已经换成了徐广缙。他是一个"剿"派人物。可以这样说，没有真见识过第一次鸦片战争的清朝官员，差不多全是"剿"派，主战的言论在朝中又占了上风。接替了耆英的徐广缙奉行的是依靠民众排外情绪的政策。这是他从林则徐那里讨来的办法——"民心可用"。英国人再次要求进入广州，他就在全城及乡下动员民兵搞自卫。徐广缙的表现受到咸丰皇帝的嘉许，但广州作为通商口岸的发展就这样被严重延缓了。与此同时，则有上海的兴起。这个名不见经传的海边村落一跃而成为近代中国的一大都会，当然有各种的机缘，其中排外情绪不强烈，是不可忽视的原因。

回到广州的话题。1858—1860 年第二次鸦片战争的爆发，是由于英、法、美三国试图通过修改条约增进其在华利益的努力遇到挫折而起的。可这时在广州负责外交的是叶铭琛，他对待外国人的方法是"死不交涉"，而咸丰皇帝支持叶名琛的不妥协政策。在英国方面，此时出任首相的恰好是巴麦尊。英法想谈判却遇到了"死不交涉"，只有老办法：开战。借口不难找，于是，在 1856 年 10 月，以"亚罗号事件"为由，英、法海军再度攻占虎门炮台。这位著名的叶铭琛——陈旭麓说他是中国传统教育培养出来的优秀人才①——遇到"办洋务"，就全然不灵。对洋人，他只会表达高度的蔑视，拒绝同他们打交道，或者让谈判在仓库里举行，这都是他的精神胜利法。仗打起来，大炮落到身边，别人吓坏了，他却可以镇定自若，淡然处之。战争来了，总得准备战事，他却不做任何准备，他的办法是扶乩(《清史稿·叶铭琛传》)。英法军队最终把叶铭琛抓住，用船送到加尔各答，次年死在那里。一叶知秋，从一个叶铭琛，可以了解当时整个王朝对外国的基本态势：十年前鸦片战争受到的打击，白挨了；上次战争的剧痛及在剧痛中所长的见识，已全然忘记了。

英、法在广州得手后，继续北上，到达天津大沽口。清朝全权大臣在 1858 年 6 月与英、法、俄、美签订了《天津条约》。与第一次鸦片战争情形一样，一旦《天津条约》被接受，敌军撤退，主战派又重新抬头。1859 年 6 月，当英、法准备到北京与清廷互换条约批准书时，遭到防守大沽口的科尔沁亲王僧格林沁的拒绝。英、法公使试图使用武力，结果一时间被中国军队打败。清廷马上将《天津条约》废除。条约中规定的开放长江贸易，外国人可在内地旅行及赔款等，都是清朝难以接受的，尤其是对外国在北京常驻外交代表这个涉及"天朝体制"根本的老问题。大沽事件的结果是战争，英、法在 1860 年夏派遣了一支更大规模的联合远征军。结果是清帝逃往热河，英法联军烧毁圆明园，双方于 1860 年 11 月签订了《北京条约》。

今天的人们将两次鸦片战争视为中国沦落之始，回顾当年，痛心疾首。但对当时的朝廷而言，第二次鸦片战争的伤痛才是真痛，这一次是朝廷的"天威"颜面受到了大大的伤害。战争的结果，是洋人可以把使节派驻到北

① 参见陈旭麓：《近代中国社会的新陈代谢》，97 页，上海，上海社会科学院出版社，2006。

京，即意味着"天朝"与这些"远夷番邦"平起平坐。这是有史以来没有的事情，是奇耻大辱！北京一旦驻有外使，万国衣冠拜冕旒的"天朝"体制和美景就破碎了。是可忍，孰不可忍！自从马戛尔尼东使，一直到鸦片战争中洋人动不动就北上，就进逼京师，他们要的就是这个；"天朝"死也不肯给的，也是这个。这带给清朝统治者强烈的屈辱感。

第二次鸦片战争的直接结果，是 1861 年 1 月的总理衙门之设。总理衙门的全称是"总理各国事务衙门"，职权犹如今天的外交部，但它的权限要大得多，还兼管六部，其地位一时间实际取代了军机处，因而它就成了洋务运动的司令部和"新政"的枢纽之地。其职权如此，何不取消军机处而独任总理衙门？这是因为朝野仍将此一部门视为临时机构，一个不祥的临时机构。就连总理衙门的总理人物奕䜣都说："俟军务肃清，外国事务较简，即行裁撤，仍归军机处办理，以符旧制。"

但"外交部"毕竟是建了。它的职权很广，举凡与外国相关的事务，包括财政、军事、教育、制造、矿业、交通、边防之类的事情，它都管，下设同文馆、税务司等。作为外事衙门，它还在 1866 年派出了以英国人赫德为向导、以斌椿为带队的欧洲观光团。隔两年，总理衙门还邀请美国退休的公使出访欧洲，说服西方不要对中国施加更大压力，使之更快地西化。不过中国正式向外派出公使，还得等几年；直到马嘉理事件之后，中国派出郭嵩焘为首的使团到英国赔礼道歉，才在伦敦设立了第一家驻外公使馆，时在 1877 年，离第二次鸦片战争也已经快二十年了。而且，同文馆的外教还翻译了《万国公法》，中国人开始懂得在法律上"以夷制夷"，维护自己。

"天朝"在屈尊地走向国际时，是那样的矜持忸怩、代价沉重，但最终还是那样做了。

三、王朝的顽固

"天朝"的金瓯是跌破了，但是残局犹在。残局中，朝廷也怕了洋人，所以处处让步。但是，对外人让步，并不意味着内政有什么改变，恰恰相反，"王朝"制度仍然是不可侵犯的，中国古代政治上一切黑暗见不得人的东西，也都样样俱在。慈禧皇太后和她那一班自私自利的当权者及拥护者，目标始终是大清国皇权不倒，到手的既成权利一点儿也不能丢。一切的改革都得有利于维护手中既有的权利。为此，他们可以同意办洋务，造武器，练新军，等等，但若危害到他们手中的权力，他们马上就翻了脸，现出自己的本来面目。这一点，充分地体现在以下两个事件上：一是慈禧太后为满足个人目的，利用义和团仇外情绪，最终引来"八国联军"入侵；一是虚与委蛇地搞所谓"立宪"。

先说义和团。义和团起自山东，具体起因是"曹州教案"。教民与当地民众发生冲突，教会袒护教民，因而引起暴乱，当地民众砸毁了教堂。晚清民众仇恨洋人，实在有其道理。西方势力对王朝的打击，并不是每个地方的小民都感觉得到的，散播了中西对立情绪的是洋教的深入。王韬《弢园文录外编》里有《传教》上下篇，下篇说到那些传教士"在其国中，无不谦恭和蔼、诚实谨愿，循循然奉公守法，及一至中土，即翻然改其所为，竟有前后如出两人者"。唐德刚先生说得好，洋教会在晚清，简直就是"第二政府"，有时甚至是"第一政府"。当时一位叫伯驾的洋牧师有句"名言"："中国人不服从，就毁灭。"在不平等条约时代，西方人在中国有"治外法权"，于是为不法之徒大开逃避惩罚之门。地方政府一加追究，"第二政府"就出来干涉、包庇，如何不引起民愤！另外，洋教在中国的传播，早已不是明末的样子，他们背后有坚船利炮的支持，有一个中国人挨洋人欺负的背景，中国民众普遍的仇洋情绪则属必然。[①]

这一点被慈禧太后看上了。"戊戌变法"之后，慈禧太后想废掉光绪皇帝，另立端王载漪之子溥儁为大阿哥。但外国势力反对，胡思敬《国闻备乘》记载了英国的态度："康党既败，太后再出垂帘，外人颇有违言。上海各国领事，因欲联盟逼太后归政。江苏道员罗嘉杰闻其谋，密告政府。电函为端郡王载漪所见，怀以奏太后，太后大恶之，噤不敢发。及己亥谋废立，英公使私探其情于李鸿章，鸿章力辨其诬，因留之饮酒。徐试之曰：'顷所言，仆实毫无所闻。设不幸而中国果有此事，亦内政耳，岂有邻好而肯干人内政乎？'英使曰：'邻国固无干与之权，然遇有交涉，我英认定光绪二字，他非所知。'鸿章以告荣禄，为太后所知，益恨之入骨。此庚子拳匪之祸所由来也。"对外国势力的干涉，慈禧太后极为气恼，因为这"忤逆"了

---

① 参见唐德刚：《晚清七十年》，305～314页，长沙，岳麓书社，1999。

她的权威。于是在端王载漪，大臣刚毅、荣禄等支持下，慈禧太后默许义和团进宫抓"二毛子"，① 进而杀掉所有的洋人。义和团诚然是一次民众的起义，处于水深火热之中的民众起而造反，无论如何都有其正当性。但糟糕的是，它被用心险恶地利用了，而且给国家和民众带来了更大的毁灭和灾难。

再说清政府的立宪。被八国联军赶出京城的皇帝、太后，过了一段苦日子。这一回，国家的灾难剧痛，不只是割地赔款了事了，而是让慈禧有了切身之痛。于是，当年杀"六君子"的刽子手现在也要改制，慈禧太后也要"君主立宪"了。1901 年 1 月，慈禧太后在回京之前，以光绪的口吻下达"预约变法"的"上谕"："我中国之弱，在于习气太深，文法太密，庸俗之吏多，豪杰之士少。文法者庸人藉为藏身之固，而胥吏倚为牟利之符。公事以文牍相往来，而毫无实际，人才以资格相限制，而日见消磨。误国家者在一'私'字；苦天下者在一'例'字。"诏书还检讨了学习西洋的过去，说："舍其本源而不学，学其皮毛而又不精，天下安得富强耶？"(《清德宗实录》，卷 476)但是，假如以此相信慈禧太后已真心真意想在中国建立西化社会，那就太天真了。从 1901 年到 1911 年，历史又给了清王朝十年时间。十年时间，振刷衰朽，凝聚民气，从"立宪"入手不是更有效？实际却没有，"预备立宪"实际到 1906 年才实施，也就是"日俄战争"以后，日本的战争被解释为"立宪制"战胜了"君主制"以后，"预备立宪"才被认真考虑，而且，是派载泽等五大臣出洋考察回来后，载泽给慈禧太后的密疏说，立宪无碍皇室权利，而且有利于皇室特权，慈禧太后这才下诏，准备实行日本式的立宪。因此，慈禧太后的"改制"，仍不出保大清、保手中权力的那个老套子。

1908 年慈禧太后死了，以后的改革由新皇帝宣统的父亲醇亲王载沣主持。与慈禧太后相比，摄政王除了小心眼不输慈禧之外，其他如政治见识及手段方面都差得多。他不仅排斥汉人，甚至连满族大臣也不相信。他的"立宪"搞的是皇族政权，如此虚与委蛇，"立宪"的骗局马上被戳穿。各省立宪派在 1910 年一年之内举行三次大规模请愿，签名请愿的人数一次比一多，情绪一次比一次高涨。这些人都不是想造反，他们是好心好意地"文死

---

① 指信洋教之人。

谏,武死战",清政府对他们理应有一个好态度以笼络人心,它太需要人心维系了。可是,对此,一开始清政府还可以好言拒绝,到最后就翻了脸,说他们是"聚众滋闹",若不收敛,"查拿严办,毋稍纵容"。请愿团被迫解散,他们终于清楚,自己是在自取其辱,于是连大立宪派梁启超都发出了"推翻此恶政府"的号召。虚假不诚的"预备立宪",表明王朝的出路只一条,那就是作孽到底,直到被推翻。

第二节 "中体西用"的洋务运动

晚清七十年,前二十年,两次鸦片战争把"天朝"的架子撂倒了。于是部分人也开始认清形势——他们是从朝廷到地方的一些大员,还有一些思想者——也开始提出要自强。这是两次鸦片战争的一个积极结果。王韬说:"天之聚数十西国于一中国,非欲弱中国,正欲强中国;非欲祸中国,正欲福中国。欲善为用者,可以转祸而为福,变弱而为强。"(《弢园文录外编》卷七《答强弱论》)这个"变弱而为强"的运动,就从"洋务运动"开始。这一运动,当时许多人称之为"自强"。

一、洋务运动及其机缘

洋务运动大约从 1860—1861 年开始,1864 年平定"太平天国"以后,逐渐进入高潮。这一运动实际上一直持续到清朝结束。1901 年以后清室实行"新政",做的一些实事的思路和赖以实行的基础,都不离洋务运动。

洋务运动的领导者有前期、后期之分,前期的领导者在中央是奕䜣、文祥等为数不多的大臣,在地方则是李鸿章等;后期的洋务领导者以张之洞为首。洋务运动应该说是晚清七十年中后五十年的一个主要事件,这个古老的国家、古老的人群,开始逐渐地接受西方文化,从最简单的兵器、大炮,到战舰,到兵工厂,逐渐到民用企业,开矿、修铁路、架电线等,是一个由浅入深的过程。虽然这五十年的成效在今天看来并不高,特别是军事强国梦彻底破产,但是它毕竟是在往前走而不是倒退或者画地为牢。从它的结果上看,洋务运动建造的一些工厂实际上有的今天还在。在它保大清的"富国强兵"特别是"强兵"的目的上看,是失败了的;可是,在中国近代化的历程中，它却是重要的一步。更重要的是，随着这种与西方的接触，思想上的发展实际上要比洋务运动本身富国强兵的实业更为迅猛，也更深广、有益。不得不变法的戊戌维新，就是由洋务运动引起的。

洋务运动得以展开的因缘有几个方面。

第一是"天朝"架子倒了，两次战争以后清朝已经开始害怕洋人了，这是一个原因。从国际上看，在 19 世纪 60 年代初期，以英国为代表的外国政府和商人对新订条约中规定的特权比较满意，中国对列强也采取了相对和缓与妥协的态度，中外关系进入一个相对平稳的时期，一直到中日甲午战争；国内，太平军和捻军被镇压，取得了短暂的所谓"中兴"。两方面给了清朝一个间隙性的和平时期，使清政府有三十年的时间，准备抵御列强，发展实力，积蓄军事力量，建立近代防务。

第二是在太平天国运动中难得地造就了一批地方人物，这就是"同治中兴"或称"同光新政"的一批贤臣：曾国藩、左宗棠、胡林翼、李鸿章等，还有冯桂芬、郭嵩焘等一批先觉悟者。洋务运动是一批地方军政大员实际领导的实业运动，没有这批贤臣，是不可想象的。这些人都是传统的儒生，接受的是儒家公忠体国、经世致用的教育，有"以天下为己任"的情怀，更关键的是，他们经受过战争历练。在战争中，他们认识到了西洋炮舰的厉害，所以能够沿着陶澍、林则徐、贺长龄及魏源等"经世致用"的精神向前一步，率先搞起洋务。而曾国藩、左宗棠等人还直接受到过陶澍、林则徐等人的奖掖。

有一则掌故说，湘军打太平军，胡林翼等站在长江边上，看到一艘洋船逆流而上，突突冒着黑烟，胡林翼大叫一声，口吐鲜血。洋人的外患，才是大难题。胡林翼的心思，也是这批主导了"同治中兴"的名臣的心思。首先办洋务实业的正是他们。如曾国藩 1861 年设立的安庆军械所，是最早的洋务实业；继而在曾国藩的支持下，李鸿章在 1865 年操办江南制造局；同年，李鸿章还建立了南京金陵机器局；次年，左宗棠在福州建立了福州船政局；再过一年，崇厚设立了天津机器局。这些实务，都是军工企业。此外各省办的一些机器局，也都属于同一性质的工业。

曾国藩是"同治中兴"的核心人物（最大功臣），也是"经世致用"的代表（集大成者）。曾国藩一生致力于提拔经世致用的人才，反复强调要安置"贤且智者"担任要职,同时他也深感急需西方的技术。1862 年 6 月,他在日记中写道:"欲求自强之道,总以修政事、求贤才为急务;以学作炸炮,学造轮舟等具为下手工夫。"不过,曾国藩、左宗棠等都只是开始者,洋务运动的中坚则是年辈稍晚的李鸿章。

李鸿章是最早认识到西方技术优越的自强运动领导者。在对太平军作战的时候,李鸿章的大本营设在上海,与外国人来往最多,对西方文化和技术的了解也比较多。他还把英国军官戈登统帅的常胜军置于自己指挥之下。他从上海不断地写信给曾国藩,赞扬外国军队的纪律和外国枪炮的巨大威力,尝言:"洋兵数千枪炮并发,所当辄靡,其落地开花炸弹真神技也!"李鸿章的淮军开始用西方武器来装备它的一部分部队,并且开始习西洋操练。1864 年,李鸿章致信恭亲王和文祥,说:"窃以为天下事穷则变,变则通。中国士夫沉浸于章句小楷之积习,武夫悍卒又多粗蠢而不加细心,以致用非所学,学非所用。无事则斥外国之利器为奇技淫巧,以为不必学;有事则惊外国之利器为变怪神奇,以为不能学。……夫今之日本即明之倭寇也,距西国远而距中国近。我有以自立,则将附丽于我,窥视西人之短长;我无以自强,则并效尤于彼,分西人之利薮。日本以海外区区小国,尚能及时改辙,知所取法。然则我中国深维穷极而通之故,夫亦可以皇然变计矣。……鸿章以为,中国欲自强则莫如学习外国利器。欲学习外国利器则莫如觅制器之器,师其法而不必尽用其人。欲觅制器之器与制器之人,则或专设一科取士,士终身悬以为富贵功名之鹄,则业可成,艺可精,而才亦可集。"①蒋廷黻《中国近代史大纲》称这封信是"中国 19 世纪最大的政治家最具历史价值的一篇文章"②,此信的价值,不在其对西方文化有多深的认识,而在它提倡"皇然变计","觅制器之器与制器之人",认定唯有学习西人器械,中国方能生存。正是由于有这样的认识,李鸿章成为同治、光绪年间自强运动的核心人物。同时值得注意的是,他那样早就清楚地看到日本的威胁,当然也看到了日本学西方值得中国效仿,这尤其显示出李鸿章的远见。要学西方,就得另造人才,于是李鸿章认定要从培养人才下手,

---

① 李鸿章:《同治三年四月二十八日总理各国事务衙门奏折附江苏巡抚李鸿章致总理各国事务衙门函》,见《筹办夷务始末·同治朝》,卷二十五,《近代中国史料丛刊》,第 611 辑。

② 蒋廷黻:《中国近代史大纲》,37 页,北京,东方出版社,1996。

所以他要改革清代的科举制度，甚至要改革士大夫的人生观，要士大夫放弃"章句小楷之积习"，而把"制器"当作进身的资具。

说到李鸿章，便不能不说洋务后期的领袖人物张之洞，不能不说两个人的区别。李鸿章按唐德刚先生的说法，是天生带有本乡本土的"赌徒性格"。按照与之有近距离接触的容闳在《西学东渐记》里的说法是"好变"、"无宗旨"、"有城府"和"不忠诚"，云云。但是，不可怀疑的是，李鸿章是有才华的人，"无宗旨"在政治上也未必一定是坏事。如他在办洋务上行"官督商办"，就颇能在"官督"的前提下，选一个有专才的"经理"去"商办"。但张之洞则不然，张之洞按照梁启超在《李鸿章传》中的说法是"好名"，才具亦不如李鸿章。他的办洋务用的是"官商合办"，但只是要商人出钱，他自己去办。修汉阳钢铁厂，按理说应就铁矿、煤矿近便处建厂，但张之洞不这样想，他要的是坐在官衙里就能看见钢铁厂的大烟囱。汉阳的钢铁厂要用大冶的铁矿石，大冶的铁矿石储量丰富，但有一个缺点，含磷量大。张之洞派人向英国买炉具，人家要他先拿些矿石来检验酸碱性，张之洞说，我中华矿藏丰富，什么样的矿石没有？让人家自行设计。结果买来的炉具不适宜大冶矿石，去不掉矿石中的磷，炼出的钢铁脆得很，于是产出的东西既贵又脆，没人爱买，就只有亏本以至难以为继，最后还得找懂经营者来办。

洋务运动得以开展的第三个机缘，是边患的加重和外交上的危机。这个外在机缘即推动力，要远远大于来自内部的动力。若只靠内部动力，也许根本就不会有什么洋务运动。同治五年(1866年)同文馆增设天文算学方面的内容，引起的反对声浪简直可以用"轩然大波"来形容。大学士倭仁等拿出"立国之道，尚礼义不尚权谋；根本之图，在人心不在技艺"的高论振振有词，把恭亲王气得用"道义空谈"来回敬他们。[①] 不管保守势力怎么说，再雄辩，也没有挡住洋务的开展，原因只有一个，那就是外患。洋务运动取胜的法宝不在文化理论上，在理论上和逻辑上洋务派并不强势。洋务派与保守派的根本目标都是要保大清，区别只在于保大清的途径而已。

---

① 参见《筹办夷务始末·同治朝》，卷四十七，北京，中华书局，2008。丁伟志、陈崧：《中西体用之间：晚清中西文化观述论》，78～90页，北京，中国社会科学出版社，1995。

洋务派办事，根据的是实用理性。这决定着洋务运动制西器、采西学的特征：实用主义。后来梁启超在其《变法通议》中说："德相毕士麻克(俾士麦，今译俾斯麦——引者)语人曰：'三十年后，日本其兴，中国其弱乎？日人之游欧洲者，讨论学业，讲求官制，归而行之。中国人之游欧洲者，询某厂船舰之利，某厂价值之廉，购而用之。强弱之原，其在此乎？'"这真是一个不幸言中的预言。而实用主义，正是洋务运动的最大局限。

二、洋务运动的展开

洋务运动是一场文化的揭示运动。

它以军事工业为第一步。如前面提到的曾国藩等筹建的四个新式军事企业。此外，各省先后办过20个机器局，也都是兵工厂。这些企业由国库支付开销，内无利润积累，外无市场联系，是历史上官府工业的延续。在强兵的目标上，洋务运动最大的结果，是它造就了一个"强大的"经看不经用的海军。1888年李鸿章订出一套北洋海军章程，重新组织了他的舰队，这是北洋海军的成立。但是在甲午战争以前的七年，中国海军没有添订过一艘新船，因为海军经费被慈禧太后挪用去建造颐和园了。经费不足成为李鸿章的海军所面临的重大困难，直接为甲午战争的失败埋下了伏笔。而日本正是利用这十年时间积蓄了力量，一举击败中国。

兵工厂进一步发展必然会带来民用企业的发展，因为，"一方面出使外国的人们通过实地观察，目睹了西人工商业的蒸蒸日上，初知由富致强，坚船利炮本非孤立之物。另一方面，西人入内地。折冲周旋之际，商务之事目远多于军事事目，刺激既多，遂生保卫'利权'之想，于是而有'商战'一说。比之林则徐'师夷长技以制夷'的命题，洋务派的认识无疑已更深入了一层"[①]。因此，对古老的中国社会而言，洋务运动是一个"揭示"过程。何以这样说呢？要建兵工厂，造弹药还得买机器，所以当时就有人(容闳)提出要买"通用机器"，造机器需要原料，就得开煤矿，原料需要运输，就需要铁路，还需要交通和联络，就需要置办电线，等等。大工业生产必须是成体系的，于是在造兵器这样的一个简单的目标下，会将一个系统复杂

---

① 陈旭麓：《近代中国社会的新陈代谢》，121页，上海，上海社会科学院出版社，2006。

的工业体系所需要的一切生产"揭示"出来。所以，洋务运动只要"动"，就必然会有一个社会结构上的变化，必定要有思想上的解放，因而，它实际也是一个文化运动，是一个思想上的解放运动。办洋务虽说在很大程度上像过去的官营手工业，但这毕竟是大机器生产，不计成本，就难以为继。于是企业的概念出现了，国家可以办企业，私人何以不能办？一层层的揭示，一层层的启发，这在思想文化上的激荡要比学者们写几本书大得多。

洋务运动的第二个十年，就出现了民用企业。计其大端，如1872年设立的上海轮船招商局，1877年设于滦州的开平矿务局，1887年设立的漠河金矿，1880年修筑的唐山至胥各庄铁路（后扩展为天津到山海关铁路），1882年设立的上海机器织布局，1889年设立的湖北织布官局等。此外，还有火柴业、电报局等。到甲午战争之前，民用企业总数已达40个以上。这些企业，大多怀有一个在利益上与西洋争长较短的爱国动机，但只有少数能办出成绩，因为他们大多是官督商办或官商合办的，官领其总，商出资本，在一定程度上体现了近代化的进展；但是，因"官督"而涌来成串的总办、会办、帮办及腐朽的官场习气。在旧体制之下，洋务工业存在很多严重的问题。

洋务运动也是一个教育上的改革。文化教育上的新设施，是洋务运动仅次于工业的重要内容。1862年总理衙门主办了京师同文馆，京师同文馆是仿照18世纪中叶创办的俄（罗斯）文馆建立的，1862年的"章程"是仿照俄文馆的章程制定的，初意仅仅在于培训中西外交上所需要的翻译人员，起先只设英文、法文、俄文三个班，后陆续增设天文、算学及德文、日文等班。中国近代意义的教育事业正是从这里开始的。随后两年，上海、广州先后成立了性质类似的广方言馆。与之相联系的重要事业是译书。京师同文馆30年中翻译西书近200部，尤以外交和史地政法一类为多，其中有中国人看到的第一本国际公法。1868年江南制造局附设翻译馆，40年里翻译的书籍达199部，而以自然科学、实用科学为多。洋务运动的另一创举是派遣留学生出国学习。在容闳的主持下，从1872年到1875年，先后有120名幼童被派赴美留学。同一时期，福州船政学堂也曾派遣30余名留学生分赴英、法学习海军事务。在这两批留学生中，出过近代一些著名人物。前一批里有修筑京张铁路的詹天佑，后一批里有翻译《天演论》的严复。

随着洋务企业的建立，也出现了一批专攻军事和工艺的专门学堂。其中，江南制造局附设机械学校(1865 年)、福州船政局附设船政学堂(1866 年)、天津电报学堂(1879 年)、天津水师学堂(1880 年)、上海电报学堂(1882 年)、天津武备学堂(1886 年)、广东水师学堂(1887 年)、天津军工学堂(1893 年)尤为知名。传统观念是"重理义、轻艺事"，而随着洋务事业的展开，在西洋器物的刺激下，艺事渐为人所重。这些都有力地推动了近代思想、价值观念的变化。

三、"中体西用"的理论格局及其破产

洋务运动的指导思想是"西学为体，中学为用"，简称"中体西用"。中国文化固有一切被称为"中体"，被吸收的西方文化就被称为"西用"。不论是朝廷还是那些主持洋务的大臣，如恭亲王、李鸿章，他们的"中体"就是保持大清国的体制和皇帝的威严，"西用"在他们就是采用西方的坚船利炮，再多也只是开矿山、修铁道而已。

前面我们说过，洋务运动，从认识论上说，是文化的"揭示"过程，同时它也是一个由窄变宽、由浅入深的过程：洋务筹办者的认识是随着事业的展开步步深入的。最早的洋务，只要大炮，连船都不要。修铁路的建议，连曾国藩、沈葆桢都反对，说那个东西没用。可是，创办洋式的军事工业，马上就出现了原料问题和动力问题，军事工业的创办"揭示"出的是采煤、采铁等"民用"性质的工业，于是他们上疏朝廷，要发展这些配套的工业。军事工业是"求强"，发展民用企业是"求富"。更重要的是，洋务运动的深入发展，还促进了思想界的深层次变革。洋务运动促进的深入思想，为后来的康梁变法做了相当充分的铺垫。

说起思想家的一条线索，当从冯桂芬《校邠庐抗议》算起。冯桂芬(1809—1874)，江苏吴县人(洋务运动时期的思想家多出自江浙一带)，早年受学于林则徐等，感于时代的剧变，著《校邠庐抗议》上、下篇。冯桂芬认为中国为了实现自强，应毫不犹豫地向他人学习："法苟不善，虽古先，吾斥之；法苟善，虽蛮貊，吾师之。"这首先承认了中国在"法"上有"不善"，并强调应师"蛮貊"，这在当时是大胆的石破天惊之论。他有一个很著名的"四不如"之说："人无弃材不如夷，地无遗利不如夷，君民不隔不如夷，名

实必符不如夷。"(《校邠庐抗议》下篇《制洋器议》)冯桂芬的心胸很开阔，看到了在人力资源和物质资源的利用方面，在沟通君民思想的条件方面，在名与实(施政的理论与实践)之间的统一方面，西方都超过了中国。不过，他又坚信，中国本身经世致用的智慧足以对这些事务进行革新。冯桂芬提出了许多关于改革的建议，最重要的应推《采西学议》和《制洋器议》两篇文字的主张。"制洋器"之说是从魏源的"师夷长技以制夷"发展过来的，其所指的范围主要在军事方面，不外洋枪、洋炮等。洋枪、洋炮，他主张自造，而不是买，因为买就会受制于人。由此，他还提到了教育和选举改革，"道在重其事，尊其选，特设一科，以待能者"(《校邠庐抗议》下篇《制洋器议》)。所谓"采西学"的"西学"，还主要指科技层次；虽也涉及政治学方面，但于此不愿多言。

冯桂芬的"制洋器"和"采西学"说，决定了他是一个"中体西用"论者，也可以说他是"中学为体，西学为用"的最早的表达者："如以中国之伦常名教为原本，辅以诸国富强之术，不更善之善者哉!"(《校邠庐抗议》下篇《采西学议》)《校邠庐抗议》中还有一段话，可以帮助我们了解当时的"洋务心态"："夫九州之大，亿万众之心思材力，殚精竭虑于一器，而谓竟无能之者，吾谁欺!惟是输俵之巧，至难也，非上知不能为也。圬镘者，至贱也，虽中材不屑为也。愿为者不能为，能为者不屑为。必不合之势矣，此所以让于夷以独能也。"(《校邠庐抗议》下篇《制洋器议》)这是多么的不服气!同时，也把"洋器"的事情简单化对待了。以为洋器没什么了不起，中国人原来只是没有高人想办，想办，则以九州之大、亿万之众，一定能办。如此的"洋务心态"，在当初很长一段时间里，不就是办洋务的普遍情绪吗?

进入 19 世纪七八十年代，洋务思想家们也开始了新的思考，他们开始与办洋务的大臣产生歧义：在"富国强兵"的洋务目标之外，提出"富民重商"主张，并使此论汇聚成一个显著的思想潮流。这个观点归结地说是近代受西方影响产生的"富民论"。本书前面说过，"富民论"在我国的文化传统中不是一个主流的经国理念，儒家有消极的富民论，《管子》中有局部的富民论，彻底的富民论只见于司马迁的《货殖列传》。但是到了近代，"富民"思潮的在洋务运动中激烈地涌动，郭嵩焘、王韬、薛福成、马建忠、冯桂芬等都是这一思潮中的健将。

　　郭嵩焘(1818—1891)算得上近代史上一个先知先觉者，是中国第一个
驻外(英国)公使(1877—1879)。早年曾在曾国藩手下打过太平军，是清朝
"中兴"功臣。第二次鸦片战争中，他在广州有过当巡抚的经验，主张与洋
人谈判解决争端，反对开战。出使英国后，他写了《出使纪程》一书，招来
大祸。在郭生前此书即遭"有诏毁版"，书的作者也因此被人加以"二毛子"
的恶名；在他死后，慈禧太后把持的朝廷不给他谥号，义和团时期还有人
要挖他的坟以惩罚其"二毛子"言论。1874 年海防之议起，郭嵩焘以福建按
察使身份上书《条议海防事宜》[1]，提出"富国必先富民"，说没有哪一个国家
老百姓穷得要命而国家能够强大起来的。对"富民"观点的阐发，郭嵩焘实
际达到了相当深刻的程度。他认为，要"富民"，则必须承认私营商业和私
营工业，反对把轮船制造等行业"官督商办"。同时，他还强调商人应当有
权参与国家大政。这是近代史上较早向传统重农抑商的传统治国理念开战
的言论，也是对古代"富民论"的继承和发扬。继承郭嵩焘"富民"思想的有
不少人，如刘铭传在光绪十五年(1889 年)关于修铁路的争议中提出："言者
又谓外洋以商务为国本，自强在经商；中国以民生为国本，自强在爱民。
不知商即民也，商务即民业，经商即爱民之实政也。"[2]说得很透彻。

　　此后又有王韬(1828—1897)言"兴利"，在《洋务》篇中，王韬说：
"呜呼！处今之世，两言足以蔽之：一曰利，一曰强。"(《弢园文录外编》
卷二)"利"指经济言，"强"指国力言。王韬又作《兴利》篇，先将矛头指
向古老的"重农"观念，说那些嘴上说重农的人从来没有在发展农业生产
方面做过什么，只知道征收赋税，"为农之虎狼而已"。继而又提出自己
的"兴利"主张：挖煤、开矿炼五金、促纺织、造轮船、修铁路。那么这
些"兴利"举措由谁来办？王韬的回答是"官办不如商办"(《弢园文录外
编》卷十《代上广州冯太守书》)。因为官办企业，费用浩大，衙门作风，
"势不能尽其所长"。他还提出政府应该设立商部，效法西方国家保护商
人的措施。

---

　　[1]　中国史学会编：《中国近代史资料丛刊·洋务运动(一)》，136～144 页，上海，上海人民
出版社，1961。

　　[2]　中国史学会编：《中国近代史资料丛刊·洋务运动(六)》，248 页，上海，上海人民出版
社，1961。

大约同时稍后的马建忠（1845—1900），曾到法国留学并兼任使馆翻译，著有《富民说》、《铁道论》和《借债以开铁路说》等文章，主张振兴商业，保护茶叶、丝绸贸易。主张在育蚕、产茶等方面转求西法。在税收政策上，他提出应当废止最为中国商人痛恨的厘金税，^① 向外国学习，"外洋恤商之策，首在于重征进口货而轻出口货，中国之税反是"（《富民说》），另外还重点提出了仿制进口商品以敌外商和开矿山生财等富国富民之策。

薛福成（1838—1894），早年受知于曾国藩，曾作《西洋诸国导民生财说》、《用机器殖财养民说》、《论公司不举之病》、《振百工说》等文章，有《庸庵内外编》一书。他也积极主张创办开矿山、修铁路等近代工业，还强调政府应"导民生财"，主张用机器生产，认为如不用机器生产，不论产量还是质量，都不能与西方商品相抗。他还提出兴办股份公司，称之为西方的"立国命脉"。同时他认为西方的经验是"富国强兵，全藉于商"。他还讲，人性是自私的，应该满足他们的这种自私，然后国家就不缺税源了（《庸庵内外编·商政》）。这个哲学观念应是从司马迁那里来的。

与薛福成观点相近的还有一位陈炽，后者说："夫财利之有无，实系斯人之生命，虽有神圣，不能徒手而救饿夫。"（《陈炽集·续富国策·分建学堂说》）言外之意，言利是正当的。

这种"富民重商"的议论，在郑观应（1842—1922）的《盛世危言》中有"集大成"的表达，那就是"商战"策略的提出。在《盛世危言·商战》上篇中，郑观应首先对洋务运动的军事自强表示了非议，他说办军事自强，只召西人窃笑，西方要的是我们的利益，我们那样做，只是自耗精华。他的结论是："习兵战不如习商战。"要商战就必须先搞清楚，西人得利靠什么？靠的是鸦片、洋布，这是人所悉知的。郑观应说，其实不止此一二项商品，还有许多商品大量倾销中国，此外还有洋钱在中国通行。于是当务之急是政府设立商务局，振兴商业，而振兴商业应当先从振兴丝、茶业开始。要振兴商业，钱从哪里来？马建忠曾建议借款，郑观应的办法是则是将军费开支"移彼就此"。他这样说，除上述理由外，还有他对当时的国际局势的判断，

---

① 厘金是向商人征收的税金，本起自太平天国战争的临时花费，但久之变为常税，成为当时中国商业的沉重负担。

《盛世危言》在这方面有许多相关论述。同时,他还注意到中国商人的素质问题,在《商务》第三篇中谈到愚者多、智者少、贪下利者多,因此,合股做生意,总是亏股本,办公司则公司倒闭。他建议商务局应设新式商学,提高旧商人的素质。同时,郑观应还认为,根本方法是提高商人的社会地位,应该把商人看作绅士的一部分,使之有机会接近官吏。总之,中国的商品能够卓有成效地与西方的商品进行竞争,洋商就不得不赔本,自然会回国去。与花钱搞军事自强的计划相比,"商战"是一条同西方竞争的比较容易而有效的途径。

上述这些洋务时期思想家们掀起的"重商富民"的思潮,与洋务大臣们的想法已经出现了显著而重要的分歧。朝廷大臣搞洋务时,虽也承认要军事强大必须同时发展民用工业,但仍然是要"官督"的;思想家们却认为这些工业必须由商人、企业家独立来兴办,因此他们的思想与官方的"强国"论相异,是完整或比较完整的"富民"论,其本质是要求社会经济方面的解放。这实际严重威胁到洋务运动的指导思想,即所谓"中学为体,西学为用"。因为要实现他们的要求,必须要在"中体"的"体"的方面进行改造。前面说过,自汉朝起,国家奉行的经国理念即"重农主义"就是王朝政治的重大理论支柱之一,到清代大体不变。现在,思想家在西方影响下,公然要求国家改变固有观念,而且要求设立相应的商部来保护民营的工商业,实际涉及的是政治体制的改革;要振兴商业,势必在选拔任用官员及造就人才方面有系统性的改造;这都会深度地涉及"中体西用"的"体"的部分。"中体西用"的理论模型实际已经出现了"破局"的裂痕。这也是洋务运动的一个瓶颈,它最终的失败也正因为突不破它。

实际上,理论家们早就感觉到了这一点,而且试图突破它。这势必要涉及改革现行的政治体制问题。郑观应在《盛世危言》的《初刊自序》里说过这样一段话:"善夫!张靖达公云:'西人立国具有本末,虽礼乐教化远逊中华,然其驯致富强亦具有体用。育才于学堂,论政于议院,君民一体,上下同心,务实而戒虚,谋定而后动,此其体也。轮船火炮,洋枪水雷,铁路电线,此其用也。中国遗其体而求其用,无论竭蹶步趋,常不相及。就令铁舰成行,铁路四达,果足恃欤?'诚中的之论也。"引文中所说的张靖达即张树声,曾是淮军将领,后为巡抚、总督,中法战争中被革职留任,不久去世，临终有《遗折》一份。郑观应转述的这段话，就出自他的《遗折》。郑观应引用它，当然表明了他对洋务运动的指导思想的批判，同时也是用以概括自己著作的大旨。实际上，张树声的看法，也不是他的一家独见，大约在1880年，就有一位钟天纬，对"中体西用"进行了批评。他说：一二十年来，向外派遣使节也派了，洋学也学了，练兵、制器、开矿等，该做的都做了，可是"终无救于存亡之大计"。为什么？因为"不从大本大原处着手，而仅就外面张皇，不揣本齐末"。西方富强的大本大原在它的"通民情，参民政"，"开公议堂"，"创新闻纸"等。① 这实在戳到"中体西用"的痛处。大约同时或稍早，王韬则在他后来被编入《弢园文录外编》的《重民》的文章中，比较"泰西之国"的三种政体（君主之国、民主之国和君民共主之国），并设想中国若改制应实行君民共主之制，即君主立宪制，也就是英国的议会制，因此王韬被视为提倡君主立宪制第一人。

　　不是洋务时期所有的思想者都同意改政体，如马建忠在法国时写给李鸿章的信中，就谈到西方政治体制有问题，大意说英国与议会政治的权力实际操在一二大臣之手，法国的政治则是朋比为奸，而美国的总统制是一朝天子一朝臣，都有缺陷（《适可斋纪言纪行·上李相伯言出洋工课书》）。尽管如此，要求政体改革与要求"富民重商"一样，还是成为当时一股颇有势头的思潮。因为要求社会经济的新变，与要求政体的革故，离得太近了，有必然的联系，简直就是一个事情的两面。需要指出的是，在对政体改革的呼唤中，这些思想家涉及的内容是相当广泛的，如教育人才的问题就是其中重要的一项。一般而言，他们都对科举时文进行了批判。这一切实际正是"戊戌变法"时所提"新政"的基本规模，或者可以说，康有为、梁启超的作为，只是将此前思想家们的思考在适当的时候，大胆地以自己的方式向皇帝提出来，并意欲付诸实施。

　　上述这一切，是对"中体西用"的更巨大的冲击。朝廷和洋务大臣怎么也不会想到办洋务办来办去，办出个"设议院"来取代皇帝、太后的"乾纲独断"来。这还了得！张之洞就站出来，重张那个"中学为体，西学为用"的老调，提醒大家，富国强兵可以，搞西学（声光电器之类）可以，动纲常名教

————

① 参见丁伟志、陈崧：《中西体用之间》，165～166页，北京，中国社会科学出版社，1995。

则不可,动大清国的现行体制更万万不可。在政治层面上,也就是说在中学为"体"的一个重要方面,思想家们与朝廷、与一些洋务大臣的关系已成破局。

但是,这还不能说是"中体西用"理论格局的最终破产。要知道,"中体西用"的那个"体",可以包含的意思有三层:第一是层政治意义的"体",现在,思想家已经想到要改它了。然而,这个"体"的另一层意义,洋务时期的思想家们是不要动的,起码是未想到要动的,这就是超越于政体之上的为政体保驾的纲常、精神传统及人文理想等所谓"意底牢结"的内容。这些也是"体",是更高层次的"体"。洋务时期的思想家对这层次的体基本没有改的要求,他们想到要改的是政体,如立宪体制,他们倾心于英国方式,实际是想着为他们的皇帝留个位置。从这点上说,他们还是"中体西用"主义者。等到"戊戌变法"失败后,人们更发现中国民众只有"奴隶的道德"了(如梁启超),于是,最终人们要"打倒孔家店"了(如"五四运动")。这个时候,试图保存中国纲常名教和皇权政体的"中体西用"之说,就彻底破产了。"中体"之体的最后一层意义是中国人所以为中国人的东西,是一个民族在特定生存经历中经千百年而形成的性格、气质,这也是"体",它决定着该人群的最后的文化品格。而一个民族,不论是自强,还是向他人学习,彻底改变自己品格的事情还没有发生过。因此,最后一层的"体"不在应革除之列。

第三节　维新、革命及新文化的缔造

陈旭麓先生曾经在《历史研究》上发表文章说,晚清的思想史,表现为急剧的新陈代谢和螺旋式的推进,螺旋特别多。[①] 唐德刚在其《晚清七十年》中也说晚清七十年是十年一变。那么,从洋务到维新、从维新到革命,在这反复、震荡中所做事情的价值是什么呢?答曰:揭盖子,一层一层地揭盖子。洋务运动揭了实用主义的自强行不通的历史盖子,"戊戌变法"揭了改良道路行不通的盖子,洋务、新政既改不好中国,那就革命,革命又揭

---

① 参见陈旭麓:《关于中国近代史线索的思考》,载《历史研究》,1988(3)。

开了军阀混战问题的盖子。这就是从维新到革命再到现代的曲折过程，这就是近代史的"命运"。

一、维新与革命

　　旋生旋灭的"戊戌变法"是甲午战争惨败刺激下的骤变。搞了几十年的洋务运动，建了一支强大海军，最后竟被日本这样一个"蕞尔小邦"打败。于是，过去王韬、郑观应那种对西方政治体制的认识和宣扬，马上就变成一种现实的要求，变成向皇帝的上书，变成维新的新行动。维新、改政体，以康有为、梁启超为代表的志士，仍然相信王朝要做，是能够做到的。同时，他们相信，一场维新马上可以使中国的基本问题获得解决。康有为在给皇帝的上书里就说，日本君主立宪三十年富强，中国只要十年即可（《进呈日本明治变政考序》）。变法所取的榜样，也不是英国了，而是俄国和日本，特别是日本。为了打动皇帝，康有为选了五个国家的历史经验，写成《法国革命记》、《俄罗斯大彼得变政考》、《日本明治变政考》、《波兰分灭记》和《土厥削弱记》，波兰、突厥是反面的例子，不变政，不是灭亡，就是削弱；其余三国则属于正面例子，其中法国革命太激烈，流血太多，不足法；可取的是俄、日。日本与我们同文同种，最好学；改革的措施，也不外是洋务时思想家们提出的方法。

　　维新的失败是必然的。变法的价值不在于它推行了什么，其不可替代的价值在于它的失败让人看清了朝廷的真面目，这激起了民众巨大的敌对情绪，于是革命成为主流。变法的史实不须多讲，倒是康有为这个人身上表现出来的东西颇可玩味。

　　康有为是一个圣人情结极重的人，在广州办万木草堂，自号"康长素"，取"超过素王"之意，他的五位弟子也分别被他冠以超轶"孔门十哲"的名号，如陈子秋号"超回"（颜回）、梁启超号"轶赐"（子贡）等。① 这个小群落的自大可见一斑了。康有为的学问尽管吸取了不少外来思想，但是西汉今文经学仍然是其思想的根基。要注意，他作《新学伪经考》和《孔子改制考》，都不仅仅是出于为维新做理论张本的考虑，而是要向世人宣示圣人的真学。支

---

　　① 参见冯自由：《革命逸史》，北京，新星出版社，2009。

持康有为一生的有两种关怀：一种是救国的政治关怀，一是给人类文化指明"大同"理想之境的方向。① 另一种关怀下的圣人设想，等到变法失败后才被和盘托出。但是，这并不妨碍我们了解康有为以一个极端理想主义者的面目起而变法的事实。他以西汉经学的"公羊学"中的"三世"说作为变法的依据。他要做的事情，是要达到"升平世"，那就是改良实行君主立宪。在这场近代的政治改革中，我们仿佛看到古代的王安石、王莽那一套，恰好三者还都被视为"新学"。但康有为的变法，最短命，也最无效。

康梁变法失败以后，马上就是革命思潮的兴起。可是发起的革命没有一次是先从内地开始的，甚至没有传统的军人参与，参与者是流亡海外的人，是华侨，是会道门、秘密结社。这就要说到孙中山。十三岁以前的孙中山听的是洪秀全的故事，他自己说过这一点，后来还让别人去写洪秀全的历史。十三岁前的熏习，与他后来成为革命家关系密切。十三岁到二十多岁，孙中山接受的是西方文化教育。十三岁以前的熏陶告诉他农民造反的知识，十三岁后的西方教育告诉他要革命。两下结合，成就了孙中山的革命意识。孙中山在檀香山成立要革命的兴中会，时间上是在"戊戌喋血"之前的。不过，西洋革命有资产阶级，有市民支持，孙中山只能投靠秘密帮派。他先联合会道门，后来联合南边的军阀打北边的军阀，都收效甚微。一直到黄埔军校成立前，孙中山才明白要建立自己的军队。而且，一开始，孙中山并不是革命的中心，他虽然组织了好几次暴动，但人们一直以为他是个江洋大盗。

主张"排满革命"的渊薮在日本。这一局面的形成又与清朝的教育改革有关。甲午之前，中国人并没有太把日本放在眼里，大力提倡向日本学习是在维新时期。例如，张之洞在他的《劝学篇·游学二》里就明说，应多向日本派留学生，理由是两国离得近，省路费，能多派，风俗语言相近，好学。1901年后，清朝改革教育，给予留学归来者正式前程，东渡的留学生人数激增，1901—1905年在日本留学的就有8000人左右。这些学生开眼看了世界，更对大清的政治不满，但一开始并不都主张革命。康、梁的立宪，是要仿效日本的；变法失败后，康、梁更是东渡日本，在那里办报纸，宣

① 参见张灏：《危机中的中国知识分子：寻求秩序与意义》，62页，北京，新星出版社，2006。

传改良，在留学生群体中影响很大。同时，朝廷也宣示它要改革，也颇能收拢一下人心。因而，留日学生中，主张改良的与主张革命的旗鼓相当。但是，随着清室新政把戏的露馅，随着革命与改良大论战的深入，思想归于革命者大增。

日本成了中国青年革命党的海外据点，而日本对中国维新的支持及对革命党人的容忍，说起来意态复杂。其中不乏一些热诚之士，但不少的政客、军人则别有用心。日本在近代的崛起，在文化策略上是"脱亚入欧"，但那只是方法。不少日本人相信，白种人和黄种人早晚要有一场生死战，日本应当负起领导亚洲的责任，为此，就要经营大陆，就要及早下手为这样的战略做准备，"感化中国人"。康梁变法取法日本，日本对此当然欢迎，以为新政若行日本军政体制，那将是日本化，对将来日本的扩张大有好处。当时还有所谓"大隈主义"的提出，日本外相大隈重信认为，日本在过去长期接受中国文化和精神，现在要偿还，办法就是牵制西方，使中国能在新的领导下改组。① 其骨子里的东西，还是为日本的"大陆政策"张本。甲午战争后，日本军官还跑到中国来，对张之洞说，甲午战争是一场误会，中日同文同教，应加强联络。② 张之洞说要多向日本派留学生，就与日本军部的笼络有关。可惜的是，中国方面在好长时间里并未看透日本军国主义者的祸心。

当时，除了孙中山的兴中会以外，黄兴等人领导的华兴会，蔡元培、章太炎、陶成章、徐锡麟和秋瑾等领导的光复会，湖北新军中的文学补习社等，也都纷纷成立。他们与日本的留学生本就通声气，国内暴动一失利，领导者就逃往日本。本来这些留学生大都是各省派的，也有省籍观念。他们的革命组织，也是以省为单位的。不论是华兴会还是光复会，也都是有地域色彩的，如华兴会以湖南人为主，光复会以江、浙、皖三省人为多。与孙中山一样，这些组织也都与本地的地下社会有关系，如光复会与青帮，华兴会与哥老会，都有瓜葛。

---

① 参见[美]费正清、刘广京编：《剑桥中国晚清史》下，402页，北京，中国社会科学出版社，1993。

② 参见桑兵：《清末新知识界的社团与活动》，144页，北京，生活·读书·新知三联书店，1995。

自 1895 年广州起义，孙中山百折不挠地干了十年。终于，义和团运动失败后，革命形势起了变化。于是，1905 年各革命团体组织形成大联盟，孙中山此时已成为名满世界的革命家。中国同盟会建立，孙中山被选为总理，还设了同盟会章程。可是，同盟会仍然是一个"大拼盘"，小集团的习气很重。孙中山虽是总理，却并没有什么权威。当时革命需要一个联合起来的组织，可它实际是貌合神离、四分五裂的。这期间虽有黄兴维持大局，但终是于事无补。像章太炎，1902 年在日本与孙中山定交，同盟会成立两年就与孙反目成仇了。辛亥革命后，为反对孙中山，章太炎就拥护袁世凯，后来发现袁世凯要当皇帝，才看清他是什么人。袁世凯当国后，孙中山的兴中会在南方继续革命，华兴会的人则多北上，在袁世凯操控的政府里搞议会政治。至此，"大拼盘"连盘子都碎掉了。人们历来因为辛亥革命打倒了清王朝，结束了封建政治，就说辛亥革命是"资产阶级革命"。如果真有一个资产阶级在那里强有力地撑着就好了，但实际上没有这样的力量支持，有的只是一群爱国的热血青年，还有几个旧式老书生，此外就是地下社会势力。这股推倒清朝的历史合力，其实真有点杂七杂八。看他们的表现，就知道清室被推翻以后的情况了。他们如何能够真正担负起建造"共和"的历史大任？

同盟会成立时，还有一个"十六字宣言"："驱逐鞑虏，恢复中华，创建民国，平均地权。"之前兴中会誓词是："驱逐鞑虏，恢复中华，创立合众政府。"华兴会的誓词是："驱逐鞑虏，复兴中华。"光复会的誓词是："光复汉族，还我河山。"很明显，同盟会吸收了兴中会、华兴会和光复会的誓词的内容又有所增加，即增加"平均地权"的内涵。这个十六字令，到《民报》发刊词中被孙中山表述为"三民主义"：民族、民权、民生。但是，在辛亥革命中起作用最大的是十六字中开头那句"驱逐鞑虏"，因为它把所有反对清朝的势力，不论是"反清复明"的会党，还是想建立共和国的势力，都拢到一起，统一了反清势力各战线。"创建民国"和"平均地权"两项，事实证明就做得很差。

辛亥革命终于爆发了，其近因是四川保路风潮的风起云涌；顺着这保路风潮可以看到点"资产阶级"力量的影子。保路，就是保护铁路私营。中国的铁路一开始是国有的，但因为大量借外债，实际是由外国公司控制的。

从 1904 年起，中国的商人领袖和绅士领袖就领导了收回路权的运动，并取得了成功。如商办的沪杭甬铁路公司成立，汤寿潜为总办。1909 年，汤寿潜突然被朝廷免职，引发了股东的抗议。要注意的是，他们的斗争依据了政府颁布的法律，坚持按当时朝廷颁布的一些公司商律条款的规定，就是皇帝也无权任免公司负责人。这在历史上，真有点破天荒的意味！1904 年清朝才宣布结束奉行两千多年的抑商政策，并相应颁布一些商业法律文件。不数年，商人社会势力就开始了他们的斗争。论历史的进步，只有在这里才看到一点意思。在四川的保路风潮中同样可见这样的情势。

而革命真正成为事实，却起自一次手榴弹走火。说起来，整个革命就像是一次清朝新政的走火。有意味的是，孙中山搞了多次起义，甚至此前不久还有一次黄花岗起义，都没有摧毁那个摇摇欲坠的朝廷；一次走火，却成就了大事，这绝不是巧合。孙中山屡败屡战地举事，是因其有一个基本的判断，只要起义占领一个城市并坚持一段时间，就会引发全国性响应。但这样的效果，孙中山多次起义都没有达成，却在 1911 年的一次走火中不期然地实现了，原因何在？原因就在前一年即 1910 年各省议员连续三次大规模上京请愿被朝廷无情赶回。各省响应武昌城起义，正是这些立宪党们被朝廷寒了心。清朝当局哪怕有一丝丝的立宪真意，这次走火也仍会只是一次走火而已。说起来，对清朝的覆灭，革命党之前的立宪也有一半的功劳。明白了这一点，也就明白了革命发生后，立宪派如张謇、汤寿潜等为什么会有那么大的活动能量；南京临时政府成立后，为什么立宪派甚至掌握了新政府财政和民政大权。

"驱逐鞑虏"的目标达到了，可是要建立民国，需要实力，革命党只有与立宪派妥协。单是两方面妥协不成，还得请出一个袁世凯来。晚清搞了两支新军，一支革命，还有一支力量更大，却攥在袁世凯手里。袁世凯其人固然是"治世之能臣，乱世之奸雄"一类的人物，但那时，任谁有那样一支军队在手，都极易成为袁世凯。而且，袁世凯在晚清十年的"新政"中还是主持者，他也是个立宪派。革命党既松散且软弱，就可以成为袁世凯"真龙"出世的理由了。后来人们常以孙中山让位于袁世凯为一大失误，可是，正如陈旭麓《近代中国社会的新陈代谢》中所说的，"袁世凯是选举出来的，于法有据，因此不能简单地归之为孙中山的拱手相送，也不能完全归之为袁世凯的鼠窃狗偷，在'全体一致推举'和'亿众腾欢'的背后，是那个时候历史的选择"[1]。改良、革命都只是在民族危机大情势下由文化觉悟、历史情绪和仁人志士的勇气成就的，是局部的，甚至是外在于这个古老社会的。因而他们可以推翻一个摇摇欲坠的腐朽王朝，却无力在后续的工作中有更大的作为。没办法，中国就进入"有枪便是草头王"的时代了。

二、新文化的洪流

甲午战败以后，历史由洋务进入改良和革命，思想文化的洪流越发迅猛和汹涌。

1. 报纸、学会

新的思想文化的洪流，首先表现为各种报纸的大量涌现。冯桂芬、郑观应等介绍西方思想，主要是写书，也有办报纸的，如王韬就办过《循环日报》，但影响有限。从维新到革命，近代史进入了后期，出现了新的文化气象，大量报纸的出现即其中一种。

维新派在 1895 年以后掀起了一个创办报刊的热潮。报纸不但传播得广，而且作者来源广泛，文章杂出众手。如关于自由主义，就有陈天华理解的自由主义和邹容理解的自由主义，不同的声音都在那里大喊大叫，造成一个思想界活跃的气象。报刊是一个多声部的大合唱，声音比较庞杂，但也可以多方启发人；而且，当报刊连续报道一个事情或思想的时候，就有可能使之成为一个社会的热点。维新派的《新民丛报》与革命派的《民报》两家对峙的情况，不仅传播思想，而且在对峙和辩论中让人们有所选择。这完全是一种新的文化传播方式，影响了知识界的知识结构和思考方式的新变。

"戊戌变法"之前影响大的报纸是《时务报》和《国闻报》，严复的文章就多在天津的《时务报》上发表。变法失败后，志士们又跑到日本办报，数量不少，如《浙江》《岭南》《粤报》等，其中梁启超等办于日本横滨的《清议报》影响最大。从 1898 年 12 月到 1901 年 12 月，一共发行了 100 期。后不幸因失火而停刊。梁启超说《清议报》有四大特点：一是倡民权；二是衍哲理，

---

① 陈旭麓：《近代中国社会的新陈代谢》，351 页，上海，上海社会科学院出版社，2006。

大规模介绍西方思想；三是明朝局；四是厉国耻，就是使国民知道我国在世界之位置，知道东西列强对待我国的政策。

梁启超主办的另一份《新民丛报》，也发行了一百多期。在办宣传思想的报纸方面，梁启超真是近代一大才。从维新到与革命者论战的这段时间，他都不失其文化英雄的气概。他后来回忆，自己每天要给《清议报》写 5000 字的稿子，校勘编排都是他一个人的事情，一个人干五六个人的工作；而且"新民说"、"诗界革命"、"史界革命"、"小说界革命"都是他提出来的；他还创造了一种"笔端常带感情的"新文体，称"报章体"，语言热情澎湃，而不是一味典雅，大量用排比句，佛教用语、西方新词都随手拈来，有奔腾万里之感，如《少年中国说》等。

革命家办的报纸也有很多，如《国民报》、《开智录》、《大陆》、《浙江潮》、《江苏》、《湖北学生界》等，同时还出现了白话报，如《中国白话报》、《杭州白话报》、《无锡白话报》等，显示出一种文化的大众意识。年轻的革命家还是写战斗性小册子的能手，邹容的《革命军》、成天华的《猛回头》和《警世钟》等，都是让人人为之热血沸腾的读物。当然，革命家办的报刊中以《苏报》和《民报》最为出名，宣传革命的作用最大。《苏报》的大主笔曾是章太炎，其《驳康有为论革命书》脍炙人口，后来他又接编《民报》；同时《苏报》又有胡汉民、汪精卫两大才子，当时的几管毛笔，横扫天下。

报刊之外，是大量学会的建立。例如，在改良变法时设立的学会，从 1895 年 11 月康有为在北京成立强学会起到变法为止，全国共成立各种学会 68 个。[①] 这些学会性质各不相同：第一种是政治性质的，如北京强学会、上海强学会、北京保国会、湖南南学会，以及保浙会、保滇会、保川会等；第二种是专业性质的，如中国教育会、上海农学会、湖南法律学会、上海算学会、上海地图公会、上海译书公会等；第三种是改良性质的，如不缠足会、戒鸦片会、延年会和女子学会等。这些学会主张移风易俗，革除陋习，提倡婚姻自由，反对买卖婚姻，引导人们过一种健康、文明的生活。这对民众的启蒙最有价值。其中，如成立于 1902 年的中国教育会，其组织参加者固然有革命者，但其全部宗旨并不是"革命"二字所能概括的。该学

---

① 参见唐德刚：《晚清七十年》，219 页，长沙，岳麓书社，1999。

会关怀的是 19 世纪社会的各个方面。据专家研究，中国教育会的革命宣传，打破了梁启超垄断趋新舆论和国内新知识界精神世界的局面。① 如教育会办的《选报》等十几种报纸，不仅在国内发表独家革命言论，而且连续转载兴中会《中国报》的社论时评，俨然与梁启超的《新民丛报》并驾齐驱。

当然，当时的新事物并不都是积极健康的。但从学会的大量出现可以看出新的知识群体在一个时期中的存在状态。古代士大夫群体到近代解体，其标志就是 1905 年科举制的废除。古代读书人的前途是做官，以圣贤理想经邦济世。但科举制废除意味着治理国家与读书人的关系不那么密切了。读书人与政治的关系开始游离。对于接受了近代新式教育(主要是留学)的读书人来说，虽做官对其中不少人的诱惑力依然很大，但正常的前途是进入社会各项文化教育事业中，如报业、出版机关及后来的大学等。这些人在近代革命中表现得很出色，他们还试图以新的集群力量来改造社会，其具体表现之一，就是凝结成各种的知识性团体，大办各种文教事业，宣传各种救国思想和主张。

2. 思想、主义和学说

这时候有不少的新思想被从西方译介过来，同时各种主义如自由主义、无政府主义、军国民主义等和一些学说也纷纷出世。

近代翻译介绍西方思想成绩最大的当然要推严复。他在维新变法之前翻译的《天演论》，介绍了"物竞天择，适者生存"的进化之说，在当时的思想界影响极大。同时他还译有《名学浅说》一部，介绍西方逻辑学。其余六部都翻译和出版于 1901 年至 1905 年，计有《原富》(又名《国富论》，英国古典经济学家亚当·斯密著)、《群学肄言》(英国哲学家、社会学家斯宾塞著)、《群己权界论》(英国自由主义思想家约翰·穆勒著)、《社会通诠》(英国社会学家甄克思著)、《法意》(法国启蒙思想家孟德斯鸠著，原著 31 卷，仅译其中 29 卷)、《穆勒名学》(英国逻辑学家 J. S. 穆勒著；译本实际上只翻译了原著的一半)。内容涉及西方自由经济思想、民主与法制思想、逻辑、科学思维等。梁启超在《新民丛报》上著文称他为"西学中学"的"第一流人

① 参见桑兵：《清末新知识界的社团与活动》，216 页，北京，生活·读书·新知三联书店，1995。

物"。须加注意的是，这些西方思想家，除孟德斯鸠和亚当·斯密为18世纪人之外，其他都生于19世纪，与严复同时代而稍早，甄克思比严复还小许多(严复生于1854年，甄克思生于1861年)。由此可知，当时思想界的行为，是能与世界保持一致且超前于时代的。这也是近代以来的一个常见的文化现象。

在翻译上，梁启超也做了大量工作。《新民丛报》上刊登的经梁启超介绍的西方思想，就广涉卢梭、培根、笛卡尔、达尔文、康德、亚里士多德、柏拉图、哥白尼、瓦特、牛顿、福泽喻吉等多家，既有政治家，也有经济学家、伦理学家和科学家。据研究，马克思的思想也是梁启超最早介绍给国人的。①

至于新的学说，当时影响最大的当属梁启超的"新民说"。儒家经典《大学》说："大学之道，在明明德，在新民，在止于至善。"梁启超用了《大学》的言语，用意也很明显：再造中国民众的文化品质。这实在是一项刻不容缓的伟大事业。他的心思关注到了民众，这本身就很有价值。梁启超批评中国数千年来统治者以民众为奴隶、为妾妇、为机器、为盗贼，从而造成了中国的"愚陋、怯弱、涣散、混浊"，缺乏公德意识：只享权利而不尽义务，只顾一身一家的荣华富贵，不顾国家的兴亡盛衰；缺乏公共观念，不能合群，没有自治能力；思想保守，不思进取，如此等等。比梁启超早的王韬，也流露过这样的意识，但是，梁启超第一次把这些作为一个正式的问题提了出来，"新民不仅是立国之本，也是解决政治、外交的当务之急"，把新民提到一个非常重要的位置，这是思想通向"五四"时代的一个重要的转折点。

"新民说"的要点，第一是自由，稍后的革命者也谈自由，自由主义是当时的一大风气；第二就是应该有"利群"意识，有爱国的公德；第三是要有权利和义务观念；第四是应该有进取冒险精神，冒险精神在西方，是商人精神，是商人披荆斩棘养成的一种不同于贵族的新精神。梁启超把它拿过来提倡，就有一个有趣的现象：西方历史逐渐酝酿出来的一种历史精神、品格，如何能够像标签一样贴到中国？这个问题，是梁启超他们不曾想过的，因而特别容易流于一种口号。

---

① 参见郑大华：《晚清思想史》，270～271页，长沙，湖南师范大学出版社，2005。

另外，风云激荡的思想流派，内涵也极为丰富，除了革命派与改良派之间关于"立宪"还是"共和"的思想大争议外，还出了一些新的主义，如自由主义、军国主义、无政府主义及国粹派的文化主张等，以一句古语形容就是"杂花生树，群莺乱飞"。

洋务时期思想家们对西方议会政治的崇尚，就包含对政治自由的追求。但原汁原味的自由主义传播到中国，当从严复翻译穆勒的著作起。穆勒的自由主义强调个性，提倡个人自由，反对专制，这些正是严复翻译它的理由。不过严复也不是完全赞同穆勒之说，在他给译作加的按语中，就有意强调了在原著中不甚强调的社会责任。后来革命派出现，陈天华和邹容都在自己的著作中提出了各自的自由观。陈天华在《论中国宜改创民主政体》一文中强调整体的自由主义，认为如果完全实现"个人自由"，就会陷入无政府状态，国家就会被瓜分。邹容《革命军》中的自由主义则以卢梭的"天赋人权"为基础，认为革命就是恢复天赋人权。[①] 梁启超的自由主义思想主张强权扩张，一个人有强权，那是专制；但多数人获得强权，就是自由所追求的目标。整体来说，自由主义在当时的中国虽传播了，但适逢衰弱之世，难免流于形式，在塑造民智上则作用有限。

可视作与自由主义相对峙的，是"军国民主义"。"军国民"是一个团体，全名"军国民教育会"，军国民主义远承古希腊斯巴达的尚武精神和德国俾斯麦的铁血主义，近仿日本明治维新前倒幕思想家的军国观念，主张社会成员以军事单位编制，全民都要实施军事训练，具有强烈的军国主义色彩。这个团体的起因是 1903 年俄国拒绝从东北撤退。它维持的时间很短，原因与自由主义在中国难以修成正果一样，它的主张与中国人的倾向差异太大了。

当时还有所谓"无政府主义"。无政府主义形成于 19 世纪 40 年代，创始人是法国的蒲鲁东、俄国的巴枯宁和克鲁泡特金。顾名思义，无政府主义讲究无政府、无秩序，以此求得世界人类的自由平等和幸福。这一思潮传到日本，曾经流行一时。1907 年，在日本和在法国的中国人中都出现了无

① 参见[日]佐藤慎一：《近代中国的知识分子与文明》，中译本，248～249 页，南京，江苏人民出版社，2006。

政府主义者。在日本东京的中国无政府主义者有张继、刘师培、何震（刘师培之妻）、汪公权等，他们创办的刊物名为《天义》。在法国的无政府主义者则以李石曾、吴稚晖等为代表，刊物有《新世纪》。法国的中国无政府主义者身处无政府主义的中心，他们介绍的学说被视为正统。日本的无政府主义者如刘师培，先是一个革命者，曾改名刘光汉，后来改信无政府主义。他在《天义》上发表的一篇名为《论新政为病民之根》的文章里，提出中国的专制政体无须革除，因为其松散的统治恰好保存了无政府主义所要求的"无形之自由"，推行"新政"，只会让民众连这点"自由"都失掉。因此他对改革学校、实行议会制、振兴实业和实行法制等都表示了反对。于此不难见出他们的无政府主义之所以被认为不纯、不正宗的原因，因为其说法很像中国老子、鲍敬言和邓牧那一套。

西学传播，是近代文化的一大特点，不过，在这个思想丰富的时代，还有一个国粹派出现。所谓"国粹"，就是固有历史文化的精华，指的是固有文化学术，尤其是先秦的学术。这是一层含义。另一层含义是，它是与"君学"相对的，指的是中国文化的真正精粹和脊梁。[①] 这一派的兴起，针对的是民族虚无主义，同时有对抗西方文化侵略的用心。代表人物有邓实、黄节、章太炎、刘师培等，主要刊物则是《国粹学报》。他们的宗旨在发扬固有文化的精华，以振作民族自信心。

3. 新观念对传统的冲刷

康有为变法，还以恢复孔子及儒家真学的面目出现；到革命派与改良主义进行理论大战时，他们中的有些人（不是全部）开始把矛头指向了儒家、孔子及旧的文化传统。《新世纪》第52期上发表过一篇署名"绝圣"的文章，题目为《排孔征言》，称"孔丘砌专制政府之基，以荼毒吾同胞者，二千余年"，说孔子的学说是为专制制度服务的。这已经是五四的先声，不过这时反孔的还只是一小部分人，到了五四时就形成大流了。

同时，在妇女解放等方面，也有比较深入的讨论，如秋瑾对当时妇女地位的讨论就很是深切。另外，革命派还批评家庭，这也很有意思。陈独秀在发表于《安徽白话报》第17期的《恶俗篇》中指出："中国人最重的是家。

---

① 郑大华：《晚清思想史》，381页，长沙，湖南师范大学出版社，2005。

每家有家谱,有族长,有户尊,有祠堂。"在旧的家庭伦理道德的熏陶下,人们"只知道有家,不知道有国","每个人一生的希望,不外成家立业、讨老婆、生儿子、发财、做官这几件事"。在《江苏》1904 年第 7 期发表《家庭革命说》的作者认为,中国两千多年来,"家庭之制度太发达,条理太繁密,父子、兄弟、夫妇之间爱情太笃挚,家法族制、丧礼祀典、明鬼教孝之说太发明;以故使民家之外无事业,家之外无思虑,交际,社会,日月,天地。而读书、而入学、而登科、而升官发财、而经商、而求田问舍、而健讼私斗赌博窃盗,则皆由家族主义之脚根点而来也"。其结果是人们心中只有家而无国,"家有令子而国无公民",家成了"国家之坚敌"。因而,作者提出,在进行政治革命之前,必先进行"家庭革命",使人先成为独立的个人,这样政治革命才有成功的可能。

这些冲刷传统的言论,一旦出现,会随着后来民族灾难的愈加深重而汹涌澎湃。近代是中西文化大相遇、大碰撞、大融合的时代,传统的东西必然要经历这样的冲刷。数千年的文化,是一大积累,也是一大淤积。其中的精华终究会像礁石那样在冲刷中岿然不动,这也为引进新思想提供了基础。

思考练习

1. 结合教材,阐述两次鸦片战争对清王朝乃至整个中国社会的影响。

2. 结合教材,阐述洋务运动"中体西用"的理论及其实践。

3. 结合教材,阐述从维新到革命再到现代这一近代社会转型的曲折历程。

参考文献

1. 白寿彝，主编. 中国通史. 第二卷[M]. 上海：上海人民出版社，1994.
2. [英]贝思飞. 民国时期的土匪[M]. 徐有威，等译. 上海：上海人民出版社，1992.
3. [法]P. 布瓦松纳. 中世纪欧洲生活和劳动（五至十五世纪）[M]. 潘源来，译. 北京：商务印书馆，1985.
4. 岑仲勉. 隋唐史[M]. 石家庄：河北教育出版社，2000.
5. [英]崔瑞德，编. 剑桥中国隋唐史[M]. 北京：中国社会科学出版社，1990.
6. 晁福林. 夏商西周的社会变迁[M]. 北京：北京师范大学出版社，1996.
7. 陈旭麓. 近代中国社会的新陈代谢[M]. 上海：上海社会科学院出版社，2006.
8. 陈炎. 海上丝绸之路与中外文化交流[M]. 北京：北京大学出版社，1996.
9. 陈正祥. 中国文化地理[M]. 北京：生活·读书·新知三联书店，1983.
10. 邓拓. 中国救荒史[M]. 北京：北京出版社，1998.
11. 邓广铭. 北宋政治改革家王安石[M]. 石家庄：河北教育出版社，2000.
12. 邓之诚. 中华二千年史[M]. 北京：中华书局，1983.
13. 丁伟志，陈菘. 中西体用之间：晚清中西文化观述论[M]. 北京：中国社会科学出版社，1995.
14. [美]杜维明. 儒家思想新论——创造性转换的自我[M]. 曹幼华，单丁，译. 南京：江苏人民出版社，1991.

15. 费孝通. 乡土中国[M]. 北京：北京大学出版社，1998.

16. 傅伟勋. 从西方哲学到禅佛教[M]. 北京：生活·读书·新知三联书店，1989.

17. 葛剑雄. 中国人口发展史[M]. 福州：福建人民出版社，1991.

18. 葛剑雄，曹树基，吴松弟. 简明中国移民史[M]. 福州：福建人民出版社，1993.

19. 何兹全. 中国古代社会[M]. 郑州：河南人民出版社，1991.

20. 胡寄窗. 中国经济思想史简编[M]. 上海：立信会计出版社，1997.

21. 胡如雷. 中国封建社会形态研究[M]. 北京：生活·读书·新知三联书店，1979.

22. [美]黄宗智. 长江三角洲小农家庭与乡村发展[M]. 北京：中华书局，2000.

23. [美]黄宗智. 华北的小农经济与社会变迁[M]. 北京：中华书局，2000.

24. [法]基佐. 欧洲文明化的进程[M]. 沅芷，伊信，译. 香港：牛津大学出版社(中国)，1996.

25. 蒋廷黻. 中国近代史大纲[M]. 北京：东方出版社，1996.

26. 林仁川. 明末清初私人海上贸易[M]. 上海：华东师范大学出版社，1987.

27. 刘文俊，主编. 日本学者研究中国史论著选译[C]. 北京：中华书局，1993.

28. 吕思勉. 秦汉史[M]. 上海：上海古籍出版社，1983.

29. 马非百. 管子轻重篇新诠[M]. 北京：中华书局，1979.

30. 马克垚，主编. 中西封建社会比较研究[M]. 上海：学林出版社，1997.

31. 马西沙，韩秉方. 中国民间宗教史[M]. 上海：上海人民出版社，1992.

32. 孟森. 明清史讲义[M]. 北京：中华书局，1981.

33. 钱穆. 中国文化史导论[M]. 北京：商务印书馆，1994.

34. 瞿宣颖. 中国社会史料丛钞[C]. 长沙：湖南教育出版社，2009.

35. 沈松勤. 北宋文人与党争[M]. 北京：人民出版社，1998.

36. [美]汤普森. 中世纪经济社会史[M]. 北京：商务印书馆，1997.

37. 汪圣铎. 两宋财政史[M]. 北京：中华书局，1995.

38. 王育民. 中国历史地理概论[M]. 北京：人民教育出版社，1987.

39. 王玉哲. 中华远古史[M]. 上海：上海人民出版社，2000.

40. 王震中. 中国文明起源的比较研究[M]. 西安：陕西人民出版社，1994.

41. 王仲荦. 魏晋南北朝史[M]. 上海：上海人民出版社，1979.

42. 巫宝三. 管子经济思想研究[M]. 北京：中国社会科学出版社，1989.

43. 吴慧. 中国古代商业史[M]. 北京：中国商业出版社，1983.

44. 吴于廑主编. 十五十六世纪东西方历史初学集续编[M]. 武汉：武汉大学出版社，1990.

45. 吴宗国. 唐代科举制度研究[M]. 沈阳：辽宁大学出版社，1992.

46. ［日］西嶋定生. 中国经济史研究[M]. 北京：农业出版社，1984.

47. 萧公权. 中国政治思想史[M]. 石家庄：河北教育出版社，1999.

48. 谢国桢. 明清之际党社运动考[M]. 北京：中华书局，1982.

59. 徐复观. 两汉思想史[M]. 上海：华东师范大学出版社，2001.

50. 杨向奎. 宗周社会与礼乐文明[M]. 北京：人民出版社，1997.

51. 张海鹏，王廷元，主编. 徽商研究[M]. 合肥：安徽人民出版社，1995.

52. 张正明. 晋商兴衰史[M]. 太原：山西古籍出版社，1995.

53. 赵立行. 商人阶层的形成与西欧社会的转型[M]. 北京：中国社会科学出版社，2004.

54. 郑大华. 晚清思想史[M]. 长沙：湖南师范大学出版社，2005.

55. 郑学檬. 中国古代经济重心南移和唐宋江南经济研究[M]. 长沙：岳麓书社，1996.

56. 周育民，邵雍. 中国帮会史[M]. 上海：上海人民出版社，1993.

57. 朱凤瀚. 商周家族形态研究[M]. 天津：天津古籍出版社，1990.

58. 中国史学会，主编. 中国近代史资料丛刊·洋务运动[C]. 上海：上海人民出版社，1961.

后　记

　　从 1999 年开设"中国文化史"这门课，到现在上了有十来遍了。先是只给文学院的研究生上，后来也给本科生（包括辅修的本科生）上；再后来还被定为本科教学的"平台课"。给研究生上课是按时段讲，给本科生上则要点面结合。本书就是几年给本科生、研究生上课的一个总结。

　　讲"中国文化史"，首先就是"讲什么"的问题。一次与外校一位同行交谈，我问：您讲"文化史"，讲什么？一问之下，他笑，我也笑：这是我们共同的疑难！讲"中国文化史"偌大的题目，得涉及历史。可讲历史，则有通史、断代史在；得涉及思想观念，可讲思想观念，则有哲学史、思想史在；得涉及语言文学，可讲语言、文学，则有语言史、文学史在；得涉及艺术，涉及建筑……如此类推。任你讲什么，都有专门的学术。也几乎都有专门史。讲"文化史"，与这些在学科上早已成熟或相当成熟了的"史"，有什么区别吗？而不涉及这些，就无"文化史"可讲：什么都涉入，"文化史"不就成了拼盘、杂凑？拼盘、杂凑，还是没有"文化史"，充其量也只是一个"文化史常识"。以"中国文化史"命名的书，也出了不少。可其中不少书都可以称为"史之余"，就如同"词"这一文体曾被称为"诗之余"一样。这些书，为了回避正史的写法，就专挑选正史写得少的，如文学、音乐、舞蹈、绘画以及建筑、饮食等来写。这些内容当然都是"文化"。可这些内容不都可以写成专门史吗？名为"文化史"的书，不还是杂凑和拼盘吗？"文化史"的书写成"史之余"，往往是为着规避正史的内容。有"文化"这个概念，就一定有这个概念所指涉的学术界域。因此，若要明确"文化史"之所讲，就得先对"文化"概念之所指有必要的理解。

　　关于"文化"的定义，据说有二百种以上。如此多的定义，表明"文化"

一词的含义复杂、不易把握。不过大家都承认，"文化"一词从内容上看，是指人类一切创造的总和，既包括物质方面，也包括精神方面。"文化"的概念如此之广，因而当今许多事情都以"文化"标名，如饮食文化、居住文化等，就不足为奇了。当我们用"总和"来定义"文化"时，实际更多的是在说"文化"的外延。如说"筷子文化"时，实际是说筷子里有"文化"的外延。如说"筷子文化"时，实际是说筷子里有"文化"。至于"文化"的内涵是什么，也许"文化是一种生活方式"这样的概括，最接近它的基本性质。仍以"筷子文化"为例，全世界的人都要吃饭，但有的用刀叉，有的用筷子，这便是"生活方式"的不同。"吃饭"这件事情本身不能说是"文化"，但吃饭的"方式"，则有"文化"的含义。人类在许多事情上是一样的，如都要吃饭、穿衣、居住，一般都有政治、经济、军事现象，都有人际交往和关系，等等，但是，如同吃饭一样，这些事情本身不是"文化"，做这些事情的方式，却是"文化"。不仅上述这些具体的事情，思想观念也是如此。例如人类生活都需要道德维系，但在道德的具体内容上，则因民族、时代而存在差异。

由此可以说，"中国文化史"就是以民族为单位，以民族历史经历为范围，考察其特定的生存方式。它必不可免地要讲到正史的内容，但今天汉朝、明天唐朝地讲，是正史的专业，因为正史的大任在于讲明历史发展的大势。在"文化"，固然也要讲历代变迁，然而超越于朝代变化之上的一些不变的属于民族特有"方式"性的东西，才是它应加以注意的。"文化史"固然也要讲思想、观念，但是与哲学史、思想史不同的是，它不应只讲那些最原创、最具新意的内容，那些价值不高、甚至愚昧的观念意识，因具有广泛影响，并造成了显著的生活现实，其所以如此的因果关联，才是"文化史"最应加以详考的事情。如此，"文化史"的写作，应当像散文，形散神不散；"散"是说它关涉的内容广泛与多维，但丰富的内容，却有属于自己的中心线索贯穿；这便是"神不散"。笔者心目中理想的"文化史"，是一本在内容上有巨大丰富性的书，它从作为历史遗产的各种文化现象中，画出一个民族特有的"这一个"。并知其然知其所以然。

本书的写作，就是在上述理解下做的。主要选取了地理环境、文化形态的形成、民众的历史表现、影响中国文化发展的几位思想家的主要观念及古代政治、经济及近代化进程中一些大的问题来讨论。可讨论的内容还有许多，授课时间及书的篇幅所限，只好暂且如此。

前面说过，本书是多次讲课的结果。它的逐渐成形，与一些学生的热情帮助分不开。课堂记录、查找材料、核对文献，他们出力很多。这里，向他们表示衷心的感谢。此外还要向北京师范大学出版社的景宏、赵月华两位编辑和书稿的审阅者林邦均教授表示感谢。没有景宏先生的催促，这本书很难按时交稿；没有赵月华女士的认真编辑，没有林邦均教授的细心审读，本书就没有现在的质量。

书中一定还存在这样或那样的不足和问题，敬请读者不吝赐教。

李　山

2007.3.18

第 2 版后记

此书 2007 年出版后，一直作为北京师范大学本科教学教材使用，至今已过去十多年了。此次修改，改动的幅度不小，如第二、第四、第七、第八和第九章共五章，都是新加的；对原书的第六、第九章也作了较大改动。同时，是对原有章节的删减，如现在的第六章就是对原来第四、第五章的大规模缩减压缩，而原书第三章"民众的历史品格"和第七、第八章关于士大夫的讨论，作为独立的章节被取消，原第三章的大部分内容归入现在的第三、第四章，至于原第七、第八两章的内容则在大幅减少后归入现在的第三章。

这样做，主要出于教学考虑和方便。如新增的几章涉及古代语言和艺术，就全面了解古代中国文化而言，缺少这些内容，作为一门课程是很遗憾的。其他改变，也都是为适合课程。

希望现在的改变，更有助于教学。

李 山

2019.8.4